普通高等教育酒店管理专业系列教材

酒店与旅游业市场营销
——基于数字化创新

黄 昕 编著

机械工业出版社

本书以酒店与旅游业客户价值为核心，围绕定义、发现、识别、创造、传播、交付、提升及管理客户价值的逻辑结构进行论述，同时融合数字化时代的最新市场营销理念、方法和技术。本书不仅涵盖成熟的市场营销理论，还介绍了数字营销的前沿观点和实践经验。书中介绍了酒店、旅行社、餐饮等优秀企业在数字化时代的典型市场营销案例，并围绕营销技术工具设计了7个实验项目，旨在通过市场营销经典理论、数字营销发展前沿成果、行业最新实践以及营销技术工具应用实践，帮助读者从价值视角加深对新时代酒店与旅游业市场营销的认知并加以应用。

图书在版编目（CIP）数据

酒店与旅游业市场营销：基于数字化创新/黄昕编著.—北京：机械工业出版社，2024.5

普通高等教育酒店管理专业系列教材

ISBN 978-7-111-75759-7

Ⅰ.①酒… Ⅱ.①黄… Ⅲ.①饭店-市场营销学-高等学校-教材②旅游市场-市场营销学-高等学校-教材 Ⅳ.①F719.2②F590.82

中国国家版本馆 CIP 数据核字（2024）第 092321 号

机械工业出版社（北京市百万庄大街22号 邮政编码100037）
策划编辑：常爱艳　　　　　责任编辑：常爱艳　赵晓峰
责任校对：龚思文　梁　静　　封面设计：鞠　杨
责任印制：邓　博
北京盛通印刷股份有限公司印刷
2024年7月第1版第1次印刷
184mm×260mm・19.25 印张・425 千字
标准书号：ISBN 978-7-111-75759-7
定价：64.80 元

电话服务　　　　　　　　　网络服务
客服电话：010-88361066　　机　工　官　网：www.cmpbook.com
　　　　　010-88379833　　机　工　官　博：weibo.com/cmp1952
　　　　　010-68326294　　金　书　网：www.golden-book.com
封底无防伪标均为盗版　机工教育服务网：www.cmpedu.com

PREFACE 前言

市场营销不仅是企业的核心职能，更是决定企业长期竞争力的关键。在旅游业，尤其在当前的数字化时代，移动互联网、社交媒体、云计算、大数据、人工智能等技术正在颠覆传统的市场营销理念、模式和流程。数字营销曾被视为市场营销的一个子集，但随着营销技术与市场营销活动的不断融合，用户的消费者旅程和营销决策行为日益线上化，这使得传统市场营销领域融入了数字化要素。数字营销技术的普及不仅重塑了酒店与旅游业的市场营销体系和方法，还对该行业的市场营销岗位和用人要求产生了深远的影响。

随着市场营销策略与数字技术的深度融合，市场营销的理念也随之有所转变。本书力图从数字化创新的角度出发，系统地整合传统市场营销和现代数字营销的理论与实践。本书深入挖掘市场营销的经典理论和数字营销的前沿思维，结合行业内的真实案例和最新的营销技术工具，构建一个以客户价值为核心的全新营销框架，引领读者突破传统认知，激发创新思维，提高实际操作能力。

全书主要分为八个部分：第一部分阐述市场营销与数字化营销的概念，并定义客户价值；第二部分聚焦于市场洞察与调研，旨在深度发现客户价值；第三部分专门针对酒店与旅游业，解读市场细分、目标市场选择与定位的策略，帮助识别客户价值；第四部分从创造价值角度出发，深入探讨产品概念、新产品开发及产品与服务的定价策略；第五部分阐述整合营销传播、内容营销策略及社交媒体应用，以实现客户价值的有效传播；第六部分着重介绍酒店与旅游业的销售渠道和如何实现价值交付；第七部分深入客户管理，探讨客户生命周期价值、体验管理及深度运营，旨在持续提升客户价值；第八部分围绕价值管理，解读数字时代营销管理体系构建、相关伦理、法律与营销技术选择。为了帮助读者将知识付诸实践，书中还特别加入了七个实验项目。

本书主要面向高等教育旅游管理类专业的教师和学生，同时对旅游业从业者也具有很高的参考价值。本书作者在数字时代的市场营销领域积累了丰富的实践、教学和技术研发经验，不仅在理论上有深厚的积累，还在酒店与旅游业累积了大量的数字营销实战经验。

本书在创作过程中得到了众多企业和个人的支持。特别感谢山东舜和酒店集团、北京贵都大酒店、裸心度假、仟那酒店集团和桂林唐朝国际旅行社等优秀企业提供的实战案例。在本书编写过程中，广州市问途信息技术有限公司的总经理梁汝女士、教学运营负责人黄婉敏女士、课程开发负责人赵静女士给予了大量的支持和宝贵的建议。

最后，为了提供更为完整的学习体验，本书还配备了数字化教学平台，包括数字化实验实训手册、实验任务等丰富的教学资源。如有任何疑问或需要了解进一步的信息，欢迎通过电子邮件 marketing@ wintour.cn 与我们取得联系。

黄 昕

2024 年 5 月

CONTENTS 目 录

前 言

第一篇 市场营销与数字化营销——定义价值

第一章 市场营销的定义与主要理论 ············· 2
本章概述 ············· 2
一、市场营销概述 ············· 2
二、市场营销战略 ············· 6
三、客户与客户价值 ············· 10
探究性学习习题 ············· 13

第二章 数字化营销与数字化转型 ············· 14
本章概述 ············· 14
一、数字化营销的定义 ············· 14
二、数字化营销与数字化转型 ············· 17
探究性学习习题 ············· 20

第二篇 市场洞察和市场调研——发现价值

第三章 市场洞察 ············· 22
本章概述 ············· 22
一、PEST 和 PESTEL 模型 ············· 22
二、SWOT 模型 ············· 23
三、波特五力模型 ············· 24
四、用户画像 ············· 26
五、5C 分析模型 ············· 27
探究性学习习题 ············· 28

第四章 市场调研 ... 29

本章概述 ... 29
一、市场调研的概念和过程 ... 29
二、问卷设计和抽样设计 ... 35
三、大数据技术在市场调研中的应用 ... 40
探究性学习习题 ... 43

第五章 【实验项目一】使用大数据技术进行市场研究 ... 44

一、实验概述和目的 ... 44
二、实验背景 ... 44
三、实验原理 ... 45
四、实验工具 ... 45
五、实验材料 ... 45
六、实验步骤 ... 46

第三篇 酒店与旅游业市场细分和定位——识别价值

第六章 酒店与旅游业的市场细分 ... 50

本章概述 ... 50
一、市场细分的概念 ... 50
二、市场细分的方法 ... 52
探究性学习习题 ... 61

第七章 酒店与旅游业的目标市场选择 ... 62

本章概述 ... 62
一、分析细分市场 ... 62
二、选择细分市场 ... 65
探究性学习习题 ... 66

第八章 酒店与旅游业的市场定位 ... 67

本章概述 ... 67
一、目标市场客户分析 ... 67
二、细分市场分析汇总表 ... 72

三、差异化策略选择和价值主张设计 …………………………………………………… 74
探究性学习习题 …………………………………………………………………………… 77

第九章 【实验项目二】聚类分析在酒店细分市场中的应用 …………………………… 78

一、实验概述和目的 ……………………………………………………………………… 78
二、实验背景 ……………………………………………………………………………… 78
三、实验原理 ……………………………………………………………………………… 79
四、实验工具 ……………………………………………………………………………… 79
五、实验材料 ……………………………………………………………………………… 79
六、实验步骤 ……………………………………………………………………………… 79

第四篇　酒店与旅游业的产品与定价——创造价值

第十章 酒店与旅游业产品的概念 ………………………………………………………… 84

本章概述 …………………………………………………………………………………… 84
一、产品与服务的定义 …………………………………………………………………… 84
二、产品的要素、层次和类型 …………………………………………………………… 85
三、产品分析与独特销售主张 …………………………………………………………… 91
探究性学习习题 …………………………………………………………………………… 94

第十一章 数字时代酒店与旅游业的新产品开发 ………………………………………… 95

本章概述 …………………………………………………………………………………… 95
一、产品的生命阶段 ……………………………………………………………………… 95
二、新产品开发的概念和过程 …………………………………………………………… 99
三、新产品开发与企业增长策略 ………………………………………………………… 101
四、技术采用生命周期 …………………………………………………………………… 105
探究性学习习题 …………………………………………………………………………… 107

第十二章 产品与服务的定价策略 ………………………………………………………… 108

本章概述 …………………………………………………………………………………… 108
一、定价的基本方法 ……………………………………………………………………… 108
二、基于收益管理的定价策略 …………………………………………………………… 110
三、市场预测与动态定价 ………………………………………………………………… 111
探究性学习习题 …………………………………………………………………………… 115

第十三章 【实验项目三】线上旅游线路产品的设计及设置 ... 116
- 一、实验概述和目的 ... 116
- 二、实验背景 ... 116
- 三、实验原理 ... 117
- 四、实验工具 ... 117
- 五、实验材料 ... 117
- 六、实验步骤 ... 117

第五篇　酒店与旅游业的整合营销传播——传播价值

第十四章 整合营销传播的概念和实施步骤 ... 120
- 本章概述 ... 120
- 一、整合营销传播的概念 ... 120
- 二、整合营销传播的实施步骤 ... 122
- 探究性学习习题 ... 124

第十五章 整合营销传播的方法和内容营销策略 ... 125
- 本章概述 ... 125
- 一、整合营销传播的方法 ... 125
- 二、整合营销传播中的内容营销策略 ... 141
- 探究性学习习题 ... 149

第十六章 社交媒体在整合营销传播中的应用 ... 150
- 本章概述 ... 150
- 一、社交媒体的概念和选择 ... 150
- 二、微信公众平台在整合营销传播中的应用 ... 157
- 三、短视频类社交媒体在整合营销传播中的应用 ... 162
- 四、消费体验分享类社交媒体在整合营销传播中的应用 ... 173
- 探究性学习习题 ... 180

第十七章 【实验项目四】营销自动化在旅游目的地整合营销传播中的应用 ... 181
- 一、实验概述和目的 ... 181

二、实验背景 ………………………………………………………………………… 181
三、实验原理 ………………………………………………………………………… 182
四、实验工具 ………………………………………………………………………… 182
五、实验材料 ………………………………………………………………………… 182
六、实验步骤 ………………………………………………………………………… 183

第六篇　酒店与旅游业的销售渠道管理——交付价值

第十八章　酒店与旅游业的销售渠道 …………………………………………… 186
本章概述 ……………………………………………………………………………… 186
一、销售渠道的概念和类型 ………………………………………………………… 186
二、销售渠道管理的过程和理念 …………………………………………………… 188
三、销售渠道管理的挑战 …………………………………………………………… 191
探究性学习习题 ……………………………………………………………………… 194

第十九章　销售渠道管理的方法和策略 ………………………………………… 195
本章概述 ……………………………………………………………………………… 195
一、构建可持续的销售渠道组合 …………………………………………………… 195
二、在线分销渠道的管理策略 ……………………………………………………… 197
三、在线直销渠道的管理策略 ……………………………………………………… 206
探究性学习习题 ……………………………………………………………………… 216

第二十章　【实验项目五】酒店在线分销渠道的页面设计与设置 …………… 217
一、实验概述和目的 ………………………………………………………………… 217
二、实验背景 ………………………………………………………………………… 217
三、实验原理 ………………………………………………………………………… 217
四、实验工具 ………………………………………………………………………… 218
五、实验材料 ………………………………………………………………………… 218
六、实验步骤 ………………………………………………………………………… 219

第七篇　酒店与旅游业的客户管理——提升价值

第二十一章　客户生命周期价值的管理 ………………………………………… 222
本章概述 ……………………………………………………………………………… 222

一、客户生命周期价值的概念 …… 222
二、客户生命周期价值管理的实施 …… 224
探究性学习习题 …… 228

第二十二章　客户体验管理 …… 229

本章概述 …… 229
一、客户体验管理的概念 …… 229
二、客户体验管理的实施 …… 231
三、大数据技术在客户体验管理中的应用 …… 236
探究性学习习题 …… 240

第二十三章　客户深度运营 …… 241

本章概述 …… 241
一、客户深度运营的概念 …… 241
二、客户深度运营的实施 …… 242
探究性学习习题 …… 245

第二十四章　【实验项目六】使用大数据技术进行旅游目的地市场满意度调研 …… 246

一、实验概述和目的 …… 246
二、实验背景 …… 246
三、实验原理 …… 247
四、实验工具 …… 247
五、实验材料 …… 247
六、实验步骤 …… 248

第八篇　酒店与旅游业的营销管理体系建设——管理价值

第二十五章　数字时代营销管理体系建设 …… 254

本章概述 …… 254
一、营销管理内部体系的构建方法 …… 254
二、营销管理外部体系的构建方法 …… 259
探究性学习习题 …… 264

第二十六章　营销管理体系建设的伦理与法律 ······ 265
　本章概述 ······ 265
　一、营销管理伦理 ······ 265
　二、数字时代市场营销的法律法规 ······ 271
　探究性学习习题 ······ 278

第二十七章　营销技术的发展与选择 ······ 280
　本章概述 ······ 280
　一、营销技术的发展和类型 ······ 280
　二、营销技术工具的规划与选择 ······ 284
　探究性学习习题 ······ 291

第二十八章　【实验项目七】旅游企业在线营销管理体系搭建综合实验 ······ 292
　一、实验概述和目的 ······ 292
　二、实验背景 ······ 292
　三、实验原理 ······ 293
　四、实验工具 ······ 293
　五、实验材料 ······ 293
　六、实验步骤 ······ 293

参考文献 ······ 296

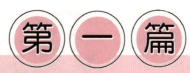

第一篇 市场营销与数字化营销——定义价值

【本篇结构】

第一章 市场营销的定义与主要理论

【本章概述】

本章深入挖掘了市场营销的根源、演变及其理论基础。开篇通过对市场营销历史的梳理，揭示了其与人类文明发展的交织，展示了市场营销如何形成并在不同时代逐步演变。接着，本章从一个全新的角度重新定义了市场营销不同于传统营销理论，本章强调了一个以客户价值为核心的连续性流程：从价值的发现、识别、创造，到价值的传播、交付、提升及其管理。这为读者提供了一个全方位、实践性强的市场营销新视角。本章后半部分着重讨论了市场营销战略，解读了 STP 模型及营销组合。本章的结尾详细探讨了客户及客户价值的内涵，分析了影响客户价值的各种要素，并深入讲解了如何衡量及洞察客户的期望价值与感知价值。

一、市场营销概述

（一）市场营销的发展历史

《周易》中记载"日中为市，致天下之民，聚天下之货，交易而退，各得其所"，说的是我国上古时代以物易物的市场现象。在 3800 年前的夏朝中期，商部落首领王亥发现部落的农业和畜牧业产能过剩，而且因为运输条件的限制，过剩的农牧产品容易腐烂浪费。王亥于是发明了驯服牛的方法，并发明了牛车。这是因为牛的力气和耐力比马要强很多，除了适合耕地，还适合用于运输货物，负重远行。王亥带领部落用牛车载着商品，去远方进行以物换物形式的贸易，并将交换所得用来赡养父母。在我国先秦典籍《尚书·酒诰》中记载的"肇牵牛车，远服贾，用孝养厥父母"反映的就是这个情景，王亥也因而被尊为"华商始祖"。这种以物易物活动的本质就是交换对贸易双方都有价值的商品。

在大英博物馆保存着一块公元前 1750 年的泥板。在这个泥板上，以美索不达米亚文明时期的阿卡德语楔形文字记录了两个商人之间的交易投诉事件。买家 Nanni 向商人 Ea-nasir 抱怨他收到的铜锭质量很差，与此前承诺不符，而且还延迟交货。此外，Ea-nasir 对 Nanni 派来的使者态度轻蔑且傲慢无礼。Nanni 很愤怒，向 Ea-nasir 下了最后通牒，在信中说"我不会接受任何质量不佳的铜。并且我要拿回我的钱，因为你们对我没有丝毫尊重"。这个事件不仅反映了商品的生产、销售、沟通、交付的流程，而且说明了客户需求和客户价值的重要性。

可见，无论是在中华文明还是在其他文明的发展史中，市场营销的实践活动都拥有几千年的历史，但"市场营销"一词是从 19 世纪末才开始流行的，市场营销理论诞生于 20 世纪初的美国。1902 年，爱德华·D·琼斯在美国密歇根大学率先开设了"市场营销"课程。随后一两年内，加利福尼亚大学、俄亥俄大学、伊里诺伊州立大学均开设了"市场营销"课程。1910 年，威斯康星大学的拉尔夫·S.巴特勒在课程中首先引入了"Marketing"一词。在过去的 120 多年里，由于所处的环境和技术不断变化，市场营销学科在长期的实践中不断完善。

2019 年，世界营销学大师菲利普·科特勒（Philip Kotler）在北京举办了"科特勒未来营销峰会"。在会议上，科特勒提到市场营销是一门不断变化的学科，总会有新的想法、新的理念出现，市场营销理论基本上每 10 年就会有一些巨大的变化，如图 1-1 所示。

20世纪50年代 战后时期	20世纪60年代 高速增长期	20世纪70年代 市场动荡期	20世纪80年代 市场混沌期	20世纪90年代 个性化期	21世纪初 价值驱动期	2015年至今 价值与大数据期
•营销组合 •市场细分 •产品生命周期 •营销概念 •品牌联想 •营销审计	•4P营销组合 •生活方式营销 •营销"近视症" •营销概念的扩大	•目标市场选择 •定位 •策略营销 •服务营销 •社会营销 •社会观念营销 •宏观营销	•营销战 •全球营销 •本土化营销 •混合营销 •直复营销 •客户关系营销 •内部营销	•情感营销 •赞助营销 •体验营销 •营销伦理 •互联网及电子 商务营销	•营销投资回报率 •品牌资产营销 •客户资产营销 •社会责任营销 •消费者赋能 •诚实营销 •价值共创营销	•社会化营销 •社群营销 •大数据营销 •人工智能营销 •营销3.0

图 1-1 菲利普·科特勒提出的市场营销理论变化历史

（二）市场与市场营销定义

1. 市场的定义

市场是指企业销售商品面向的群体，它可以是一个行业、一种职业、一个地理区域或者一群人。例如，位于广州郊区的一家休闲度假酒店，它的市场是粤港澳大湾区城市有休闲度假需求的人。在同一个市场内，客户之间存在差异，例如在人口特征、居住地点、购买需求、购买动机、购买偏好、职业、收入、价值观等方面存在差异。市场也指具有购买需求和购买力的潜在客户群体，他们愿意通过与卖方建立交换关系来满足自己的需求。可以将具有相同需求或相同特征的购买者看作一个独特类型的市场。对于每个独特类型的市场，企业都需要提供一个与其他类型市场有差异的营销策略，从而增加其市场份额。在一个高度市场化和竞争激烈的时代，面向所有客户开展大众营销的方式已经不再适用，这是因为任何一家企业都难以做到满足所有客户的需求，企业只能根据自身的条件、能力和资源去服务部分市场客户。

市场的构成包括如下核心要素：

（1）需求者和供应者。需求者（或称为买家）有某种购买需要或欲望，而供应者（或称为卖家）则提供满足这些需要或欲望的产品或服务。

(2) 交换关系。买家和卖家之间存在交换关系。卖家提供产品或服务，而买家则通过货币、时间、精力、信息或其他有价值的物品来完成交换。

(3) 市场细分。市场可以基于地域、人口统计、心理、行为等维度进一步细分为不同的细分市场。由于不同的买家有不同的需要或欲望，因此每个细分市场都有其特定的需求和属性。

(4) 市场规模。市场规模的大小取决于买家的数量和购买力，产品或服务的流通速度受市场动态性或交易频率的影响。

(5) 竞争与合作关系。市场上不同的卖家之间存在竞争关系，他们共同争夺目标客户。同时，卖家之间也可能选择相互合作，或者与分销商等其他主体合作，以占有更大的市场份额或满足更广泛的市场需求。

在市场营销学中，理解市场的定义是非常重要的，这有利于有效地开展市场营销。企业需要深入了解其服务的目标市场，如市场的规模、增长潜力、主要竞争者、消费者的需求和行为等因素。这些信息将帮助企业制定有效的市场营销战略以及相关策略，从而实现组织的目标。

2. 市场营销的定义

在 2019 年的"科特勒未来营销峰会"上，菲利普·科特勒指出市场营销的定义过去是指通过销售团队、广告来提升销量，而现在其定义围绕**CCDV（Create，Communicate，and Deliver Value）展开，即为目标市场创造、传播和交付价值的科学和艺术。市场营销也是驱动企业增长的商业准则**。这个定义与菲利普·科特勒所著的多本市场营销书籍中的定义"**市场营销是为客户和社会创造价值的过程，它会带来强力的客户关系，进而从客户处获取价值**"相比，简明扼要地指出市场营销全过程都是围绕价值创造而进行的。

科特勒的上述定义强调"价值"是市场营销的核心内容。科特勒强调创造价值的目的是建立客户关系，因为企业只有在建立客户关系的基础上，才会获取应有的价值。事实上，"客户关系"是一种"回报关系"，是指企业和客户在互动过程中彼此为对方创造价值，并且为了持续创造价值而建立的回报关系（黄昕，汪京强，2021）。

美国市场营销协会（American Marketing Association，AMA）对市场营销定义如下：**市场营销是创造、传播、交付和交换对消费者、客户、合作伙伴和整个社会都有价值的供应物的一套活动，机制和过程**。这个定义可以理解如下：

(1) 市场营销需要面向诸多利益相关者，包括消费者、客户、合作伙伴和社会。

(2) 市场营销包含各种活动。

(3) 市场营销需要建立相关的机制。

(4) 市场营销需要为消费者、客户以及其他利益相关者创造价值。

(5) 市场营销包括商品创造、传播、交付和交换的全过程。

在本书中，结合市场营销已有的定义和市场营销的工作内容，将市场营销具体描述如下：**市场营销是企业以客户价值为导向，发现、识别、创造、传播、交付、提升和管理价值的一系列理念、策略、流程和行动的制定、实施和管理过程。它的主要工作内容和目标是通过市场洞**

察与调研、市场细分与定位、产品与定价、整合营销传播、销售渠道管理、客户管理、营销管理体系建设来帮助企业实现增长。

用一句简洁的话来概况市场营销的定义：**市场营销是以客户价值为导向，采取措施来发现、识别、创造、传播、交付、提升和管理价值的过程。**

【案例讲解】

唐朝国际旅行社（以下简称"唐朝国旅"）是一家在线跨境旅游公司，向全球旅行者提供高品质的私人定制旅游产品和旅游服务，其旅游目的地已覆盖全世界40多个国家和地区。唐朝国旅于2007年在广西壮族自治区桂林市成立，但早在1999年，其创始团队和核心骨干就已经在桂林开展了线下旅游接待业务。经过二十多年的经营和探索，唐朝国旅已经从一家传统旅行社成长为提供全球旅行服务的线上旅行社。

唐朝国旅的目标客户主要为北美洲、大洋洲、欧洲等地发达国家讲英语、法语、西班牙语的中高收入群体。通过市场调研和数据分析，唐朝国旅用户画像特征表现如下：年龄主要集中在35~55岁；通常是家人及朋友结伴出行；网络搜索能力强、注重服务口碑及品质；喜欢个性化的私人旅游体验，旅游经验比较丰富；旅游消费能力较强，酒店大多选择4~5星。这些客户在旅行方面的主要需求是：寻找一家公司助其轻松地计划、安排所有旅游行程，并落实好接待，保证优质的旅游体验。这要求公司具有丰富的旅游行业从业经验和接待能力，能根据个人需求定制个性化旅游方案，业务覆盖全面（包括旅游过程中涉及的所有服务，如机票、酒店、景点门票、交通、导游等），具有卓越的口碑及各项保障等。

为了确保通过市场营销推动公司业务增长，唐朝国旅非常注重营销技术的开发，组建了自己的技术团队开发直销平台，并与各个分销平台和社交媒体平台对接。

在获客方法上，唐朝国旅早期主攻搜索引擎营销（SEM），目前同时使用品牌营销、精准营销、社区营销等多种营销方法。在获客渠道方面，唐朝国旅主要通过搜索引擎（包括SEO和付费广告）、社交媒体（Facebook、YouTube等）、第三方平台（网络社区、点评平台、第三方产品平台等）、老客户忠诚度计划（针对老客户做二次促销及让利，"老带新"鼓励政策等）来获取新客户和稳定老客户。

为了提高营销转化率，唐朝国旅坚持在分析目标客户行为需求的基础上，根据用户行为需求的变化定位营销策略重点。例如：

（1）根据更多目标客户将上网行为转移至移动端的情况，将营销策略重点从PC端转向移动端。

（2）根据目标客户不同的需求、所处不同的购买阶段进行差异化营销，并采用不同的方式和内容去说服目标客户。

（3）在目标客户搜集信息阶段，重点展示业务和产品范围、突出公司实力及口碑。

（4）在目标客户对比产品阶段，重点强调产品的差异化优势、免费定制及快速回复服务、产品性价比等内容。

（5）高度重视老客户营销，通过维护与老客户的关系、邮件营销等精准营销方式，在盘活现有客户群体的同时补充新客户资源，形成自有客户资源的良性循环。

围绕目标客户的特征和需求，唐朝国旅组建了专门的数字营销团队。团队成员包括：

（1）针对搜索引擎渠道，有精通各大搜索引擎理论体系的搜索引擎优化专员、搜索引擎付费广告专员等。

（2）针对社交媒体渠道，有熟悉各大社交媒体平台规则和营销方式的社交媒体专员。

（3）针对自有网站建设，有网站运营经验丰富的网站策划专员、产品建设专员等。

（4）营销技术开发人员。

借助专业的数字营销运营和技术团队，唐朝国旅可以通过搜集、总结、分析数据等方式为各营销策略的落实提供有力的支持。

结合市场营销的定义，唐朝国旅市场营销的主要工作可以归纳为市场洞察与市场调研、市场细分与定位、产品与定价、整合营销传播、销售渠道管理、客户关系管理和营销体系建设，如表1-1所示。这些工作很好地反映了市场营销发现、识别、创造、传播、交付、提升和管理价值的全过程。

表1-1 唐朝国旅市场营销的主要工作

主要工作	举例	目的
市场洞察与市场调研	通过市场调研和数据分析，为唐朝国旅客户画像	发现价值
市场细分与定位	目标客户主要为北美洲、大洋洲、欧洲等地发达国家讲英语、法语、西班牙语的中高收入群体	识别价值
产品与定价	定制个性化旅游方案；涵盖旅游过程中涉及的所有服务	创造价值
整合营销传播	搜索引擎、品牌营销、精准营销、社区营销等	传播价值
销售渠道管理	多渠道获客；根据目标客户不同的需求和所处不同的购买阶段，采取不同的营销策略	交付价值
客户关系管理	老客户营销，以老带新，形成自有客户资源的良性循环	提升价值
营销管理体系建设	数字营销团队建设，营销技术开发	管理价值

二、市场营销战略

（一）战略与市场营销战略

战略是指组织基于整体利益、长期目标与愿景而做出的宏观性和长远性规划，它是组织为了确保在不断变化的环境中获得核心竞争力以及最终实现长期目标而制定的一系列决策、资源配置方案、行动和路径。战略是指导企业决策和行为的顶层设计和关键框架，其中包括某些必要的取舍，以便明确组织在实现企业的整体目标、方向和愿景时应该优先做什么、打算做什么，以及应该避免做什么事情。

市场营销战略是企业战略的一个子集，是企业为了获取市场竞争优势，实现营销目标而采取的一系列决策、资源配置方案、行动和路径。它可能涵盖企业从具体到宏观、从短期到中长期的各种决策和行动路径，用于指导企业如何发现价值、识别价值、创造价值、传播价值、交付价值、提升价值和管理价值。在具体行动上，市场营销战略包括市场洞察与市场调研、市场细分与定位、产品与定价、整合营销传播、销售渠道管理、客户关系管理、营销管理体系建设这七大关键任务，它们共同构成了市场营销战略的价值链，如图1-2所示：

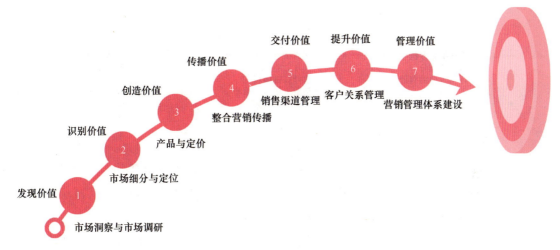

图 1-2　市场营销战略的价值链

在探索"发现价值"和"识别价值"的过程中，企业需要了解市场中的不同客户群体，分析他们的需求、偏好和购买行为，找出最有购买潜力的客户群体，选择他们希望服务的细分市场。然后，企业需要决定如何为所选择的细分市场提供独特的价值。这是对客户价值进行识别的过程，同时也为"创造价值"和"交付价值"创造了条件。这个过程和市场营销学中的概念 STP 相似。STP 是指市场细分（Market Segmenting）、目标市场选择（Market Targeting）和市场定位（Market Positioning）。不同的是，前者侧重从战略角度理解市场和客户价值，后者则是市场营销的核心操作性框架。两者可以有效地结合，为企业提供一个完整的框架，帮助企业更好地理解和服务其目标市场。

STP 是市场营销战略的第一步，它帮助企业确定在哪里创造价值、为谁创造价值以及如何创造价值。另外，企业还需要一个工具或框架来"创造价值""传播价值"和"交付价值"。在经典的市场营销理论中，这主要体现在 4P 营销组合中。4P 是指产品（Product）、价格（Price）、渠道（Place）、促销与传播（Promotion）。4P 营销组合可以确保价值不仅被创造出来，还被有效地传播和交付给了客户。STP 和 4P 营销组合两者结合起来，形成了一个完整的市场营销战略框架，包括价值从发现、识别、创造、传播到交付的全过程。

（二）市场营销战略的经典理论

市场营销领域中有许多经典的理论，这些理论随着时间的推移逐渐形成，反映了市场营销实践和学术研究的进展。在众多理论中，STP 模型和营销组合（例如 4P 和 4C）被公认为是市场营销战略的两大基石。

1. STP 模型

STP 模型是市场营销学中的市场细分、目标市场选择和市场定位三个概念的合称,旨在帮助企业更好地分析市场上不同客户群体的需求和特点,从而选择合适的目标市场,并塑造独特的市场形象和产品定位。在市场营销战略中,STP 模型的实施步骤如图 1-3 所示。

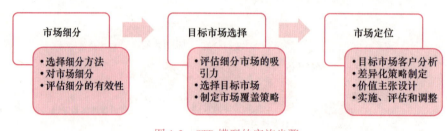

图 1-3　STP 模型的实施步骤

(1) 市场细分是指将整个市场细分为不同的客户群体,不同的群体具有不同的需求和特点。

1) 选择细分方法。确定细分市场的方法和变量,例如通过地理、人口统计、心理学、行为等变量进行市场细分,或者通过机器学习等算法进行细分。

2) 对市场细分。基于选定的方法或变量,将整个市场细分为具有相似需求或特征的多个群体。

3) 评估细分的有效性。确保每个细分群体都是明确的、可衡量的、可触及的,并有足够的规模和持续性。

(2) 目标市场选择是指在细分的市场中,选择一个或多个适合企业产品和服务的客户群体作为目标市场。

1) 评估细分市场的吸引力。分析每个细分市场的规模和成长性、结构性和吸引力,以及企业的目标和资源。

2) 选择目标市场。基于吸引力评估结果,选择一个或多个细分市场作为企业的目标市场。

3) 制定市场覆盖策略。制定在目标细分市场的差异化覆盖策略。

(3) 市场定位是指在目标市场中,根据目标客户的需求和竞争对手的情况,为企业产品塑造独特的市场形象和定位。

1) 目标市场客户分析。对目标市场客户群体的消费行为全过程、产品和服务期望、消费痛点进行深入分析和确认。

2) 差异化策略制定。根据企业自身的资源和能力以及市场环境,制定差异化的产品和服务策略,使企业与竞争对手区分开。

3) 价值主张设计。为目标市场创建一个明确、独特和有吸引力的品牌形象或价值主张。

4) 实施、评估和调整。实施营销策略,持续监测效果,并根据市场反应和变化进行调整。

上述步骤可以帮助企业更精确地定位其目标客户,使其产品和营销策略更加匹配市场需求,并为目标客户提供独特的价值。在实施 STP 模型时,企业不仅要深入研究和分析市场,还要保持灵活性和创新性，以适应不断变化的市场环境并应对竞争和挑战。

2. 营销组合

营销组合是一个综合性的营销组合策略框架，是指企业针对目标市场拓展其自身可控的各种营销因素的优化组合和综合运用，使各因素协调配合、扬长避短、发挥优势，以更好地实现针对目标市场的营销目标。

营销组合有多种经典模式，其中 4P 和 4C 是应用最为广泛的两种。4P 代表了产品、价格、渠道和促销与传播，而 4C 则代表了客户价值（Customer Value）、成本（Cost）、便利性（Convenience）和沟通（Communication）。这两种模式为市场营销提供了结构化的框架，以便思考如何更有效地分析和满足消费者的需求。

（1）4P 营销组合。4P 营销组合是美国密歇根大学的杰罗姆·麦卡锡（Jerome McCarthy）教授于 20 世纪 60 年代提出来的概念。它适用于企业营销人员在细分市场和定位明确的情况下执行营销战略，是个被验证有效的管理工具，具有很高的实战价值。4P 营销组合具体要素及其说明如表 1-2 所示。

表 1-2　4P 营销组合具体要素及其说明

要素	定义	主要内容	目的
产品	企业提供给客户的有形产品或无形服务	产品的要素、层次、独特销售主张、生命周期、新产品开发、服务设计等	确保产品和服务满足目标市场的需求，并与竞争对手的产品和服务形成差异化竞争
价格	客户为获取产品或服务所付出的货币价值	定价原则、定价预测、折扣、支付方式与政策、预订政策等	通过合适的定价策略，让目标客户感受到产品和服务价值，实现收入和收益最大化目标
渠道	产品到达目标市场和最终客户的途径	分销渠道、直销渠道、在线渠道、渠道组合、库存管理、订单管理等	确保产品在正确的时间、正确的地点，以适当的数量方便地提供给客户
促销与传播	为了促进产品销售和品牌知名度提升而开展的推广和传播活动	广告、公共关系、人员推销、销售推广和直接营销等	通过各种传播手段和活动的综合应用，以达到传播影响力最大化

（2）4C 营销组合。4C 营销组合是一个以客户为中心的营销策略框架。与传统的 4P 营销组合相比，4C 更侧重于从客户角度出发来考虑营销决策。这个模型由罗伯特·劳特朋（Robert F. Lauterborn）教授于 1990 年提出，可被视为 4P 营销组合的客户导向版本，4C 营销组合具体要素及其说明如表 1-3 所示。

表 1-3　4C 营销组合具体要素及其说明

要素	定义	主要内容	目的
客户价值	与产品相对应，强调要提供给目标客户的是产品价值，而不仅仅是产品的特性	了解和研究客户（发现价值、识别价值），提供有价值的产品或服务（创造价值、传播价值），建立良好的客户关系（提升价值）	确保产品或服务为目标客户提供真正的价值和好处，满足其期望和需求

(续)

要　素	定　义	主要内容	目　的
成本	与价格相对应，但除了货币成本，还要考虑目标客户为获取和使用产品或服务可能承担的所有成本	交易产生的货币成本、时间成本、精力成本、期望成本和其他与购买、使用相关的潜在代价	确保客户认为其付出的总体成本与从产品或服务中获得的价值相匹配
便利性	与渠道相对应，重点在于目标客户如何方便地获取产品或服务	在线购买的便利性、提供的配送服务、支付流程的便利程度等	使目标客户在购买和使用产品或服务的整个过程中感到方便和舒适
沟通	与促销与传播相对应，强调需要双向沟通，而不仅仅单向传递企业信息	与目标客户之间互动、听取客户反馈、社交媒体互动、客户服务等	建立与目标客户之间的关系，促进双向的信息交流和对话，从而更好地了解并满足其需求

（3）其他营销组合。营销组合是一个动态概念，随着市场环境和竞争条件的变化，营销组合的策略和手段也会随之改变。除了经典的 4P 营销组合和 4C 营销组合，营销组合还有以下一些常见的变体和扩展：

1）6P 营销组合是指在 4P 营销组合的基础上，加上政治力量（Political Power）和公共关系（Public Relations），强调企业在市场竞争中应关注政治力量和公共关系的影响，并运用这些因素来提升营销效果。

2）4R 营销组合是指以关联（Relevance）、反应（Reaction）、关系（Relationship）、回报（Reward）为核心的营销组合策略，强调企业与客户之间的互动和关联，与客户建立长期稳定的关系，同时追求企业的经济回报。

3）4I 营销组合是指以整合（Integration）、个性（Individuality）、互动（Interactivity）、利益（Interests）为核心的营销组合策略，强调企业应整合各种营销手段，注重产品的个性化、互动性和利益性，以满足客户的需求和期望。

这些扩展和变体是在经典的 4P 营销组合策略的基础上，根据市场环境和竞争条件的变化演变而来的，它们为企业提供了更加灵活的选择。但是，无论采用何种营销组合策略，企业都应该注重对市场需求和客户行为的研究，灵活调整策略，以适应市场的变化和竞争的需求。

三、客户与客户价值

（一）客户与客户价值的定义

从上述市场营销的定义中，可以看到"客户价值"是市场营销的中心概念。企业开展市场营销的对象是目标客户。酒店与旅游业企业必须始终围绕客户价值开展市场营销。

从广义角度看，所有有助于企业实现其商业目标的利益相关者都可以被视为"客户"。但从狭义角度看，"客户"在不同营销场景下含义不同。英文环境中，"客户"可以翻译为 Customer、Client 或者 Consumer。Customer 是指从商业公司购买产品的自然人或机构，通常用于短期交易关系；Client 是指从专业公司购买特定服务的自然人或机构，通常用于长期合作关系；

Consumer 是指产品的终端使用者，其不一定是买单人，Consumer 与产品是一种使用关系。因此，Customer 和 Client 可以理解为中文中的"客户"，而 Consumer 可以理解为"用户"或"消费者"。从市场营销目标角度，价值创造、传播和交付的重点应该是面向能够与企业建立长期关系的目标群体，即"客户"。为了表述的精准与严谨，需根据具体营销背景选择合适的词汇。在本书中，除非特殊指出，中文均使用"客户"一词，英文则按日常习惯统一使用"Customer"一词。

客户价值是指客户对企业所提供的产品和服务是否物有所值的感知。价值是指客户从产品或服务中获得的利益。客户在进行购买决策时，会将拟购买的产品或服务与可能的替代选择的收益和成本进行比较，并将感知价值最大的产品或服务作为首选。

在市场营销活动中，企业要弄清楚现有客户为什么会选择该企业的产品和服务，而不选择另外一家。这将有助于企业确定客户价值，打造产品和服务的核心竞争力，从而与客户建立有信任感和长期的合作关系。

客户价值往往取决于三个关键因素，质量、服务和价格，这三者构成了"客户价值三元组"。客户价值与质量和服务成正比，与价格成反比。对于酒店与旅游业企业来说，影响客户价值的典型因素有很多，例如价格、品牌、质量、口碑、地理位置、服务、创新、互动与参与程度等，如图 1-4 所示。

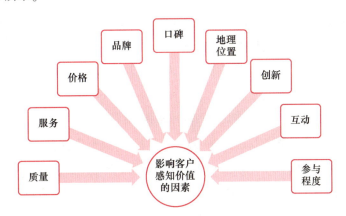

图 1-4 影响客户价值的典型因素

（二）客户价值的计算

客户价值包括期望价值（Customer Desired Value，CDV）和感知价值（Customer Perceived Value，CPV）。期望价值是客户对尚未购买的产品在特定场景和需求中期望其产生的价值。感知价值是指客户购买产品或服务的总收益（有形收益与无形收益之和）与所付出的总成本（有形成本与无形成本之和）之间的差值，如图 1-5 所示。

客户购买总收益（Total Customer Benefits，TCB）是指客户从产品购买中获得的经济、功能和心理上收益组合的感知价值，包括产品收益、服务收益、人员收益和形象收益。

1）产品收益是指客户通过使用产品或服务而获得的收益，通常由客户购买产品或服务的目的和用途来决定。

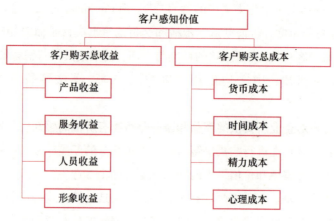

图 1-5　客户感知价值的内容

2）服务收益是指客户在购买和体验产品或服务过程中，商家能够提供给客户的，用于增强产品或服务使用体验的附加服务或增值服务。

3）人员收益是指客户在购买和体验产品或服务过程中，对所接触的商家员工的服务能力、服务态度、服务效率的感知。

4）形象收益是指客户对企业品牌和形象的感知，包括良好的品牌形象为购买产品或服务的客户带来的精神和心理上的满足感、信任感和成就感。

客户购买总收益是产品收益、服务收益、人员收益和形象收益等因素的函数，可以表示如下：

$$TCB = f(Pd, S, Per, I)$$

式中，Pd 是产品收益；S 是服务收益；Per 是人员收益；I 是形象收益。

客户购买总成本（Total Customer Cost，TCC）是指客户在评估、获得、使用产品或服务过程中预期产生的所有感知成本，包括货币成本、时间成本、精力成本和心理成本。

1）货币成本是指产品或服务的售价。

2）时间成本是指在产生需求、寻找、沟通、决策、购买、交付产品或服务过程中，客户需要亲身投入的时间。例如，一个旅行者在网上预订酒店的时候，会搜索和反复比较不同酒店的信息。如果一个酒店在网上针对客户需求提供合适的图片、文字、点评等信息，帮助客户缩短搜索时间，就降低了客户购买总成本。

3）精力成本是指在从产生需求、寻找、沟通、决策到购买这一阶段，客户需要付出的努力，包括精神和体力。

4）心理成本是指客户在使用和体验产品或服务的过程中所付出的努力，以及解决在使用和体验过程中所遇到的问题而付出的代价。

客户购买总成本是货币成本、时间成本、精力成本和心理成本等因素的函数，可以表示如下：
$$TCC = f(M, T, E, P)$$
式中，M 是货币成本；T 是时间成本；E 是精力成本；P 是心理成本。

综上所述，客户感知价值的计算公式如下：
$$客户感知价值 = 客户购买总收益 - 客户购买总成本$$
即
$$CPV = TCB - TCC$$

在市场营销过程中，如果客户认为从产品和服务中获得的总收益超过总成本，客户会再次购买，并进行口碑传播，从而帮助企业获得市场成功；如果客户在付出所有成本后，无法从产品或服务中获得与之相匹配的有形或无形利益，企业产品销售将陷入困境。

对于企业而言，客户感知价值是对客户的承诺，是其与竞争对手的差异化区别，也是客户选择该企业的理由。但企业需要在客户购买总收益和客户购买总成本之间取得平衡。这是因为任何一个因素的变动，都会影响其他因素，从而最终影响客户感知价值。例如，如果企业过于注重客户购买总收益，进而导致成本增加，就会影响企业的利润。

【探究性学习习题】

1. 研究与分析题

请选择一个酒店与旅游业企业，深入研究其市场营销策略，并回答以下问题：

（1）企业如何发现和识别客户价值？

（2）企业如何创造、传播、交付和提升客户价值？

（3）请分析和总结该企业的市场营销策略，其中的哪些部分与本章的内容相呼应？哪些有所不同？

2. 思考与讨论题

（1）根据本章的内容，你认为"客户价值"在现代酒店与旅游业中的重要性是怎样的？为什么？

（2）企业如何平衡"发现、识别、创造、传播、交付、提升和管理价值"这些环节，以保持市场竞争力？

3. 实践应用题

假设你是一家新成立的精品酒店的市场营销经理：

（1）请设计一个简单的市场营销计划，确保你的计划包含了"发现、识别、创造、传播、交付、提升和管理价值"的各个环节。

（2）描述你如何利用本章学到的理论和策略，为酒店带来目标客户。

第二章　数字化营销与数字化转型

【本章概述】

本章首先从数字和数字化的角度深入探讨了数字化营销的真正含义。与传统营销相比,数字化营销是一种数据驱动、以客户为中心的全新策略。随后,本章详细解析了数字化转型与数字化运营的核心概念,强调数字化营销是数字化转型中的核心角色。更为关键的是,本章着重展示了数字化转型如何深刻重塑数字化营销的各个环节,包括市场定位、产品创新、市场传播、销售流程、客户管理以及整体的营销管理。

一、数字化营销的定义

市场营销包括市场洞察与调研、市场细分和定位、产品与定价、整合营销传播、销售渠道管理、客户管理、营销管理体系建设的行为和过程,分别用于发现价值、识别价值、创造价值、传播价值、交付价值、提升价值和管理价值。在这些行为和过程中,数字化已经融入方方面面,促使传统市场营销向数字化营销转变。

(一)数字化的定义

1."数字"的定义

在市场营销的所有行为中,其最终的效果评价都依赖于数据,例如市场规模、市场增长率、市场份额、产品销售额和销量、渠道产量、客户满意度和忠诚度等。这些数据需要通过可视化的方式让人理解其背后的含义,而数字是数据可视化的主要组成元素。数字是表示数量的符号,如0,1,2,3,…,9,通常与数学计算和数量表示相关。可以说,数字是构成数据的基本元素之一,而数据是一种更为复杂、多样化、良好的体现形式,用于记录并反映客观事物的性质、状态、关系和变化。数据可能是文字、数字、图像、声音、视频等形式。这些原始的、未经加工的"数据(Data)",经过存储、传输和处理,就会变成有意义的描述,即"信息(Information)";整合并深度分析信息,可以揭示其中的规律,形成"知识(Knowledge)";基于知识做出决策,可以展现出"智力(Intelligence)";而面对变化的环境,不断地加工知识和信息,进而推导出最佳解决方案的能力,就是"智慧(Wisdom)",描述从数据加工至智慧的过程就形成了 DIKIW 数据转化模型,如图 2-1 所示。

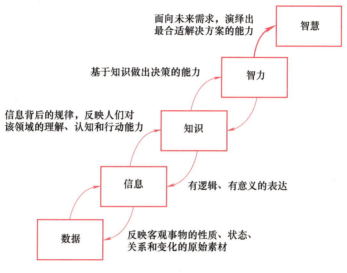

图 2-1　DIKIW 数据转化模型

DIKIW 数据转化模型为市场营销带来了诸多启示和价值。首先,在市场营销的行为和过程中,不能仅依赖直觉或经验做出决策,而应该让数据指导策略和行动,确保决策的客观性和准确性;其次,不能仅收集数据,更重要的是将数据转化为有意义的信息和知识,这样可以更好地理解和预测市场趋势、客户行为以及评估营销效果;最后,利用这些由数据转化而来的信息和知识为企业提供决策依据和方向,帮助企业判断在哪里、何时以及如何最有效地投入资源,并在不断变化的市场环境中帮助企业做出更有前瞻性、更智慧的决策。

在当今的企业管理和运营中,用于记录并反映客观事物的性质、状态、关系和变化的数据主要来源于各种 IT 系统。这些数据在存储时都应转换为二进制形式,即使用数字 1 和 0 来表示。"数字化(Digitalization)"这一概念可以用来描述这种转化过程。"数字化"的思想可追溯到 1938 年,当时的美国密歇根州立大学研究生克劳德·艾尔伍德·香农在其硕士论文中,用数字 1 和 0 来表示布尔代数中的"真"与"假"以及电路系统的"开"与"关",为后续的数字通信和信息论研究奠定了重要基础。

2. "数字化"的定义

从计算机技术角度,数字化是指将物理对象或活动转换为二进制代码的过程。例如,将客户信息输入计算机的时候,计算机将客户信息转换为数字文件,而这个文件本质上是由 0 和 1 组成的二进制代码。但是仅仅将数据转换为用数字 1 和 0 表示的二进制形式并进行存储,并不产生直接的商业价值。真正的商业价值来自在组织的管理和运营流程中,用数据驱动管理决策、运营流程、产品和服务以及业务。这种根据 DIKIW 数据转化模型对数据进行深度利用和整合，从而优化、改进业务流程，甚至创新商业模式和决策的过程，就是数字化的主要实施方向。

随着互联网和社交媒体的广泛应用，无论是消费者的各种决策和消费行为，还是企业经营管理的各种活动，都越来越依赖各种线上平台和信息系统。传统的线下营销策略和行为正在逐渐迁移到线上的数字世界。因此，数字化成为企业在这个数字时代生存和发展的关键能力。

随着物联网、云计算、人工智能和大数据等新一代信息技术在企业经营管理中的融合与应用程度不断加深，一些领先的企业能够使其服务、运营和决策流程实现自动化，进而获得可预测、可配置、自我优化和自适应的高级能力。在未来，企业的运营管理将不再只是简单地由数据驱动，而是逐渐转向由算法驱动，使得系统更加智能。在原先的数据驱动模式中，人们通过在系统中查找数据来做决策，但现在数据会自动呈现并为人们进行决策提供建议。这种能力可以用一个新词——"Digital Intelligence（数智化）"来描述，即数字化与智能化概念的混合体，而"数智化"也是数字时代市场营销的发展趋势，如图 2-2 所示：

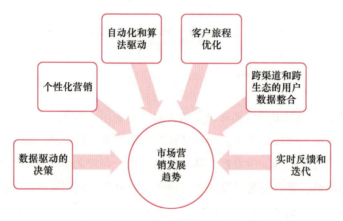

图 2-2　数字时代市场营销的发展趋势

（1）数据驱动的决策。市场营销越来越依赖数据驱动，数据赋能企业更有效地预测市场趋势，定位目标群体，不断优化营销策略。

（2）个性化营销。通过大数据和算法，企业能够洞察消费者需求，提供更加个性化的内容、产品与服务，并提高用户参与度和转化率。

（3）自动化和算法驱动。许多营销任务，如电子邮件营销、社交媒体发布、客户关系管理等，都可以通过自动化工具实施和优化。同时，算法也被用于进行市场预测、定价策略优化、广告投放等。

（4）客户旅程优化。通过人工智能和数据分析，企业能够更好地理解客户从认知到购买，再到客户拥护的整个流程。通过持续优化旅程中与每个与客户互动的触点，企业不仅可以为客户提供更加个性化的体验，预测他们的需求，及时解决他们遇到的问题，并持续提高他们的满意度和忠诚度，还可以提高转化率和客户生命周期价值。

（5）跨渠道和跨生态的用户数据整合。无论用户来自线上还是线下，企业都可以通过用户数据整合的技术手段，为消费者提供一致而无缝的体验。

（6）实时反馈和迭代。新技术使得企业能够在短时间内收集市场和客户反馈，并根据这些反馈进行产品与服务的快速迭代。

（二）数字化营销的定义

在市场营销中，数字化是指利用数字技术将物理世界中的市场营销行为和活动转向数字空间，从而为企业带来新的价值创造和用户增长的机会的过程。因此，数字化营销和传统营销的本质没有区别，都以客户价值为中心，但在空间、流程、工具、方法、效率方面发生了变革。更为关键的是，数据已成为数字空间中市场营销最重要的驱动力。

数字化营销是指以客户价值为核心，通过集成化的数字技术、方法和数据驱动的策略，进行价值的发现、识别、创造、传播、交付、提升、共创和管理的过程。

在数字化营销的过程中，市场洞察与调研、市场细分和定位、产品与定价、整合营销传播、销售渠道管理、客户关系管理、营销管理体系建设各项工作的本质目标和核心作用没有改变，但数字化营销产生了新的流程、工具和方法。例如，在客户管理中，数字化营销比传统营销更加注重企业与客户之间双向的、动态的互动和对话。

此外，需要特别指出的是，传统的市场营销更加侧重通过主观经验和感性直觉进行判断，从而得出结论，即"经验思维"；而数字化营销侧重通过对大量数据的收集、分析和解读来做出决策和制定策略，即"数据思维"。

二、数字化营销与数字化转型

（一）数字化转型和数字化运营的定义

数字化转型（Digital Transformation，DX）是第四次工业革命的关键组成部分。前三次工业革命的核心在于创新技术的大规模应用和普及。而第四次工业革命除了包括物联网、大数据、云计算和人工智能等技术，还包括增强现实、虚拟现实、区块链等技术，它们一起驱动了这个全自动的智能时代。

数字化转型是指**企业利用移动互联网、物联网、云计算、大数据、人工智能等新一代数字化技术，以客户需求为导向，驱动业务变革，从而改变现有的业务流程、组织结构和企业文化的过程。它的目的是形成全链路业务的数字化，并在数据资产的基础上建立新的竞争优势和构建新的商业模式。这使得企业能够在快速变化的商业环境中实现用户增长和商业模式创新。**

值得强调的是，数字化转型不仅仅是一个技术概念，它还涉及企业的战略、业务、组织、流程、IT 和技术等多方面的内容。数字化转型的直接产出是实现企业的数字化运营。**数字化运营是指企业利用移动互联网、物联网、云计算、大数据、人工智能等新一代数字技术，对产品和服务以及运营流程进行整体的重塑和优化。这种运营方式旨在打通各个"数据孤岛"，确保数据的互联互通，从而在客户生命周期的每个接触点更有针对性地吸引用户，提升用户价值，并实现用户增长。**数字化运营也意味着在运营流程的每个环节都需要数据支撑，从而更加高效地进行变革和创新,进一步提升运营效率,并采纳数据驱动的业务增长模式。因此,数字化运营的核心在于数据的完整性、连续性并基于数据做出有效的业务决策。企业实现数字化运营的主要标志不仅体现在企业对技术的应用,还体现在数据互联互通的环境下,如何依赖数据进行连续的问题识别、深入的问题分析、创新的问题解决以及有效的问题跟踪。这种依赖数据的决策文化,要求企业在组织架构、团队合作、决策流程等多个层面进行深度的调整和革新。

(二) 数字化转型对数字化营销的影响

数字化转型是企业利用新一代数字技术,对商业模式、业务流程、组织结构及企业文化进行全面的重塑和优化,以便应对数字时代所带来的挑战,并捕捉其中的商业机会。在这一转型过程中,客户被放在了中心位置。因此,数字化营销不仅是数字化转型的关键环节,还是一个必不可少的组成部分。它鼓励企业在内部构建以客户价值为核心的协作体系和企业文化,并利用数字技术为目标客户创造卓越的价值和体验,从而促进用户增长和提升用户忠诚度。数字化营销的成效是衡量企业数字化转型效果的主要指标,这是因为:

1. 数字化转型要求企业重新审视市场定位

企业数字化转型的核心驱动力是新一代信息技术的迅速发展,这一发展深刻地改变了消费者的消费习惯和需求,从而引发了市场环境的演变。例如,随着移动互联网和社交媒体的兴起,越来越多的消费者选择通过移动应用或社交平台进行购物。同时,基于数据驱动的个性化推荐技术和增强的互动体验已被证明能够有效提高用户转化率。在这种情况下,企业以往的市场定位可能不再适应当前的市场需求。此外,数字化转型为企业开辟了新的商业机会和新的市场机遇,这也可能要求企业对其市场定位进行重新思考,以更好地满足新市场的客户需求。

2. 数字化转型重塑了企业产品开发和服务模式

企业数字化转型深刻地重塑了产品开发和服务模式。数字化转型突出了以客户为中心的价值观念。通过数字技术,企业能更为精准地感知客户需求,从而以客户为中心来制定产品和服务策略。这种实时的反馈系统让企业迅速捕获客户意见,从而实现产品和服务的持续优化。借助数字技术,企业现在能为客户在多个触点(如移动应用、网站、社交媒体、实体店等)提供一致、无缝且高质量的体验。例如,移动应用、社交媒体、聊天机器人等为企业提供了与客户互动的新方式,进而塑造了新型的自动化和智能服务模式。此外,数字化服务设计使企业能实时监控、分析用户的行为和需求,并据此做出即时调整,利用先进的智能服务来满足客户需求。

3. 数字化转型颠覆了企业的营销传播模式

数字化转型主要体现为以客户为中心的流程再造和商业模式创新。在移动互联网和社交媒体全面渗透人们生活与工作的时代,信息传播的主导权已逐渐从企业转移到了消费者手中。消费者不仅仅是内容的接收者,更是传播者乃至创造者。这种去中心化的传播模式迫使企业重新审视其传播策略、技术与工具,以便适应这个瞬息万变的数字时代。

在数字时代,企业营销传播的重心由线下逐渐转移到线上,从单向传播发展为实时双向互动。这种传播空间的变化使企业有能力追溯传播路径、搜集各种传播和互动数据，从而评估其传播效果并做出相应调整。数字化转型的核心特点，即数据的互联互通，使企业可以利用数据分析和先进的算法，整合多渠道的客户数据，进而绘制客户画像，为每位客户提供个性化的内容和信息，进一步提升传播的准确度和效果。这种传播变革引导企业将营销传播的工作重心转向基于移动互联网和社交媒体平台的影响者营销、社群营销、社区营销、直播营销、短视频营销、自动化营销等融合多种数字技术的整合营销传播方式。因为只有在移动环境中，企业才能真正实现对消费者全消费旅程的数据跟踪、采集和分析，才能与消费者充分互动，从而更精准地制定企业的传播策略。

4. 数字化转型重塑了企业的销售模式

随着线上市场的不断扩大和营销技术的不断进步，各种新型分销渠道层出不穷，如电商平台、社交媒体和移动应用等。这些分销渠道利用先进的数字技术，为消费者打造无缝、优质的消费体验，提供个性化的产品和服务推荐，从而提高转化率和增强用户黏性。因此在线分销渠道对数字化销售能力较弱的传统企业形成了较大的控制权。例如，在旅游业中，多数酒店与旅游业公司高度依赖在线旅行社进行销售。而数字化转型的核心目标之一，是使得作为产品供应方的企业构建自有的直销平台，提升直销订单比例，赢得客户忠诚度，实现在线分销渠道销售与直销之间的平衡。更为重要的是，数字化转型还让企业有能力运用数据驱动的方法预测市场趋势与产品定价，从而实施动态定价策略或根据实时的需求与供应进行定价，为消费者提供更为便捷和个性化的购买体验。总而言之，数字化转型深刻地重塑了企业的销售模式、渠道和策略。

5. 数字化转型改变了企业客户管理的方式

数字化转型的结果是使企业实现数字化运营，在客户生命周期的每个接触点更有针对性地吸引客户，提升客户价值，并实现客户增长。在这种变化下，客户生命周期价值管理、客户体验管理和客户深度运营至关重要，共同作用于企业的客户管理策略和活动。客户生命周期价值管理侧重于提升由一个或一类客户为企业带来的整体价值；客户体验管理是实现客户生命周期价值管理目标的关键手段之一，是对客户消费过程中的接触点进行优化，从而提高客户的满意度和忠诚度，促进客户生命周期价值的提升；客户深度运营是一种更深入、更细致、更个性化的客户价值提升方法，它强调与客户在各个接触点上不断互动，加深对客户的理解，通过提供个性化的产品和服务，进一步提升客户生命周期的价值。这三种策略共同形成了全面和深入的、以客户需求为中心的客户管理战略。

6. 数字化转型创新了企业的营销管理体系

在数字化转型的浪潮中，企业的整体运作模式经历着深刻的变革。其中，团队、流程、技术和数据作为这场转型中的四大关键要素，构成了数字时代营销管理体系的基石。对于营销团队而言，数字化转型带来了职位和职责的重塑。例如，传统的销售和营销角色需要与数据分析师及数字技术专家协作，实现更加精准和高效的营销目标。随着数字技术的发展，营销流程逐渐走向自动化，有利于提高效率并实现更为个性化的客户体验。在技术层面，企业需要构建稳固且有高度扩展性的营销技术架构，以支持各种营销技术的应用和服务的高效运行。企业的各类系统都需实现互联互通，以确保数据能够流畅传递并保持一致性。数据在数字化转型中被赋予了至关重要的地位，尤其是客户数据。为了进行精准的营销决策和持续的创新，企业不仅需要高效地收集和存储客户数据，还需要对其进行深入的分析。

最终，企业的目标是以客户价值为核心，全面规划客户消费过程中的每一个接触点，构建一个既灵活、又能迅速响应市场变化，并与客户需求紧密联系的营销管理体系。

【探究性学习习题】

1. 研究与分析题

（1）如何评估某个企业数字化转型成功与否？请列举至少五个关键指标并解释其重要性。

（2）在数字化营销中，数据的作用是什么？选取一家旅游业企业，分析其数据使用策略，并讨论其对数字化营销的影响。

2. 思考与讨论题

（1）数字化营销与传统营销在策略和执行上有哪些根本性的不同？你认为这两者之间有可能融合吗？为什么？

（2）"数据思维"与"经验思维"在决策中各有什么优势和局限性？在什么情境下，企业应更侧重于其中之一？

3. 实践应用题

（1）设想你是一家传统酒店的市场部经理，设计一个初步的数字化营销策略，并说明你选择该策略的理由。

（2）选择一个你熟悉的线上旅游平台或应用，从客户的角度评估其数字化体验。你认为该平台在哪些方面做得好，哪些方面需要改进？为什么？

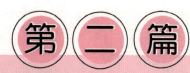

市场洞察和市场调研——发现价值

【本篇结构】

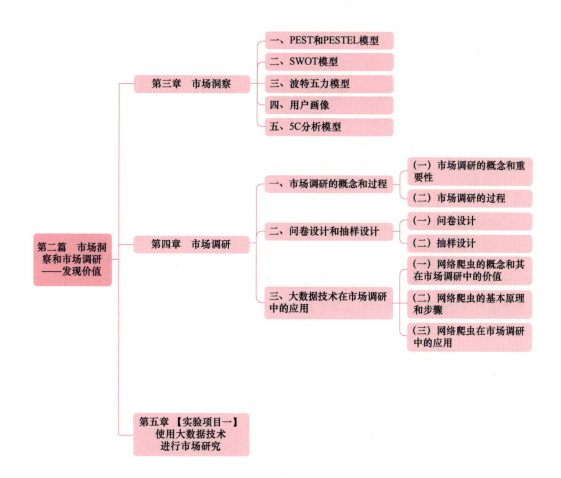

第三章 市场洞察

【本章概述】

本章详细介绍了五种市场洞察的模型及其应用。对宏观环境进行分析,常用的洞察模型是 PEST 和 PESTEL 模型;对行业竞争情况进行分析,常用的洞察模型是波特五力模型;对企业自身情况进行分析,常用的洞察模型是 SWOT 模型;对目标客户进行分析,常用的洞察模型是客户画像;如果想要了解企业的内部资源和能力,以及其与市场环境的关系,可以使用 5C 模型进行分析。

一、PEST 和 PESTEL 模型

为了精准定位细分市场及其目标客户,企业需要深入了解:目标客户具备哪些特征?他们的核心需求是什么?应该为他们提供怎样的产品或服务?哪些营销渠道最能触及他们?可以采用何种策略有效说服他们?与他们互动的最佳方式是什么?以及如何培育他们的忠诚度并建立持久的合作关系?针对这些问题,企业需要通过深入的市场洞察来获得明确的答案。

市场洞察是指通过研究和分析数据获得有价值的信息,从而驱动市场营销战略的实施。市场洞察研究的对象和数据主要来自四个方面,包括宏观环境、行业竞争情况、企业自身情况和目标客户。PEST 是市场营销分析常用的模型之一,重点分析企业运营的外部因素,即行业宏观环境。PEST 模型关注如下四个关键因素:

(1) 政治(Political)。政治因素包括政府对行业监管政策的影响,如政府制定的法规政策、地缘政治和国际关系、安全与稳定、交通和基础设施等。

(2) 经济(Economic)。经济因素主要是指宏观经济形势,如经济发展水平、货币政策和利率、市场规模、行业业态和消费结构、能源价格和资源环境、经济增长率、失业率等。

(3) 社会(Social)。社会因素是指社会的变化趋势,如人口结构和人口流动趋势、消费习惯、受教育程度和文化素质、文化价值观、安全等。

（4）技术（Technological）。技术因素是指新技术的发展及其可能对行业的影响，如新技术的出现、研发活动、技术成熟度、自动化技术、技术平台和生态系统、技术标准和协议、技术可达性、消费者对新技术的接受度、技术外包、网络安全和隐私等。

上述四个因素合称为 PEST。而 PESTEL 模型（见图 3-1）是在 PEST 模型的基础上扩展而来的，它不仅包含政治、经济、社会、技术这四个因素，还增加了两个新的元素，即环境（Environmental）和法律（Legal），以便更全面地分析宏观环境对企业的影响。

（5）环境（Environmental）。环境因素是指关注环境保护和可持续发展等议题，例如气候变化、可持续性发展、污染和废物管理、能源消耗、保护生态系统和生物多样性、公众和消费者对环境问题的认知、自然灾害和极端天气事件、流行疾病等。

图 3-1　PESTEL 模型

（6）法律（Legal）。法律因素涉及法律法规对企业的影响，如法律法规和政策、知识产权保护、投资和融资政策、环境和生态保护、劳动法和人力资源管理等。

二、SWOT 模型

SWOT 模型（见图 3-2）是由美国旧金山大学管理学教授海因茨·韦里克（Heinz Weihrich）于 20 世纪 80 年代初提出的，它通过对企业内外部条件进行综合概括，进而分析组织的优劣势、面临的机会和威胁。其中，S 代表优势（Strengths），W 代表劣势（Weaknesses），O 代表机会（Opportunities），T 代表威胁（Threats）。在进行 SWOT 分析时，首先需要确定组织的内部优势和劣势，然后考虑利用外部环境的机会和威胁来评估这些内部因素。

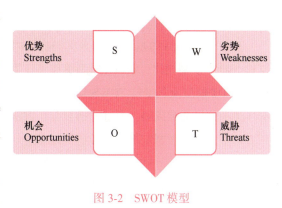

图 3-2　SWOT 模型

1）优势是指组织在其运营或业务中具有的内部优点。例如，强大的品牌声誉、独特的技术、高效的流程、企业文化、专业团队等。

2）劣势是指组织在其运营或业务中面临的内部不足。例如，过时的技术、高员工流动率、资本短缺、营销能力弱等。

3）机会是指组织在外部环境中可以利用的机会。例如，新的市场、技术进步、政府政策或规定的变化、竞争对手的失误等。

4）威胁是指组织在外部环境中可能面临的挑战或威胁。例如，新的竞争对手、经济衰退、不稳定的市场趋势等。

在收集有关企业内部运营和外部环境的数据后，可以在优势、劣势、机会、威胁四个类别下列出相关的要点，然后使用 TOWS 模型进行策略规划。TOWS 模型是 SWOT 模型的一个变体，其核心思想是强调如何将外部机会和威胁与内部优势和劣势相结合，从而制定具体的战略。在某种程度上，TOWS 模型可被视为 SWOT 模型的扩展，强调策略的实际开发和实施，如图 3-3 所示。

TOWS 模型	内部环境	
	优势	劣势
外部环境 机会	SO 策略	WO 策略
外部环境 威胁	ST 策略	WT 策略

图 3-3　TOWS 模型

TOWS 模型常用于制定以下四种策略：

1）SO 策略（优势-机会）是指利用组织的内部优势来捕捉外部机会。

2）ST 策略（优势-威胁）是指利用组织的内部优势来对抗或避免外部威胁。

3）WO 策略（劣势-机会）是指设法克服组织的劣势来捕捉外部机会。

4）WT 策略（劣势-威胁）是指识别组织的劣势和外部威胁，制定策略来减少或避免这些风险。

TOWS 模型的目的是通过将外部与内部因素相结合，提出具体的、可行的战略建议。与传统的 SWOT 模型相比，TOWS 模型更加关注策略的实际制定和执行。

SWOT 模型及其变体 TOWS 模型的意义在于帮助企业找到自身的优势和不足，以及发现外部环境中的机会和威胁。通过这两种分析方法，企业可以更好地了解自身的现状，发现自身的核心竞争力，从而制定更为有效的战略来应对市场竞争。

需要注意的是，SWOT 模型只是一种分析工具，不能完全得出战略方案。它需要结合其他战略分析工具（如波特五力模型、PEST 模型等）和实际情况来具体应用。同时，在进行 SWOT 分析时，需要尽可能全面地收集信息，并进行准确的分析和判断，以保证分析结果的客观性和有效性。

三、波特五力模型

波特五力模型由哈佛商学院的迈克尔·波特（Michael E. Porter）教授在 20 世纪 80 年代初提出，其目标在于深入剖析行业的竞争格局及其对企业的影响。波特五力模型细分为五大核心竞争要素：行业内竞争能力、新进入者的威胁、替代品的威胁、供应商议价能力和买方议价力，如图 3-4 所示。这五大要素共同塑造了行业的盈利前景和市场吸引力。波特强调，只有深刻理解并应用这五大要素，企业才能有效地规划其战略方向。

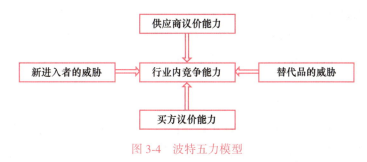

图 3-4　波特五力模型

（1）行业内竞争能力。行业内竞争能力是指同一行业内的企业在产品、价格、市场份额等方面所展现出来的竞争能力。在分析行业内竞争能力时，需要考虑以下几个方面：

1）行业内的竞争者。考查行业中现存的竞争者数量和它们之间竞争的激烈程度。此外，还要评估这些竞争者之间的相互关系，例如是否存在某种合作或竞争同盟，以及他们的竞争是良性的市场竞争还是恶性循环的价格战。

2）市场份额与企业规模。深入研究各个企业在行业内的市场份额和规模，从而得出行业的市场集中度。高市场集中度可能意味着较少的企业控制了大部分市场，而低市场集中度则表示行业内有大量小型和中型企业参与竞争。

3）竞争策略与差异化。了解各企业所采用的核心竞争策略，它们如何通过产品、服务、品牌或其他方式区分于竞争对手以获得竞争优势。此外，还需探究企业如何适应市场变化、客户需求变化和技术发展，以及它们的长期战略意图和行动计划。

（2）新进入者的威胁。它是指新的企业或产品进入市场的难易程度，取决于市场准入门槛的高低以及新进入者所拥有的资源和能力。当评估此威胁时，需要考虑以下因素：

1）市场准入壁垒。不仅要研究显性的法规和政策壁垒，还要考虑技术、资本需求、经济规模、销售渠道和客户忠诚度等隐性壁垒。这些因素共同决定了企业进入市场的复杂性。

2）行业利润水平。行业的盈利潜力会影响新企业进入的意愿。高利润率可能会吸引更多的新竞争者，而低利润率则可能会阻碍新进入者。

3）品牌影响力和忠诚度。强大的品牌识别和客户忠诚度可以构成重要的进入壁垒。新进入者需要考虑是否有足够的资源和策略来与成熟的品牌竞争。

（3）替代品的威胁。它是指那些可以替代企业当前提供的产品或服务的其他产品或服务。替代品可能来自不同的行业或市场，它们可能会提供相似的功能以满足客户需求。对于消费者来说，如果替代品的性价比更高或具有更好的性能，他们可能会选择替代品。在评估替代品的威胁时，需要从以下几个角度考虑：

1）替代品的价格与性能。这涉及替代品与企业当前产品性价比的比较。如果一个替代品提供了类似或更好的性能，但价格更低，那么它可能对企业当前的产品构成很大的威胁。

2）替代品的市场接受度和份额。即使存在替代品，但如果它们的市场接受度不高或市场份额很小，那么它们的实际威胁可能较小。但随着替代品的知名度和市场份额的增长，它们可能会逐渐成为更大的威胁。

3）替代品的品牌影响力和客户忠诚度。品牌影响力和客户忠诚度可以影响替代品的接受度。即使某个替代品在价格和性能上具有竞争优势，但如果其品牌形象较弱或受众较小，它也不会构成太大的威胁。

（4）供应商议价能力。供应商议价能力指的是供应商在与买方（如制造商或零售商）谈判时能够施加的影响力，通常与供应商能否控制价格、提供的产品或服务的质量以及交货条件等因素有关。供应商议价能力强意味着他们有能力制定较高的价格、更为有利的交货和支付条款等。在分析供应商议价能力时，需要考虑以下几个方面：

1）供应商的数量和规模。如果供应商数量较少或存在几个大的供应商主导市场，这些供应商可能拥有更强的议价能力。如果一个行业内有众多小的供应商，买方可能具有更强的议价能力。

2）供应商的品牌竞争力。拥有强大品牌竞争力的供应商可能更容易在谈判中获得有利条件，因为买方会认为这些品牌更为可靠或更受消费者欢迎。

3）供应商的产品差异化程度。如果供应商提供的产品或服务有明显的差异化特点，且这些特点是买方难以在其他产品或服务中找到的，那么供应商的议价能力可能会更强。

（5）买方议价能力。买方议价能力指的是购买者在与卖方进行谈判时所能施加的影响力。这种议价能力决定了购买者是否能够压低价格、获得更优质的服务或获得更有利的购买条件。买方议价能力的增强可能对企业的盈利水平造成压力。在分析买方议价能力时，需要考虑以下几个方面：

1）买方的集中度。如果一个行业中的绝大多数销售量集中在少数几个大的买方手中，那么这些买方可能会有更大的议价能力。相反，如果买方分散，单一买方的议价能力可能会减弱。

2）买方的品牌忠诚度。高品牌忠诚度意味着买方更倾向于坚持购买某个特定品牌，即使价格稍高。如果买方对品牌忠诚度较高，那么他们的议价能力可能会较低，因为他们不太可能轻易选择其他品牌。

3）产品的差异化程度。如果市场上的产品都很相似，那么买方可以轻松地从一个供应商转向另一个供应商。在这种情况下，买方的议价能力较强。但如果产品具有独特性，且难以被替代，那么买方的议价能力较低。

4）买方的购买力。买方的经济状况和购买力也是一个重要因素。有能力购买大量商品的买方，例如大型零售商或批发商，可能会具有更强的议价能力，这是因为它们为企业带来的销售额可能更大。

四、用户画像

用户画像是企业为了描绘目标用户而设计的虚构角色。用户画像不是真实存在的，但他们代表了真实的人。用户画像可以帮助企业精准描绘目标用户,使企业的市场营销工作更有效。例如,企业可以为"28 岁的母亲小芳"设计产品和服务,但很难为"28 岁的女性"设计产品和服务。前者使企业的目标客户更加清晰可辨。

旅游业企业用户画像的构成如图 3-5 所示。

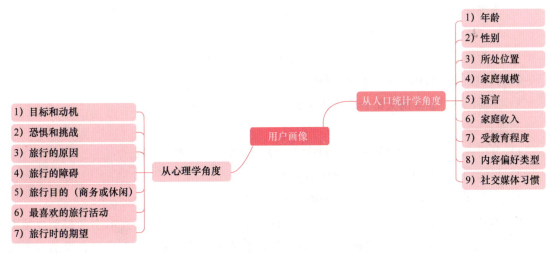

图 3-5　用户画像的构成

通过创建用户画像,企业营销人员可以知道目标客户的年龄段、区域位置、支付能力、旅游目的、旅游方式要求、决策难点。这些信息对市场营销活动非常有价值。对于旅游业企业或酒店来说,由于细分市场不止一个,因此它们可以根据实际目标细分市场创建 3~5 个用户画像。例如,某酒店的目标细分市场有商务旅游市场、休闲旅游市场、MICE(会展)市场,该酒店需要为每个细分市场创建一个用户画像。

五、5C 分析模型

5C 分析模型是一种常用的市场洞察框架,它可以帮助企业了解所处的市场环境和竞争优势。5C 分别代表企业(Company)、客户(Customers)、竞争对手(Competitors)、合作者(Collaborators)和背景/环境(Context)。

1. 企业

1)分析内容:主要关注企业自身的能力、产品、文化、战略、品牌知名度、资源、优势和劣势。

2)目的:更好地制定和执行营销策略。

3)主要问题:企业的核心能力是什么?劣势是什么?主要竞争优势是什么?

2. 客户

1)分析内容:确定目标客户的特征、需求、需求趋势以及客户的行为模式。

2)目的:更好地满足目标客户的需求。

3）主要问题：目标客户是谁？他们的需求是什么？他们的购买动机是什么？

3. 竞争对手

1）分析内容：确定主要的竞争对手以及他们的战略、优势、劣势、市场份额、规模等。

2）目的：更好地理解市场竞争环境。

3）主要问题：谁是主要竞争对手？他们的策略是什么？他们的劣势和优势是什么？

4. 合作者

1）分析内容：合作伙伴，如供应商、分销商或其他可能的合作伙伴和利益相关者。

2）目的：通过合作实现资源共享和优势互补。

3）主要问题：企业的关键合作伙伴是谁？企业与他们的关系如何？

5. 背景/环境

1）分析内容：外部环境的分析，如政治、经济、社会、技术等因素。

2）目的：了解并应对外部环境变化和挑战。

3）主要问题：市场趋势是什么？有哪些法律或政策可能影响企业的业务？

与 PEST/PESTEL 模型、波特五力模型、SWOT 模型和用户画像相似，5C 分析模型也是市场洞察的核心方法之一。它从宏观和微观视角使企业能够形成市场环境和自身状况的深入认识。每种市场洞察模型都有其独特的分析重点和使用场景。在实际应用中，企业应结合多种模型，获得一个全方位的市场视角，从而更精确地制定战略和执行计划。

【探究性学习习题】

1. 研究与分析题

（1）选择一个酒店与旅游业公司，运用 PESTEL 模型分析其宏观环境，并简要描述其主要影响。

（2）选择一个旅游景点，运用 SWOT 模型分析，评估其竞争优势和潜在威胁。

2. 思考与讨论题

（1）PESTEL 模型与波特五力模型的主要差异是什么？两者应如何相互补充？

（2）在数字化和社交媒体影响下，用户画像中的哪些因素正在变得越来越重要？为什么？

3. 实践应用题

（1）选择一个在线旅游平台（如携程、美团等），使用波特五力模型评估其行业地位。

（2）运用 5C 分析模型，为当地一家酒店或旅游业公司设计一项新的服务或产品，并说明它可以满足市场需求的原因。

第四章　市场调研

【本章概述】

　　本章内容主要探讨了市场调研的基础理论、工具和技术。首先，市场调研被定义为一种通过科学方法对消费者进行研究的过程，旨在发掘市场的机会和价值。这一过程的核心步骤包括确定调研目标、调研设计、数据收集、数据处理与分析，以及撰写报告并进行汇报。其次，市场调研中的问卷设计和抽样设计都是关键工具。设计有效的问卷要确保其结构清晰、内容简洁，且符合研究目的。而抽样设计则需要从总体中选择代表性的样本，以便更好地估计和推断整体情况。这一部分还探讨了在大数据时代，全样本研究思维的兴起和重要性。最后，随着技术的进步，大数据技术在市场调研中的应用日益增多。网络爬虫作为一种自动化工具，可快速收集并整合网络数据，为市场研究提供宝贵信息。为了从爬虫采集的数据中获取有价值的信息，还需要采用如 TF-IDF 和 TextRank 等文本分析算法。总之，市场调研是一个综合运用各种工具、方法和技术的过程，旨在为企业提供有力的决策支持，并帮助它们更好地了解和适应市场环境。

一、市场调研的概念和过程

（一）市场调研的概念和重要性

　　市场调研是一个通过科学方法对消费者进行深入研究的过程，目的是发掘市场中的机会与价值。这一过程涉及收集、分析以及解释有关市场、产品和服务、消费者以及竞争对手的数据和信息，从而为企业提供有力的决策支持。企业进行市场调研的原因众多，可能包括寻找新的市场机会、探索潜在客户、开发新的产品和服务，或是推动业务创新等。市场调研的重要性如下：

1. 发现新的市场和机会

　　市场调研可以帮助企业找到现有业务中还没有被充分发掘的新市场和新机会。市场调研使企业营销团队能够更准确地理解新的细分市场和潜在客户，并确定如何为他们创造更大价值以及如何更有效地接触他们。

2. 降低市场风险

企业需要不断寻找新的消费需求、开发新市场和新产品来确保业务的可持续性增长。但任何创新带来的不仅仅有机会，还有风险。市场调研能够为企业提供宝贵的信息，帮助企业最大限度地避免或降低这些风险。

3. 优化市场决策

市场调研使企业能够深入理解目标客户，更为全面地掌握客户的需求，并为企业产品和服务的研发、实施和迭代提供关键建议，提升决策质量。

4. 提高广告投放精准度

市场调研有助于企业清晰定义目标客户群体，使企业在广告中实现精准投放，并根据不同的细分市场调整营销策略，从而大大提高广告投放效果。

5. 洞察市场趋势

市场调研可以让企业更加清楚地了解市场发展趋势。例如，随着移动互联网的不断发展，旅行者的决策行为发生了变化。市场调研能够揭示这些变化，并为企业提供宝贵的信息来调整业务策略。

6. 加强市场分析能力

无论使用 PESTEL 模型、SWOT 模型还是使用其他分析工具，市场调研都是其中不可或缺的环节。市场调研涉及企业对宏观环境、行业、竞争对手和目标客户进行深入的数据收集、分析和解读。由此获得的市场洞察对企业制定后续的市场营销战略和策略至关重要。

（二）市场调研的过程

和许多行业一样，酒店与旅游业是一个高度市场化的行业。由于市场不断变化，企业在客户和销售额增长方面随时可能面临不确定性和风险。因此，企业需要在不断变化的市场环境中及时进行市场调研。市场调研是一个循序渐进的过程，它包括五个实施步骤。

1. 确定调研目标

对于市场调研，明确并定义问题、确定调研目标无疑是至关重要的第一步。这不仅为整个调研活动明确了方向，而且确保了后续步骤的准确性和效果。因此，市场调研人员在这一阶段需要深入识别和明确企业面临的问题，以进一步确定调研所要达成的具体目标。企业对问题进行定义和对目标进行明确并不是一件简单的工作，它有如下注意事项：

（1）团队沟通与参与。市场调研人员应与团队成员、企业相关人员和利益相关者进行深入沟通，达成共识，并确保他们从一开始就积极参与。

（2）聚焦核心问题。企业为了确保调研的效果和资源的高效利用，需要专注于解决核心问题，而不是试图掩盖任何可能出现的问题，因为人力、财力和物力等资源都是有限的。

（3）明确预算。在开始调研之前，首先要设定明确的预算，因为调研的质量、时间和预算是有密切关系的。缺乏明确预算可能会导致调研的中断或低效。

（4）目标先行。在确定数据收集方法之前，首先要明确调研的目的和目标。市场调研的目的应该驱动研究方法的选择。

（5）探索性调研。进行初步的、目的性强的调研，以便更明确地定义问题和目标。探索性调研不一定会得出明确的结论，但它为后续的调研提供了方向和基础。探索性调研常见的方法包括前导性研究（Pilot Studies）、经验性调查（Experience Surveys）、二手资源分析、案例分析（Case Analysis）等。

1）前导性研究是一种小规模的预先调研，旨在为后续的正式调研提供基础，帮助决策者确定是否以及如何启动一个更大规模和更全面的研究项目。

2）经验性调查是一种市场调研方法，它主要依赖有经验的人员或专家的知识和观点。经验性调查的核心目的是获取专家在特定领域的见解和经验，为进一步的研究提供方向。

3）二手资源分析是指利用已经存在的数据来进行研究分析的方法。

4）案例分析是指对单个或几个实例进行深入、综合的探究，以获取对某一现象、组织或事件的深入理解。

2. 调研设计

调研设计是指为了实现特定调研目的而精心制订的计划和策略。调研设计涵盖了调研的核心决策，包括选择调研类型（如描述性研究或因果性研究）、确定调研方法（定量或定性）以及选择相应的调研工具和技术。调研设计每个选择都是为了确保调研结果的可靠性、有效性和相关性。

（1）调研类型选择。根据调研目标的性质和需求，选择合适的调研类型，这对后续的研究方法和工具的选择都有关键影响。调研类型包括探索性研究、描述性研究和因果性研究。

1）探索性研究（Exploratory Research）是一种初步且非结构化的研究方法。当研究者对某一问题或现象不够了解，或对研究对象的内在联系不够了解，且在现有的信息和理论基础上无法确定具体的研究方向和方法时，通常会采用此种研究方法。探索性研究的主要目的是对问题或现象进行初步的探究和了解，为后续更深入、更系统的研究提供基础。在市场调研中，探索性研究对于识别消费者的潜在需求、洞察市场的新趋势，或深入了解特定市场现象产生的原因都是十分有价值的。

2）描述性研究（Descriptive Research）的主要目标是详细、准确地描述在特定时间、地点或人群中存在的某种情境或现象。描述性研究主要回答"何人、何事、何地、如何以及多少"等问题。在市场调研中，描述性研究经常被用于收集和整理关于消费者行为、市场趋势和产品使用情况的数据。换而言之，描述性研究主要提供关于事物的清晰和准确的描述，而不是深入探究问题产生的原因或进行未来的预测。

3）因果性研究（Causal Research）旨在确定两个或多个变量之间的因果关系。因果性研究主要回答"为什么"以及"怎么办"的问题。具体而言，因果性研究探讨当某个或某些变量(即自变量)发生变化时,是否会导致另一个变量(即因变量)的变化。在市场调研的背景下,因果性研究主要用于揭示消费者产生某种行为背后的原因。与描述性研究相比,因果性研究更加深入地分析变量之间的关系。

(2)调研方法选择。在确定调研类型后,需要选择合适的方法来收集数据。研究者需要决定是选择定性研究(如深度访谈、焦点小组),还是定量研究(如问卷调查、实验),或将两者结合。

1)定量研究(Quantitative Research)主要通过数学和统计手段对研究对象的数量特征和关系进行测量和分析,以验证或反驳特定的假设。在定量研究中,研究者经常采用随机抽样或系统抽样技术收集大规模的数据,随后利用统计方法和数学模型对这些数据进行深入分析,从而探寻各种变量之间的关联和规律。

2)定性研究(Qualitative Research)是一种对现象、事件、情感、行为、文化等进行深入描述和理解的研究方法。定性研究与定量研究的主要区别在于,它不依赖数字或统计数据,而是采用如文本、语音和图像等非数值化的数据进行分析和解释。定性研究常选择对较小的样本进行深入探索,旨在深化对问题的理解,揭示其内涵,并为更广泛的研究提供启示。这种方法注重对社会现象"质"的解读,较少涉及数量上的衡量,通常表现为非正规、灵活的研究设计。定性研究能够深入探讨复杂的社会现象,不仅能为更细致的研究打好基础,而且能独立地提供有价值的洞察和理论见解。

(3)调研工具选择。选择适当的调研工具对于收集准确、可靠的数据至关重要。需要注意的是,选择哪种工具应根据调研的目的、目标受众、预算和时间等因素来决定。

1)定量研究工具。定量研究旨在获取可以统计和量化的数据,从而进行数学和统计分析。以下是一些常用的定量研究工具:

① 问卷调查是指通过电子或纸质介质形式,收集大量目标受众的反馈数据。问卷可以是封闭式、开放式或两者的组合。

② 实验设计是指在受控的环境中通过改变一个或多个变量,观察结果的变化,如A/B测试。

③ 网络分析工具用于跟踪和分析客户在线行为和互动,如通过百度统计、Google Analytics等工具对网站中的客户行为数据进行分析。

④ 数据挖掘和分析是指利用数据挖掘技术和统计分析方法对大量数据进行处理和分析的方法。它可以通过数据清洗、整合和建模等步骤,发现数据中的规律和趋势,帮助研究者更好地了解市场和目标受众。

⑤ 结构方程建模(Structural Equation Modeling, SEM)是一种复杂的统计技术,用于测试和估计因变量和自变量之间的关系。

⑥ 层次分析法(Analytic Hierarchy Process, AHP)是一种决策工具,用于确定多个因素之间的相对重要性。

2)定性研究工具。定性研究可以深入了解和解释现象、感受、动机和行为等。以下是一些常用的定性研究工具：

①深度访谈（In-depth Interviews）是一对一的访谈，允许研究者深入探讨参与者的感受、经验和看法。

②焦点小组（Focus Groups）是指针对研究者拟定的特定话题，通过观察组员间的交流对话，搜集某一现象或论题初始信息的方法。

③观察研究（Observational Research）是指研究者观察和记录参与者的行为、习惯和互动，尤其指在自然环境中，从而获取信息的一种方法。

④文本分析（Content Analysis）是指对文本数据（如客户评论、社交媒体帖子等）进行编码和分析，以查找模式和主题。

⑤视觉分析（Visual Analysis）是指对图像、视频或其他视觉媒体的内容进行定性分析。

3. 数据收集

数据收集是市场调研的重要组成部分，这是因为营销决策的制定依赖对数据的分析。数据的完整性和准确性直接影响后续数据处理和分析的效果及调研结果的可信度。以下是数据收集阶段的主要内容和步骤：

1）定义数据需求：明确哪些数据是必需的，这通常基于调研目标和研究问题确定。

2）选择数据收集方法：选择收集一手数据、二手数据或将两者相结合。

①一手数据是指直接为特定调研项目收集的数据，例如通过调查、访谈或观察得到的数据。

②二手数据是指已存在的数据，如销售记录、以前的市场研究报告或公开发布的统计数据。

3）设计数据收集工具：设计调查问卷、访谈大纲等，它需要确保数据的相关性、准确性和易理解性。

4）选择样本：确定调查对象，调查对象可能包括所有的目标受众或从中抽样选取的一个子集。样本大小和抽样方法需要根据调研实际情况进行选择。

5）实施数据收集：根据选择的数据收集方法进行数据收集。例如，可以安排调查员进行面对面访谈，或使用在线调查工具。

6）检查和验证数据：对收集到的数据进行质量检查，以确保数据的完整性、一致性和准确性。这可能需要将不完整、不一致或明显错误的数据剔除。

7）数据录入和存储：确保数据被正确、系统地录入数据库或其他分析工具中，并确保数据的安全性和可访问性。

以上步骤可能会根据具体的调研项目、研究对象和研究方法进行调整。在数据收集过程中，研究者需要关注数据质量并确保收集方法的适当性、有效性和公平性。

4. 数据处理与分析

在市场调研中，数据收集之后的数据处理与分析是一个关键阶段，因为它可以将原始数据

转换为有意义的信息,为营销决策提供依据。以下是数据处理与分析阶段的主要内容:

1)数据清洗:去除重复、错误或不完整的数据,纠正明显的错误,处理缺失值。

2)数据转换:将数据从一种格式转换为另一种格式。例如,将文本数据转换为数值数据,或者对原始数据进行标准化或归一化处理。

3)数据编码和录入:对于非数字化的原始数据,如纸质问卷中开放式问题的答案,首先需要进行数据编码。数据编码是指为每个可能的答案或响应指定唯一的一个数字或代码,使之可以被计算机软件读取和处理的过程。

4)探索性数据分析:通过统计图形、统计描述和其他方法对数据集进行可视化处理,以便使人们理解数据的主要特性、结构、关系以及数据中可能存在的任何异常或异常值。

5)统计分析:

① 描述性统计包括均值、中位数、标准差、频率分布等,为数据的分布和特性提供总览。

② 推断性统计包括 t 检验、ANOVA(方差分析)、相关性分析等,用于推断总体参数或检验研究假设。

③ 多变量统计分析包括回归分析、因子分析、聚类分析等,用于分析多个变量之间的关系。

④ 数据建模。对于某些复杂的市场调研,可能需要构建预测模型或分类模型,例如决策树、神经网络或其他机器学习方法。

6)数据可视化是指使用图表、图形或其他视觉工具来表示分析结果,如柱状图、饼图、散点图、热力图等。

7)解释与解读是指基于分析结果,对数据进行解释,并确定其对市场调研目标的意义。

8)验证与敏感性分析是指验证分析结果的稳健性。尤其在建模时,需要验证模型的准确性和可靠性。

5. 撰写报告并进行汇报

市场调研的最后一个步骤是撰写报告并进行汇报。一份完整、专业的市场调研报告能够为决策者提供明确、准确且实用的信息。以下是报告的主要内容。

1)报告封面:包括报告的标题、完成日期、撰写者或团队名称、公司或机构标志等。

2)目录:列出报告的主要部分和子部分,以及页码。

3)摘要或执行总结:简洁地总结报告的主要发现、结论和建议。这部分是供高层管理人员快速查阅的。

4)背景介绍:简述研究背景、研究目的、研究的重要性等。

5)研究方法:

① 调研设计,是指选择描述性、因果性还是探索性设计。

② 数据收集方法包括问卷调查、深度访谈等。

③ 抽样方法和样本大小。

④ 数据处理和分析工具。

6）研究结果：呈现研究的主要发现。研究结果可以通过图表、图形和文本描述来展现。

7）分析和解释：对市场调研结果进行深入的解读，解释数据背后的含义，尤其是与研究目的相关的部分。

8）结论：基于上述分析，总结研究的主要结论。

9）建议与推荐：基于分析和结论，提出针对性的市场策略、产品建议或其他相关建议。

10）局限性和未来研究方向：描述本次研究的局限性和可能存在的偏见。同时，提出未来可以深入探讨的话题或方向。

11）附录：包括但不限于完整的调研问卷、详细的数据、原始的访谈记录等。

12）参考文献：列出报告中引用的所有资源。

市场调研报告的撰写应确保内容客观、准确，表达清晰，避免使用过于复杂的术语，特别是非面向专家的报告。对于商业决策者，报告应当简洁、直观和实用。完成报告后，通常需要安排一个汇报会议，向决策者或其他关键利益相关者展示报告。汇报应该结构清晰、重点突出，并为听众准备相关的视觉辅助材料，如PPT演示文稿。

二、问卷设计和抽样设计

（一）问卷设计

市场调研问卷是一种市场调研常用的工具，用于收集有关目标市场的信息。设计有效的问卷是确保收集到高质量数据的关键。市场调研问卷的主要内容包括封面信、指导语、正文和结尾。

1. 封面信

封面信是引导受访者阅读问卷的首要方式。它应当简明扼要，包括200~300字。封面信的设计应该考虑如下要素：

1）说明调查者的身份：受访者需要知道"我是谁"。
2）概述调查的主题：清楚地说明"调查什么"。
3）揭示调查的目的：告诉受访者"为什么调查"。
4）描述如何选择受访者。
5）说明调查结果的保密性。
6）提及问卷的预计完成时间，为受访者提供参考。
7）如果提供激励措施，如礼品卡或优惠券，应在此部分提及。

2. 指导语

问卷的开头部分应提供指导语，帮助受访者了解如何完成问卷。指导语的撰写应该考虑如下要素：

1）简要地描述填写说明，确保受访者清楚地知道如何回答问题。

2）提供调查者联系方式，以便受访者有疑问时能够联系调查者。

3）如果问卷涉及特定情境，确保描述详细，以便受访者理解该情境。

3. 正文

问卷的主体部分是其核心，包括为了获得所需数据而设计的问题。设计问题时要考虑如下要素：

（1）选择合适的题型。具体包括：

1）开放式问题。这类问题不提供选项，要求受访者自由回答问题。开放式问题能增加数据分析的深度，但也需要更多的处理时间。

2）封闭式问题。这类问题提供了多个选项供受访者选择。封闭式问题应当确保各选项是互斥的，不会让受访者感到困惑。

3）混合型问题。允许受访者选择给定的答案或提供自己的答案。

（2）问卷设计应当注意问题用词、顺序和清晰度，确保语言简洁并避免产生误会。具体包括：

1）明确目的。每个问题都应与研究目的直接相关。问卷不要包含无关的或冗余的问题，因为它们可能会使受访者感到困惑或不耐烦。

2）简洁且明确。确保每个问题用词简洁且不含模糊不清的词语。避免使用行话或专业术语，除非调查者确定受访者理解这些术语。

3）避免双重否定。例如："你不觉得不去海滨度假是一种遗憾吗？"这种问题会使受访者感到困惑；而应该问："你认为去海滨度假重要吗？"

4）避免引导性问题。例如，不要问："你也认为山地徒步是最好的旅行方式吗？"而应该问："你如何评价山地徒步这种旅行方式？"

5）确保问题互斥且全面。当提供多个选项时，各选项应该是互斥的，并且尽量涵盖所有可能的答案。

6）问题顺序。问题应当从简单到复杂，由简单的、不太敏感的问题，逐渐过渡到更复杂、更敏感的问题。或者使用逻辑顺序，例如，首先询问："你上次旅行去了哪里？"然后问："你在那里参加了什么活动？"

7）避免使用绝对词汇。"永远""每次"等词汇可能会导致受访者难以回答。例如，不要问："你每次旅行都会购买纪念品吗？"而要问："你通常会在旅行时购买纪念品吗？"

8）避免假设。不要假设受访者具有某种知识、经验或情感。例如，不要问："你为什么喜欢在五星级酒店住宿？"而要问："你如何评价在五星级酒店的住宿体验？"

9）保持中立。避免使用可能使问题显得有偏见或过于感性的词汇。

10）使用封闭式问题时，提供"不确定"或"不适用"的选项。这样，受访者在遇到不确定或不相关的问题时不会感到迷茫。

11）不要提及敏感问题。例如，不要提及收入、年龄等受访者不愿意让调查者知道答案的问题。

（3）测试问卷。在问卷正式发布之前，首先对一个小组进行测试，观察他们如何理解和回答问题，并根据反馈进行调整。

4. 结尾

结束问卷时，要确保以感谢受访者的参与结尾。设计问卷结束语时要考虑如下要素：

1）再次提及激励措施。

2）确认对受访者的数据保密。

3）指明提交问卷的截止日期。

4）为了获得更多的反馈，可以在问卷结尾增加一个开放性的问题。

总之，设计市场调研问卷时，要确保其结构清晰、语言简洁，并符合研究目的，这样可以确保收集的数据质量高和具有相关性。

（二）抽样设计

在市场调研中，抽样设计至关重要，它是指从庞大的目标总体中选择特定的样本单位（如个人或实体）进行详细研究。由于直接调查整个总体既费时又费力，抽样就成了一个可行的替代方案。抽样的关键之处是从整体中选取一定数量的样本，使其能够充分反映整体的特性。通过分析这些样本，研究者可以对整体进行估计和推断。

1. 抽样设计的步骤

在市场调研中，抽样设计是一个系统的过程，涉及多个步骤。以下是抽样设计的主要步骤：

1）定义目标总体：研究者首先应明确自己要研究的目标总体，它可能是特定的人群、企业或其他实体。在此过程中，需要明确目标总体的特征、范围及规模。

2）选择抽样框：抽样框是指列有所有可能被选中的样本单位的名单。抽样框的质量对于获取可靠的样本至关重要。

3）确定抽样方法：基于研究的目的、预算、时间和目标总体的特点，研究者需要选择适用的抽样方法，如随机抽样（包括简单随机抽样、等距抽样、分层抽样、整体抽样）或非随机抽样（如便利抽样、判断抽样、配额抽样、滚雪球抽样）。

4）确定样本量：这一步骤涉及确定需要多少样本单位来达到研究的置信度和精确性要求。样本量的计算通常考虑预期的误差范围、置信水平、预期的响应率以及总体的变异性。

5）实施抽样：一旦确定了抽样方法和样本大小，研究者就可以开始抽取样本。这可能涉及生成随机数、使用专业软件或物理方法（例如摇奖筒）。

6）处理非响应和缺失数据：在大多数调研中，非响应是一个常见的问题。研究者需要制定策略去处理不愿意或不能参与的样本单位。

7）考虑权重：在抽样设计不均匀或非响应率较高的情况下，研究者可能需要为样本单位分配权重，以确保结果具有代表性。

8）评估和调整：在数据收集完成后，研究者应评估样本的质量和代表性。如有必要，进行调整或再抽样。

9) 记录文档：为了确保研究的透明性和可重复性，所有的抽样决策、方法和过程都应被详细记录在文档中。

10) 数据分析准备：研究者应当确保其收集的数据已为分析做好准备，这可能涉及数据清洗、权重应用以及其他必要的预处理。

2. 抽样设计的方法

抽样方法可以分为两大类共八种方法：一类是随机抽样，包括简单随机抽样、等距抽样、分层抽样、整体抽样；另外一类是非随机抽样，包括便利抽样、判断抽样、配额抽样、滚雪球抽样。

1) 随机抽样是指从一个总体或群体中按照随机的方式选择样本的方法。这种方法可以保证每一个单位（如人、事物或事件）被选中的概率是相同的。随机抽样的主要优势是它可以产生具有代表性的样本，从而允许研究者对总体进行推断。在随机抽样中，由于每个单位被选中的机会相同，因此可以最小化样本偏差，使得样本在许多方面（如性别、年龄、经济状况等）更接近总体的特征。随机抽样方法及其优缺点如表4-1所示。

表 4-1 随机抽样方法及其优缺点

项目	说明	优点	缺点	举例
简单随机抽样	这是最基本的随机抽样方法，从总体中随机选择样本，每个单位被选中的机会都是均等的	所有单位被选中的概率都相等，这使样本具有代表性，结果易于统计推断	需要接触或识别总体中的每一个单位，以确保每个单位都有被选入样本的机会，但还是可能会遗漏小群体	为了了解某旅游景点的游客满意度，从所有游客中随机选择样本，使用计算机生成随机数字来选择游客名单
等距抽样	从总体的第一个单位开始，每隔一个固定的间隔选择一个单位	简单，操作性强，通常比简单随机抽样更为经济	如果总体存在某种模式或周期性，可能产生误差	为了快速收集某大型旅游团的反馈意见，从旅游团每10位游客中选择一位进行调查
分层抽样	总体首先被分成不重叠的子集或层，然后从每一层中进行随机抽样	可以确保每个子集或层在样本中都得到体现，从而增加抽样精度	需要有总体每个单位详细的信息	为了了解不同类别游客的需求和反馈，按照旅游目的、消费能力或来源地将游客分层，然后在每一层中抽样
整体抽样	总体被分为不同的群或簇，然后从中随机选择几个样本，并调查所选簇中的所有单位	在处理大型或地理上分散的总体时，较为经济和实用	因为簇内的样本单位可能更加相似，所以可能增加抽样误差	为了了解特定旅游活动或节日的市场情况，随机选择几个旅游团进行全面调查

2) 非随机抽样是指从一个总体或群体中选择样本的一种方法，非随机抽样中不是所有单位都有相等的机会被随机选中。非随机抽样在实际研究中经常被使用，特别是在资源有限或无法进行随机抽样的情况下。非随机抽样方法及其优缺点如表4-2所示。

表 4-2　非随机抽样方法及其优缺点

项　目	说　明	优　点	缺　点	举　例
便利抽样	选择最容易获得的单位作为样本	快速、经济和方便	结果可能有偏差,因为样本可能不具有代表性	为了快速收集市场反馈或进行初步了解,选择游客熟悉的景点以及愿意配合的游客进行调研
判断抽样	基于某种标准或研究者的知识选择样本单位	当总体太大或不可得时,判断抽样较为有用	可能存在显著的选择偏差	为了对特定旅游产品或服务进行评估,选择只参观生态旅游景点的游客进行调研
配额抽样	确保样本在某些特征上与总体相似,但不是随机的	样本可能在关键特征上与总体相似	样本选择的非随机性可能导致偏差	针对每个年龄段的游客各收集50份反馈,这样各个年龄段游客的情况都能得到体现
滚雪球抽样	适用于难以定义或难以接触的总体。一旦确定了初始的样本单位,就会询问他们能否推荐其他参与者	对于难以访问的群体,这种方法是必要的	可能存在显著的选择偏差,且难以估计抽样误差	为了研究背包客或特定文化背景的游客,让一位抽样参与者推荐其他参与者

3. 大数据时代的全样本思维

牛津大学的维克托·迈尔-舍恩伯格教授在其所著的《大数据时代》中,强调大数据时代具有三个思维变革:①不是随机样本,而是所有数据;②不是精确性,而是混杂性;③不是因果关系,而是相关关系。

在大数据时代到来前,抽样曾是主要的数据获取方式。这是由于技术和处理能力的制约,全量数据的采集与分析非常困难。抽样具有明显的优点和缺点。抽样结果与实际值之间的偏差被称为"误差"。误差可分为随机误差和系统误差。

举一个极端例子,例如一位研究者在清华大学校门口随机抽取一位路人,得知其学历为博士,并据此推断北京市居民全部都是博士,这显然是一个错误的结论。这个例子揭示了抽样的不稳定性,即抽样得出的结论与实际情况存在较大的差异。在这个例子中,如果每次的抽样结果都不同,那么所面临的就是随机误差。这种误差来源于样本与总体间的随机差异,但它可以通过增大样本量或其他手段被减小和控制。系统误差往往是由抽样设计中的偏见等主观因素引起的。比如在上述例子中,研究者选择在清华大学校门口进行随机抽样来调查北京市居民的学历,违背了随机抽样的原则,因而容易产生系统误差。

在大数据时代,人们有能力搜集更加全面和完整的数据。如舍恩伯格所述,现在的"样本"几乎等同于"总体"。这意味着可供分析的数据量已经接近或等于总体数据量。在此背景下,人们不再依赖随机抽样等方法,而是直接分析所有可获取的数据。人们在分析和解决问题时，不再仅仅通过部分数据来推断整体，而是从全局的视角出发，更加准确地处理和分析海量数据。此外，随着样本数据趋向全样本，数据的复杂性和多样性也随之增加，数据中包含了异常、瑕疵和错误的信息。数据的快速增长往往伴随着大量的非结构化和多种格式的异构数据。尽管如此，通过大数据技术，研究者能有效地存储和分析复杂的数据，从而更为精确和客观地理解和揭示世界的本质。

舍恩伯格指出，过于追求数据的精确性是信息匮乏时代的思维定式。实际上，仅有5%的数据是结构化的，适合存储在传统数据库中。如果研究者不能容忍数据的混杂性和不精确性，那么其他95%的非结构化数据将被浪费。研究者必须接纳不完美的数据，这样才能全面洞察一个全新的领域。大数据更适合于进行"概率性"的分析，而非证实某一"确切"的观点。当研究者努力获得数据和扩展数据规模时，应该习惯于面对数据的混杂性和不精确性，摒弃固有的"一事一答"的旧观念。研究者正确的做法是利用这些混杂的数据，而非付出巨大的代价去消除数据的不精确性。

因此，在大数据时代，人们理解事物和世界应当具有容错思维。人们通过对混杂的海量数据进行分析，得到的结论反而更精确，这是对事物发展最好的预测。舍恩伯格提到的"不是精确性，而是混杂性"的观点并不是说舍弃精确性。精确性的目的是排除混杂的数据，而容错思维之所以强调要接受混杂的数据，是因为要得到更彻底的精确性。尽管混杂的数据看似杂乱无章，但经过深入分析，研究者反而能获得更精确的答案，为未来提供更加贴切的预测。

三、大数据技术在市场调研中的应用

（一）网络爬虫的概念和其在市场调研中的价值

网络爬虫又称网络蜘蛛、网络机器人，是一种按照预设的规则，自动浏览和抓取互联网信息的程序。如果将互联网比作一张蜘蛛网，将互联网的一个个网页比作蜘蛛网上的一个个节点，那么网页与网页之间的链接关系可以看作节点间的连线，而网络爬虫就可以看作在网上爬来爬去的蜘蛛。蜘蛛每爬到一个节点相当于访问了该网页，提取了信息，然后顺着节点间的连线继续爬行到下一个节点。这样周而复始，蜘蛛就可以爬遍整个网络的所有节点，抓取数据。基于网络爬虫的市场调研就是运用爬虫来自动搜集并组织网络数据，并进行市场研究。这种研究方式充分利用了自动化技术的优势，能在极短的时间内整合大规模的数据，为研究者揭示市场趋势、消费者习惯以及竞争态势等关键信息。

（二）网络爬虫的基本原理和步骤

网络爬虫的基本原理如下：

1）预先设定一个或若干个初始网页的 URL（统一资源定位符），将初始 URL 加入待爬取 URL 列表中。

2）从待爬取 URL 列表中逐个读取 URL，并将 URL 加入已爬取 URL 列表中，然后下载网页。

3）解析已下载的网页，提取所需的数据和新的 URL，并存储提取的数据。

4）将新的 URL 与已爬取的 URL 列表进行比对，检查该网页是否已被爬取。如果网页没有被爬取，则将新的 URL 放入待爬取 URL 列表的末尾，等待读取。

5）以上过程持续进行，直至待爬取的 URL 列表为空或满足预定的终止条件，从而实现完全遍历网页。

网络爬虫是一个自动化程序，它首先发送请求获取网页响应的内容，然后解析这些内容，最后将提取的数据存储到文件或数据库中。总结起来，网络爬虫工作流程可以分为爬取网页、解析网页和存储数据三个步骤。

1）爬取网页。网络爬虫程序首先要做的工作是爬取网页，即获取网页的源代码。源代码里包含了网页信息，所以只要把源代码爬取下来，就可以从中提取想要的信息。

2）解析网页。解析网页是用户根据网页结构，分析网页源代码，从中提取想要的数据。解析网页可以使杂乱的数据变得条理清晰，以便用户进行后续处理和分析。

3）存储数据。解析网页并提取数据后，一般要将提取的数据加以保存以便后续使用。数据的保存方式有很多种，可以直接存储到 JSON（JS 对象简谱）或 CSV（逗号分隔值）文件中，或者储存到数据库中，例如 MySQL 和 MongoDB。

（三）网络爬虫在市场调研中的应用

大数据时代，在海量信息爆炸式传播情形下，应当如何精确抓取并分析对企业市场营销有用的数据呢？首先需要对原始互联网数据进行采集。想要抓取大量门户网站、自媒体网页内容，必须使用分布式爬虫技术，在抓取前进行去重，在抓取后还需要对子网页进行分析提取。爬虫采集的是半结构化的 HTML（超文本标记语言）文件数据，在对其进行后续的处理分析前，还必须对 HTML 源代码进行数据清洗，并提取有效文本内容。数据清洗包括网页内容提取、无用内容去除、分词等主要步骤。

从清洗后的文本内容中挖掘有价值的关键信息对后续市场分析尤为重要。关键词就是能够表达文档中心内容的词语。关键词提取是文本挖掘领域的一个分支，是文本研究领域的基础性工作。利用文本特征提取技术可以实现对关键词的提取。

文本特征提取的目的是从文本中提取特征词并进行量化以标识文本信息，从而将一个无结构的原始文本转化为结构化的、计算机能够识别和处理的信息。文本特征提取是指对文本进行科学的抽象，建立数学模型，用以描述和代替文本。提取文本特征后，计算机能够通过对数学模型的计算和操作来实现对文本的识别和后续操作。

一般来说，文本特征项应能真实标识文本内容，能够将文本与其他文本相区分。文本特征项数量不宜过多，并应易于分离。文本特征提取的主要功能是在不损失文本核心信息的情况下，尽量减少要处理的单词数，以此来降低向量空间维数，从而简化计算，提高文本处理的速度和效率。以下为文本特征提取常用的两种算法：TF-IDF（Term Frequency-Inverse Document Frequency，词频-逆文档频率）算法和 TextRank 算法。

1. TF-IDF 算法

TF-IDF 算法是一个统计性质的方法，用于衡量一个词在特定文档中相对于整个语料库的重要程度。它结合了两种指标：词频（TF）和逆文档频率（IDF）。

（1）词频。词频表示一个词在特定文档中出现的频率。计算方法是将一个词在文档中的出现次数除以该文档的总词数，即

$$TF = \frac{该词出现次数}{文档的总词数}$$

然而，单纯依赖词频不能准确评估一个词的重要性，因为一些常用的、对文档主题意义不大的词（如"然后""首先"）可能出现得很频繁。

（2）逆文档频率。逆文档频率是为了衡量一个词的普遍重要性而引入的，如果一个词在多数文档中频繁出现，则它对某一篇文档的区分度就很低。计算公式如下：

$$IDF = \log\left(\frac{语料库的文档总数}{包含该词的文档数+1}\right)$$

这意味着，对于在整个语料库中只在少数文档中出现的词，其 IDF 值会比较大，从而被视为对某篇文档具有较高的区分度。将 TF 与 IDF 两个指标结合，就能得到 TF-IDF 的计算公式：

$$TF\text{-}IDF = TF \times IDF$$

TF-IDF 值越大，表示该词对文档的重要性越高。

综上所述，TF-IDF 不仅考虑了一个词在特定文档中的重要程度，还考虑了该词在整个语料库中的区分度。这样，TF-IDF 算法能有效地筛选出既频繁出现在特定文档中又具有高度区分度的关键词，从而为文本分析提供有价值的信息。

2. TextRank 算法

TextRank 算法是基于图模型的关键词提取和文档摘要生成方法。TextRank 算法由谷歌的 PageRank 算法改进而来，其原理是通过"投票机制"来决定文档中词汇或句子的重要程度。这里的"投票"并不是日常生活中的选举投票，而是词与词之间相互关系和影响力的一种度量。TextRank 算法的核心理念可以归纳为，文档可以分解为各种基本元素（例如单词或句子），并在图模型中表示。在这个图模型中，元素之间的关系将决定它们的重要性。

TextRank 不依赖外部语料库，它完全根据文档本身的结构和内容来确定关键词的重要性，这也是其与 TF-IDF 等算法的一个主要区别。TextRank 算法的一大优势是其具有自足性，即该算法不需要基于先前的统计数据或额外的训练数据。这与 TF-IDF 等方法不同，后者依赖大量文档的统计信息。此外，与 TF-IDF 只考虑单词频率不同，TextRank 进一步探索了词汇的上下文语义关系。具体来说，如果一个单词上下文中有很多重要的词，那么这个词本身很可能也是重要的。

【探究性学习习题】

1. 研究与分析题

(1) 请对某个成功的市场调研案例进行描述,并分析其调研方法、工具和最终的决策结果。

(2) 针对 TF-IDF 和 TextRank 两种文本分析算法,分析并比较两者各自的优点与局限性。

2. 思考与讨论题

(1) 在大数据时代,全样本研究思维和传统的随机抽样方法之间有何关系?全样本研究是否总比随机抽样更优?

(2) 在问卷设计中,为什么封面信和指导语对受访者的参与度和问卷的完成率至关重要?

(3) 怎样确定适当的抽样量,以确保在市场调研中获得的数据既经济又具有代表性?

3. 实践应用题

(1) 请你设计一个简短的市场调研问卷,目的是了解年轻人对绿色环保酒店的态度和购买意愿。

(2) 假设你被委托为一家从事邮轮旅行的公司进行市场调研,请列出你的调研计划,并详细描述每一步的目的和方法。

第五章 【实验项目一】使用大数据技术进行市场研究

一、实验概述和目的

本实验以某酒店OTA（在线旅行社）平台上客人的Q&A（问题与回复）数据为实验对象，借助大数据技术和工具，对该酒店客人的在线咨询数据进行采集和处理，分析客人对酒店的主要关注点，进一步揭示他们的需求，为酒店提供关于产品和服务的改进建议。

本实验项目的学习目的包括：

（1）技术运用。能够了解相关的大数据技术，并能够运用工具进行数据采集、处理和分析。

（2）数据解析。能够识别和解析OTA平台上的Q&A数据，从中抽取有关酒店的关键信息。

（3）市场调研。能够理解并掌握如何使用大数据进行市场调研，以及如何将数据转化为实际的市场信息。

（4）客户洞察。能够基于分析结果，洞察客户的核心需求和关注点，进而提出有针对性的建议。

（5）报告技巧。能够整合分析结果，编写结构清晰、内容翔实的报告以向酒店或其他利益相关者呈现。

（6）批判性思考。培养批判性思考能力，不仅能接受数据所呈现的信息，还能对数据的真实性、完整性和是否中立进行批判性评估。

（7）团队合作。学习在团队中合作，与团队共同完成数据采集、处理和分析任务，培养团队协作和沟通能力。

二、实验背景

在大数据时代背景下，互联网持续产生着海量信息，这对企业的市场调研具有不可估量的价值。这些数据具有大数据的典型特征，如巨大的数据规模、广泛的内容覆盖以及多样的格式。网络爬虫工具作为一个高效的"信息捕手"，可以在众多的网络资源中系统地捕捉到企业所需的关键市场信息，使企业得以深入了解客户的需求，从而优化产品和服务，制定更为精准的市场策略。

三、实验原理

使用大数据技术进行 OTA 平台客户咨询数据市场研究，涉及以下核心步骤和技术：

1. 数据采集

（1）选择数据源。确定用于调研的数据源，如 OTA 平台上的客户留言和回复。

（2）数据抓取。利用网络爬虫工具从所选数据源中抓取数据。

2. 数据预处理

（1）数据清洗。去除错误、重复或不一致的信息，处理缺失数据和异常值。

（2）分词和去除停用词。对中文文本进行分词处理并去除停用词。

3. 特征词提取

利用数据挖掘技术从预处理数据中提取特征词，以分析客户对酒店的主要关注点。

4. 可视化和报告

（1）利用数据可视化工具将分析结果呈现为图表形式，使其更易于理解。

（2）创建详细报告，总结对客户需求的分析结果。

5. 结果解释和决策支持

（1）基于实验结果，解读客户需求并提供针对客户需求的响应建议。

（2）根据分析结果为市场策略提出建议，进而优化产品和服务。

四、实验工具

1. 软件环境

（1）数据采集。网络爬虫工具或 Python 等编程语言工具。

（2）数据处理与分析。Python、Excel 或其他相关数据分析工具。

（3）专业平台。问途酒店与旅游大数据应用实训平台。

2. 硬件环境

个人计算机，需能够顺畅接入互联网。

五、实验材料

1. 数据源

（1）使用问途酒店与旅游大数据应用实训平台。根据平台提供的酒店列表进行数据选择。

（2）使用 Python 进行数据抓取。根据实验原理，自行在某 OTA 平台选择特定酒店的客户咨询数据作为数据源。

2. 数据范围

从所选 OTA 平台上爬取近 12 个月的客户咨询数据,作为本次实验的数据处理和分析对象。

六、实验步骤

1. 数据采集

利用问途酒店与旅游大数据应用实训平台或网络爬虫工具,爬取指定酒店在 OTA 平台上近 12 个月客户的 Q&A 数据,见图 5-1。

图 5-1 使用大数据技术进行市场研究——数据采集

2. 数据预处理

通过问途酒店与旅游大数据应用实训平台或 Python 程序,对已采集的数据进行以下处理,见图 5-2。

(1) 数据清洗。移除错误、重复或不一致的信息。

(2) 中文分词。将文本拆分为独立的词汇单位。

(3) 去除停用词。移除文本中的常用且对分析无关的词汇。

3. 特征词提取

使用问途酒店与旅游大数据应用实训平台或 Python 程序,基于 TF-IDF 算法对预处理后的数据进行特征词提取,并按重要性排序,见图 5-3。

图 5-2　使用大数据技术进行市场研究——数据预处理

图 5-3　使用大数据技术进行市场研究——数据分析与处理

4. 数据可视化

使用问途酒店与旅游大数据应用实训平台或 Python 程序，将特征词转换为可视化的词云图，见图 5-4。

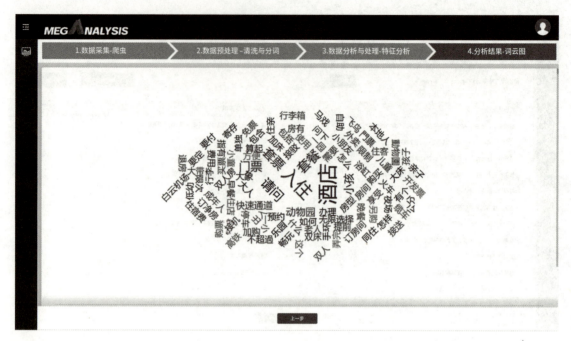

图 5-4　使用大数据技术进行市场研究——数据分析结果

5. 特征词分类

基于词云图,将特征词按照相关的维度或主题进行分类,并填写至表格中。

6. 结果解释与报告撰写

根据前述步骤,编写市场调研报告。在报告中,提出建议,旨在优化市场推广、服务提供及其他相关策略。

酒店与旅游业市场细分和定位——识别价值

【本篇结构】

第六章 酒店与旅游业的市场细分

【本章概述】

本章深入探讨市场细分的原理、意义和面临的挑战。在细分方法上,本章详细介绍了基于规则的事先细分方法和依赖数据驱动的事后细分方法,重点介绍了两种方法在酒店业的应用。事先细分方法根据地理、人口、心理等因素划分市场,而事后细分方法更侧重于数据挖掘,例如使用 K-Means 聚类算法进行数据分类。此外,本章还强调了基于数据驱动的动态市场细分的重要性。

一、市场细分的概念

市场细分是将目标市场划分为具有相似特征、相近行为或相近需求且可被触达的客户群体的过程。企业通过市场细分工作可以有效识别客户的特征、需求和偏好,并针对目标市场采取不同的营销组合和服务体验设计策略,从而提高客户满意度和忠诚度,最终实现营销目标。市场细分工作有三个步骤:第一步是将市场上的消费者依据某种方法划分为不同的群体;第二步是从细分的消费者群体中选择适合企业且具有规模性、成长性和获利性的目标市场;第三步是为每个细分市场设计价值主张,制定市场营销组合战略,对品牌、产品和服务进行差异化定位。

对市场进行有效细分是酒店与旅游业企业开展市场营销的基础工作。无论是旅行社、酒店还是景区,无论是综合性的在线旅游平台还是从事定制旅游业务的企业,在经营的时候首先要确定其服务于哪一类或者哪几类的消费者群体,这样才能根据确定的消费者群体来打造产品和服务特色,形成差异化的竞争优势。有效的市场细分能够确保企业将优势资源聚焦在具有规模性、成长性和获利性的细分市场上,有助于企业开展有效的市场传播与沟通、高效利用资源、降低市场营销费用、提高市场竞争力和优势、提升盈利能力、深入了解客户需求、提高客户满意度和忠诚度以及提高市场营销活动的成功率,如图 6-1 所示。

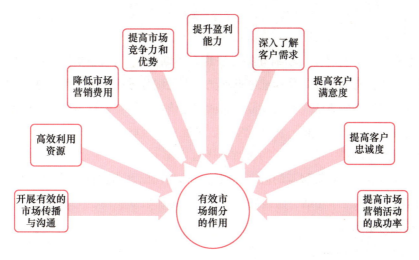

图 6-1 有效市场细分的作用

酒店与旅游业企业确定完整、定义清晰的市场细分框架和定义非常重要。准确、清晰的市场细分可以为企业市场营销工作提供清晰的指引,让企业清楚地了解其业务来自哪个细分市场。详细的细分市场分析报告为企业销售资源分配、产品和服务定位、市场决策提供了重要依据。错误或无效的市场细分会造成企业资源的极大浪费,影响企业增长,甚至造成负面作用,如带来错误的销售决策、错误的员工配备、错误的业绩分析、错误的产品和服务定位等,如图 6-2 所示。错误或无效的市场细分通常有如下特征。

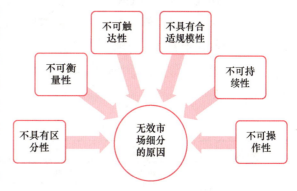

图 6-2 无效市场细分的原因

(1)不具有区分性。无法提供差异化的市场营销组合和营销活动计划;不同细分市场对同一个广告的反应没有区别。

(2)不可衡量性。细分市场的规模和成长性无法衡量,使企业无法判断细分市场的盈利能力。

(3)不可触达性。缺乏有效的传播手段和互动渠道,无法有效触达细分市场的目标客户,或者企业的产品与服务无法交付给细分市场的目标客户。

(4)不具有合适规模性。如果细分市场客户规模太小,企业销售增长的潜力将受到限制;如果客户规模太大,企业难以面向细分市场中的所有客户开展营销活动。

(5)不可持续性。产品供给在目标细分市场上已经饱和,市场需求在减少;或细分市场客户群体不稳定,变化较快。

(6)不可操作性。企业的条件、能力和资源无法满足细分市场客户的需求。

二、市场细分的方法

随着研究和技术的发展,市场细分的方法也在不断发展。传统的市场细分方法主要有两种,第一种是基于已有知识和划分标准进行推测的事先细分方法;第二种是基于数据统计分析结果进行划分的事后细分方法。事先细分方法的理论依据是消费者行为理论,而事后细分方法的理论依据是统计学的相关分析方法。近年来,随着移动互联网、社交媒体和大数据技术的发展,市场划分得越来越细。例如,不同旅游者通过智能手机在 OTA 平台的 App 进行旅游信息查询的时候,常常会发现首页展示的内容会根据之前的访问行为进行个性化推荐。这种"1 对 1 的个性化推荐"技术使市场细分能够从群体细分向用户数据驱动的个体细分方向发展,即用户数据驱动的动态市场细分。

(一) 事先市场细分方法

事先细分方法是根据事先定义好的细分市场变量来对消费者群体进行划分。细分市场变量是指那些能够反映消费者差异化需求和特征并可以作为市场细分依据的可变因素。这些因素可以分为两大类。一类是基于消费者特征的因素,主要是地理区域细分、人口统计细分和心理细分。这些变量具有一定的稳定性,属于静态变量,不能反映消费者行为的变化趋势。另外一类是基于消费者行为细分的因素,例如消费时机细分、消费频率细分、品牌忠诚度细分、追求利益细分等。这些变量属于动态变量,会随着消费者行为的变化而变化,如表 6-1 所示。

表 6-1 旅游者市场细分依据的主要变量

变量类型	具体变量	典型分类
地理区域	中国城市等级	一线城市、二线城市、三线城市、四线城市、五线城市
	中国城市规模	超大城市(1000 万以上人口)、特大城市(500 万~1000 万人口)、Ⅰ型大城市(300 万~500 万人口)、Ⅱ型大城市(100 万~300 万人口)、中等城市(50 万~100 万人口)、Ⅰ型小城市(20 万~50 万人口)、Ⅱ型小城市(20 万以下人口)
	交通时间	距离城市中心 100 千米以内范围、100~300 千米范围、300~500 千米范围; 1 小时高铁出行圈、2 小时高铁出行圈、3 小时高铁出行圈
	环境与人口密度	城市、郊区、远郊、乡村
	中国城市群	长三角、珠三角、京津冀、长江中游、成渝、山东半岛、粤闽浙沿海、中原、关中平原、北部湾
	中国地理分区	华北、东北、华东、华中、华南、西南、西北
	中国经济区域	东部、中部、西部、东北部
	联合国旅游组织划分的全球国际旅游市场	欧洲市场、美洲市场、东亚及太平洋市场、非洲市场、中东市场和南亚市场
	气候类型	热带、亚热带、温带、寒带

(续)

变量类型	具体变量	典型分类
人口统计	年龄段/代际	14岁及以下、15~24岁、25~44岁、45~64岁、65岁以上； 儿童、青年、中年、老年； "60后""70后""80后""90后""00后" 婴儿潮一代、X世代、Y世代（千禧一代）、Z世代
	家庭生命周期	单身期、新婚期、满巢期1（年轻夫妇，最小的孩子不满六岁）、满巢期2（年轻夫妇，最小的孩子六岁以上）、满巢期3（年老夫妇和孩子）、空巢期1（年老夫妇，没有孩子在身边，户主仍在工作）、空巢期2（老年夫妇，没有孩子在身边，户主退休）、丧偶独居期
	性别	女性、男性
	家庭规模	双职工家庭、无子女（夫妇）家庭、三代同堂家庭、单亲家庭； 一胎家庭、二胎家庭、多胎家庭
	职业	学生、教师、（退役）军人、人民警察、医护人员、企业管理人员等
	收入	月收入0元、0~500元、500~800元、800~1000元、1000~1500元、1500~2000元、2000~3000元、3000~5000元、5000~1万元、1万~2万元、2万元以上； 高收入者、中等收入者、低收入者
	教育程度/教育阶段	大学（大专及以上）、高中（含中专）、初中、小学
	宗教信仰	佛教、道教、天主教、基督教、伊斯兰教等
心理	社会阶层	国家和社会管理者阶层、经理人员阶层、民营企业主阶层、专业技术人员阶层、办事人员阶层、个体工商业阶层、商业服务业阶层、产业工人阶层、农业劳动者、城乡无业/失业/半失业阶层
	旅游方式	细致游历者、享乐主义者、简单随性者、务实主义者、大胆探索者
	消费方式	追求创新型、文化知识型、广告导向型、生活享受型、消费理性型、生活严谨型、品牌热衷型、成就彰显型
	价值观	家庭型、模仿型、成熟型、社会认同型、生存型、混合型
	旅游动机	回馈家人、释放压力、奖励自己、热爱旅游
行为	时机	中式传统节日（如中秋节、端午节、春节），西方节日（如情人节、母亲节、万圣节、感恩节、圣诞节），电商节日（如"520""618""双十一"），寒暑假，店庆日，会员日，高考日； 工作日、周末、节假日； 旺季、淡季、平季
	旅行目的	商务、休闲、度假、观光、M.I.C.E（会议、奖励旅游、大型企业会议、活动展览）、探亲访友、宗教朝拜、文体科技交流、研学、红色旅游、购物旅游、美食旅游、医疗康养、摄影旅游、农家乐
	购买决策过程	丈夫支配型、妻子支配型、共同影响但各自支配型、共同影响且共同决策型
	购买角色	倡议者、影响者、决策者、购买者、使用者
	用户身份	非客户、潜在客户、首次消费客户、多次消费客户
	消费频率	大量使用者（常客）、中量使用者、少量使用者
	消费水平	豪华型、标准型、经济型
	费用来源	自费、公费、奖励、众筹

（续）

变量类型	具体变量	典型分类
行为	组织形式	团体旅游者、散客旅游者、家庭旅游者、自助旅游者
	产品类型	全包价、半包价、小包价、零包价
	出行交通	自驾、高铁、房车、徒步、巴士、航空、邮轮
	客户忠诚度	蝴蝶型（Butterflies）、挚友型（True Friends）、过客型（Strangers）、藤壶型（Barnacles）
	RFM模型（客户关系管理）	重要价值客户、重要发展客户、重要保持客户、重要挽留客户、一般价值客户、一般发展客户、一般保持客户、一般挽留客户
	网络行为	浏览未购买、加购物车、收藏店铺、分享、点赞

面向终端个体消费者提供产品和服务属于B2C（Business to Customer）市场。在酒店与旅游业，B2B（Business to Business）市场，即以企业和事业单位为主体的市场，也非常重要。表6-1中的变量是针对B2C市场的终端客户进行划分的，B2B市场需要使用另外的变量进行细分。对于企事业市场细分，常用的变量包括所属行业、地理位置、组织规模、组织性质、消费类型、消费季节、消费贡献等。以酒店业为例，B2B市场细分的变量如表6-2所示。

表6-2 B2B市场细分的变量

变量	典型分类
所属行业	医疗、金融与保险、汽车、教育与培训、服装、美容等
地理位置	以酒店为圆心，直径3~5千米内的区域；以酒店为圆心，车程20分钟内的区域
组织规模	特大型、大型、中型、小型、微型（按员工人数或按销售额划分）
组织性质	国有企业、民营企业、外商投资企业、协会、商会、学会等
消费类型	客房、餐饮、会议、礼品等
消费季节	消费旺季、消费淡季
消费贡献	A类、B类、C类、D类（按对酒店的销售额或产量贡献细分）

需要指出的是，除了B2C和B2B市场，以各级政府单位为主体的B2G（Business to Government）市场也是酒店与旅游业企业的重点市场。各级政府单位为了履行政府管理职能或者为社会提供公共服务需要采购或者租用旅游与酒店业企业的产品和服务，从而给企业带来大量的商业机会。政府的资金来源是财政性资金，没有获利的动机，因而不具有商业性。在酒店与旅游业，B2G市场可以根据产品与服务特征以及客户消费场景进行细分，也可以根据消费类型（如客房、餐饮、会议）、消费季节、消费贡献结合当地实际情况进行事先细分。

具体而言，事先市场细分方法就是基于已有的认知和共识，从地理区域变量、人口统计变量、心理变量、行为变量、企事业市场变量中选择一个或者多个变量对细分市场进行事先定义和描述。根据选择的变量数量，事先细分可以分为单一变量的事先细分和多变量的事先细分。

（1）单一变量的事先细分。它是指选用一个变量对市场进行细分。例如，在旅游市场，亲子游发展迅速。在市场细分上，可以按照人口统计细分中的年龄因素变量划分为 0~3 岁的婴幼儿亲子游市场、4~6 岁的学龄前亲子游市场和 7~12 岁的学龄期亲子游市场。不同年龄阶段的儿童对产品和服务的需求不同。学龄前儿童处于好奇心旺盛阶段，活动以手工 DIY、亲子互动为主；学龄儿童则偏爱互动体验性活动，例如科普、自然课程、户外活动比较受欢迎。单一变量的事先细分方法在实施上比较简单易行，但如果通过单一变量划分的各细分市场在需求上差异不大，就丧失了市场细分的意义和价值。在酒店业市场，可以根据旅游目的这一行为变量划分散客市场，如表 6-3 所示。

表 6-3 根据旅游目的行为变量划分的酒店业散客市场

细分市场	具体定义
商务散客	以商务旅行为目的且通过非合同渠道入住酒店的非团队客户
会展散客	以参加会议展览为旅行目的且通过非协议渠道入住酒店的非团队客户
观光散客	以欣赏自然景观、风土人情为旅行目的并入住酒店的非团队客户
度假散客	以休闲度假为目的、以酒店为主要消费场地、注重享受酒店高品质服务的非团队客户
休闲散客	以娱乐、休闲、亲友欢聚、寓教于乐等为旅行目的而入住酒店的非团队客户

使用单一变量的事先细分方法可能会导致单个细分市场规模过于粗糙。例如表 6-3 中的商务散客将所有以商务旅行为目的的非团队客户都包括在内，但实际上这些客户还会因为性别、年龄、地域、行业、职位、企业性质、企业规模等的不同而存在不同的需求。因此，企业往往需要使用多个变量进行市场细分。

（2）多变量的事先细分。它是指选用两个以上的变量对市场进行细分。例如，某豪华五星级酒店在可以鸟瞰城市风光的行政楼层推出下午茶产品，并将消费下午茶的客户描述为"性别为女性、年龄为 25~44 岁，收入为 5000~10000 元，受教育程度为大学、消费方式为生活享受型"。凡是符合这些描述特征的客户都应当被假设为对豪华五星级酒店下午茶有需求的客户。采用多变量事先细分的好处是能够更加清晰、准确地描述细分市场的特征，精准控制细分市场的规模，便于为细分市场提供更加符合需求的产品和服务。但要注意，过多变量的细分市场会因为规模有限，增加运营工作量和成本，影响收益。

事先市场细分方法的变量相对比较客观。企业在进行市场细分的时候，采用事先细分方法可以做到有据可依、有经验可循，但需要注意应当根据企业自身所处行业特点、市场环境以及产品优势和服务能力对变量进行优化和取舍，确保根据变量所确定的细分市场具有规模性、可衡量性、可触达性并能够与竞争对手形成差异。

酒店业的产品主要有五类，分别是客房类、餐饮类、会议类、康体娱乐类、礼品特产类。每一类型产品服务多个具有差异化需求的客户群体。例如，针对餐饮类产品，商务宴请和私人宴请对产品和服务需求存在较大的差别。所以酒店业企业在进行市场细分时，首先应基于产品类型，然后结合客户购买行为进行市场细分。

在酒店业客房市场，不同类型客户的购买行为是不同的。首先，不同类型客户对价格的敏感度和接受度不同。客户对价格的接纳程度是酒店业客房市场进行市场细分的第一个重要依据。例如,散客和团队的客户对客房价格的要求不一样。其次,市场细分的第二个依据是客户来源渠道。针对不同渠道的客户,无论是客户需求还是销售管理,它们的要求均不一样,所以需要区别对待。在酒店前台管理系统(Property Management System,PMS)中,每一个细分市场都可以用一个市场编号(Market Code)来表示。以酒店集团为例,常见的细分市场如表6-4所示。

表6-4 酒店集团细分市场

细分市场分类		细分市场名称	市场编号举例	细分市场定义
散客	非协议散客	门市最优价散客	FIT	通过非协议渠道以净房价或含早餐价格入住的非团队客户,包括未提前预订而直接在前台登记入住、电话预订、官方网站预订、OTA 现付或预付预订的客户
		包价散客	PACK	通过非协议渠道以包价套餐(除早餐外还有其他酒店内外部附加产品)价格入住的非团队客户
	协议散客	集团公司协议散客	COPR	集团销售部签订的公司客户、商旅客户和集团内同行
		本地公司协议散客	COLC	与酒店销售部签署优惠订房协议的企事业单位(多数距离酒店3~5千米或者车程在20分钟以内)预订的并以协议价格入住的非团队客户
		政府散客	GMDT	与政府、军队、外交部门签订特殊价格协议的非团队客户,包括政府采购协议散客
		长住客	LSG	和酒店签订长住协议,且入住时间长于14天的客户
团队		旅游团	TGP	旅行社组织的、以旅游为目的且同进同出的团队,包括具备一定客房保底量的系列旅游团队和临时安排入住的普通散客旅游团
		会议团	MICE	公司、会展公司或会展公司属性的旅行社组织的出于商务或会展需求,多间批量入住酒店,除住房需求,还需要在酒店举行会议、培训、宴会等活动的团队,包括公司会议团、协会、展会、奖励团等
		政府团	GMDG	由政府单位客户组织的,以政府协议价格入住的各类团队
		机组团队	GCW	航空公司机组成员或航空公司因航班延误需要安顿的乘客团队,不一定同进同出
会员		会员客户	MEB	对品牌、产品和服务有一定认知和认可,以加入会员忠诚计划的形式与品牌建立紧密关系的客户

从表6-4中可以看到,酒店业客房细分市场可以分为散客和团队两大类。散客市场可以分为协议散客和非协议散客,协议散客进一步分为集团公司协议散客、本地公司协议散客、政府散客、长住客等;非协议散客分为门市最优价散客和包价散客。而团队市场可以细分为旅游团、会议团、政府团和机组团队等。此外,随着酒店业对客户忠诚度管理的日益重视和建立直销体系的需要,很多酒店集团开始将会员视为一个细分市场。

上述酒店业客房市场细分的主要目的在于进行差别性定价和渠道管理。酒店业客房市场细分能够有效降低营销管理的难度和成本,并且借助 PMS 前台管理系统、收益管理系统来实现收益最大化。这种方法在本质上是从管理角度,而不是从客户需求角度对市场进行细分。例如,在非协议散客市场,不同客户的出行目的是不一样的,如休闲目的、观光目的、度假目的、商务目的、会展目的等。由于市场竞争日益激烈,酒店从线上获取新客户的成本越来越高,而且同质化的产品和服务越来越难吸引客户。随着消费升级的来临,企业面临更加多样化的消费需求。因此,酒店要想在激烈的竞争环境中占据有利地位,其营销活动需要更加精准,对细分市场的划分要更加精细。不同出行目的的客户对产品和服务的需求当然不一样。当酒店营销人员在设计营销活动和打包产品的时候,需要考虑更加精准和精细的客户需求。

由于酒店客房产品价格变动较为频繁,因此如果市场细分过细,会使管理难度变大,并且 IT 系统支持也变得非常复杂。酒店集团或单体酒店需要根据自身实际情况进行市场细分,并且根据市场变化不断调整。例如,以往很多酒店在细分市场时,将未提前预订酒店客房而是直接到酒店前台办理登记入住手续,且以门市价格入住的非团队客户作为单独的一个细分市场,即 walk-in(未经预约的)市场。但随着客户的预订习惯发生改变以及移动互联网的普及,这类未经预订且以门市价格入住的客户已经很少了,可以不再作为一个独立的市场,而是与其他非协议散客市场合并。还有的酒店会根据自身的业务情况设置一些专属的细分市场,如表 6-5 所示。

表 6-5 酒店细分市场举例

细分市场名称	市场编号举例	细分市场定义
旅游批发商	WSL	不直接面向重点客户,而是为旅游零售商打包、组合、设计旅游产品的旅游批发商(wholesaler)
奖励团	ICGP	为了实现特定目标,由企业付费,委托专业机构策划活动并组织员工、产品经销商、忠实客户入住酒店的团体客户
美食团	GMS	以旅游为目的,同时使用酒店的客房和美食且同进同出的团队
钟点房	DUS	以时段为计费单位,且入住时长为 2~4 小时的客户

酒店会议市场可以根据会议规模、会议活动性质、会议组织者进行细分。按照会议规模,可以分为小型会议市场、中型会议市场、大型会议市场、特大型会议市场;按照会议活动性质,可以分为年会、论坛、研讨会、座谈会、培训会、产品推介会、产品订货会、拍卖会、客户联谊会、奖励会等;按照会议组织者,可以分为企业会议、协会会议、政府会议。

(1)企业会议。由企业组织的,以酒店为举办地和消费场所,以管理、服务、信息传递、营销、技术交流、培训为主题,以员工为主要参加对象的内部会议和以客户及外部利益相关者为主要参加对象的外部会议。

(2)协会会议。由行业、教育、技术、专业和科学领域的协会、学会和商会组织的,以酒店为举办地和消费场所的会议和展览。

(3)政府会议。由人大、政协、法院、检察院、民主党派、工商联等组织的,以酒店为举办地的各类会议。

对于酒店餐饮与宴会市场，可以根据组织者、参与者、主题进行市场细分，如表6-6所示。

表6-6 酒店餐饮与宴会市场细分

划分方式	细分市场	细分市场定义
按组织者	商务宴请	由企事业单位出于某种商业目的而举行的餐宴活动，是酒店餐厅包厢最主要的市场
	私家宴请	亲朋好友、同事之间为了增加友情，或庆祝特殊日子而举行的非正式的餐宴活动。形式简便、灵活，可不排席位、不做正式讲话，菜肴可丰可俭
	家庭宴会	因习俗或社交礼仪等举办的宴饮聚会
	社团餐宴	由校友会、同乡会、老友会、复员军人会等各类社会团体举办的聚餐活动
按参与者	特定群体餐饮	针对特定群体、在特定日期举办的，具有特定主题和含义的餐宴活动
按主题	仪式宴席	根据仪式性质不同，一般划分为婚宴、满月酒、寿宴、丧宴等
	中式节庆宴席	在中秋节、春节等中式传统节日期间，以庆祝节日为目的，且具有节日或地方人文风俗特色的餐宴活动
	西式节庆聚餐	在感恩节、圣诞节等西方特定节日期间，由中国酒店举办的，以欢聚为主要目的，具有明显的主题色彩，且以主题自助餐为主要产品形式的餐饮聚会活动

（二）事后市场细分方法

事后市场细分方法基于统计学原理，利用聚类分析、卡方自动交互检验和自组织特征映射神经网络等手段对数据进行整合、解析及对比（芮田生、阎洪，2009）。其中，聚类分析在市场细分中的应用尤为广泛。它的核心理念是"物以类聚、人以群分"，即按照数据的相似性将其划分为不同的簇或子集。同一簇内的对象高度相似，而不同簇的对象则存在明显差异。这种方法使企业能够更深入地解读和了解其研究对象。简单地说，聚类分析旨在使相似数据集中，不同数据分散。在应用聚类分析进行市场细分时，首先选择涵盖地域、人口统计、心理和行为等维度的综合变量对客户进行调查，接着测定个体间的相似度，并基于此进行聚类，从而实现对客户的分群（万广圣、柏静，2008）。

值得注意的是，虽然聚类和分类表面上看来相似，但它们存在显著差异。分类基于预设的标准进行划分，而聚类则通过算法分析数据间的相似性，将相似数据归为一类，是无监督机器学习的一种方法。

聚类分析主要可以分为划分式聚类方法、基于密度的聚类方法、基于层次的聚类方法、基于网格的聚类方法和基于模型的聚类方法五种类型。

（1）划分式聚类方法。常见的算法例如 K-Means。

（2）基于密度的聚类方法。常见的算法例如 DBSCAN。

（3）基于层次的聚类方法。例如 AGNES（AGglomerative NESting）或 DIANA（DIvisive ANAlysis）。

(4)基于网格的聚类方法。例如 STING（STatistical INformation Grid）或 CLIQUE（CLustering In QUEst）。

(5)基于模型的聚类方法。例如高斯混合模型。

在市场调研中，K-Means 是经常被应用的一种算法，其主要特点是需要预先确定聚类的数量 K。K-Means 算法通过不断迭代，寻找各数据点的最佳簇中心，从而使每个簇内的数据点尽量相似，而不同簇之间的数据点具有明显的差异性。换句话说，K-Means 算法的目标是确保"簇内的点之间距离最小化，而簇间的点之间距离最大化"。K-Means 算法基本过程如图 6-3 所示。

图 6-3　K-Means 算法的基本过程

当簇之间差异明显，且数据集较大时，K-Means 是一个高效的选择，因为其计算速度较快且相对简单。例如，酒店可以利用酒店前台管理系统中的客户数据，结合 K-Means 算法对客户进行市场细分，以便了解其客户群体和未来提供个性化产品和服务的决策依据。在酒店前台管理系统中，可以采集的数据包括以下内容：

(1)客人基本信息。例如年龄、性别、国家/地区等。

(2)预订记录。例如预订频次、预订渠道、预订房型、入住间夜等。

(3)消费记录。例如餐饮消费、会议场地租赁、康乐场地消费、额外服务如洗衣、送餐等。

(4)付款方式。例如信用卡、现金、电子支付等。

在使用 K-Means 算法对上述数据进行分析时，首先需要对数据进行预处理，清洗 PMS 中的数据，处理缺失值，并对数值型数据进行标准化；然后选择聚类数量，可以通过肘部法则确定最佳的 k 值；最后，执行 K-Means 聚类，将客户数据分成 k 个簇。

假设通过对数据进行聚类分析，得知簇 A 的客户群体主要是商务旅行者，周一至周五入住，提前 2 天预订，住宿时间较短，对洗衣、送餐服务需求较多，男性较多。簇 B 的客户群体主要是休闲旅行者，周五至周日入住，提前预订时间短，对康乐和餐饮服务需求较多，住宿时间较短，女性较多。酒店可以对簇 A 和簇 B 这两类客户群体分别提供针对性的产品和服务。

总而言之，K-Means 在市场细分中起重要作用，其具体应用和作用还包括如下内容：

(1)客户细分。企业可以利用 K-Means 聚类分析消费者的购买记录、浏览历史和其他相关行为，将消费者分为不同的类别或群体。这样，企业可以为每个群体设计更具针对性的营销策略。

(2)产品定位。通过分析消费者对不同产品特性的喜好，K-Means 可以帮助企业确定目标市场上不同产品的偏好群体，进而更好地定位产品或调整产品特性。

（3）市场机会识别。通过分析消费者的不同行为或特性，K-Means 可以揭示那些被忽视或未被充分满足的消费者需求，为企业提供新的市场机会。

（4）提高广告投放效果。通过 K-Means 分析确定消费者群体，企业能够更精准地判断哪些群体对特定的广告或促销活动更有反应，进而有针对性地进行广告投放。

（5）优化定价策略。通过分析消费者的收入、购买习惯和对价值的感知等特性，企业可以为不同群体制定不同的定价策略，促进收益的提升。

（6）提高客户满意度。通过了解不同客户群体的特点和需求，企业可以为客户提供更加个性化的服务和产品，从而提高客户满意度。

尽管 K-Means 聚类方法原理相对简单且收敛速度很快，通常能够获得良好的聚类效果，但它也有局限性。例如，需要预先确定 k 值，这通常基于经验或其他方法来决定；K-Means 的结果可能仅为局部最优，因为它高度依赖于初始中心的选择。更重要的是，K-Means 对非凸的数据集比较难收敛。此外，K-Means 算法对离群点特别敏感，并且对数据的整体分布也相当敏感。

在事先和事后两种市场细分方法中，事先市场细分方法是基于规则的方法（Rule-based Approach）。在应用时，需要为细分市场确定用户画像，不同细分市场的用户画像是不一样的。事后市场细分方法是一种基于数据和算法驱动的方法（Data and Algorithmic-based Approach），它常基于已经发生的用户行为数据进行聚类分析。这些"静态"的用户数据能够说明用户在过去某个时间点和某个接触点的需求，但并不能完全反映用户在当下和未来不同场景下的需求。尤其对于旅行者来说，在不同的时间、不同的地点、不同的场景下，其对产品和服务的需求是不一样的。对用户需求进行分析，需要结合时间、地点、场景、个人属性及历史消费经验进行用户画像的动态分析。

用户数据驱动的动态市场细分需要移动互联网及应用、社交媒体和数据技术的支持。在移动互联网的环境中，用户在智能手机上使用各种应用以及社交媒体平台的时候，用户的互动行为会被采集下来，这些行为数据能够被处理、转化和分析并形成标签，进而构成个体用户的画像。需要特别指出的是，用户数据驱动的动态市场细分需要对实时数据进行采集和处理，实时数据反映用户正在发生的互动行为，如搜索、访问、浏览、注册、收藏、分享、购买等。实时数据能够反映用户当前行为的发生时间、地点和场景，基于这些数据，可以推测用户当下或未来的需求。如果只是基于静态的用户数据进行需求分析，就会产生不匹配的个性化内容推送。例如，一个旅行者到外地出差，并通过手机 App 预订了当地的酒店。当他回家后，依然被推送之前出差所在城市的旅游信息，这样的个性化推荐显然是无效的，并且可能会引起信息接收方的反感。

动态市场细分依赖大数据技术。虽然大多数酒店与旅游业企业不具备 OTA 平台处理海量数据的技术能力，但它们可以考虑通过用户数据平台（Customer Data Platform）这类工具，整合基于第一方的"私域数据"。用户数据平台使企业能在其自控平台上采集、清洗、整合和分析用户互动数据,为用户行为打上合适标签,并通过标签对用户进行精准分类。这样,企业便能结合自动化营销工具,在适当的接触点上实现个性化内容的定向推送。

【探究性学习习题】

1. 研究与分析题

(1) 对比事先市场细分方法和事后市场细分方法,分析它们在不同应用场景下的优缺点。

(2) 请解释 K-Means 算法在市场细分中的具体应用和效果,以及其可能面临的挑战。

2. 思考与讨论题

(1) 在大数据环境下,为什么实时用户数据在市场细分中变得更加重要?这种转变对企业的市场策略有何影响?

(2) 怎样的市场细分才能被认为是"有效的"?是不是所有的细分市场都值得企业投入资源?

3. 实践应用题

请选择旅游业中的一个产品或服务,使用事先细分方法对其目标市场进行细分,并为每个细分市场设计具体的市场营销策略。

第七章 酒店与旅游业的目标市场选择

【本章概述】

本章深入探讨目标市场选择的核心方法,以及在酒店业的策略应用。本章首先探讨如何运用SPAN方法评估和选择最具潜力的细分市场,然后概述无差异性营销、差异性营销和集中性营销三大策略;最后详解集中单一市场、选择性专业化、产品专业化、市场专业化以及全市场覆盖五种策略,旨在帮助读者深刻理解如何精准定位产品和服务,从而提升企业的市场竞争力和盈利潜能。

一、分析细分市场

市场细分的主要作用之一是使企业能够将优势资源集中在合适的客户群体上,重点关注该细分市场的需求,打造产品和服务,从而能够在所选择的细分市场中获得竞争优势,为客户创造卓越的价值。因此,企业在对市场进行细分后,需要综合分析各个细分市场的情况,从而选择适合自己的目标市场。

菲利普·科特勒认为,企业在评估细分市场的时候,需要考虑细分市场的规模和增长性、结构和吸引力,企业的目标和资源。具有规模性、高增长性和获利潜力的细分市场是每个企业都希望进入的。即便企业能够在这样的市场中抢占先机,但很快就会有新的市场进入者。所以企业需要结合自身的资源和能力进行综合分析。以某企业为例,其细分市场的评估如表7-1所示。

表7-1 细分市场的评估

评估要素	要素含义	要素权重(总和为1)	李克特5点量表评分	加权分数
差异化	产品与竞品的差异化程度	0.15	4	0.6
可触达性	是否可以有效接触某细分群体	0.25	2	0.5
规模性	细分市场是否有适度的规模性	0.15	4	0.6

(续)

评估要素	要素含义	要素权重（总和为1）	李克特5点量表评分	加权分数
利润率	产品利润率高低	0.20	5	1
可持续性	细分市场顾客生意的可持续性	0.10	3	0.3
资源匹配性	企业自身资源和条件是否匹配	0.15	2	0.3
计算公式：加权总分 = $\sum$（各要素权重 × 各要素分数）	加权总分	1.00	—	3.3

注：1. 加权总分 4.5 分以上：坚定进入；4~4.5 分：积极考虑进入；3.5~4 分：慎重考虑进入；3~3.5 分：几乎不考虑进入；3 分以下：坚决不考虑进入。
2. 李克特 5 点量表评分中，1 分表示最弱，5 分表示最强。

通过上述案例可以看出，该细分市场加权总分为 3.3 分，企业几乎不考虑进入该细分市场。

对于一家企业来说，能够发现一个具有吸引力的细分市场很关键，但更为关键的是能够发现一个具有吸引力且匹配企业竞争条件的细分市场。战略定位分析（Strategy Positioning Analysis，SPAN）是对细分市场从外部吸引力和内部竞争地位两个角度进行分析、排序和取舍的方法。其中，市场吸引力要素包括市场规模、市场增长性、预期获利能力、细分市场战略价值、进入门槛和政策管控，而竞争地位则涵盖资金实力、成本优势、产品差异化、顾客忠诚度、技术实力和品牌影响力等因素。

企业借助战略定位分析方法对细分市场吸引力和竞争地位各要素进行量化评估，有助于为企业的下一步行动提供宏观决策依据。具体评估方法如下：

（1）吸引力低、竞争地位弱。细分市场吸引力和企业的竞争力均较低，企业应避免进入或考虑尽早退出。

（2）吸引力低、竞争地位强。虽然细分市场吸引力低，但企业竞争力强，企业可以选择在该市场中占据主导地位，或重新划分及选择其他细分市场。

（3）吸引力高、竞争地位弱。虽然细分市场具有高吸引力，但企业竞争力不足，企业需要先加强自身竞争能力，然后再进入该市场。

（4）吸引力高、竞争地位强。细分市场吸引力高且企业竞争力强，企业可以加大投资，确保增长。

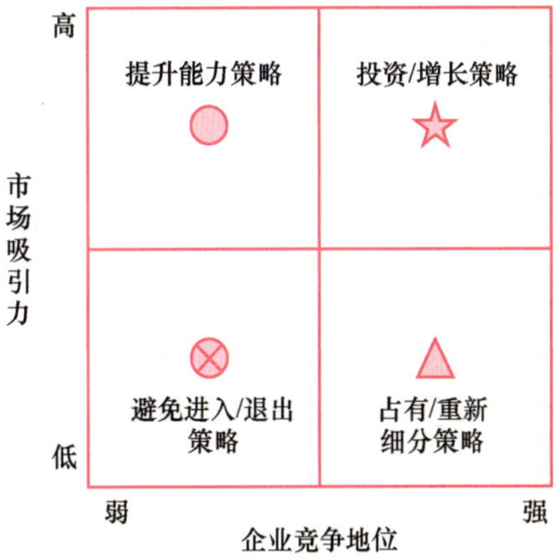

SPAN 分析模型见图 7-1。

图 7-1 SPAN 分析模型

以某企业为例，其对市场吸引力和企业竞争地位的量化评分，如表 7-2 和表 7-3 所示。

表 7-2 市场吸引力量化评分

吸引力要素	要素含义	要素权重	表现值 (1分——最差, 2分——差, 3分——一般, 4分——好, 5分——最好)					得分
			1	2	3	4	5	
市场规模	细分市场是否具备适度规模	0.3				√		1.2
市场增长性	产品销量和销售额预期增长率	0.2					√	1
预期获利能力	产品利润率以及维持利润的能力	0.3					√	1.5
战略价值	细分市场对公司的战略价值	0.2				√		0.8
加权总分		1			—			4.5

表 7-3 企业竞争地位量化评分

企业在细分市场的竞争地位			本 企 业		最 佳 企 业	
竞争力要素	要素含义	要素权重	0	加权分数	0	加权分数
资金实力	企业在该细分市场上资金投入的实力	0.20	4	0.8	5	1
成本优势	企业在该细分市场上产品和运营成本的优势	0.15	4	0.6	3	0.45
产品差异化	企业在该细分市场上产品的差异化能力	0.20	4	0.8	5	1
顾客忠诚度	企业在该细分市场上的顾客忠诚度	0.15	3	0.45	4	0.6
技术实力	企业在该细分市场上技术研发的能力	0.20	4	0.8	5	1
品牌影响力	企业品牌在该细分市场上的影响力	0.10	3	0.3	4	0.4
加权总分		1.00	—	3.75	—	4.45
竞争地位比率 (本企业加权总分/最佳企业加权总分)			84%			

企业在细分市场上的竞争地位主要来自资金实力、成本优势、产品差异化、顾客忠诚度、技术实力、品牌影响力等,可以用"客户关键成功要素"(Custom Critical Success Factors,CSF)对每个细分市场进行衡量。步骤如下:

1)确定并列出 CSF,并对每个 CSF 赋予权重。

2)组建评分专家组,使用李克特五点量表分别对本企业和业界最佳企业的每个 CSF 进行评分,得出表现分值。

3)针对每个 CSF,分别将 CSF 权重乘以本企业和业界最佳企业表现分值,计算出每个 CSF 的加权分数。

4)计算出本企业和业界最佳企业的加权总分。

5)将本企业加权总分除以业界最佳企业加权总分,算出竞争地位比率。

如表 7-3 的计算结果,竞争地位比率为 84%。

基于上述市场吸引力和竞争地位的量化评分,对于上述企业而言,该细分市场策略应该是投资/增长策略。

二、选择细分市场

在细分市场选择上,企业可以采取无差异性营销、差异性营销和集中性营销三种策略(Kotler, Bowen, Makens, *Marketing for hospitality and tourism*, 2012)。每种策略各有优势、劣势并适用不同的对象,如表7-4所示。

表 7-4　细分市场选择的三种策略

细分市场选择策略	策略概述	优势	劣势	适用对象
无差异性营销	不考虑细分市场差异性,将市场看作一个整体,对所有消费者采取相同的营销策略	能够实现规模经济,降低生产和营销成本	忽视了市场上不同消费者的特定需求和偏好;增加了与各种竞争者之间竞争的风险	适用于产品普及度高和适用面广的行业
差异性营销	选择多个细分市场并分别为每个细分市场设计营销策略	能够满足多个细分市场的特定需求,提高整体市场份额	增加了管理的复杂性和成本,需要更多的营销活动和不同版本或型号的产品	适用于具有一定资源和能力来支持较多产品线或品牌的开发与运营,并需要较为复杂的营销网络的企业
集中性营销	集中资源在单个或少数几个细分市场,以获取最大市场份额	能够深入了解目标市场,提供高度定制化的产品或服务,并建立较高的品牌忠诚度	过度依赖一个或几个细分市场,可能面临较高的市场风险	适用于拥有特定专长或资源的企业,或者新进入市场的小企业

酒店业细分市场策略的选择应该基于具体的目标客户、地理位置、服务范围、酒店品牌与档次、竞争程度以及酒店的资源和能力。经济型酒店和连锁快捷酒店主要提供标准化的服务以满足客人的基本住宿需求,因此,它们适用于无差异性营销;全服务式的高档酒店、度假村和大型连锁酒店通常针对不同的客户群体提供差异化的服务,因此,它们适用于差异性营销;奢华精品酒店、主题酒店,由于客房数量少通常专注于一个或少数几个细分市场,因此,它们适用于集中性营销。总之,酒店应基于深入的市场研究和分析来选择细分市场策略,以确保其所选策略与酒店的目标和资源相匹配。

无差异性营销、差异性营销和集中性营销策略都是基于产品或服务在不同市场细分中的定位而制定的。它们是关于产品或服务的营销策略,为企业提供了大致的市场定位框架,适合于大部分企业在发展初级阶段选择细分市场。如果想要对市场有较深的了解且希望深化市场进入策略,企业可以从集中单一市场、选择性专业化、产品专业化、市场专业化、全市场覆盖的五种策略中进行选择(曹虎、王赛,2020),企业根据其资源、能力及市场机会来挑选合适的市场细分策略,每种策略的优势、劣势、适用对象如表7-5所示:

表 7-5　细分市场选择的五种策略

细分市场选择策略	策略概述	优势	劣势	适用对象
集中单一市场	选择一个主要的细分市场进行针对性的市场活动	可以更深入地了解和满足目标市场的特定需求,且市场营销成本相对较低	依赖单一市场可能有风险,如市场需求变动或竞争加剧	资源有限的小企业或新进入市场的企业

（续）

细分市场选择策略	策略概述	优势	劣势	适用对象
选择性专业化	针对几个有潜力或有吸引力的细分市场同时拓展	充分利用企业资源打造多元化竞争优势	需要管理多个细分市场，增加管理和拓展的复杂性	在数个专业领域有资源和能力的企业
产品专业化	为多个细分市场提供专门的产品或服务	建立产品专业化的声誉和知名度	如果产品技术或需求发生变化，可能会面临风险	在某一产品领域有明确技术优势的企业
市场专业化	为特定细分市场提供多种产品或服务	建立对特定市场群体的深入了解和客户忠诚度	对特定市场有依赖，市场环境变动可能导致风险	能为特定市场的多种需求提供专业产品和服务的企业
全市场覆盖	为所有细分市场提供产品或服务	最大化市场份额和覆盖面	需要大量的资源且管理具有复杂性，可能面临不同细分市场之间的竞争	资源丰富且有能力满足各种市场需求的大型企业

假如一家旅游公司深入了解了退休老人这一细分市场的需求，并决定专门为其提供旅游服务，因此其所有的产品和服务都是为特定的客户群体设计的。这家旅游公司可以提供高度定制化的服务以满足退休老人的特定需求和喜好，这就是集中单一市场策略。假如一家从事户外体育旅行服务的公司为马拉松爱好者、滑雪爱好者和潜水爱好者分别提供马拉松、滑雪和潜水旅行服务，即为三个细分市场的旅行者提供专门的特种旅行服务，这就是选择性专业化策略。假如一家专门提供热气球旅行的旅游公司针对所有年龄段、所有国籍的旅行者提供独特的热气球旅行和体验，这就是产品专业化策略。假如一家旅游公司专门为中国家庭市场的客户提供全球的家庭旅行产品和服务，这就是市场专业化策略。假如一家大型的国际旅游公司为全球所有旅行者提供从低成本背包游到高端奢华游的各种旅行体验，这就是全市场覆盖策略。

【探究性学习习题】

1. 研究与分析题

（1）选择您所在地区的两家旅行社，对它们的目标市场进行细分，并指出它们的主要竞争优势。

（2）请研究并分析一个您认为市场细分非常成功的酒店，指出该酒店是如何实现差异性营销的，它的主要细分市场是什么。

2. 思考与讨论题

请思考并讨论为什么某些酒店选择无差异性营销，而其他酒店选择集中性营销。这两种策略各有哪些优缺点？

3. 实践应用题

假设您是某市城郊一家新开的自然景区的营销经理，您将如何基于SPAN分析方法来确定目标细分市场？请列出主要步骤并简要说明您的策略。

第八章　酒店与旅游业的市场定位

【本章概述】

本章深入探讨市场定位的三个关键步骤。首先，通过 5A 模型结合消费者旅程图，对目标市场客户进行了细致分析；其次，重点展示了酒店与旅游业特定的消费者旅程；最后，介绍了一个详细的细分市场分析汇总表，包括细分市场定义、客户行为特征、消费痛点以及产品和服务需求；章末，说明了如何为特定的细分市场制定差异化策略，并设计出具有针对性的价值主张。

一、目标市场客户分析

在企业选择目标细分市场后，需要为每个细分市场进行市场定位。市场定位可以确保企业的服务和产品在目标市场客户心中与其他竞品形成明显的差异化认知、价值感和竞争优势。市场定位是指企业确定客户在消费者旅程中的需求和痛点，制定差异化策略并通过价值主张设计来建立竞争优势的过程。这个过程包括如下步骤：

（1）目标市场客户分析。对目标市场客户群体的消费全过程行为、产品和服务期望、消费痛点进行深入分析和确认。

（2）差异化策略制定。根据企业自身的资源条件和服务能力以及外部的环境，对目标市场的产品与服务策略进行差异化制定，以便与竞争对手区分开。

（3）价值主张设计。明确为目标细分市场客户所带来的具体利益及其解决方案。

目标市场客户分析是对目标市场客户群体的消费旅程、消费痛点、消费需求进行深入分析和确认，以便为制定差异化策略和价值主张提供依据。消费旅程分析重点是对客户从产生需求到完成消费的整个过程中的重要行为进行描述；消费痛点分析是指对在消费旅程中客户可能会遇到麻烦或困境并愿意付出代价解决问题的描述；消费需求分析是指对目标客户在其购买力承受范围内，对解决消费痛点和满足其需要（Need）和欲望（Want）的产品与服务的具体描述。

(一) 消费旅程

消费旅程分析需要从客户视角，按照时间次序对客户的整个消费过程中的关键接触点及在接触点上的行为进行描述，分析的结果是绘制消费者旅程图（Customer Journey Map）。消费者旅程图的主要内容包括消费阶段的划分、对划分后不同阶段的客户行为以及不同阶段中的接触点进行说明。

桂林唐朝国际旅行社（简称唐朝国旅）的目标客户以北美和大洋洲客源为主。唐朝国旅发现目标客户的旅游决策过程通常分为几个阶段。首先是灵感阶段，旅行者在这个阶段会通过互联网（如搜索引擎和社交媒体）、家人及朋友的推荐、广告或线下活动等渠道获取旅游目的地信息。一旦旅行者对某个目的地产生兴趣，他们会进一步搜索相关信息（通过搜索引擎或社交媒体）。然后旅行者可能会在唐朝国旅的网站上提交旅游咨询单，网站的旅行销售顾问会专门处理这些潜在客户的咨询单，并想方设法将其转化为实际的订单。订单成交后，接下来旅行社会为旅行者精心设计所选旅游目的地的所有接待安排，确保旅行者有一个愉快的体验，以便客户能够留下好评。旅行结束后，唐朝国旅还会继续与老客户保持联系，并进行再营销，以促使他们未来再次选择唐朝国旅的产品和服务。因此，唐朝国旅的目标客户决策过程包括灵感产生、信息搜索、行程咨询、旅行体验、口碑分享和复购等多个阶段，见图 8-1。而旅行社通过精心的服务和有效的营销策略，不断满足客户需求并促使他们保持品牌忠诚度。

图 8-1 桂林唐朝国际旅行社海外客户消费者旅程图

2019 年 10 月，在"科特勒未来营销峰会"上，菲利普·科特勒提出绘制消费者旅程图并对接触点进行有效的营销管理是营销 4.0 阶段至关重要的任务。科特勒建议用 5A 模型绘制消费者旅程图，如表 8-1 所示。

表 8-1 基于 5A 模型的消费者旅程图与接触点分析

阶段	意识（Aware）	吸引（Appeal）	询问（Ask）	行动（Act）	拥护（Advocate）
行为	客户被动接触众多信息，来自他人的宣传、营销传播和过去的体验	客户处理所接触的信息，并被其中一些内容吸引	客户研究心仪品牌的内容，通过网络搜索、咨询朋友或联系品牌方等方式	客户综合评估后决定购买某品牌产品，在购买、使用和获得服务中与品牌进行更多的互动	客户在体验产品和服务后形成了满意度和品牌忠诚度，并进行了复购和向他人推荐

(续)

阶段	意识（Aware）	吸引（Appeal）	询问（Ask）	行动（Act）	拥护（Advocate）
接触点	朋友圈中的宣传；产品供应商的广告；客户的过往体验	有吸引力的内容，包括文字、图片和视频	搜索引擎；社交媒体；在线旅游平台；点评网站；品牌官方网站；有消费体验的朋友	线上购买平台；线下购买场所；产品和服务体验的线下场所；产品和服务提供方的员工	分享消费体验的社交媒体；再次购买的线上平台；对所使用的品牌进行宣传
情绪或状态	"我知道"	"我喜欢"	"我被说服了"	"我购买/消费/期待"	"我推荐/分享"

在旅行消费的全过程中，通常旅行者会经历如下的消费旅程：

1）意识。旅行者被不断刺激，产生旅行消费意识。
2）吸引。旅行者被一些旅行信息和产品吸引。
3）探索。旅行者通过线上和线下各种方式与渠道进行查询和搜索。
4）预订。旅行者在综合评估后，选择心仪的渠道进行产品预订。
5）体验。旅行者在目的地进行消费体验，并在体验过程中可能产生新的购买需求。
6）拥护。旅行者对于感到满意的旅行体验进行分享和推荐。

因而，针对酒店与旅游业企业，可以将消费者旅程图分为意识（Aware）、吸引（Appeal）、探索（Explore）、预订（Booking）、体验（Experience）和拥护（Advocate）六个阶段，并根据具体情况和需要决定是否在体验阶段再次绘制一个单独的旅程图，如图8-2所示。

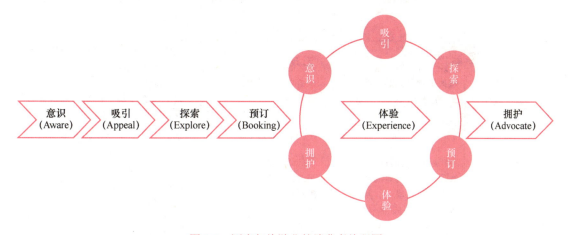

图 8-2 酒店与旅游业的消费者旅程图

（二）消费痛点

消费痛点是指在消费场景中客户遇到了麻烦或困境，如果不解决，会导致客户产生焦虑、遗憾、失落、困难等情绪。为了解决麻烦或者走出困境，客户往往愿意付出努力甚至金钱。例如，在家庭旅游中，越来越多的年轻父母带儿童出游。但很多亲子游产品主要针对儿童设计，忽视了父母的需求。这导致在很多情况下，孩子们玩得非常开心，而父母则感到无所事事。因而，让父母和儿童不能都得到休闲、娱乐是亲子游产品的一大消费痛点。千禧一代的父母们乐于为能同时满足父母和儿童需要的亲子游产品支付更多的费用。

消费痛点是客户在消费过程中最关心的要素。市场营销人员可以通过对客户在消费者旅程图中的各个接触点进行场景调研和分析，从而准确地识别消费痛点。例如，对亲子游市场的消费者旅程图分析如表8-2所示。对目标客户进行访谈或问卷调研，对客户的点评或投诉内容进行分析，搜索和研究相关文献都是找出消费痛点的方法。

表8-2 基于5A模型的亲子游市场消费者旅程图分析

消费阶段	行为	接触点	痛点
意识（Aware）	他人推荐、各类广告、消费者曾经的旅游经历不断刺激其产生亲子游的意识	朋友及朋友圈分享和推荐；接触的亲子游产品相关图文、视频和广告；消费者过往的旅游体验	对信息和内容进行正确的筛选和判断
吸引（Appeal）	被亲子游产品的推荐信息和品牌所吸引	亲子游产品的内容	难以找到适合儿童的亲子游目的地和产品；寓教于乐、重视亲子关系及体验的亲子游产品信息稀缺
探索（Explore）	对感兴趣的亲子游产品内容和品牌进行详细了解、方案比较、意见征询、行程规划	搜索引擎；微信/微博/小红书/抖音等社交媒体；在线旅游平台；点评网站；亲子游服务商的官方网站和公众号；有过体验的朋友	针对客户家庭结构和出行场景的专业行程和产品建议；网上信息良莠不齐，营销内容夸大其词；亲子游产品的同质化比较严重，产品设计粗放
预订（Booking）	经综合了解，选择合适渠道预订某品牌亲子游产品和相关旅行产品	在线旅游平台；亲子游服务商的官方网站和公众号	快捷、安全、性价比最优的预订渠道；订单变更和取消的便利性；最低价格承诺；亲子游大多集中在周末和节假日，扎堆现象严重，价格较高
体验（Experience）	在目的地体验过程中，可能产生新的消费意识，被目的地的产品和服务项目吸引，从而进行探索、订购和体验	入住的酒店及其服务场所；亲子游相关产品和服务；提供服务的工作人员	符合需求的亲子客房、亲子餐饮、亲子设施和亲子活动；兼顾家庭每一个成员需求的服务内容；在当地进行文化体验、孩子学习成长、孩子与家长互动等需求的满足
拥护（Advocate）	在旅行中留下了深刻的印象，并感到满意的旅行者自愿向他人宣传产品并希望未来再次体验	客户所使用的社交媒体；点评网站；亲子游服务商的官网和公众号；常客计划	老客户权益；再次订购的优惠

（三）消费需求

消费需求是市场营销的核心概念之一。没有需求，就没有市场营销。消费需求的产生是因为人们有需要和欲望。需要源于人们的某种缺失感。1943 年，美国心理学家亚伯拉罕·马斯洛（Abraham H. Maslow）提出了著名的马斯洛需要层次理论（Maslow's Hierarchy of Needs），将人类的需要从低到高分为生理需要、安全需要、爱与归属需要（社交需要）、尊重需要和自我实现需要。前四种需要源于人们的某种缺失感，而最后一种需要基于人们对成长的愿望。1970 年，马斯洛在原有的理论基础上，又增加了三项需要，即认知和理解需要、审美需要和超越自我需要，如图 8-3 所示。马斯洛需要层次理论是行为科学的重要理论之一。实际上，关于人们的需要是否从低到高依次得到满足的问题，学术界仍存在较大争议。

图 8-3　马斯洛需要层次理论

需要是因人们的缺失感而产生的，因此，需要是人们生活与工作中的必需品，不会因时间的改变而改变。但除了生活必需品，人们在心理上通常还有很多渴望，这些渴望并不是不可或缺的东西，而是欲望。欲望是无形的，受到文化和个性的影响。欲望也是易变的，会随着时间的推移、环境的变化、社会阶层的变化而发生改变。

欲望是人们内心的渴望，然而欲望的实现仍取决于实际条件，尤其是购买力。在购买能力范围内能实现的欲望被称为需求。因而，消费需求（Demands）是指目标客户在其购买力承受范围内对满足其需要（Needs）和欲望（Wants）的产品与服务的具体描述。针对消费痛点的解决方案也属于消费者的需求。

市场营销人员需要准确区分目标客户的需要、欲望和需求。在不同消费阶段，因为接触点不同，客户痛点不同，消费需求也不同。以基于 5A 模型的亲子游市场为例，在不同消费阶段的痛点和消费需求分析如表 8-3 所示。

表 8-3　基于 5A 模型的亲子游市场痛点和消费需求分析

消费阶段	痛点	消费需求
意识	对信息和内容进行正确的筛选和判断	可靠的信息来源渠道
吸引	难以找到适合儿童的亲子游目的地和产品； 寓教于乐、重视亲子关系及体验亲子游的产品信息稀缺	有吸引力的亲子游产品信息
探索	针对客户家庭结构和出行场景的专业行程和产品建议； 网上信息良莠不齐，营销内容夸大其词； 亲子游产品的同质化比较严重，产品设计粗放	亲子游线路和攻略； 其他客户的点评和建议
预订	快捷、安全、性价比最优的预订渠道； 订单变更和取消的便利性； 最低价格承诺； 亲子游大多集中在周末和节假日，扎堆现象严重，价格较高	亲子游包价产品； 无缝预订的线上平台
体验	符合需求的亲子客房、亲子餐饮、亲子设施和亲子活动； 兼顾家庭每一个成员需求的服务内容； 在当地进行文化体验、孩子学习成长、孩子与家长互动等需求的满足	亲子客房； 亲子设施； 亲子活动； 亲子餐饮； 针对父母的休闲娱乐项目
拥护	老客户权益； 再次订购的优惠	常客奖励计划； 以老带新的优惠方案

二、细分市场分析汇总表

细分市场的分析结果是形成目标市场的分析汇总表，分析表包括细分市场定义、细分市场客户行为特征、细分市场客户消费痛点和细分市场产品和服务需求。以酒店客房度假散客市场为例，该细分市场分析汇总表如表 8-4 所示。

表 8-4　酒店客房度假散客市场分析汇总表

项　目	具体描述
细分市场定义	一类以酒店为目的地、以休憩或康养为目的，强调享受高品质服务和身心健康的酒店消费客户。该市场的客户群体通常以具备一定的经济条件、文化水平，注重有品位和情调的生活享受，并有可支配的个人时间的中产阶级为主，他们以酒店产品和服务为核心消费内容，并期望在酒店体验梦想中的生活状态，进行短期居住。酒店差异化产品、自然景观、自然气候和自然资源决定其在该市场的吸引力。休闲度假是新一代旅行者追求美好生活更高状态的一种呈现
细分市场客户行为特征	1. 意识阶段 1）主要通过他人的分享与推荐、各类广告、旅游者曾经的旅游经历来唤醒消费意识； 2）度假需求的产生主要是为了回馈家人、释放压力，或热爱旅游； 3）有较强的计划性，会提前进行规划 2. 吸引阶段 1）酒店所在地的自然景观、自然气候、自然资源对该市场客户有较强的吸引力； 2）酒店的品牌、档次、服务品质、服务配套设施的合理性对该市场客户有较强的吸引力； 3）具备个性化、私密性和安全性特点的酒店对该市场客户有较强的吸引力； 4）代表目的地当地特色或者流行趋势的住宿体验是度假客户在住宿上的重要需求； 5）客户对有差异化的度假目的地感兴趣，包括有鲜明特色的网红酒店和有稀缺资源的酒店； 6）客户对度假目的地与居住地的距离不太敏感

(续)

项　目	具体描述
细分市场客户 行为特征	3. 探索阶段 1）客户会通过社交媒体、搜索引擎、在线旅游平台、点评网站对度假酒店及其周边信息进行信息搜索、产品比较和意见征询； 2）社交媒体内容、消费者点评及其朋友圈的推荐会直接影响客户决策； 3）客户首选和伴侣一起出行，其次为子女和父母。应当探索针对情侣或夫妇、子女、父母的特色体验项目； 4）客户寻求生活中的一次转变，生命中的一次发现，人生中的一次感悟的度假体验
	4. 预订阶段 1）客户对价格敏感性不强，但对酒店产品和服务的价值敏感。对价值的要求包括但不限于度假活动安排与全程服务、服务的专业性、预订人员解决问题的能力、是否能够提供个性化和定制化的服务； 2）客户预订酒店的时间段取决于目的地的气候和个人时间安排，错峰出行情况也较多； 3）预订酒店天数较长，多为5~7天
	5. 体验阶段 1）客户抵达酒店并进行体验。在度假过程中，客户可能产生新的消费意识，被酒店的产品和服务项目以及所在地的体验活动吸引，并不太在意预算费用方面的考虑； 2）客户追求饮食的当地化和特色化，同时也要求用餐环境高档，希望体验精品美食，以此来体验"舌尖上的旅行"； 3）客户对于SPA、按摩、食疗等养生体验和瑜伽、冥想、修佛等灵修活动较为感兴趣； 4）客户希望度假体验能让内心平静下来，带来真正的休心、舒心、悦心和养心体验
	6. 拥护阶段 1）度假体验具有一定的隐私性，客户不一定会将度假体验分享在社交媒体上； 2）对于满意的度假体验，客户会在度假后向亲朋好友进行分享； 3）对于特别满意的度假体验，客户会产生忠诚度，在未来再次进行消费的可能性高
细分市场客户 消费痛点	1. 意识阶段 1）获取有效信息的渠道不多，真正能够沉淀在目标客户心中的印记非常有限； 2）现有的度假产品和解决方案同质化严重，难以迎合人们以个性化方式度假的愿望； 3）针对不同时间段、不同主题、不同场景设计的度假方案较为缺乏
	2. 吸引阶段 1）散客市场的客户大多具有丰富的旅行经验和较高的要求，高品质度假酒店资源稀缺，选择余地不多； 2）度假解决方案难以满足客户回馈家人、释放压力和追求内心向往的旅行方式的需求
	3. 探索阶段 缺乏针对不同家庭成员且具有个性化设计的度假内容或方案
	4. 预订阶段 虽然客户对价格敏感性不高，但是在预订阶段还是希望找到专业的、可以信赖且性价比最优的预订渠道
	5. 体验阶段 1）缺乏具有目的地当地特色和文化体验的度假活动内容； 2）缺乏满足度假旅行者较长时间停留所需要的生活氛围和配套设施； 3）缺少针对不同天数、一天不同时间段、不同家庭身份的特色体验活动内容； 4）"舌尖上的美食"高端体验难以得到满足
	6. 拥护阶段 老客户再次消费和推荐新客户消费的优惠措施和权益不足

(续)

项　　目	具体描述
细分市场产品和服务需求	1. 意识阶段 获取度假信息的渠道
	2. 吸引阶段 1）针对回馈家人、释放压力和完成旅行梦想的解决方案； 2）知名品牌、高档次、高品质和配套完善的度假产品信息； 3）包含有目的地当地特色或流行趋势的度假内容
	3. 探索阶段 1）针对不同度假目的和场景制定的度假攻略和消费建议； 2）符合个性化度假心愿的解决方案
	4. 预订阶段 1）根据度假需求提供专业的咨询服务； 2）根据不同的季节、时间、时长提供的个性化和定制化的预订产品； 3）专业、可靠和性价比最优的预订渠道
	5. 体验阶段 1）希望入住的酒店客房具有较好的视野和景观、开放式的观景阳台、多样的主题风格，可以提供套房甚至别墅； 2）对客房隔音效果、热水、空调、灯光系统与客控系统要求较高； 3）客房干净、房间足够大、床具舒适； 4）酒店配备味道正宗、具有当地特色且美食种类多样的精品餐厅； 5）酒店有完善的康体娱乐设施； 6）私密性的环境和服务； 7）酒店有真正区别于日常生活的，能够让身心放松的个性化活动和度假体验； 8）提供体验当地文化的活动项目，包括酒店自有的主题活动和代客安排周边文娱活动； 9）能够兼顾度假出行家庭中每一个成员的产品和服务需求
	6. 拥护阶段 1）酒店可为老客户再次消费和推荐新客户消费提供优惠措施和权益，如策划鼓励老客户积极分享酒店的机制，提供分享渠道和平台，鼓励客户上传图文形式的消费体验、评价及攻略等； 2）为老客户再次度假提供新鲜、新颖的体验安排

通过对细分市场分析并形成汇总表，可以为在目标细分市场制定差异化策略提供依据。

三、差异化策略选择和价值主张设计

（一）差异化策略选择

在分析目标细分市场的客户行为、痛点和需求后，企业需要确定如何针对客户消费旅程中的客户痛点和需求打造差异化的价值优势，并使目标客户能够将其与竞争对手进行有效区分。

桂林唐朝国际旅行社对其目标客户群体进行了详细的分析，包括国籍、语言、地域等多个要素。不同的目标客户群体拥有不同的消费习惯和购买力，因此需要制定差异化的营销策略。目标客户主要集中在北美洲和大洋洲地区，涉及多个国家。投放搜索引擎广告时，会采取差异化的投放策略，包括创建不同的广告系列，在投放时间、内容等方面都会根据不同市场客户的兴趣和偏好进行设置。从前期广告语的设置到广告的投放，再到后期的优化，都会根据目标客户的需求进行相应的调整。

企业可以从传播、品牌形象、渠道、产品、服务与体验、技术、人员、关系等维度进行差异化策略的选择，如表 8-5 所示。

表 8-5 差异化策略的选择维度

维　　度	差异化的策略	举例说明
传播差异化	在传播渠道、传播内容、传播方式方面采用差异化策略	充分利用新型社交媒体开展数字化传播，例如大众点评、小红书、抖音
品牌形象差异化	构建和维护一个与众不同的品牌形象和声誉	度假村通过积极参与当地生态保护，推广本地产品，组织关于生态环境保护的讲座，构建一个积极的、与环境保护相关的品牌形象
渠道差异化	使用独特或新颖的销售和分销渠道	旅行社或酒店可以开展社交分销，鼓励客户在朋友圈中分享旅行产品
产品差异化	提供独特的产品特性、功能或设计	旅行社在观光旅游产品设计中，让客户充分体验当地人的生活、文化，如参与手工艺、烹饪等活动
服务与体验差异化	提供个性化服务、额外的售后保障、24 小时客户支持等差异化服务	根据每个客户的具体需求和偏好提供定制的产品或服务
技术差异化	利用独特的，与竞争对手不同的技术来开拓市场	酒店通过机器人、人工智能、物联网技术为客人提供高效服务
人员差异化	培训员工以确保他们具有卓越的技能和知识	酒店为客人提供管家服务
关系差异化	在客户关系管理方面采用差异化策略	提供忠诚度计划或回馈活动以鼓励持续的消费

差异化策略通常意味着企业提供的产品或服务与竞争对手有所不同，可能在品牌形象、品质、设计、服务、技术、团队、营销等方面更优越。为了实现差异化，企业往往需要投入更多的资源，这会产生更高的成本。差异化策略的设计需要考虑重要性、独特性、优越性、可传播性、先发制人、可负担性和获利性等因素（Kotler，Bowen，Makens，Marketing for hospitality and tourism，2012）。

1）重要性，即差异化的产品或服务对目标客户来说是否真的重要？

2）独特性，即企业提供的差异化产品或服务是否是市场上唯一的？还是其他竞争对手也能提供？

3）优越性，即这种差异化策略是否真正超越了竞争对手？

4）可传播性，即这种差异化策略是否能够促进产品或服务的传播？

5）先发制人，即作为第一个提供差异化策略的企业，其是否能获得市场领先地位？

6）可负担性，即企业是否有足够的资源来支持差异化策略的持续实施？

7）获利性，即这种差异化策略是否能带来足够的利润，并超过其带来的额外成本？

8）难复制性，即这种差异化策略是否容易被其他竞争对手模仿或复制？

因此，当企业选择实施差异化策略时，不仅为了与竞争对手区分开，还需要确保差异化策略是有意义的，可以带来实际的益处，而不是为了差异化而差异化。企业需要根据市场定位、资源和能力来决定如何实施差异化策略。

(二) 价值主张设计

选择目标细分市场并确定差异化策略后，企业需要在市场营销过程中向目标细分市场的客户进行明确的价值承诺和表述，阐明企业能够提供的独特价值、利益以及企业的与众不同之处。这种承诺和表述就是价值主张（Customer Value Proposition），它可以吸引客户，让客户感受企业所提供的价值。**价值主张是客户选择一个企业的理由，它代表企业对购买其产品和服务的客户做出的利益承诺。**在营销过程中，价值主张是企业吸引客户注意力、获得客户信任并建立客户忠诚度的关键策略。客户通过对企业价值主张的认知来判断企业的产品和服务是否能够解决其需求痛点。

Strategyzer公司的创办人奥斯瓦尔德（Alex Osterwalder）开发的价值主张图是一个帮助企业制定价值主张的工具，如图8-4所示，其实施步骤如下：

（1）步骤1。对目标市场客户进行概述，包括客户期望、客户任务、客户痛点三个方面。

1）客户期望。产品和服务能够实现目标客户的哪些期望？他们能够得到什么？

2）客户任务。分析目标市场客户在日常工作和生活中需要完成的任务有哪些？以及他们试图用企业的产品或服务解决哪些问题？需从客户角度阐述其使用产品和服务的目的。

3）客户痛点。在完成"客户任务"的过程中，客户会经历哪些痛苦或难处？

（2）步骤2。为企业的产品与服务创建价值图，包括利益创造方案、产品与服务方案、痛点解决方案。

1）利益创造方案。企业的产品和服务能够为客户带来哪些利益？

2）产品和服务方案。有哪些能够为客户带来利益或满足其需求的产品与服务？

3）痛点解决方案。如何帮助客户解决他们的痛点？

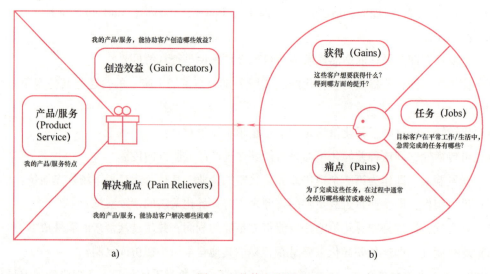

图8-4 价值主张图

a）价值图（Value Map） b）客户概述（Customer Profile）

【探究性学习习题】

1. 研究与分析题

（1）请以一家精品民宿为例，描述其典型消费旅程，并使用消费者旅程图进行分析。

（2）请选择一家知名旅游企业，研究并分析其差异化策略的实施，并回答这种策略为该企业带来了哪些具体优势。

2. 思考与讨论题

（1）为什么消费者的消费痛点在市场营销中如此重要？您认为有哪些常见的方法可以更有效地识别消费痛点？

（2）如何确保企业的价值主张真正与消费者的需求和期望相一致？讨论企业可能采取的策略和面临的挑战。

3. 实践应用题

（1）请对某个具体的旅游产品或服务进行价值主张设计并确定其核心利益，考虑如何在营销传播中有效地传达这些价值。

（2）请选择一家企业，进行一次简短的调研，了解其目标客户的主要需求和欲望。然后基于该发现，为这家企业制定一个合适的差异化策略。

第九章 【实验项目二】聚类分析在酒店细分市场中的应用

一、实验概述和目的

本实验以酒店细分市场为实验对象，要求学生使用聚类分析技术和工具，对指定酒店的会员数据进行处理，并基于处理结果描述聚类分析的结果和意义，从而进一步对酒店的营销、服务和定价策略提出建议。

该实验项目的学习目的包括：

（1）掌握聚类分析的基本技能和应用。学习如何在实际中运用聚类分析技术，了解其步骤和方法。

（2）识别不同的消费者群体。通过实验数据，辨识酒店不同的消费者群体，并了解他们的特征。

（3）加强数据分析能力。培养学生对大量数据进行处理、分析的能力，同时加强其数据解释和结论提炼的技巧。

（4）理解市场细分的重要性。通过实际操作，使学生加深对市场细分在酒店业务中的应用和重要性的理解。

（5）提高决策制定能力。学习如何根据市场细分结果，为酒店提供具体的营销策略和服务改进建议。

（6）促进团队合作和沟通。在实验过程中，鼓励学生进行小组合作，培养其团队合作和沟通能力。

（7）培养批判性思维。通过对聚类分析结果的解读和应用，培养学生的批判性思维，鼓励他们思考分析方法的局限性和可能的改进方向。

二、实验背景

随着大数据和人工智能技术的不断发展，聚类分析在市场细分实践中具有越来越重要的意义。通过使用聚类分析技术，从业者可以基于数据将客户细分为不同的群体，从而更好地了解和满足他们的需求。

聚类分析可以揭示客户的潜在需求、偏好和行为模式，从而帮助企业更好地了解目标市场，并针对不同客户群体制定有针对性的服务和营销策略。基于聚类分析结果，企业可以确定其最有价值的客户群体，并据此调整或确定其市场定位。聚类分析可以帮助企业识别哪些营销策略或活动对某个特定的客户群体最有效，从而优化营销策略和提高营销效果。通过对客户进行细分，企业可以更精确地制定价格策略，提供特定优惠或套餐，从而使利润最大化。通过聚类分析进行市场细分，企业还可以为特定的客户群体提供他们真正需要和期望的服务或体验，从而增强他们的满意度和品牌忠诚度。

三、实验原理

使用聚类分析技术进行酒店市场细分涉及多个步骤和技术：

（1）数据采集。首先采集酒店入住客人的数据，包括订单信息、入住登记信息、客人个人信息等。

（2）数据预处理。在进行聚类分析之前，必须清洗和处理数据，包括处理缺失值、异常值，以及对数据进行归一化或标准化处理。

（3）聚类算法。选择使用 K 均值（K-Means）聚类算法进行聚类分析。

（4）确定聚类数。对于 K 均值聚类算法，提前确定需要形成的聚类数量。

（5）解释和分析结果。一旦形成了聚类，需要分析每个聚类中客户的特点。例如，可能某个聚类代表高频率、高消费的商务旅行者，而另一个聚类代表偶尔来酒店度假的家庭。

（6）策略制定。根据聚类结果，酒店可以为每个细分市场制定特定的营销策略、产品或服务。

四、实验工具

（1）软件环境。问途酒店与旅游大数据应用实训平台，或 Python、Excel 及其他分析工具。

（2）硬件环境。个人计算机、互联网。

五、实验材料

（1）某酒店的背景和产品服务介绍资料。

（2）某酒店过去 3 年的 PMS 客人入住数据。

六、实验步骤

（1）数据采集。使用问途酒店与旅游大数据应用实训平台，查看平台内置的酒店 PMS 基础数据，并基于对业务的理解和对数据的探索，选择对区分消费者群体具有重要作用的特征变量。数据准备与特征选择分别见图 9-1 与图 9-2。

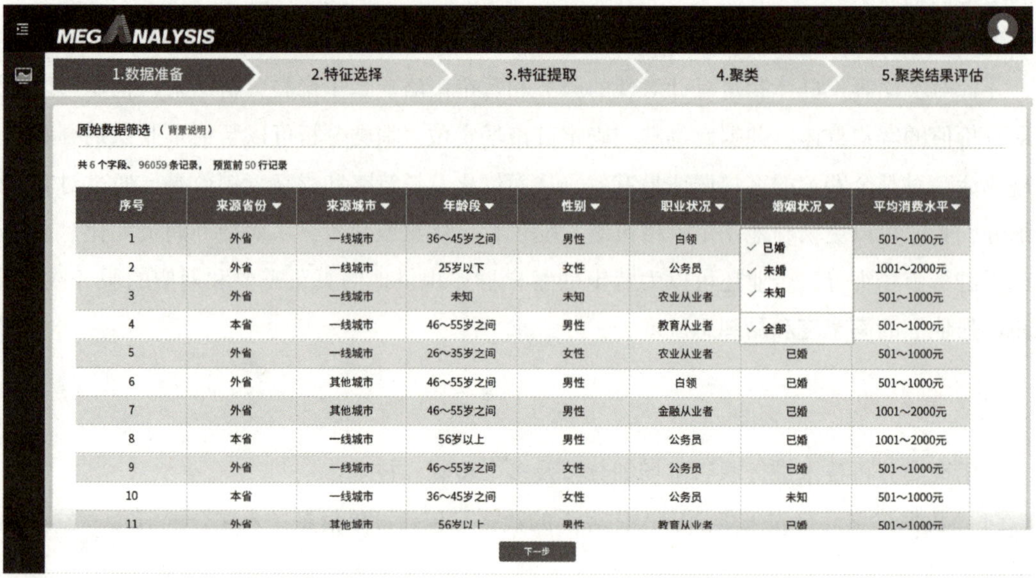

序号	来源省份	来源城市	年龄段	性别	职业状况	婚姻状况	平均消费水平
1	外省	一线城市	36~45岁之间	男性	白领		501~1000元
2	外省	一线城市	25岁以下	女性	公务员		1001~2000元
3	外省	一线城市	未知	未知	农业从业者		501~1000元
4	本省	一线城市	46~55岁之间	男性	教育从业者		501~1000元
5	外省	一线城市	26~35岁之间	女性	农业从业者	已婚	501~1000元
6	外省	其他城市	46~55岁之间	男性	白领	已婚	501~1000元
7	外省	其他城市	46~55岁之间	男性	金融从业者	已婚	1001~2000元
8	本省	一线城市	56岁以上	男性	公务员	已婚	1001~2000元
9	外省	一线城市	46~55岁之间	女性	公务员	已婚	501~1000元
10	本省	一线城市	36~45岁之间	女性	公务员	未知	501~1000元
11	外省	其他城市	56岁以上	男性	教育从业者	已婚	501~1000元

图 9-1 聚类分析在酒店市场细分中的应用——数据准备

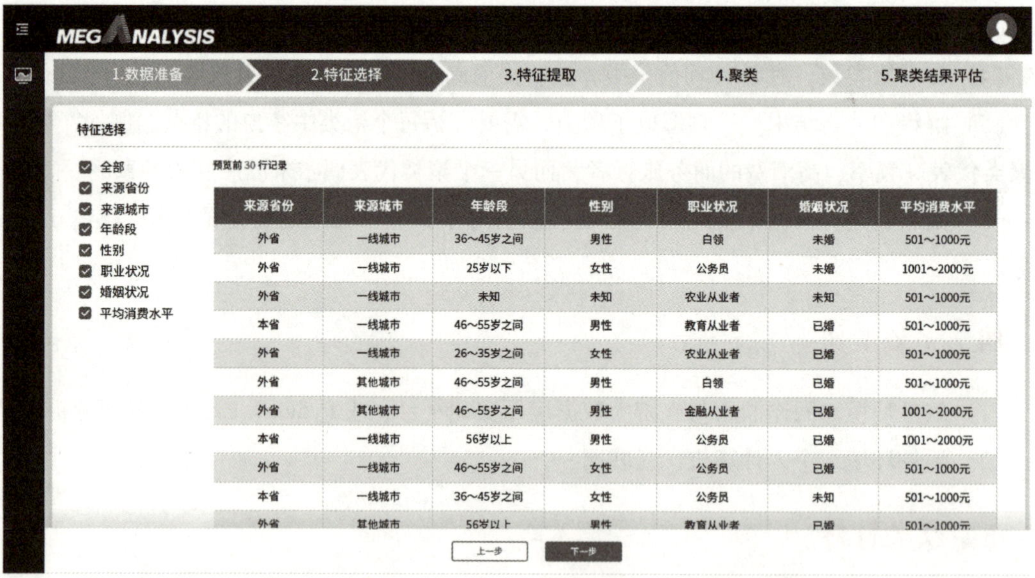

来源省份	来源城市	年龄段	性别	职业状况	婚姻状况	平均消费水平
外省	一线城市	36~45岁之间	男性	白领	未婚	501~1000元
外省	一线城市	25岁以下	女性	公务员	未婚	1001~2000元
外省	一线城市	未知	未知	农业从业者	未知	501~1000元
本省	一线城市	46~55岁之间	男性	教育从业者	已婚	501~1000元
外省	一线城市	26~35岁之间	女性	农业从业者	已婚	501~1000元
外省	其他城市	46~55岁之间	男性	白领	已婚	501~1000元
外省	其他城市	46~55岁之间	男性	金融从业者	已婚	1001~2000元
本省	一线城市	56岁以上	男性	公务员	已婚	1001~2000元
外省	一线城市	46~55岁之间	女性	公务员	已婚	501~1000元
本省	一线城市	36~45岁之间	女性	公务员	未知	501~1000元
外省	其他城市	56岁以上	男性	教育从业者	已婚	501~1000元

图 9-2 聚类分析在酒店市场细分中的应用——特征选择

（2）数据预处理。在进行聚类分析之前，必须清洗和处理数据，主要包括对数据进行归一化或标准化处理，以确保所有的特征都在相同的尺度上。特征提取见图 9-3。

（3）确定聚类数量。在问途酒店与旅游大数据应用实训平台中，通过肘部法则、轮廓系数等方法来估计聚类分析的群集数量，见图 9-4。

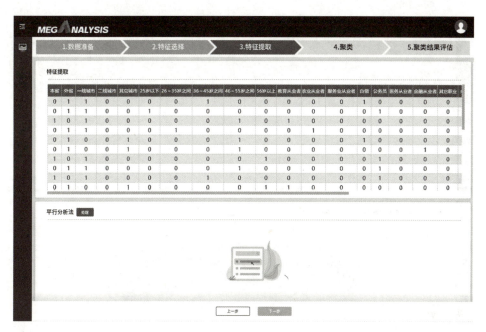

图 9-3　聚类分析在酒店市场细分中的应用——特征提取

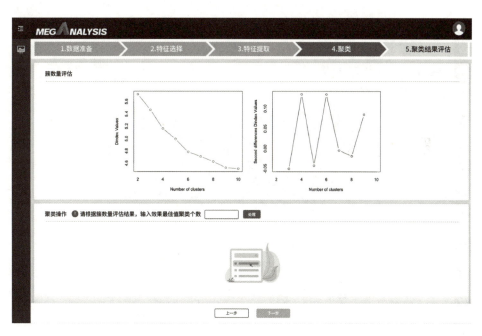

图 9-4　聚类分析在酒店市场细分中的应用——聚类计算（一）

（4）执行聚类分析。使用问途酒店与旅游大数据应用实训平台，对经过预处理的数据集进行 K-Means 聚类分析，见图 9-5。

（5）解析聚类结果。根据聚类分析结果，对每个群集进行详细的描述和解释，明确每个群集代表的客户类型，并为每个群集进行命名，如"商务旅客""家庭旅客"等，见图 9-6。

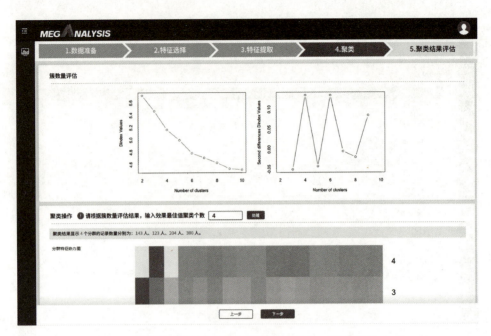

图 9-5　聚类分析在酒店市场细分中的应用——聚类计算（二）

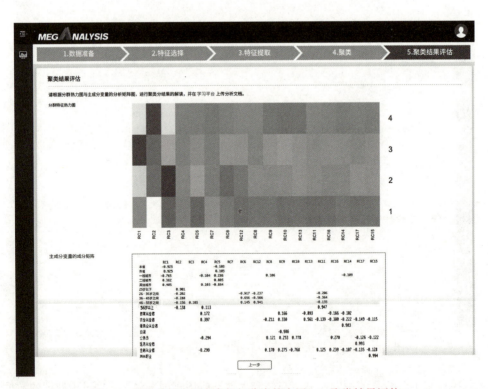

图 9-6　聚类分析在酒店市场细分中的应用——聚类结果评估

（6）应用聚类结果。根据不同的客户群体，结合酒店背景和产品服务资料，制定相应的营销策略或服务优化建议，并设计针对某个群体的促销活动或特色服务。

酒店与旅游业的产品与定价——创造价值

【本篇结构】

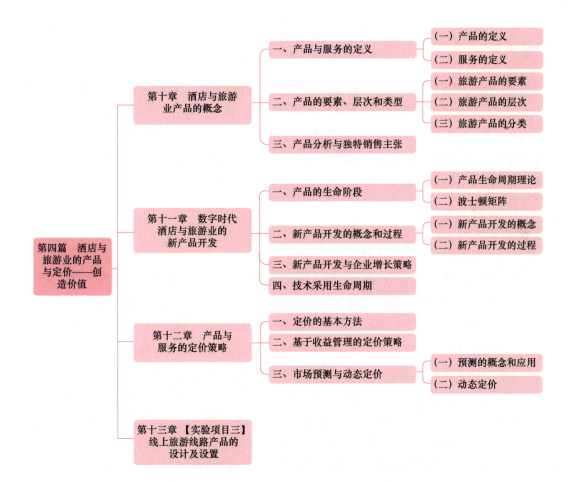

第十章　酒店与旅游业产品的概念

【本章概述】

本章从探索产品与服务的基本概念入手，首先，详细定义了它们在旅游业中的含义。然后，对旅游产品的要素、层次与类型进行了深度剖析。接着，通过一个详尽的产品分析汇总表，明确展示了产品如何满足客户的价值需求。章节末尾，着重介绍了如何构建具有吸引力的独特销售主张。整体上，本章为读者构建了一个酒店与旅游业产品与服务的完整视角，旨在突出产品对于满足客户需求的核心地位，并分享相应的分析工具与策略。

一、产品与服务的定义

（一）产品的定义

产品是指能够满足目标客户需求、解决客户问题和创造满意体验并具有交换价值的实物产品、虚拟产品或两者的混合体。实物产品往往是指有形产品，即可见和可触摸的产品（如美食和酒水）。虚拟产品是指服务和数字产品（如旅行服务、酒店服务、储值会员卡）等无形产品。数字产品是指以数字化格式生成、存储、购买、传递，并为消费者提供体验的交换品。

根据联合国旅游组织（UN Tourism）官网的定义，旅游产品是有形和无形要素的结合，如自然资源、文化资源和人造资源（景点、设施、服务和围绕特定兴趣中心的活动）。这些都是目的地市场营销组合的核心要素，并为潜在客户创造了包括情感方面的整体游客体验。在旅游业，产品和服务是紧密相连的，旅游产品通常包含服务要素。例如，旅行者预订酒店客房，其需要的不仅仅是一个休憩的场地，更看重"家外之家"的服务体验。

在数字旅游时代，酒店与旅游业企业的产品通常是有形产品和无形产品的组合，也是实物产品和虚拟产品的组合。旅游企业与酒店不仅仅向客户提供传统意义上的有形实体产品（如场地、环境、酒店客房等）和传统意义上的无形服务（如接待服务、会员服务等），还不断将数字化服务体验（如在线预订、在线支付、高速WiFi、虚拟现实旅游等）和数字化产品（如电子消费券、电子折扣券等）与传统产品和服务进行融合。借助互联网和数字技术，酒店与旅游业企业的产品和服务覆盖的范围正在被不断拓展。在线商城是借助互联网将有形实体产品、无形服务、数字化产品和数字化服务进行一站式销售的电子商务平台。这些在商城中销售的产品和服务也叫商品，即商品是已经进入市场并流通的产品。以某酒店的微信商城为例，其中包括餐饮、康乐、套票、权益卡券、日用品五类商品，每一类又包括多个具体的商品，如表 10-1 所示。

表 10-1　某酒店微信商城商品清单

商品类型	商品清单
餐饮	双人自助午/晚餐、家庭自助午/晚餐、单/双人下午茶、多人点心任吃、多人午市套餐、自助早餐包月卡、蛋糕券、冰淇淋券、咖啡券、招牌菜肴/西点
康乐	单人单次健身券、游泳月/季/年卡、健身课程、健身年卡、SPA 护理
套票	连住 n 晚套票、客房+早餐+午餐+下午茶+自助晚餐+欢乐时光+升级、周末套票
权益卡券	80 元代 100 元代金券、会员卡包（房券+餐券+健身券+月饼券+折扣券+抵用券）
日用品	小罐茶、商旅洗护伴手礼、七孔被芯、荞麦枕芯

（二）服务的定义

服务是一种特殊形式的产品，一般由无形活动、利益或者满足感构成，其结果不涉及所有权（阿姆斯特朗，科特勒，2017）。具体来说，服务是一项活动，它为目标客户提供利益的保证等价值，核心目的是让被服务者感到满意和愉悦。服务的质量不但直接决定了客户的满意度，而且影响其忠诚度。

在传统业态下，服务具有不可分离性和不可存储性。不可分离性是指服务提供方提供服务的活动过程与被服务方体验服务的过程是不可分离的，必须在同一时间和同一地点进行。不可存储性是指服务无法被存储下来以便未来再次使用。然而，数字技术正在逐渐挑战和改变服务的这两个固有特性。例如，借助虚拟现实技术，旅行者即便身处家中，也可以参与、体验一个遥远的旅游目的地的活动，从而打破了传统服务的不可分离性。再如，酒店客人从线上购买了一张包括客房、餐饮、SPA 的电子套票，但如果在入住时间内未能完成全部服务，那么他们持有效期内的电子券，可以选择在其他时间再次享受剩余服务。这从某种程度上打破了服务的不可存储性。

二、产品的要素、层次和类型

（一）旅游产品的要素

史密斯（Smith）将旅游产品分为实体场所（Physical Plant）、服务（Service）、殷勤款待（Hospitality）、选择自由（Freedom of Choice）和参与（Involvement）五个要素，如图 10-1 所示。

实体场所是所有旅游产品的核心，它可以是某个地点、某种自然资源或某项设施，如度假村、野生动物

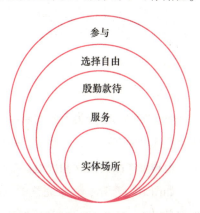

图 10-1　旅游产品的五个要素 1

园；它也可以是某个实体物业，如酒店、邮轮。实体场所还应该包括物理环境条件（如天气、水质），以及旅游基础设施和人员活动条件，这样实体场所提供的服务对客户才有价值。服务是指为了满足旅游者需求所需履行的具体任务。例如，酒店需要提供停车服务、前台服务、客房服务、餐饮服务、会员服务和工程维修服务；旅行社需要提供吃、住、行、游、娱、购等服务。服务侧重于履行一项任务的技术能力，而殷勤款待是履行服务的态度和方式。在酒店前台，接待人员为客人高效办理入住手续是服务，但接待人员以微笑、真诚、热情的态度对客人提供个性化响应服务，就是殷勤款待的表现。殷勤款待比服务更加难以评估和管理，因为它更加主观。选择自由是指为旅游者提供的一系列可接受的选择范围和购买决策的空间。选择的自由度取决于旅游目的、预算、旅游者的经验和知识、旅游者对旅游服务商的依赖程度。实体场所、服务、殷勤款待和选择自由为旅游者的参与奠定了基础。参与不仅是指旅游者亲自出席，更多是指他们对活动的专注度和参与感。在实际业务的运营中，旅游产品的五个要素可以被更直观地诠释为场地与设施、基础服务、关怀服务、私人定制和互动体验。

（1）场地与设施。它是指旅游活动发生的物理场地和与之相关的各种设施。它是旅游活动的基础，决定了客户初步体验的舒适度。良好的场地和设施能够为客户提供安全、舒适的旅游环境。

（2）基础服务。它是指为大部分客户提供的标准化的基本服务。它满足了客户的基本需求，是旅游活动能够正常进行的前提。

（3）关怀服务。它是指超出基本服务范围，能够体现对客户额外关心和关怀的服务。它能增强客户的归属感和满足感，使他们感受与众不同的关照。

（4）私人定制。它是根据游客的个人喜好和需求提供的专属服务，可以满足客户对个性化和独特体验的需求，使旅游活动超越他们的期望。

（5）互动体验。它是客户在旅行过程中的参与性体验。它使客户能够在旅行中体验一种新的生活方式，从而丰富其旅行体验的深度和广度。

以上五个要素构成了旅游产品的完整框架，涵盖了客户从基础需求到深度体验的所有方面，能够帮助产品提供者更好地满足客户的多样化需求，见图10-2。

图10-2 旅游产品的五个要素2

（二）旅游产品的层次

由于客户需求分为不同的层次，而产品是为了满足客户需求、解决客户问题以及为客户创造满意体验而存在的，因此，产品也需要以客户需求为核心进行层次分析，以便帮助营销人员更好地理解产品的概念和价值。

如图10-3所示，一个完整的旅游产品概念包括核心客户价值（Core Customer Value）、实际产品（Actual Product）和扩展产品（Augmented Product）。核心客户价值用于回答客户真正的购买需求和客户真正在乎的核心利益是什么。实际产品是围绕客户价值而构造的产品和服务。扩展产品是指围绕核心客户价值和实际产品而提供的附加服务和利益（Kotler & Armstrong, 2015）。例如，很多在线旅游平台会提供周边游产品，该产品的核心客户价值是满足客户在工作之余陪伴家人、增进亲朋好友感情和关系的需求，而不是去景点游玩、酒店住宿、品尝美食或参与活动。但景点、酒店、美食、活动是客户陪伴家人、增进亲朋好友感情所需要的实际产品。扩展产品是优惠价格、无忧退订、出行保障、交通服务等服务，为实际产品提供附加利益和价值感。实际产品是必须提供的，扩展产品是额外提供的，扩展产品是商家与竞争对手形成差异化竞争优势的关键。

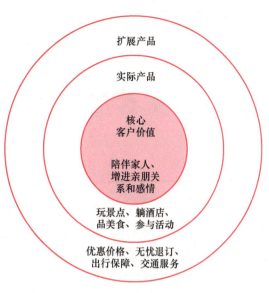

图 10-3 旅游产品的三个层次

除了上述三个层次的产品概念，还有四个层次和五个层次的产品划分方法。四个层次的产品概念包括核心产品（Core Product）、辅助性产品（Facilitating Product）、支持性产品（Supporting Product）和扩展性产品（Augmented Product）。五个层次的产品概念包括核心产品（Core Product）、基础产品（Basic Product）、期望产品（Expected Product）、扩展产品（Augmented Product）和潜在产品（Potential Product）。

无论产品被分为三个层次、四个层次还是五个层次，其核心始终围绕着目标客户的需求。能够满足客户需求的产品由必要的有形产品和无形服务共同组成。随着市场竞争的加剧，旅游业企业仅靠产品和服务来满足客户需求，已经不能维持其市场竞争优势。企业的产品和服务必须不断地迭代和创新，以适应变化的市场环境并保持竞争力。在旅游业企业中，产品和服务应用的场景主要围绕"吃、住、行、游、购、娱"这六大要素，由于它们都是由各种有形和无形的产品与服务构成，因此同质化现象比较严重。特别是必备性的产品与服务，市场上经常出现对其的快速跟进、模仿和复制。因此，为了在激烈的竞争环境中获得优势，企业除了提供必备的产品和服务，还需要提供增值性的产品与服务，确保为客户带来优质的体验，并借助最新的技术进行创新。

总的来说，酒店与旅游业企业的产品层次可细化为四个主要部分：客户核心需求与敏感点（Customer Core Demands）、必备性产品与服务（Essential Products & Services）、增值性产品与服务（Value-added Products & Services）、创新性产品与服务（Innovative Products & Services），如图 10-4 所示。

（1）客户核心需求与敏感点。它是指必须满足的客户的内在需求，它是目标客户进行选择与决策的关键因素。

图 10-4　酒店与旅游业企业产品的四个层次

（2）必备性产品与服务。它是指为了满足客户的核心需求和敏感点，由有形产品和无形服务组成的不可或缺的基本要素。

（3）增值性产品与服务。它是指超出客户期望的产品与服务，能为客户提供额外的价值，从而增强他们的体验。

（4）创新性产品与服务。它是指通过研发和创新推出的全新的产品与服务，其可以为客户带来全新的体验，并形成企业的竞争优势。

裸心是知名的度假品牌。自 2007 年创立以来，裸心专注于引领简单、健康且可持续的生活方式，为客户提供返璞归真的奢华度假体验。裸心的目标客户是希望远离都市喧嚣、与家人和朋友一同回归大自然、享受慢生活的人群。如图 10-5 所示，裸心选址都是在大自然中，这体现了"客户核心需求与敏感点"。

为了满足客户的核心需求，裸心从度假村的选址到建筑景观的规划，再到房型的设计，以及各种度假设施（如户外恒温泳池、马场、SPA 场地）的设计，都进行了精心策划。例如，在莫干山的裸心谷（见图 10-6），客人可以住在采用可持续的在地夯土建筑工法建造的圆形夯土小屋中，屋顶覆盖着取材于当地竹林的竹须。这些夯土小屋不仅冬暖夏凉，还能与周围的松林、竹海景色完美融合，再加上露台的户外淋浴空间，使客人能够沉浸式地感受大自然。这些都属于"必备性产品与服务"。

图 10-5　裸心堡航拍

图 10-6　裸心谷树顶别墅

为了进一步提升客户体验，裸心还组织了大量户外活动，如射箭、瑜伽、冥想、徒步、骑行、游泳、骑马等，如图 10-7 所示，裸心谷的无边际泳池让客人更深入地与大自然亲密接触。特别是"From Farm to Table"（从农场到餐桌）活动，客人可以在裸心农场采摘新鲜的有机蔬果，并与度假村的厨师一起制作健康沙拉，从而参与并实践健康的生活方式。这些活动体验都是"增值性产品与服务"。

图 10-7　裸心谷无边际泳池

最后，为了满足客户的期望，裸心还推出了"裸心享 naked NOW"宾客服务小程序，见图 10-8。这款小程序使客人可以轻松地在线安排度假行程、实现远程登记入住、提前预订餐饮和 SPA 等。此外，在入住期间，客人还可以通过小程序预定和安排所有的度假活动，从而获得更为便捷的服务体验。这种技术驱动的解决方案代表了"创新性产品与服务"。

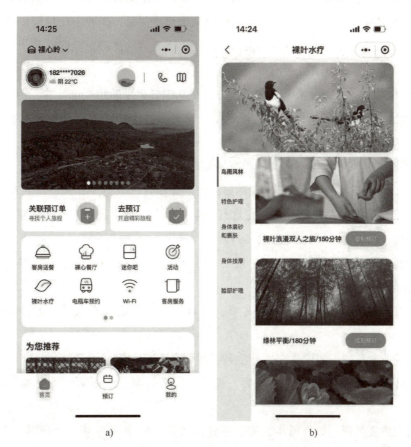

图 10-8　"裸心享 naked NOW"宾客服务小程序

（三）旅游产品的分类

旅游业有着非常丰富的业态。业态是指由目标市场旅行者的需求和市场发展情况决定的企业经营形式。通俗地说，旅游业的业态是由"服务谁""服务什么""如何服务"确定的企业经营形态。例如，对于旅行社，出境游旅行社、入境游旅行社、跨境游旅行社分别属于不同的业态。有限服务酒店、全服务式酒店或者经济型酒店、中端酒店、豪华酒店也属于酒店业的不同业态。近年来，随着旅游者对美好生活和高品质旅游产品需求的增强，旅游业的新业态层出不穷。例如，营地、民宿是最近几年快速发展的新业态。不同业态的服务对象、服务内容和服务方式不同，决定了产品类型不同。

产品类型是市场营销的一个重要概念。旅游者的消费行为和旅游企业的营销活动都会由于企业产品类型的不同而不同。企业对产品进行有效分类的目的主要有两个方面，一方面为产品开发和设计指引了方向，另一方面有利于集中资源打造产品优势和产品价值。

在酒店与旅游业，产品通常基于如下角度进行分类：

（1）按照产品特征和形态进行分类。在旅游业，产品根据特征和形态可以分为健康旅游、体育旅游、农业旅游、工业旅游、科技旅游、研学旅游、探险旅游等类型。在酒店业，客房类产品、餐饮类产品、会议及宴会类产品、康体娱乐类产品是酒店业传统意义上的产品。借助移动互联网和社交媒体，企业与客户之间可以随时随地建立关系，企业不仅仅提供传统产品，季节性特产、礼品以及与客人生活方式相关的商品层出不穷。这使得企业能够基于客户的生命周期开展运营，为目标客户打造更多消费场景。

（2）按照服务对象进行分类。这种分类方式是从细分市场的角度进行的。例如，针对服务对象不同，分为亲子旅行产品、休闲旅行产品、观光旅行产品、度假旅行产品、商务旅行产品、会展旅行产品等。

（3）按照客户消费场景进行分类。消费场景通常包括时间、地点和行为3个要素，即"在什么时间和什么地点发生了什么行为"。例如，山东舜和酒店集团提出了"人生36礼宴"系列产品的概念，把人们在生活与工作中的纪念日场景，分为婚庆宴系列、生日寿宴系列、功名学业宴系列、个人好事宴系列和公司庆典宴系列，并推出了36种宴会产品。

1）婚庆宴系列，如情侣烛光宴、求婚宴、订婚宴、结婚宴、回请宴、答谢宴、结婚纪念日、银婚宴、金婚宴、钻石婚宴。

2）生日寿宴系列，如出生宴、满月宴、百日宴、周岁宴、成人礼、生日宴、寿宴、期颐宴。

3）功名学业宴系列，如求学宴、升学宴、谢师宴、毕业宴。

4）个人好事宴系列，如家人团聚宴、接风宴、送行宴、庆祝宴、乔迁宴、追思宴、朋友宴。

5）公司庆典宴系列，如公司年会宴、合作商务宴、同事聚餐宴、晋升宴、文化交流宴、周年庆典宴、协会组织宴。

（4）结合服务对象、产品特征和消费场景进行分类。对于服务多个细分市场、有较多产品以及同一个产品可以适用不同场景的企业，可以采用更精细的分类方法，结合服务对象、产品特征和消费场景进行分类。例如，酒店亲子类产品面向包含3~6岁儿童的三口之家或者四口之家，结合酒店客房类、餐饮类、康体娱乐类产品，可以设计多个场景，其中包括烹饪课程、游泳课程、小小总经理等多个产品。

（5）按照营销渠道或者营销目的进行分类。由于不同渠道的客户，其行为特征和需求有所不同，因此按照营销渠道对客户进行分类，可以有效增加渠道的产量，避免渠道之间的冲突。例如，产品可以分为线上产品和线下产品、分销渠道产品和直销渠道产品等。此外，还可以根据营销目的不同对产品进行分类，例如线上营销的产品有的为了获取新客户，有的为了获取利润，有的用于维系老客户。

酒店与旅游业企业对产品分类的方式并没有统一、不变的标准，它不仅仅取决于企业产品的现状，而且受到产品开发、市场传播、销售管理、客户关系管理等不同因素的影响。

三、产品分析与独特销售主张

产品分析汇总表是将产品概念、要素、层次、类型、产品独特卖点进行汇总，从而为市场营销人员开展产品推广和销售提供依据。以酒店客房产品为例，其产品分析汇总表如表10-2所示。

表10-2　酒店客房产品分析汇总表

项　　目	酒店客房产品
产品概念	酒店的四大核心功能为睡、食、娱、聚。客房是满足客人对酒店睡觉需求的核心要素，是酒店主要的盈利产品，对酒店营收的贡献最大，利润率最高。为了满足不同需求的用户，酒店会根据房间的装修档次将房间划分为不同的等级，如标准间、高级间、豪华间等，以便按不同价格进行销售。按照房间结构，酒店客房一般分为双床房、多床房、大床房、套房等，不同房型面向的用户群体不一样：大床房是酒店接待商务客户、度假客户的主要产品；双床房和多床房是酒店接待团队、会议、家庭客户的主要产品；套房是酒店针对有较高配置需求的客户而提供的产品
产品要素	1. 场地与设施 1）床与床上用品。选用软硬度适中的床垫，同时配备舒适的枕头和环保、卫生的床上用品。 2）宾客用品与卫浴织品。品质应与酒店的定位相匹配，使用便捷，色泽与气味能带给客人宾至如归的感觉。 3）卫生间与淋浴区。实现干湿区分离设计，配备浴缸和马桶，并在特定套房中提供独立的客卫。 4）家具与室内装饰。风格应与酒店整体定位相一致，同时在设计中融入艺术和文化元素，增强空间的格调与品味。 5）办公区域与设备。提供方便住客办公与工作的空间和工具。 6）小食与饮料设备。配备迷你酒吧与冰箱。 2. 基础服务 1）清洁服务。确保每日对客房进行细致的清洁，维持房间的整洁与舒适。 2）洗衣服务。需提供高质量、快速的洗涤服务，价格透明且具有合理性。 3）叫醒服务。根据客人需求在指定时间段提供叫醒服务。 4）网络服务。易于连接、网速快且稳定、客房内WiFi全覆盖。

(续)

项 目	酒店客房产品
产品要素	5）擦鞋服务。为客人提供鞋履清洁与保养服务。 6）行李服务。为客人提供快速、便捷的行李搬运与寄存服务。 7）加床服务。应客人需求，提供额外的床位与相关的床上用品。 3. 关怀服务 1）欢迎礼遇。为新入住的客人提供欢迎果盘、饮品，以及特色礼物或欢迎卡，传达酒店的热情与关怀。 2）送餐服务。提供具有当地特色的餐点选择，确保其价格合理、送餐迅速，并且能够保持菜品温度。 3）娱乐与休闲。在客房内提供高品质的多媒体娱乐设备与丰富的娱乐内容，增强客人的住宿体验。 4）夜床关怀。对客房进行晚间寝前整理，附赠特色小礼物、助眠小食与饮品，以及舒缓的助眠香氛，为客人营造安详的睡眠环境。 5）健康关怀。提供健康枕（如护颈枕、草本枕等）；提供加湿器、空气净化器等，确保房间空气质量；在客房内为有特殊健康需求的客人提供健康食谱。 6）儿童关怀。客房内提供婴儿床、婴儿椅、儿童用品等，设立儿童游乐区或提供玩具和书籍。 7）情感关怀。如果知道客人的纪念日或特别时期（如蜜月、生日），为他们提供特别的关怀和服务。 8）安全关怀。提供医疗急救包；安排训练有素的医疗团队随时待命；提供女性专用楼层或客房。 9）环境关怀。提供可回收的用品；鼓励客人参与环保活动，如节能、减少洗涤等。 10）急需关怀。如果客人忘记携带或丢失了某些日常用品，酒店可以为其免费提供或提供物品租借，以满足客人的临时需求。 11）特殊需求关怀。为行动不便的客人提供无障碍客房和设施；为有听力或视觉障碍的客人提供特别的服务。 12）意见与反馈。积极征询客人的意见与建议，持续改进服务。 4. 私人定制 1）个性化欢迎。当客人进入房间时，通过电视或其他智能设备展示个性化的欢迎信息，包括但不限于客人的名字、欢迎词等。 2）私人管家服务。为客人提供专属的管家，满足他们在住宿期间的各种需求，如预定餐厅、旅行建议等。 3）迷你酒吧与饮品。根据客人的喜好，为迷你酒吧配置专属饮品，并提供咖啡机及咖啡豆。 4）房间内健身。为客人提供专业的健身教程及便携式的健身器材，让客人即使在房间内也能进行锻炼。 5）枕头菜单。提供多种不同材质的枕头供客人选择，确保其得到舒适的休息。 6）专属 VIP 待遇。为 VIP 客人提供如专车接送、房间升级、特别礼遇等一系列的尊享服务。 7）私人 SPA 与按摩。为客人提供房间内的 SPA 和按摩服务，让他们在私密的环境中放松身心。 8）私人活动场景策划。在生日、纪念日或其他特殊场合，酒店可以为客人提供专业的客房布置和活动策划。 9）房间香氛定制。允许客人选择他们喜欢的房间香氛，为他们营造一个更加舒适的住宿环境。 10）宠物友好。提供宠物友好的客房和服务，满足带宠物出行的客人的需求。 5. 互动体验 1）智能化服务。智能控制（空调/灯光/窗帘/电视）、智能硬件（马桶/镜子/门锁）、智能客服（人工智能语音客服/迎宾送物机器人）。 2）AR（增强现实）/VR（虚拟现实）体验。提供虚拟现实或增强现实的旅游指南、景点预览或娱乐内容。 3）提供当地人文活动的体验项目

(续)

项目	酒店客房产品
客户对产品的核心需求和敏感点	1. 设施与舒适性 1）合适的空间。客房的空间设计要能满足客人的基本需求，提供足够的行动空间，确保床侧、床位与墙壁之间距离适中，不能显得过于狭小或浪费空间。 2）床的舒适度。床的尺寸、高度和床垫的软硬度直接影响客人的睡眠质量。合适的床品也很重要，枕头和被子应当质地舒适。 3）客房的温度。空调或暖气的工作状态要稳定，能够快速达到和维持客人所需的室内温度。 4）窗帘的遮光效果。高质量的窗帘能够完全遮挡外部光线，为客人提供适宜的休息环境。 5）电源插座和充电口。客房应提供充足并易于使用的电源插座，特别是在床头柜和写字桌附近，方便客人充电和使用各种设备。 6）客房设计。客房整体设计应与酒店的风格和定位一致，同时也要考虑功能性和审美性。 2. 卫生与清洁 1）整体清洁卫生质量。客房和卫生间的整体清洁度。 2）布草棉织品的质量。床上的棉织品（如床单、枕芯、枕套、被芯、被套及床衬垫）及卫生间的针织品（如浴巾、浴衣、毛巾等）的舒适度和柔软度（如纱支数、纱线密度）。 3）浴室上下水。浴室的上下水功能应保持良好，水温和水压应稳定，下水道通畅，不产生异味。 3. 私密性与安全性 1）安静的环境。良好的隔音效果可以确保客人在房间内享有宁静的环境，不被内外部噪声或邻近房间的声音所打扰。 2）隐私保护。客房的门窗等应设计得当，确保客人的隐私不受侵犯。 3）安全性。每个客房应配备基本的安全设施，如安全锁、门铃、烟雾报警器等，以确保客人的人身和财产安全。 4. 网络和多媒体支持 提供高速且稳定的无线网络服务，满足客人的工作和娱乐需求。此外，提供高质量的多媒体娱乐服务，如视频点播。 5. 文化与地域特色 在客房设计和服务中融入文化和地域特色，为客人提供独特的体验。 6. 绿色与可持续性 采纳绿色和可持续的做法，如使用环保材料、节能设备等，这是很多年轻客人选择酒店的考虑因素。 7. 服务与体验 1）快速服务响应。酒店应能快速响应客人的服务需求和问题。 2）优质的客服。酒店应保证良好的员工的态度和服务质量。

产品分析的重点是确定产品的独特销售主张（Unique Selling Proposition，USP）。产品的独特销售主张就是产品的独特卖点（Unique Selling Points）。有不少企业通过高性价比的打包产品、较大的优惠或者 24 小时的客户服务来吸引客户，这些措施是销售主张或卖点，但并不是 USP，因为这些措施很容易被竞争对手模仿。因此，能够让企业的产品从竞争中脱颖而出，对客户有独特的价值和吸引力，且竞争对手不具备或不容易模仿的产品卖点才是 USP。换句话说，企业在打造产品的独特销售主张时，需考虑三个方面：首先，它需要与企业的核心业务密切相关；其次，它是目标客户所渴望的；最后，它是竞争对手缺乏或者尚不具有竞争优势的。

企业要打造产品的 USP，可以参考如下步骤：

（1）确定最佳目标细分市场并进行目标客户的消费旅程分析。确定产品在目标客户消费旅程中的使用阶段、痛点和需求。

(2) 列出产品与目标客户需求的匹配性。确定产品能够帮助目标客户解决的需求和问题，列出能够满足的需求清单。

(3) 找出竞争对手产品和服务的优势。分析竞品在相同目标市场上的表现，列出竞品在哪些方面表现较好和具有优势。

(4) 分析自家产品和服务的竞争优势。与竞争对手相比，找出自家产品和服务在哪些方面表现较好和具有优势。

(5) 确定 USP。基于上述分析，确定制胜区（Winning Zone）、损失区（Losing Zone）、风险区（Risky Zone）和徒劳区（Vain Zone）。产品位于"制胜区"内的特征和要素就是 USP，如图 10-9 所示。

1) USP 位于"制胜区"，即同时满足"你的产品优势"与"目标客户需求"且竞争对手没有优势的区域。

2) "损失区"是指你的产品没有优势，但是竞争对手有优势而且满足目标客户需求的区域。这个区域是你的产品短板。

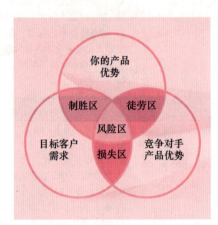

图 10-9　USP 的判断

3) "风险区"是你的产品和竞争对手产品都有优势，且都符合目标客户需求，但双方势均力敌，都没有明显的优势。

4) "徒劳区"是你的产品和竞争对手产品都有优势，但是目标客户没有需求，他们对产品完全不在乎。

【探究性学习习题】

1. 研究与分析题

(1) 根据史密斯的旅游产品的五个要素理论，请选择一个旅游产品进行分析。

(2) 请选择某个旅游产品对其包含的四个层次分析：客户核心需求与敏感点、必备性产品与服务、增值性产品与服务、创新性产品与服务。

2. 思考与讨论题

(1) 如何理解"服务的不可分离性和不可存储性"在数字旅游时代的变革？

(2) 讨论产品的独特销售主张（USP）与价值主张（Customer Value Proposition）之间的相似性与差异性。

3. 实践应用题

假设你正在为一个新的旅游目的地打造品牌，基于本章的内容，为该目的地创建一个独特的销售主张（USP）。

第十一章　数字时代酒店与旅游业的新产品开发

【本章概述】

本章重点讨论数字时代酒店与旅游业的新产品开发。首先，结合产品生命周期理论，介绍了产品经历的市场进入、成长、成熟及衰退四个阶段，每个阶段均有独特的策略考量。其次，借助波士顿矩阵，本章进一步阐释了明星、现金牛、问题与瘦狗等类别产品的识别与管理策略。然后，介绍了新产品开发的多个维度：从仿制、改进到系列创新等，揭示了新产品开发的全流程与细节。接着，探索了新产品开发与企业增长策略之间的紧密联系，如市场渗透、产品开发及多元化策略等。最后，通过引入技术采用生命周期模型，描述了新技术产品如何满足从创新者到滞后者不同用户群体的需求，提供相应的市场策略建议。总结而言，本章为读者提供了一套数字化背景下酒店与旅游业产品开发的全景视角，强调了在快速变化的市场环境中产品创新的重要性。

一、产品的生命阶段

一个产品诞生并进入市场后，会不断受到市场环境、消费者需求、生产技术等因素的影响，如人生历程一般经历一个诞生、成长、成熟、衰退的过程。1966 年，美国哈佛大学教授雷蒙德·弗农（Raymond Vernon）根据产品的销量和利润提出了产品生命周期理论（Product Life Cycle，PLC）。波士顿咨询公司创始人布鲁斯·亨德森于 1970 年提出了波士顿矩阵（BCG Matrix），从销售增长率与市场占有率角度分析产品的发展阶段。

（一）产品生命周期理论

产品生命周期有五阶段和四阶段之说，五阶段考虑将产品开发作为一个独立阶段，而四阶段则将产品生命周期从产品进入市场到退出市场分为市场进入期、市场成长期、市场成熟期和市场衰退期，如图 11-1 所示。市场开发阶段属于产品的研究和开发阶段（Research & Development，R&D），在这个阶段只有证明是可行的并且有利可图的产品才会被推向市场，否则只能"胎死腹中"。

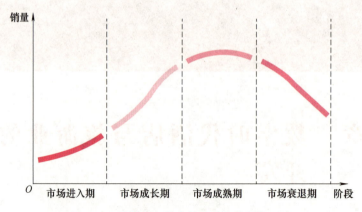

图 11-1　雷蒙德·弗农的产品生命周期理论

产品在生命周期不同阶段的营销目的和营销组合都不一样。市场营销人员根据产品所处不同生命周期阶段制定合适的策略以支持和维系产品的过程称为产品生命周期管理：

1. 市场进入期

市场进入期也称"市场介绍期"，即新产品开始推向市场。在这个阶段，产品知名度低，企业主要营销手段是通过宣传推广和营销活动提高产品知名度和曝光率，吸引目标客户对新产品产生兴趣，从而获取第一批使用新产品的种子用户。营销目的是为新产品打造一定的口碑效应，从而激发更多的目标客户购买。如果在市场进入期产品能够获得一些有影响力的意见领袖或消费者在体验后的分享推荐，则有利于新产品在生命周期第二个阶段的市场拓展。

由于酒店与旅游业的产品是有形产品和无形产品、实体产品和虚拟产品的结合，并且新产品在刚刚推向市场时，服务流程和服务质量可能不稳定，需要在首批客户体验和反馈后进一步完善，因此产品销量并不是多多益善。如果企业在市场进入期过于注重产品销量和收入，超过服务接待能力去接待客户，有可能影响服务品质和网络声誉，甚至"恶评如潮"。因而，企业要高度重视和新用户的互动和关系维护，以建立较好的用户口碑。在新产品销售渠道上，一方面可以向符合产品定位的老客户开展营销活动，鼓励老客户体验，并密切关注客户反馈，优化产品和服务；另一方面，可以考虑与少量合作较好的分销渠道或者目标客户群体一致的分销渠道进行推广合作，以获得合作渠道及其客户针对产品与服务质量的反馈。

2. 市场成长期

当新产品获得了首批客户的认可和推荐，新用户数量和产品销量开始持续增加，并保持较高的增长率，就进入了第二个阶段——市场成长期。此时竞争者纷纷进入相同市场，争相抢夺市场份额。这个阶段的主要营销手段是获得更多分销渠道的支持，并借助移动互联网、社交媒体开展整合营销传播，促进用户数量和规模的扩大，尽可能获得更多的市场份额、销售收入和利润。

为了与竞争者开展差异化竞争，企业需要在营销活动中突出产品 USP 和品牌优势，使得目标客户能够将企业产品与竞争者产品进行区分。企业通过客户反馈不断改进产品内涵和服务质量依然是这个阶段的关键任务。

在市场成长期，由于新用户数量的快速增加，为企业扩大用户规模和建立用户忠诚度提供了良好的机会。旅游企业与酒店需要尽可能将新用户转化为社交媒体官方账号的粉丝以及会员，为新产品在生命周期的第三个阶段获得市场优势创造条件。

3. 市场成熟期

随着用户数量和产品销量增速逐渐变缓，市场竞争变得非常激烈，竞争对手开始通过价格战来抢夺客户，就进入了第三个阶段——市场成熟期。这个阶段是市场竞争最为激烈的时刻，是一场抢夺市场份额和客户的"战役"。这场"战役"导致两个结果：一个是大量的竞争者因为"无利可图"被迫离开"战场"；另一个是仍在市场中的竞争者开始寻找更细分的市场，提高产品的增值性和创新性，通过提高选择性和参与性来留住客户。由于获取新用户的成本越来越高，销售收入增长缓慢直至转为下降，企业竞争优势的建立取决于客户关系管理的质量。企业需要在客户运营和营销活动上持续投入，提高老客户的复购率和推荐新用户购买产品。

在市场成熟期，企业能够继续获得收入增长必须依赖两个因素：一个是客户的忠诚度；另一个是分销渠道的支持。客户忠诚能够为企业带来复购和新客户，同时，分销渠道在稳定市场份额中起了关键作用。

4. 市场衰退期

当企业采取多种措施依然无法阻止产品销量的下降，就进入了第四个阶段——市场衰退期。新产品进入市场衰退期的主要原因是消费者需求和市场环境的改变，此时竞争对手纷纷开始离开市场。企业在市场衰退期主要有两个措施：一个是采取收缩策略，服务好现有客户群体，并引导客户改变消费习惯；另一个是密切关注消费者需求的变化，根据消费者需求的变化停止原有产品的服务和销售，并开发新一代的创新性产品。

在市场衰退期，产品的需求在持续下降。由于存在"长尾效应"，此时产品仍然会有一定的市场需求。为了最大限度延续产品的生命，企业可以进一步加强与在线分销渠道的合作，给分销商更多的佣金奖励，使产品在线上平台有一定的流量和转化。

产品生命周期理论反映了产品在市场中的销售和利润随时间变化的规律。因此，了解产品生命周期理论有助于企业制定合适的市场策略，合理分配资源，面对市场变化和竞争压力及时进行调整。需要注意的是，并非所有的产品生命周期都遵循同一模式，有些产品可能跳过某些阶段或者在某个阶段停滞很长时间。

（二）波士顿矩阵

波士顿矩阵（BCG Matrix）是企业用于战略分析和决策的工具，主要基于销售增长率和相对市场份额两个维度对产品进行划分。销售增长率代表市场的吸引力，而相对市场份额代表该产品相对其主要竞争对手的市场地位，基本计算公式如下：

企业某种产品绝对市场占有率=该产品企业销售量/该产品市场销售总量
企业某种产品相对市场占有率=该产品企业市场占有率/该产品市场占有份额最大者（或特定的竞争对手）的市场占有率

结合这两个维度，波士顿矩阵将产品划分为四个类别，如图11-2所示。

（1）明星产品。它是指处于高增长率、高市场占有率象限内的产品（群）。这类产品作为企业的明星产品，其财务特点是利润率高且增长稳定。在战略上，企业通常需要大量投资以保持或提高其市场地位。

（2）现金牛产品。它是指处于低增长率、高市场占有率象限内的产品（群）。这类产品已进入成熟期，其财务特点是销售量稳定、产品利润率高、现金流大。在战略上，企业需要维持增长或投资以增加增长率。

（3）问题产品。它是指处于高增长率、低市场占有率象限内的产品（群）。这类产品市场机会大，但在市场销售上存在问题，其财务特点是利润率较低，现金流为负。在战略上，企业需要决定是继续投资使其成为"明星产品"还是放弃。

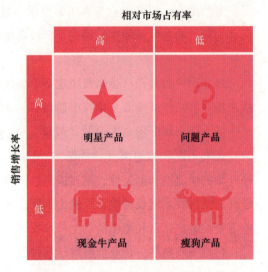

图11-2 波士顿矩阵

（4）瘦狗产品。它是处在低增长率、低市场占有率象限内的产品（群）。这类产品不能为企业带来大量的利润或现金，而且有时会产生负的回报，其财务特点是利润率低、处于保本或亏损状态。除非有其他战略目的，否则企业可能会考虑出售或淘汰这些产品。

使用波士顿矩阵，公司可以决定在哪些产品或业务上增加、减少或保持其投资，并确保资金得到有效利用。然而，这个矩阵不应被视为绝对的决策工具，而应与其他分析工具和考虑因素结合使用。

产品生命周期和波士顿矩阵都是市场营销和战略管理的关键概念，用于帮助企业理解其产品或业务部门的表现并制定相应的策略。这两个概念在某种程度上是互补的，并且可以在某些情境中相互联系。

（1）明星产品往往与产品生命周期的市场成长期相对应。此时，产品面临的市场增长迅速，并且产品获得了较高的市场份额。

（2）现金牛产品可能与产品生命周期的市场成熟期相对应。此时，产品面临的市场增长放缓，但产品仍然拥有较高的市场份额，并可以产生大量现金流。

（3）问题产品可以与产品生命周期的市场进入期或早期成长期相对应。此时，产品面临的市场增长迅速，但其市场份额还未稳固。

（4）瘦狗产品可能与产品生命周期的市场衰退期相对应，或者是那些在市场成熟期中表现不佳的产品。

上述对应关系并不是固定的或绝对的。某些瘦狗产品可能仍然处于市场的成熟期，而某些明星产品可能面临激烈的竞争，使其迅速进入衰退期。但将 PLC 和波士顿矩阵结合起来可以为企业提供更全面的视角，帮助它们制定更有效的产品策略和市场策略。

二、新产品开发的概念和过程

（一）新产品开发的概念

新产品开发（New Product Development，NPD）是指在满足目标客户的新需求的基础上，结合产品与服务供应者的可控资源和运营能力，对旅游产品各层次和各要素进行规划、设计、开发和组合的过程。新产品并非仅指从未面世的全新产品，如下的产品均属于新产品的范畴：

（1）仿制型产品。它是指企业对市场上的现有产品进行研究，选择市场前景好且符合企业目标客户需求的产品进行模仿开发，使其成为企业的新产品。

（2）改进型产品。它是指企业在现有产品基础上进行提升和优化，使产品具有新的特点和卖点，提升老客户的复购率并延长产品的生命周期。

（3）换代型产品。它是指企业针对现有目标客户市场，在市场营销组合不变的情况下，对现有产品的各个要素进行全面升级，满足目标客户追求更高品质和更好服务的需求。

（4）系列型产品。它是指企业在相同类型产品中开发出新的规格和型号，从而与现有产品形成系列型产品。

（5）创新型产品。它是指企业洞察目标客户的深层次需求，开发出一种尚未在市场上出现过的原创性产品，从而引领新的消费方式。

舜和酒店集团（简称舜和）深知新产品开发的重要性。因此，每当舜和各酒店的餐饮总厨有空闲时间，他们总会积极地外出学习，甚至去竞争对手的餐厅亲自体验。例如，虽然舜和的波士顿龙虾一直采用粉丝蒸或芝士焗的传统做法，但通过总厨的实地考察，他们发现了新颖的麻婆豆腐烧龙虾的烹饪方式。总厨回来后，带领厨师团队进行研发，并成功地推出了具有舜和特色的麻婆豆腐烧波士顿龙虾这一新产品。

舜和在餐饮领域被誉为"造节大师"。早在 20 多年前，舜和在创始人任兴本的带领下，就开始创办美食节。历经 20 余载的打磨，舜和的美食节已经壮大为一系列活动，包括二月的凌梭节、三月的桃花蛸节、四月的鲅鱼跳节、五月的生蚝节、七月的云南野山菌美食节、九月的开海节、十一月的感恩节，共计七个主题。除此之外，舜和仍在不断探索与创新，比如在 2023 年推出了江南美食节和台州美食节。每次的美食节都为舜和积累了丰富的新菜品开发资源，美食节中点单率较高的菜品会成为舜和的新产品，被长期收入菜品库中。

舜和的实践揭示了新产品开发不仅仅是创新的体现，还体现了一套系统的学习与模仿机制。企业在新产品开发之初，往往会借鉴行业领先者，并在法律法规框架内对其进行合理的模仿，然后在模仿的基础上逐步进行细节改进和完善。随着时间的推移，企业逐渐累积开发经验和专业能力，形成自己的产品系列，甚至推出更新替代型产品。然而，持续的企业成长必须建立在真正的创新上。只有在模仿、改进和深入研究的基础上，企业才能真正涌现创新力量。这一过程可以概括为"一仿、二改、三研、四创"的四步走策略。

新产品开发可以分为颠覆式创新和微创新两种模式。

（1）颠覆式创新。这种创新往往颠覆了现有的市场规则或技术标准，为消费者提供了全新的价值和体验。这种创新模式通常需要巨大的研发投入、长时间的开发周期并具有高风险，但一旦成功，其回报也非常可观。例如，旅游业企业采用虚拟现实技术为游客提供全新的旅游体验。

（2）微创新。微创新主要是指企业对现有产品或服务进行微小但有意义的改进，通常聚焦于提高用户体验、降低成本或提高效率。这种创新模式的投入相对较小，开发周期短，风险也较低。例如，酒店为客房安装智能化的调控系统，增强住客的住宿体验。

在酒店与旅游业企业的实际运营中，尽管颠覆式创新具有吸引注意力和重塑市场的潜力，但由于其风险和资源需求较大，因此更多的企业倾向于采用微创新策略。这样，企业既能满足客户日益增长的期望，又能利用有限的资源实现产品的快速迭代和优化。

（二）新产品开发的过程

旅游业企业的新产品开发与科技企业有所不同，其核心目标是满足或激发新的消费需求。由于旅游消费的频次相对较低，再加上人们在旅行中追求新奇、具有特色的产品和服务，因此旅游业企业必须持续创新，推出新的产品。这样不仅能吸引新的客户，维护老客户的忠诚度，还能为企业带来新的收入来源，同时提升其在市场中的竞争力。

科特勒和阿姆斯特朗（2020）提出，新产品开发包括八个连续步骤，从构思产生到构思筛选，再到概念开发与测试、营销战略制定、商业分析、产品开发、营销测试，最后到商业化。这反映了新产品开发是一项系统性的严谨任务。这一新产品开发框架特别适用于需要大量投资和具有高风险的新产品。对于旅游业企业来说，若新产品涉及实体设施或有形服务设备的开发，企业就要进行周密的规划并遵循严格的开发流程。然而，大多数情况下，酒店与旅游业企业的新产品开发重心在于服务、款待、选择自由度和参与性等方面的创新，以适应客户需求的变化和升级，并不涉及实体场所建设和大型设备投入。

例如，裸心的产品开发团队隶属于总部，但他们并不局限于坐在办公室里"空想"，而是频繁地前往各地的裸心度假村，深入了解客户的真实需求并积极收集客户在各种渠道的反馈。这些宝贵的反馈意见为新产品的开发提供了丰富的灵感。裸心在莫干山拥有两大高端度假村：裸心谷和裸心堡，见图11-3和图11-4。裸心堡由裸心在苏格兰教会医师梅滕更于百年前所建的城堡的废墟上重建，独具欧洲的奢华风情，为客户带来欧洲贵族般的精致度假体验。裸心谷则将其漫山竹海的自然之境与周遭环境紧密结合，提供了丰富的野外休闲度假活动和设施。在收集到的客户反馈中，裸心的产品开发团队发现许多客户在裸心谷与裸心堡之间进行选择时犹豫不决。为此，裸心推出了一个新的特色套餐产品"三天两晚畅游谷堡"，客户可以在裸心谷住一晚，然后在裸心堡住一晚，领略两种不同的风格与度假体验。

图 11-3　裸心堡

图 11-4　裸心谷

综上所述，在酒店与旅游业，新产品开发主要流程归纳如图 11-5 所示。

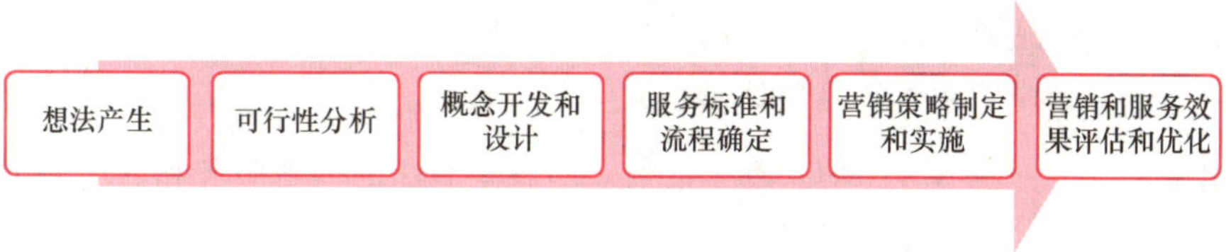

想法产生 → 可行性分析 → 概念开发和设计 → 服务标准和流程确定 → 营销策略制定和实施 → 营销和服务效果评估和优化

图 11-5　酒店与旅游业新产品开发主要流程

（1）想法产生。企业通过收集员工和客户的反馈意见，或者对市场和竞争对手进行研究分析，都可以形成新产品开发的想法。

（2）可行性分析。在想法产生后，企业需要结合目标市场客户需求、市场竞争情况、企业自身能力和资源优势、潜在用户规模和获取渠道、产品盈利前景等方面进行可行性分析。

（3）概念开发和设计。如果新产品的想法经过可行性分析后被认为是可行的，企业就可以对产品概念进行详细设计，设计要点包括产品针对的目标细分市场、产品的要素和层次、客户敏感点和产品 USP。

（4）服务标准和流程确定。企业应制定产品的服务标准和流程，随后，对产品和服务进行培训和试运行，并在试运行过程中不断进行优化，以确保产品和服务的质量。

（5）营销策略制定和实施。企业应确定新产品营销策略和具体方案并将其付诸实施。

（6）营销和服务效果评估和优化。企业应基于产品的营销效果和客户反馈意见进行评估，不断优化产品和服务品质以及营销方法。

三、新产品开发与企业增长策略

北京贵都大酒店作为自营的单体城市商务酒店，是国内首家成立数字增长部的单体酒店，其于2016年开始进行数字营销的实践和应用。酒店虽处于较好的位置，但距离其最近的写字楼在1000米以外，居民社区却近在咫尺。酒店如何将线上营销和会员从传统的商务、休闲市场向居民消费者市场拓展？如何将传统的酒店服务产品以设计思维驱动和情景构建加以创新，吸引城市中产消费者体验和分享？如何利用线上引流将潜在居民消费者发展为会员，进而把线上会员和粉丝引入线下实景设计体验，从而实现健康的新生活方式？贵都汇线上生活平台（见图11-6）由此应运而生。

贵都汇线上生活平台是城市美好新生活的创造者，通过"汇生活、汇美食、汇健康、汇旅行"的新生活服务理念，倡导"引领健康、绿色生活，让酒店产品融入宾客家庭"的新生活方式，把生活美学应用和生活品质体验引入

图11-6　北京贵都大酒店贵都汇线上生活平台

中产消费者家庭，并把城市居民的家庭生活需求引导至酒店的创新服务和高品质健康产品体验上。

以"汇美食"为例，2020年9月贵都汇线上平台正式推出以"嘟嘟西饼，遇见你真好"为口号，以"健康低糖、全麦粗粮、五星烘焙、品质保障"为特色的西饼产品。酒店通过与抖音及其他线上销售平台合作，在短短三个月的时间内，酒店实现销售收入47万元，收获了良好的市场口碑。酒店经营者顺势而为，推出"嘟嘟西饼线下烘焙生活体验坊"，不仅提供由优质面粉与新鲜食材烘焙而成的美味蛋糕，还免费提供精美花束和视频制作、拍照服务，帮助体验者留下美好记忆。体验者在体验坊可以进行亲子活动、企业团建、同事聚会，通过现场制作美味可口的西饼盛宴，彰显团队活力、凝聚欢乐瞬间、留下难忘记忆。体验坊为嘟嘟西饼品牌进行了二次传播。"嘟嘟西饼，把爱带回家"的美食口号助推了贵都汇线上平台的进一步圈粉，增大了流量和会员数量。线上引流、线下体验，线上生活平台与线下生活体验坊相辅相成、相得益彰，为嘟嘟西饼搭建了酒店产品与居民消费者之间的爱心桥梁。

在贵都汇的持续运营中，北京贵都大酒店发现酒店的消费主体从"70后""80后"转变为"90后""00后"，其对于酒店的需求已经不仅仅局限于居住，而是将每一次的酒店入住体验作为旅途中美好的体验和经历。酒店的消费主体不断地走向年轻化与个性化，他们除了看重口碑与品质，精致、个性、时尚的体验成了他们更加看重的方面，他们更加愿意享受个性化与智慧化的体验和消费模式。在这样的背景下，北京贵都大酒店在2021年推出了贵都汇2.0版本，致力于抓住新零售机遇，满足消费者对精致生活新方式的需求，通过将线下体验、线上预

订及零售商城相结合，实现服务品质和收益双增长，助力酒店在未来的市场上占据一席之地。贵都汇2.0版本创新融入"酒店+新零售"模式，在全球甄选与旅游、出差、生活相关的精致产品，通过场景化设计和线上、线下多渠道购买服务，帮助消费者构建从酒店到家的一站式品质生活圈。"嘟嘟花语""嘟嘟茶语""文创中心""餐饮品质生活馆""家居生活馆""康体中心"六大产品先后亮相，对"汇生活""汇健康"两大板块予以了更好的诠释。"嘟嘟茶语"完美演绎了茶文化和咖啡文化的真谛，通过博大精深的茶文化，开展茶艺品鉴、茗香会友，满足了商务客人的潜在需求。"嘟嘟花语"以生活美学为切入点通过永生花、仿真花及各式鲜花插花艺术，满足城市消费者对精致生活的需求。"文创中心"主推员工文创作品，从酒店吉祥物——"元年嘟嘟熊"出发，到"客房暖心大姐"等员工服务形象大使再到"婚礼熊""嘟嘟小厨""电工小嘟""初心小嘟"，赋予了吉祥物更深刻的文化意义。"文创中心"还提供故宫文创系列展示、精致国宴骨瓷创意，将其组成了一幅精美的生活艺术图，让消费者感到赏心悦目、美不胜收。"餐饮品质生活馆"和"家居生活馆"分别将人生各个阶段的定制式喜庆聚会和日常起居的精致生活用品陈列，巧妙地把酒店优质服务产品完美地呈现给消费者，带动潜在的家庭精致生活新需求。从2022年开始，北京贵都大酒店又开始探索贵都汇2.0版本的新产品开发，聚焦在餐饮产品、酒坊产品、文化产品和旅行产品。在餐饮产品上，酒店推出"体验经济下的共享厨房"模式，让私人定制式的社交餐饮成为精致生活爱好者的新宠。新型环保的开放式厨房让现场烹饪与体验用餐成为现实。在贵都汇的"汇酒坊"中，人们可以尽情品鉴各式酒水带来的不同味觉体验；可以将私家收藏的高品质酒水予以分享，凸显美食艺术与美酒文化的完美契合。在文化产品上，贵都汇提供书吧，曼妙的咖啡香、舒缓悠扬的音乐、丰富的文化艺术品让更多文化喜好者在酒店可以体验"偷得浮生半日闲"的惬意时光。消费者在北京贵都大酒店的"汇旅行"平台上可以体验微旅行的妙趣，也可以私人定制旅游线路，深度感受"亲山水、近乡情"的近郊品质游。外地旅行者可以在"汇旅行"平台上找到高品质的"吃、住、行、游、购、娱"的一条龙服务。

从上述案例中可以看出，企业在新产品开发中，不仅要面向新市场，还要面向现有市场以开发新产品或服务。这不仅与企业的增长策略息息相关，还决定了以下几个关键方面：

（1）市场熟悉度。现有市场意味着企业已经对某个市场有一定的了解；而面向新市场，企业需要对新的市场环境、消费者需求、竞争对手等进行深入的调研和分析。

（2）资源分配。企业进入新市场可能需要投入更多的资源，如进行市场调研、品牌建设、渠道拓展等，而针对现有市场开发新产品可能只需要企业优化或拓展现有资源。

（3）风险评估。企业进入新市场通常伴随着更高的不确定性和风险，包括市场接受度、文化差异、政策法规等；而在现有市场中推出新产品则基于企业已知的市场信息和客户数据，风险相对较低。

（4）营销策略的选择。企业针对新市场开发产品可能需要开创性的营销策略，例如通过各种宣传活动来引起市场关注；而在现有市场中推出新产品，企业可以利用已有的客户基础和信誉进行营销。

(5) 客户关系管理。企业对现有市场进行新产品开发，意味着企业可以利用已有的客户关系和信任基础，而面对新市场则需要建立新的客户关系，这需要企业付出巨大的努力。

(6) 定价策略。在现有的市场中，如果企业对客户的付费意愿和竞争对手的定价策略有一定了解，可以更有针对性地确定定价策略；而在新市场，定价策略可能需要进行更多的测试和调整。

1957 年，伊戈尔·安索夫（Igor Ansoff）博士提出了安索夫矩阵（Ansoff Matrix），如图 11-7 所示，它也被称为产品/市场方格（Product-Market Strategy）。安索夫矩阵的作用是帮助企业决定其产品开发和市场增长策略。安索夫矩阵主要考虑了两个关键维度：产品（现有产品与新产品）和市场（现有市场与新市场）。企业可以选择市场渗透策略、产品开发策略、市场开发策略和多元化策略四种不同的增长性策略来达到增加收入的目标。

维度	现有产品	新产品
现有市场	市场渗透	产品开发
新市场	市场开拓	多元化

图 11-7　安索夫矩阵

(1) 市场渗透策略是指在现有市场中推广现有产品，增大产品的市场占有率。在策略上，可以通过价格策略、促销活动、重新包装或通过提升服务品质、提高客户忠诚度等方式来实现目标。市场渗透策略实施风险相对较低，因为企业已经熟悉该市场和产品。

(2) 市场开拓策略是指将现有产品引入新市场。企业需要在不同的市场上找到具有相同产品需求的消费者。从市场策略角度来看，企业可以通过地理区域扩张、细分不同的目标市场、使用不同的分销渠道或为不同的客户群体包装现有产品来实现目标。市场开拓策略实施风险适中，因为企业需要适应新市场的特点，调整产品定位和营销方法，但产品仍然是企业熟悉的，产品本身的核心技术不必改变。

(3) 产品开发策略是指在现有市场中引入新产品，增加现有客户群体的市场份额，并利用现有的客户关系来实现目标。从策略层面上，企业开发具有新功能、新款式或使用新技术的产品以满足现有市场的需求。产品开发策略实施风险中等，因为尽管市场是熟悉的，但新产品可能不被市场所接受。

(4) 多元化策略是指在新市场中引入新产品，进行多元化发展。多元化可能是关联的（与现有业务相关），也可能是非关联的（与现有业务无关）。这是四个策略中风险最高的一个，因为企业会同时进入未知的产品和市场领域。

在制定增长策略时，企业应考虑其资源、能力和市场环境，以选择最适合其情况的策略。企业可以通过使用安索夫矩阵，根据自身情况和市场环境，制定相应的产品开发和营销策略，进而实现销售增长和市场份额提升。同时，安索夫矩阵也可以帮助企业进行战略分析和规划，发现新的增长机会和市场机会。

四、技术采用生命周期

在酒店与旅游业,还有众多的科技型企业,为旅游业企业或者旅行者提供技术产品和服务。例如,为酒店提供数字营销的技术解决方案,或者为旅行者提供定制化的在线旅游服务App。这些技术产品和服务往往会改变企业原有的运营流程或者改变消费行为模式,同时也对使用者提出了一定的要求,需要他们适应新的方法、流程或行为模式。

1992年,美国硅谷的高科技企业顾问杰弗里·摩尔在其著作《跨越鸿沟》(Crossing the Chasm)中提出了技术采用生命周期模型,如图11-8所示。技术采用生命周期模型根据新技术产品在使用周期内吸引不同类型消费者的过程来描述产品的市场接纳过程。

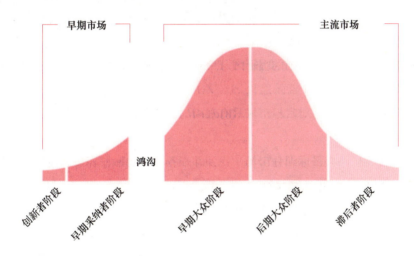

图11-8 技术采用生命周期模型

整个过程分为如下阶段:

(1)阶段一:创新者(Innovators)阶段。创新者是技术领域的先锋,他们热衷于尝试新事物,对技术产品有很强的热情,且愿意承担尝试新技术的风险。

(2)阶段二:早期采纳者(Early Adopters)阶段。早期采纳者通常是行业的意见领袖。他们看到了新技术的潜在优势,并希望通过这些优势获得市场领先地位。

(3)阶段三:早期大众(Early Majority)阶段。早期大众比早期采纳者更为审慎,他们通常会在新技术被证明有一定的实用性和稳定性后才进行采纳。

(4)阶段四:后期大众(Late Majority)阶段。后期大众通常会在新技术已经被广大市场接受并变得相对普遍时才开始采纳。

(5)阶段五:滞后者(Laggards)阶段。滞后者对新技术持保守态度,只有当某一技术已经成为行业标准时才会考虑采纳。

根据技术采用生命周期模型,为酒店与旅游业提供科技产品与服务的高科技企业在开发市场的时候，首先要关注创新者，壮大创新者市场；然后关注早期采纳者，扩大这一市场；接下来依次关注早期大众、后期大众和滞后者市场。杰弗里·摩尔特别指出，在早期采纳者和早期大众之间存在一个显著的鸿沟（Chasm），原因是这两个群体的期望、需要和价值观在技术采纳上有很大的差异。很多初创企业和新技术产品在初期可能会受到创新者和早期采纳者的热烈欢迎，但当它们试图进入更广泛的市场——早期大众市场时，可能会遭遇难以预料的阻碍，进入困境或停滞期。这使它们的市场推广变得非常具有挑战性。许多技术产品都会在早期大众市场面临巨大的挑战，因为它们从被一小部分人采纳转变为被大多数人采纳时，需要面对更多的实际应用场景、更高的用户期望以及更激烈的竞争。

为了成功跨越鸿沟，公司需要调整其市场策略，重点关注目标市场的特定需求，并确保产品在各个市场中都能表现出色。具体来说，跨越鸿沟的策略如下：

（1）确定目标细分市场。开始时不要试图满足所有市场的需要，而是找到一个具体的、容易进入的细分市场，这样可以更有效地推广产品。

（2）集中资源。专注于所选择的目标细分市场，并将所有的资源和努力集中于此，确保在这一特定市场中的成功。

（3）完善产品。确保产品对目标市场具有吸引力，满足目标市场的基本需求，并使产品具有明显的差异化优势。

（4）建立标杆客户。在目标细分市场中找到并培养关键的标杆客户，他们可以证明产品的价值，并使产品获得更广泛的市场接纳。

（5）调整市场传播策略。早期大众不如早期采纳者喜欢尝试新事物，所以需要找到一种方法来证明产品是经过验证的、值得信赖的，并可以满足早期大众的具体需求。

（6）提供全面的支持和服务。早期大众可能需要更多的支持和教育，以了解如何使用产品，因此需确保提供足够的资源来满足他们的需求。

（7）与合作伙伴建立关系。找到可以帮助企业进入新市场的合作伙伴，如分销商或其他渠道伙伴。

（8）持续创新，但要稳健。即使产品已经跨越了鸿沟并得到了市场的广泛接纳，也要继续创新以保持竞争优势，并确保产品创新与企业的核心目标市场需求保持一致，并不断为目标客户提供价值。

杰弗里·摩尔的技术采用生命周期模型对新产品开发有以下几点启发：

（1）明确目标市场定位。在产品开发初期，企业应明确其目标市场是否偏向于创新者或早期采纳者。对于这两类用户，他们更注重产品的创新性和独特性，而不仅仅是功能的完整性或稳定性。

（2）跨越鸿沟的策略。当产品试图从早期采纳者市场转向早期大众市场时，企业需要调整其市场策略。这可能意味着对产品功能进行改进、增强稳定性、提供更全面的客户支持或开发更有针对性的市场营销策略。

(3) 持续与用户互动。在每个阶段，与用户的持续互动都是至关重要的。通过用户反馈，企业可以更好地了解市场需求、调整产品方向并迅速解决产品的潜在问题。

(4) 及时洞察市场变化。通过深入理解技术采用生命周期，企业可以更好地预测市场变化，从而及时调整策略以应对挑战。

(5) 培训与教育。在跨越鸿沟的过程中，为用户提供培训和教育显得尤为关键。例如，帮助用户了解产品的好处以及如何使用，可以促进技术的采纳。

(6) 合理定价策略。在技术采用生命周期的不同阶段，用户对价格的敏感度可能会有所变化。例如，创新者和早期采纳者可能愿意为产品先进的特性支付更高的价格，而早期大众和后期大众更注重性价比。

(7) 强化品牌建设与信任。为了成功跨越鸿沟并吸引早期大众，建立品牌信任显得尤为重要。

总之，了解并应用技术采用生命周期模型可以帮助企业在新产品开发过程中更好地理解市场、调整策略并优化产品，从而实现产品在市场中的成功推广。

【探究性学习习题】

1. 研究与分析题

(1) 选择一种您熟悉的酒店与旅游业产品，然后按照产品生命周期模型进行分析，它目前处于哪个阶段？为什么？

(2) 使用波士顿矩阵对您选择的三个不同的旅游产品进行分析，判断它们分别属于哪种类别？并给出判断理由。

2. 思考与讨论题

(1) 为何酒店与旅游业产品的生命周期在数字时代变得越来越短？

(2) 在新产品开发中，仿制、改进、系列创新哪种策略更适合当前的酒店与旅游业？并给出理由。

3. 实践应用题

(1) 选择一个旅游业企业的产品，利用安索夫矩阵进行分析，然后尝试为其制定一个新产品开发策略。

(2) 假设你是一个旅游技术创业公司的首席营销官，你的公司开发了一款新的旅游App。请你利用技术采用生命周期模型，制定一个市场推广策略。

第十二章 产品与服务的定价策略

【本章概述】

本章深入分析了酒店与旅游业产品与服务的定价策略。首先,介绍了酒店与旅游业产品显著易逝性特点,即未被及时消费的服务很快就会失去其价值。接着,从成本、需求与供给以及市场竞争角度,系统介绍了三种核心定价策略:成本导向定价法、需求导向定价法和竞争导向定价法。特别指出,收益管理在其中扮演了关键角色,其目标是结合供需平衡分析与市场需求预测,以动态方式调整产品库存和价格,从而达到收益的最大化。而对于市场预测,如基于先进技术的时间序列预测,为企业定价提供参考意见,助力企业准确把握未来需求。章节末尾,强调了动态定价的重要性,该策略依赖实时的市场信息来调整价格,以满足市场的实时变化。

一、定价的基本方法

在旅游业中,如酒店、航空公司和邮轮等多种业态的产品或服务通常具备显著的易逝性。这意味着如果在特定的时间段内这些产品或服务未被消费或占用,其价值将永久丧失,无法保留并在未来再次销售。以酒店为例,若一间客房某晚未被预订,则它该晚的潜在收益将不复存在。这种情况与常规商品形成鲜明对比,因为常规商品可以在生产后存储,并在未来进行销售。另外,由于旅游业的季节性特点,需求经常大幅波动,如旅游高峰期、节假日或大型活动可能导致需求急剧增加,而在淡季,需求可能会大大减少。

因此,酒店和其他旅游业企业在制定定价策略时必须极为审慎,需要最大化其有限资源的使用效率,从而减少由产品易逝性和市场需求波动所带来的损失和业务风险。

定价策略直接影响客户价值,因为它向客户直接传达产品或服务的价值,与品牌形象和定位密切相关。例如,高端酒店或奢华旅行体验的定价通常较高,以体现其独特性和品质。酒店与旅游业中许多具有易逝性特征的产品都面临数量有限以及需求不稳定的问题。通过合适而灵活的定价策略,企业可以根据市场环境的变化及时调整定价,确保有限的资源得到最佳利用,并有助于实现收益最大化，从而提升企业竞争力。

当企业为产品和服务制定定价策略时，主要考虑以下三个因素：

（1）成本。产品的定价应该确保其覆盖所有成本，包括固定成本和变动成本，以确保企业的盈利能力。

（2）需求与供给。当需求增加或供给减少时，价格会上升；相反，当需求减少或供给增加时，价格会下降。

（3）市场竞争。在高度竞争的市场中，价格可能受到市场竞争力量的驱动，而不仅仅由成本或价值决定。

基于上述三个因素，酒店与旅游业企业的定价方法主要有三种，即成本导向定价法、需求导向定价法和竞争导向定价法。这三种方法还可以根据不同的目的进一步划分。祖长生在其所著的《饭店收益管理》一书中指出，成本导向定价法包括千分之一定价法、盈亏平衡定价法、成本加成定价法和量本利定价法；需求导向定价法包括价值定价法、差别定价法和弹性定价法；竞争导向定价法包括通行价格定价法、投标定价法和主动竞争定价法。

（1）成本导向定价法。此类方法主要是基于企业的成本结构，以确保盈利为目标。

1）千分之一定价法（Markup Pricing）。根据产品成本来确定价格，通常将固定的百分比加在成本上。

2）盈亏平衡定价法（Break-even Pricing）。设置价格的目的是达到盈亏平衡点，也就是总收入与总成本相等的点。

3）成本加成定价法（Cost-plus Pricing）是指在所有成本之上加上预定的利润率来确定价格。

4）量本利定价法（Target Return Pricing）。设置价格的目的是实现特定的投资回报率。

（2）需求导向定价法。此类方法主要依赖对消费者需求和价格弹性的理解。

1）价值定价法（Value-based Pricing）是指基于消费者对产品或服务所感受到的价值来确定价格，而不仅仅是成本。

2）差别定价法（Differential Pricing）是指为不同的消费者或不同的消费场景设置不同的价格。

3）弹性定价法（Dynamic Pricing）是指根据市场需求的变化调整价格，例如机票和酒店房价在不同的时间或季节可能会有所不同。

（3）竞争导向定价法。此类方法主要考虑了竞争对手的行为和市场定位。

1）通行价格定价法（Going-rate Pricing）是指基于行业平均水平或领先竞争对手的价格来设定价格。

2）投标定价法（Bid-based Pricing）。主要应用于招投标过程中，根据竞争对手的报价来确定自己的报价。

3）主动竞争定价法（Proactive Competitive Pricing）是指主动根据竞争态势调整价格策略，

可能涉及价格战等策略。

在酒店与旅游业中，由于产品的易逝性和需求的季节性，弹性定价法和差别定价法特别常见。而在面对激烈的竞争时，竞争导向定价法也会被广泛采用。

二、基于收益管理的定价策略

收益管理（Revenue Management）是酒店与旅游业企业市场营销工作的一项重要策略，旨在通过对供需平衡进行深入分析和对市场需求进行预测，动态调整产品库存和定价，从而实现收益最大化的目的。这种策略特别适用于产品存在容量限制和易逝性特点的行业，例如航空、酒店、邮轮和租车业。收益管理的核心思想是确保在最佳的时机、通过最佳的渠道，以最佳的价格将合适的产品销售给合适的目标客户。

由于收益管理与企业的收益息息相关，因此很多人误将其归为财务管理领域。实际上，收益管理属于方法论，是专门针对产品定价和库存进行优化，以实现收益最大化的策略和方法。收益管理并不直接涉及财务报表、资金流或财务规划等财务管理核心任务。收益管理更偏向于营销管理的范畴，重点在于通过对市场需求的分析和预测，为客户制定合适的价格。

以某邮轮公司为例，该公司提供了前往不同目的地的多条邮轮旅行路线。为了确保最大的收益，公司采纳了一整套收益管理策略。收益管理团队汇总了过去数年的订舱数据，作为预测未来需求和客户支付意愿的参考。在旺季时，因需求量大，邮轮旅行路线的价格相应上调。而在淡季，公司对于提前预订或团队客户给予折扣。为了进一步鼓励提前预订，公司规定提前3个月或更早预订的客户可以享受免费岸上行程或其他特惠。而对旅行开始前一周仍未售出的船舱，则提供特价优惠以吸引对价格敏感的客户。通过这一系列策略，该公司成功地实现了邮轮船舱容量与价格的有效平衡，从而确保了收益最大化。

祖长生提出，酒店在制定定价策略时应考虑以下几个关键因素：

（1）差异化定价策略。即使是同类客房产品，酒店也应设定多个价格档次。这样不仅能满足不同细分市场的客户需求，还能避免完全依赖单一的最高价或固定价格策略。

（2）价格弹性考量是指通过对市场反应的细致分析，了解消费者对价格变动的敏感度（即价格弹性），从而精准调整客房价格，确保收益最大化和最高入住率。

（3）需求驱动的动态定价是指定价不应是一成不变的，需要根据市场的实时需求来设定价格，并随着市场情况的变化进行调整，以确保价格与市场需求保持同步。

（4）客房保留策略与预测是指结合预测技术，对客房进行科学的控制和分配。针对具有一定消费能力和意愿的客户，制定特定的价格优惠，而不是简单地遵循"先到先得"的原则。这既保证了良好的客房利用率，也确保了最大化的利润回报。

（5）价格管理的细化是指价格应当具有灵活性，以满足各种消费需求。例如，对于团队预订、长期住宿或其他特定客户群，可以设计专属的价格体系，从而进行有针对性的市场营销。

收益管理对酒店与旅游业企业的经营影响如下：

（1）最大化收益。企业可以通过动态调整价格策略来匹配需求，确保在高需求时期收取更高的价格，而在低需求时期通过降价吸引客户，从而最大化总体收益。

（2）优化资源使用。酒店和其他旅游业企业的资源（如房间、飞机座位或旅行团名额）都是有限的。收益管理可以确保这些有限的资源得到最佳利用。

（3）响应市场变化。市场需求是动态变化的，受节假日、特定活动、经济环境等多种因素的影响。收益管理使企业能够快速响应这些变化。

（4）增强竞争力。在竞争激烈的市场中，有效的收益管理策略可以为酒店与旅游业企业提供竞争优势，吸引更多的客户并提高市场份额。

（5）减少盲目打折。酒店不再依赖单一的打折策略来吸引客户，而是根据实际的需求和供应来设定价格。

（6）更好地预测未来。收益管理工具通常具有强大的预测功能，能够预测未来的需求和收益，从而更好地支持计划和决策。

酒店与旅游业中的收益管理在近几年已经非常普遍，主要是因为技术的进步使数据分析和预测变得更加简单和可靠。不过，实施有效的收益管理仍然需要专业知识，并遵循一系列的步骤和策略，以确保组织内部有足够的资源来支持这一流程。实施步骤如下：

（1）数据收集和分析。收益管理需要一个高质量的历史数据库，其中包括房间销售价格、出租率和其他关键指标的信息。

（2）使用先进的数据分析工具。酒店需要通过分析和预测软件来预测未来的消费需求和趋势。

（3）理解细分市场。酒店应了解其所在的市场，以及竞争对手的情况，并根据预订行为和消费习惯对客户进行细分。

（4）定价策略。酒店应建立灵活的定价模型，根据需求变化做出相应的价格调整，并针对不同的客户细分和预订渠道制定不同的价格策略。

（5）分销策略管理。酒店应有效管理各种分销渠道，确保价格的一致性；与 OTA 平台和其他合作伙伴建立良好的关系，确保分销费用合理。

（6）持续评估和调整。酒店应定期评估收益管理策略的效果，同时考虑外部因素，如竞争对手的策略、市场趋势或宏观经济条件，并据此调整策略。

（7）培训和团队协作。酒店应为员工定期提供收益管理和相关工具的培训，确保整个酒店团队了解并支持收益管理策略。

（8）技术和工具。酒店应投资于先进的收益管理软件和系统，以提高效率和准确性，同时利用自动化工具来实施实时的定价和分销策略。

三、市场预测与动态定价

（一）预测的概念和应用

预测是基于过去和现在的数据来估计未来事件或趋势的方法。预测可以基于数学模型、统计分析、机器学习算法和其他技术,也可以基于专家的见解、经验或直觉。在酒店与旅游业,预测在市场营销中有很多关键的应用场景,例如:

(1)需求预测。酒店需要预测未来的市场需求,以便为客人提供适当的服务。如果酒店无法准确预测市场需求,可能会出现两种情况:要么酒店房间供不应求,导致客人无法获得足够的住宿体验;要么酒店房间供过于求,导致酒店无法充分利用资源。因此,需求预测可以提高酒店的运营效率和客户满意度。

(2)预订预测。客人通常需要提前预订酒店房间。通过预测预订数量,酒店可以更好地规划房间数量、人力及其他资源,避免资源浪费或不足。同时,准确的预订预测也可以加强酒店的收益管理,使酒店在提高客户满意度和保持盈利能力之间找到平衡点。

(3)价格预测。由于酒店价格通常受到市场需求、季节性变化和经济情况等因素的影响,因此通过价格预测,酒店可以更好地把握价格波动,制定合理的价格策略,从而提高收益水平。

(4)趋势预测。随着时代的变迁和人们消费观念的变化,消费者对酒店服务的需求也在不断变化。通过趋势预测,酒店可以更好地了解消费者的需求和偏好,及时调整服务内容和营销策略,提高客户满意度和忠诚度。

时间序列预测是指基于对历史数据的分析来估算未来某个时间点的数值。时间序列数据是指按照固定的时间间隔获得的系列观测值。时间序列预测的核心目的有两个:第一个是识别数据的现象和本质,即找到数据的趋势或明确的周期性,同时消除不必要的噪声数据,并按趋势和季节性进行分解;第二个是基于这些数据进行未来数值的预测。

时间序列预测是一种定量分析方法,与回归预测有相似之处。它依赖于事物发展的连续性,利用历史数据进行统计分析,以推测其发展趋势。在此过程中,还需考虑偶然的随机波动。为降低随机波动的影响,应采用历史数据进行统计分析,并适当处理数据以更好地预测趋势。时间序列预测基于一个基础假设,即时间序列数据在一段时间内的变化具有某种内部结构,例如趋势或季节性。基于此假设,就可以通过比较不同时间点的数据值来分析时间序列数据,并从中提取数据特征。

传统的时间序列预测方法主要适用于单变量和小规模的数据预测。由于传统的时间序列预测方法在处理时间序列数据中的非线性模式时存在局限性,可能导致预测不够精确。但随着人工智能技术的进步,机器学习为非线性建模提供了更强大的工具,进而提高了预测的准确性。在数字化时代,由于计算能力的显著增强,深度学习得到了广泛的应用,它具有出色的非线性建模能力,能够有效地对时间序列数据的长期依赖关系进行建模。

在传统方法上,常用的时间序列预测模型有算数平均法、移动平均法、加权移动平均法和指数平滑法。

1. 基于算数平均法的时间序列预测模型

如果要计算第 $n+1$ 期的预测值,只需要将从第 1 期到第 n 期的所有观察值相加,除以 n,

得出过去 n 期平均观察值。公式如下：

$$\hat{X}_{n+1} = \frac{\sum_{i=1}^{n} X_i}{n} = \frac{X_1 + X_2 + \cdots + X_n}{n}$$

式中，$\hat{X}_{n+1}$ 为第 $n+1$ 期的预测值，X_i 为第 i 期的观察值，n 为数值的个数。

根据上述公式，预测时只需将前 n 期的平均价格作为第 $n+1$ 期的预测价格。举个简单的例子，假设某商品 4 期价格的数据分别为 100 元、150 元、120 元和 130 元。根据这个公式，第 5 期的预测价格将是前 4 期的平均值，即（100+150+120+130）÷4 = 125（元）。所以，第 5 期商品的预测价格为 125 元。该方法具有计算简单的优点，尤其在价格没有明显变动趋势或季节性波动的时候效果还算不错。但是由于没有考虑近期的价格变动趋势，这种方法预测价格可能有一定的误差。

2. 基于移动平均法的时间序列预测模型

移动平均法是用一组最近观察数据值的算数平均数作为下期预测值的预测方法。这种方法利用近期的数据进行预测，认为远期数据对于预测的贡献相对较小。移动平均法包括一次移动平均法、二次移动平均法和加权移动平均法。其中，一次移动平均法基于固定的时间跨度，将数据分组，并计算每组的算术平均数，再将这个平均数作为下一期的预测值。此方法操作简单且高效。公式如下：

$$\hat{X}_{t+1} = M_t^{(1)} = \frac{Y_t + Y_{t-1} + Y_{t-2} + \cdots + Y_{t-n+1}}{n}$$

式中，$\hat{X}_{t+1}$ 为第 $t+1$ 期的预测值；$M_t^{(1)}$ 为第 t 期的一次移动平均值；Y_t 为第 t 期的观察值；n 为跨越期数。

举个简单的例子，假设某商品 4 期的价格数据分别为 100 元、200 元、300 元、400 元，选择跨越期数为 3。使用移动平均法，第 5 期的预测价格将是最近 3 期数据的平均值，即（200+300+400）÷3 = 300（元）。所以，第 5 期商品的预测价格为 300 元。

在移动平均法中，选择合适的期数 n 是关键。如果 n 设置得较大，那么移动平均线对数据波动的响应会变慢，这意味着它会更加平稳，但也可能滞后于实际的变化趋势；而如果 n 设置得较小，移动平均线会更加灵敏，能够快速响应数据的变化，但也更容易受到随机波动的影响，这可能导致预测失误。因此，选择合适的 n 值既要考虑数据的稳定性，也要权衡灵敏度和预测准确性的关系。

3. 基于加权移动平均法的时间序列预测模型

加权移动平均法是指对一组最近观察数据值分别给予不同的权数，将按不同权数求得的移动平均值作为下期预测值。与普通的移动平均法不同，该方法不是平等地看待所有数据，而是认为越是近期的数据对预测的影响越大，因此给予它们更大的权重。公式如下：

$$\hat{X}_{n+1} = \overline{X}_F = \frac{X_1 F_1 + X_2 F_2 + \cdots + X_n F_n}{F_1 + F_2 + \cdots + F_n} = \frac{\sum_{i=1}^{n} X_i F_i}{\sum_{i=1}^{n} F_i}$$

式中，$\hat{X}_{n+1}$ 为预测值；$\overline{X}_F$ 为观察期内预测指标的加权平均值；F_i 为与 X_i 相对应的权重值；X_i 为观察期内的实际数值即观察值；n 为数值的个数。在权数的取值中，一般取权重数为小数，按照 $\sum_{i}^{n} F_i = 1$ 的原则来取值。

举例来说，假设某商品 4 期的价格数据分别为 100 元、200 元、300 元、400 元，同样选择跨越期数为 3。对这三期价格数据分别赋予 0.2、0.3、0.5 的权重。使用加权移动平均法，第 5 期的预测价格将是近 3 期价格的加权平均值，即 200×0.2+300×0.3+400×0.5 = 330（元）。因此，第 5 期商品的预测价格为 330 元。

4. 基于指数平滑法的时间序列预测模型

指数平滑法本质上是加权移动平均法的一种改良，它在保留所有历史观察数据的同时，为近期的数据分配更大的权重，并确保权重按指数递减的规律从近到远递减。这种方法是短期预测中的常用技术。公式如下：

$$S_{t+1}^{(1)} = \alpha Y_t + (1-\alpha) S_t^{(1)} = S_t^{(1)} + \alpha(Y_t - S_t^{(1)})$$

式中，$S_{t+1}^{(1)}$ 为第 $t+1$ 期的预测值，$S_t^{(1)}$ 为第 t 期的一次指数平滑值，Y_t 为第 t 期的观察值，α 为平滑常数（$0 \leq \alpha \leq 1$）。

在指数平滑预测法中，关键参数是平滑常数 α。平滑常数的值介于 0 和 1 之间，它决定了近期与远期观察数据对预测值的影响权重。通过调整 α 的大小，可以平衡近期和远期数据的重要性，从而得到更为合理的预测结果。

假设某商品 4 期的价格数据分别为 100 元、200 元、300 元、400 元，选择平滑常数 $\alpha = 0.5$ 进行预测。在此将第 1 期的实际价格作为第一个指数平滑值，则：

第 2 期预测的价格为 (0.5×100)+(0.5×100) = 100（元）

第 3 期预测的价格为 (0.5×200)+(0.5×100) = 150（元）

第 4 期预测的价格为 (0.5×300)+(0.5×150) = 225（元）

第 5 期预测的价格为 (0.5×400)+(0.5×225) = 312.5（元）

所以，第五期商品的预测价格为 312.5 元。

（二）动态定价

动态定价也称实时定价，是收益管理的核心策略。它根据市场的需求和供应情况，实时调整产品或服务的价格，目的在于最大化企业的收益。这种策略需要考虑外部环境中的各种变量，如季节、天气、竞争对手的行为、产品库存情况等，从而实时地进行价格调整。例如，某酒店为了更好地应对市场需求的季节性波动，采用的动态定价策略如表 12-1 所示。

表 12-1 某酒店动态定价策略

客房平均出租率	最优可用价格（元）	提前预订折扣价格（元）
60%以下	500	450（10%的折扣）
60%~70%	550	495（10%的折扣）

(续)

客房平均出租率	最优可用价格（元）	提前预订折扣价格（元）
70%~80%	600	540（10%的折扣）
80%~90%	650	585（10%的折扣）
90%以上	700	630（10%的折扣）

在动态定价策略中，酒店在不同的出租率下为其客房制定了不同的最优可用价格，并为提前预订的客人提供了10%的折扣。这种策略有助于酒店吸引更多的提前预订客户，并在高出租率时期保持较高的房价，从而使其收益最大化。

实施动态定价需要满足一些基本条件以确保其有效性和可行性。以下是一些主要条件：

（1）可预测的变动需求。动态定价策略最适合于需求经常发生变化且可预测的市场，该市场需求会因季节、节假日、特殊活动或其他外部事件而发生波动。

（2）明确的产品易逝性。产品或服务如果在一段时间内没有被销售或使用，它的价值就会损失。

（3）数据收集和分析能力。企业需要有能力收集、处理和分析大量的数据，如历史销售数据、市场趋势、库存情况和竞争对手的信息。

（4）市场细分策略。企业能够识别并针对不同的细分市场或客户群体制定不同的价格。

（5）有效的市场调研能力。企业应当了解竞争对手的价格策略和动态，这有助于制定更具竞争力的定价策略。

（6）灵活的销售和分销渠道。企业应当拥有可以快速调整价格的销售和分销渠道。

（7）实时监控。企业应当有条件实时监控销售、库存和需求情况，及时做出价格调整。

【探究性学习习题】

1. 研究与分析题

（1）请对比成本导向、需求导向和竞争导向定价法的主要特点，并回答哪种定价方法更适合高端酒店市场？为什么？

（2）请以一家酒店或航空公司的收益管理策略为例，分析其动态定价策略的特点和效果。

2. 思考与讨论题

（1）产品易逝性对酒店与旅游业企业的定价策略有何影响？企业如何通过定价策略来弥补产品的易逝性损失？

（2）数字化和人工智能技术日益普及，它们在定价策略中可能扮演的角色是什么？

3. 实践应用题

请以某家酒店与旅游业企业的定价信息（可以是线上或线下的广告、官方网站等）为例，评估其定价策略是否合理，并给出你的建议和改进方案。

第十三章 【实验项目三】线上旅游线路产品的设计及设置

一、实验概述和目的

本实验以线上旅游线路产品为实验对象，要求学生使用旅游产品在线运营平台，针对自选的旅游目的地和细分市场，设计一款旅游线路产品并在旅游产品在线运营平台完成上架设置。

该实验项目的学习目的包括：

（1）理论与实践结合。学生能够将所学的旅游理论知识应用于线上旅游产品的设计与设置中，理解线上旅游市场的工作流程和核心要素。

（2）培养创新思维。鼓励学生运用创意设计独特的、差异化的线上旅游线路产品，满足不同消费者群体的需求。

（3）技术应用。介绍并实践旅游产品在线运营平台的具体使用方法。

（4）真实业务环境模拟。在受控的环境中模拟线上旅游产品的设计、采编、设置等业务流程，以培养学生的实际操作能力。

（5）职业道德观念。强调在设计和推广线上旅游产品时，学生应遵循的职业道德和法律规定。

（6）团队合作。通过小组合作完成线上旅游线路产品的设计及设置任务，培养学生的团队协作和沟通能力。

二、实验背景

近年来，随着互联网技术和移动支付的发展，线上旅游市场得到了快速普及。大批消费者开始通过线上平台预订机票、酒店、旅游线路等旅游产品。众多的OTA平台如携程、去哪儿、飞猪等，已经成为消费者查询和预订旅游产品的主要渠道。

随着经济的增长和消费者旅游意识的提高，消费者对旅游线路的需求越来越多样化，并追求个性化和差异化的体验。这要求旅游业企业在设计线上旅游线路产品时，更加注重满足不同消费者群体的特定需求。同时，传统的旅游线路产品设计和销售方式已经不能满足现在旅游市场的需求，需要与数字技术和工具相结合，实现产品的数字化设计、推广和销售。

三、实验原理

设计线上旅游线路产品的实验原理包括以下几个方面：

（1）客户需求导向。任何产品的设计都应以目标客户的需求为核心。理解客户的偏好、需求和预期是确保线上旅游线路产品成功的关键。

（2）产品分析汇总。打造产品的独特销售主张，在同类线上旅游线路产品中能够脱颖而出，为目标客户提供差异化、独特的产品。

（3）整体体验设计。旅游不仅只是到达一个目的地，而是一个从选择、预订到实际体验再到回忆的完整过程。因此，设计时应考虑用户的整个消费旅程，确保从线上选择、预订到线下体验都能给客户带来满意的体验。

四、实验工具

（1）软件环境。问途旅游产品在线运营平台、微信小程序。
（2）硬件环境。个人计算机、智能手机、互联网。

五、实验材料

请自行选择一个旅游目的地，然后通过常用的 OTA 平台查询、浏览现有的旅游线路产品资料。

六、实验步骤

（1）需求分析。分析目前的旅游需求趋势，并确定目标细分市场和消费者群体；研究当前市场上的热门旅游线路和产品，找出其成功之处和不足之处。

（2）产品策划。基于需求分析结果，选择一个旅游目的地进行线路设计，规划旅游的具体路线，考虑交通、住宿、景点等各个环节，同时在线路中加入特色活动，如体验目的地当地文化、户外运动等。并根据线路计算相关费用，制定合理的价格。

（3）产品设置与上架。设计、采编具有吸引力的线上展示页面，包括详细的行程、图片等内容要素。同时在问途旅游产品在线运营平台软件中完成相关旅游线路产品的设置和上架，见图 13-1。

（4）反馈与优化。在旅游线路产品上架后，使用微信小程序展示效果，并通过微信分享给好友。然后收集好友反馈，并根据反馈对产品进行持续优化，如调整行程、增减活动、改进服务、修改展示页面等。

图 13-1 线上旅游线路产品的设计及设置实验系统

（5）评估与复盘。根据微信好友的反馈和评价，自行评估产品成功与否，同时总结经验教训。

第五篇 酒店与旅游业的整合营销传播——传播价值

【本篇结构】

第五篇 酒店与旅游业的整合营销传播——传播价值
- 第十四章 整合营销传播的概念和实施步骤
  - 一、整合营销传播的概念
  - 二、整合营销传播的实施步骤
- 第十五章 整合营销传播的方法和内容营销策略
  - 一、整合营销传播的方法
    - （一）广告
    - （二）销售推广
    - （三）公共关系
    - （四）直接营销
    - （五）人员推销
    - （六）影响者营销
    - （七）社群营销
    - （八）直播营销
    - （九）联合品牌营销
  - 二、整合营销传播中的内容营销策略
    - （一）以价值主张为核心开展集客营销
    - （二）确保传播内容的一致性
    - （三）掌握发布渠道的特点并针对性创造内容
    - （四）为目标用户创造独特而有价值的原创内容
    - （五）创造形式多样的内容，并注重内容的互动性和参与性
    - （六）制定合适的内容发布计划
    - （七）重视落地页在整合营销传播中的作用
    - （八）通过数据分析驱动内容营销策略的优化
- 第十六章 社交媒体在整合营销传播中的应用
  - 一、社交媒体的概念和选择
    - （一）社交媒体的概念和特征
    - （二）社交媒体的类型
    - （三）社交媒体营销传播的使用条件和渠道选择
  - 二、微信公众平台在整合营销传播中的应用
    - （一）应用场景
    - （二）关键应用策略
  - 三、短视频类社交媒体在整合营销传播中的应用
    - （一）应用场景
    - （二）关键应用策略
  - 四、消费体验分享类社交媒体在整合营销传播中的应用
    - （一）应用场景
    - （二）关键应用策略
- 第十七章 【实验项目四】营销自动化在旅游目的地整合营销传播中的应用

第十四章　整合营销传播的概念和实施步骤

【本章概述】

本章详细探讨了整合营销传播（IMC）在当前多元化营销背景下的发展与应用。首先，对 IMC 定义的演变进行了深入分析，特别关注了 IMC 在社交媒体浪潮中所经历的变革。接下来，本章突出了 IMC 在吸引及影响潜在客户方面的核心作用，并通过案例形象展示了 IMC 在消费者不同购买决策阶段的实际操作。在此基础上，深入解读了"多渠道传播"与"全渠道传播"与 IMC 之间的紧密联系。章节最后，列举了 IMC 的十个关键实施步骤，旨在确保品牌信息在各种传播渠道中的统一和连贯，从而达成有效传播的目的。

一、整合营销传播的概念

"整合营销传播"（Integrated Marketing Communication，IMC）的正式研究始于 1991 年，在美国广告代理商协会（4A）和美国全国广告商协会（ANA）资助下，以美国西北大学梅迪尔新闻学院唐·舒尔茨（Don E. Schultz）教授为代表的研究人员尝试对 IMC 进行研究和定义。整合营销传播被认为是"一个营销传播规划的概念，营销人员需要认知整体规划所带来的附加价值以及评估在规划中各种传播手段（例如普通广告、直接回复、销售促进和公共关系）的战略作用，并综合运用这些手段，以提供清晰、一致性和最大效果的传播影响"。这个定义重点强调整合营销传播是通过各种传播手段的综合应用以达到传播影响力最大化。

随着市场营销理念、互联网与新媒体技术的不断发展，IMC 的定义也在不断演变。21 世纪初，唐·舒尔茨教授在他所著的《整合营销传播：创造企业价值的五大关键步骤》一书中，将 IMC 的定义修订如下："整合营销传播是一种战略业务流程，用于规划、开发、执行和评估面向消费者、客户、潜在客户和其他目标受众、相关外部与内部受众的且协同一致的、可衡量的和有说服力的品牌传播计划。"这个定义将整合营销传播从战术层面上升到战略层面，并且强调传播需要站在一切利益相关者的角度。

4P 市场营销组合中的促销与传播（Promotion）包括了广告（Advertising）、公共关系（Public Relations）、人员推销（Personal Selling）、销售推广（Sales Promotion）和直接营销（Direct Marketing）这五种与客户沟通的特定工具（Kotler, Bowen, Makens, *Marketing for hospitality and tourism*, 2012）。这五种促销工具与 IMC 早期定义中的传播手段是一样的。因此，IMC 可以说是 4P 中的促销与传播策略在日新月异的营销环境下的迭代。从 20 世纪 90 年代 IMC 概念兴起到 21 世纪 20 年代，旅游业企业的目标客户、营销环境和营销技术发生了天翻地覆的改变。预计到 2030 年，旅游市场的主流消费者将由三种不同年龄的人群构成，分别是出生在 20 世纪 70 年代的"银发族"、出生在 20 世纪 80 年代和 90 年代的"千禧一代"以及出生在 2000 年以后的"Z 世代"。"银发族"是从线下世界过渡到线上世界的一代，"千禧一代"是从 PC（个人计算机）互联网过渡到移动互联网的一代，而"Z 世代"是出生在网络世界的一代。这三种消费群体的消费需求和消费行为大相径庭，决定了营销传播方式的不同。在 21 世纪 20 年代，以移动互联网、物联网、云计算、大数据和人工智能为代表的新一代信息技术与各种营销方法不断深度融合，使基于移动端的精准营销和营销自动化成为衡量企业营销能力的关键要素。社交媒体的应用和技术的广泛发展使企业能够通过内容营销和社群营销获得更大的影响力和更多资源。整合营销传播成为一个跨学科的领域，它包括工商管理、电子商务、设计学、心理学、统计学、计算机技术等多学科知识的融合应用。

综上，整合营销传播在本书中定义如下：**整合营销传播是企业基于对自身定位和市场的分析，借助新一代营销技术与工具，以目标受众和其他利益相关者为传播对象，以一致性、准确性和连贯性的品牌、产品和服务信息为传播内容，在购买决策与消费过程的不同阶段，统筹使用广告、销售推广、公共关系、直接营销、人员推销、影响者营销、社群营销、直播营销、联合品牌营销等方法为企业获取潜在目标客户，然后进行双向互动的沟通，最大限度地影响和说服传播对象采取行动，最终以合理的投入获得理想的营销效果**。从这个定义中可以看出，整合营销传播的主要作用是帮助企业获取潜在客户以及影响和说服潜在客户。

整合营销传播和多渠道传播、全渠道传播这两个概念有一定的关联性，但并不完全相同。多渠道传播是指企业采用不同的渠道进行传播。如果一个企业开通了微信、微博、抖音、小红书、官方网站等多个渠道进行对外传播，就实现了多渠道传播。全渠道传播是指企业将某个特定信息在所有可控渠道上进行传播。整合营销传播也需要用到多渠道传播和全渠道传播，但更加精细化。整合营销传播与后两者的主要区别在于，企业需要在目标客户购买决策和消费的不同阶段和不同接触点上组合使用不同的传播方法和传播工具，以达到最优的传播效果。

整合营销传播在酒店与旅游业的营销战略中有着重要的地位。这是因为酒店与旅游业企业往往需要服务多个细分市场，不同细分市场的目标客户购买决策的过程不同，且在消费过程中存在多个关键接触点。企业只有在不同细分市场客户的不同消费阶段、不同接触点采取合适的营销传播方法组合，才能实现营销效果的最大化。

例如，某知名度假村的目标客户是居住在附近大城市的中产阶级家庭，在对外传播中突出

"一湾养生碧水，一处温馨家园"的品牌形象。度假村市场传讯团队选择在一些大型高档小区投放电梯海报，并精心设计了电梯海报的图文内容，重点是让目标客户认知度假村品牌定位和家庭休闲度假活动。当在小区乘电梯的潜在客户看到海报上精心设计的图文内容并产生兴趣后，会拿起手机扫描海报上的微信二维码并关注微信公众平台以了解活动详情。活动详情页也是经过精心设计的，页面上提供了度假村高质量图片、近期活动内容详情和价格。酒店数字营销团队发现很多客户有通过OTA平台查看价格和点评的行为。为了让潜在客户放心预订，度假村的渠道管理人员通过管理OTA平台上的图文内容、价格并采取一定的措施精心维护网上的点评。度假村的社交媒体运营人员会在抖音、小红书等社交媒体上与一些意见领袖合作，发布家庭在度假村入住体验的内容。度假村数字营销人员会通过小区电梯广告渠道关注微信公众号的粉丝打上来源标签，并通过公众号的微信消息功能发送限时使用的家庭度假套餐电子优惠券，引导客户立即预订家庭度假套餐。不少潜在客户在领取电子优惠券后，会立即下单预订度假套餐并付款。对于没有立即下单且继续关注微信公众号的潜在客户，度假村负责客户关系管理的人员会根据度假村的当季活动安排向这些潜在客户发送个性化的微信推文。考虑到家庭旅行者的习惯，不少活动产品的定价都会提供"团购优惠"或"拼团优惠"，这吸引了不少家庭客户组团预订。对于已经在度假村入住的客户，度假村前台员工会在客户办理入住时进行升档销售，这样客户可以在前台以较少的费用将客房升级为家庭套房。

上述案例在目标消费者不同的购买决策阶段使用了传统广告、节事与活动营销、口碑营销、直复营销、影响者营销、销售推广、社群营销、人员推销等多种传播方法。不同的传播方法在消费者不同的购买决策阶段发挥的作用和效果也不同。通过这一套整合营销、广告、传播策略和方法的"组合拳"，度假村实现了获客目的，并获得了最优的营销效果。

二、整合营销传播的实施步骤

整合营销传播（IMC）是一个复杂的、层次丰富的组合策略实施过程，涵盖从目标定义、目标受众洞察、内容设计和发布、效果评估和优化等多个关键环节。IMC涉及众多部门和外部伙伴，包括广告公司、公关团队及数字营销专家等。IMC的关键在于确保品牌和信息在各个传播渠道中都保持一致，从而实现传播目标。为实现传播目标，需要明确、严谨的步骤来指导IMC的实施过程，并协同所有利益相关者朝着同一个方向努力。这不仅有利于资源得到最优利用，还有利于持续的活动监控、评估和优化，从而保证IMC的顺利实施和营销效果。此外，由于市场环境在不断发生变化，一个科学严谨的IMC实施步骤能够使营销团队在必要时进行策略调整，以适应外部环境的变化。

整合营销传播一共有10个步骤，如图14-1所示。

（1）确定整合营销传播目标。确定整合营销传播目标是整个策略实施的第一步，也是非常关键的一步。首先，需要确保IMC的目标与企业的总体业务目标和长期愿景是一致的。例如，如果企业的目标是获取更高的市场份额，那么IMC目标可能是提高品牌知名度、美誉度和获取新客户；如果企业的目标是获取更高的钱包份额，那么 IMC 目标可能是提高客户活跃度、满意度和忠诚度。其次，IMC 目标的制定应当是具体、明确且可以度量的。例如，"提高品牌知名度"太过宽泛，而"在接下来的一年内，将品牌在目标受众中的知名度提升 30%"则更为具体。再次，IMC 目标的制定应当是可达成但有挑战性的，以便团队"跳一跳"能够实现目标。设定过于激进的目标可能会适得其反，而过于保守的目标则可能不足以激发团队的积极性。因此，可以结合历史数据分析、市场洞察和同行分析来确定合适的目标。更关键的是，确保所有相关的部门、团队成员和外部合作伙伴都理解并支持这些目标。这有助于确保大家都朝着同一方向努力。

图 14-1　整合营销传播的步骤

（2）确定目标受众。确定 IMC 的目标受众是实现有效沟通的关键。企业需要基于营销目标和市场定位为目标受众绘制详细的客户画像，描绘他们的年龄、性别、职业、收入、生活方式、购买习惯等，并通过对消费旅程的分析，了解他们的购买决策过程、关键接触点、行为动机、核心痛点以及真实需求。确定目标受众后，企业就可以根据他们的特点和需求来制定特定的传播策略，从而实现更好的沟通效果。

（3）制定传播信息和主题。在这个步骤，企业首先需要对照目标受众的需求与预设的传播目标，明确需要传达的核心内容，确保受众能够清晰地接收并产生共鸣。为提高信息的辨识度和影响力，创建的主题应简明、有针对性并能激起受众的情感共鸣。信息和主题的制定需要确保传播信息在所有渠道和接触点上都是一致的，这反映出统一的品牌语言和形象。此外，还需要考虑所传播的信息和主题在不同的文化和市场背景中都是恰当和有效的。

（4）确定数据采集方式。确定数据采集方式对于 IMC 策略至关重要。这不仅因为准确和及时的数据能够助力企业深入洞察受众并精准衡量营销成效，而且在整个 IMC 传播中，数据采集也是一个获得潜在客户行为信息的重要手段。此外，这一步骤为后续营销活动选取合适的技术工具提供了指导。基于这些因素，企业应对如何采集、整合和分析数据给予充分的重视。

（5）制定传播预算。制定 IMC 的预算是一个整合策略目标、预期回报与可用资源的过程，应当确保投资能够获得最佳的回报。预算内容包括固定成本、可变成本、额外费用和投资回报率（ROI）预测。

（6）确定传播渠道和工具组合。这是根据目标受众、传播目标、预算和内容呈现要求来进行的，需要确保所选渠道和工具可以与其他营销活动和策略整合，以实现一致的品牌信息和用户体验。此外，在初步选定渠道和工具后，需要进行小规模的测试，分析效果并根据反馈进行优化。

（7）设计和创建传播内容。传播内容是与目标受众建立联系、传递品牌信息和驱动他们采取某种行动的关键。设计和创建内容需要充分考虑品牌的核心价值、目标受众的需求、情感和行为驱动因素，以及所选择的传播渠道的特点。由于各个渠道的内容特点不一样，可以为每个渠道策划独特的内容，但需要确保传播理念、主题和价值观的一致性。需要注意的是，为确保内容能在搜索引擎中获得更好的排名，需要对内容进行关键词优化。在内容中应该有明确的行为号召（Call to Action），引导受众进行下一步活动，如购买、注册或与品牌互动。在发布内容前，可以进行 A/B 测试或使用其他方法来测试内容的有效性，并根据反馈进行优化。

（8）计划和实施。这个步骤是将之前所有的策略和准备工作转化为具体的行动，涉及对各种活动和战术的具体规划、资源分配、执行策略，以确保营销传播活动的连贯性和一致性。为保障整合营销传播活动的流畅与连续性，首先，制定明确的时间线和资源分配计划；然后，明确所有相关部门、团队成员以及外部伙伴的职责与定位，使大家对各自的任务有清晰的认知；此外，还需要定期召集协调会议，确保团队间的信息同步和工作协作。当市场环境发生变化时，应当随时做好调整计划的准备。

（9）效果监测和评估。这个步骤旨在持续收集数据，量化 IMC 活动的效果，并与预先设定的目标进行对比，以确定成功与否。这一步为企业提供了宝贵的反馈，指导其优化策略或进行必要的调整。企业需要利用各种分析工具和平台来收集、追踪和分析数据。

（10）策略调整与优化。这个步骤涉及对已实施 IMC 策略的复盘，利用反馈和数据来改进和优化营销传播策略，确保其在未来更为有效和高效。

【探究性学习习题】

1. 研究与分析题

（1）选择某个有影响力的旅游活动，分析其如何运用整合营销传播（IMC）在多个渠道进行品牌传播？请提供具体的渠道和内容的示例。

（2）分析整合营销传播和多渠道传播、全渠道传播在实际应用中的区别和联系。

2. 思考与讨论题

（1）在数字化时代，为什么数据采集与分析在整合营销传播中如此重要？

（2）在不同的文化和市场背景中，IMC 的策略是否应该有所不同？为什么？

3. 实践与应用题

请为某个新推出的康养旅游度假村设计一个小型的 IMC 活动方案，确保其涵盖目标定义、目标受众洞察、内容设计和发布等关键环节。

第十五章　整合营销传播的方法和内容营销策略

【本章概述】

本章深入探讨了整合营销传播的多种方法及内容营销的关键策略。在讨论整合营销传播方法时，重点介绍了九种核心方法，包括广告、销售推广、公共关系、直接营销、人员推销、影响者营销、社群营销、直播营销、联合品牌营销，并对其策略进行了详细解读。本章接下来的内容营销策略，首先界定了集客营销与推播式营销的重要概念，随后列举了酒店与旅游行业中内容营销的八大核心策略，涵盖从基于价值主张的集客、内容的一致性，到各渠道特色的内容创作、多样化内容形态、内容发布规划、落地页的重要性，至数据驱动的内容策略优化等多个关键领域。

一、整合营销传播的方法

酒店与旅游业企业的目标客户在购买决策、消费的不同阶段和不同接触点上的需求不同，决定了营销传播方法的不同。传统的整合营销传播主要依赖广告、销售推广、公共关系、直接营销和个人推销。然而，随着移动互联网和社交媒体的广泛应用，移动营销和社交媒体营销已经被越来越多的酒店与旅游业企业采用。现在的旅行者大都可以熟练地使用移动互联网和社交媒体，他们在旅游的各个阶段通过这些工具获取信息和服务。因此，整合营销传播逐渐走向了数字化和移动化。为了实现最优的营销效果，传统的营销传播方法越来越多地与移动互联网和社交媒体技术相结合。例如，用于线下促销的POP海报（Point of Purchase）上大多附有二维码，方便客户扫描并获得更丰富的线上信息。因此，本书不特意把数字营销、移动营销、社交媒体营销作为独立的营销传播方法进行区分，因为这些技术和工具已与众多传播手段融为一体。例如，桂林唐朝国际旅行社的整合营销传播方法包括官方网站的直接营销、在搜索引擎投放广告以及优化自然排名、海外社交媒体推广、电子邮件营销、口碑营销、影响者营销以及线下会展和路演。

酒店与旅游业企业常用的整合营销传播方法有**广告**、**销售推广**、**公共关系**、**直接营销**、**人员推销**、**影响者营销**、**社群营销**、**直播营销**、**联合品牌营销**等方法，如图 15-1 所示。

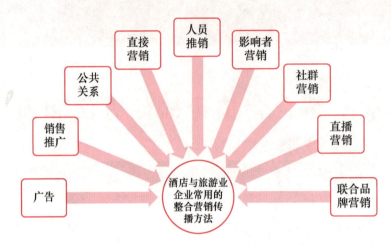

图 15-1　酒店与旅游业企业常用的整合营销传播方法

（一）广告

广告（Advertising）是商业中常见的活动形态，随着人类沟通环境、方式和媒介技术的不断发展而不断变化。Kolter，Leller，& Lu（2009）将广告定义为"由明确的发起人付费发起的对创意、商品或服务进行的非人员的演示和宣传"。根据 2015 年修订的《中华人民共和国广告法》中相关内容的表述，广告是商品经营者或者服务提供者通过一定媒介和形式直接或者间接地介绍自己所推销的商品或者服务的商业活动。

近年来，随着移动互联网和新媒体日益成为广告的主要载体，以及消费者行为日益线上化，研究者对于广告的定义也在发生演变。2016 年，瑞典斯德哥尔摩经济学院的迈克尔·达伦博士（Dr. Michael Dahlen）和萨拉·罗森格恩博士（Dr. Sara Rosengren）将广告定义为"品牌发起的旨在影响人们的沟通"。Kerr & Richards（2021）将广告定义为"广告是由一个具有辨识度的品牌发起，通过付费（Paid）、自有（Owned）和赢得（Earned）媒介传播，用于说服消费者在当下或者未来做出认知、情感或行为的改变"。这些定义都不再将"付费"或"有偿传播"作为广告的主要特征，并强调广告虽然是由品牌方发起的，但主要用于影响和说服消费者。

广告根据使用的媒介类型，可以按照不同的维度进行划分，如表 15-1 所示。这些广告媒介在消费者不同的购买决策阶段和不同的接触点起到了不同的作用。

表 15-1　广告媒介的类型及举例

划分维度	类型	举例说明
按投放形式	传统媒介	电视广告、广播广告、报纸广告、杂志广告、户外广告
	数字媒介	网站横幅广告、视频、搜索引擎、联盟广告、原生广告、视频/游戏植入广告

(续)

划分维度	类　型	举例说明
按覆盖范围	大众媒介	覆盖广泛的受众群体，如电视、广播、报纸、杂志
	专业媒介/垂直媒介	面向特定区域或行业的专业受众，如行业网站
	区域性媒介	面向特定区域的受众，如地方电视台、地方报纸、地方广播
按媒体类型	印刷媒介	主要包括报纸、杂志和直邮广告，以印刷材料作为媒介
	广播媒介	主要包括电视广告和广播广告，以音频和视频作为媒介
	户外媒介	主要包括车身广告、广告牌、路标等，以户外公共场所设施作为媒介
	数字媒介	主要包括网站、移动应用、社交媒体、电子邮件等，以数字化形式作为媒介
按付费方式	自有媒介	企业自行控制和管理的媒介，如官方网站、官方微信
	赢得媒介	第三方免费帮助企业进行传播的媒介
	分享媒介	客户自发性分享传播的媒介
	付费媒介	企业付费宣传的媒介

桂林唐朝国际旅行社长期以来一直将搜索引擎营销（SEM）视为重要的推广渠道，并在此领域采用了两种主要方式：首先，使用搜索引擎付费广告（PPC），即通过购买广告位，将广告展示在搜索引擎结果页面的顶部或侧边，以便在用户搜索关键词时能够看到这些广告。这种广告通常采用每点击付费的方式，广告主需要支付用户每次点击广告链接的费用。另一方面，采用搜索引擎优化（SEO）策略，即通过优化网站的内容、结构和链接等要素，来提高网站在自然或非付费搜索结果中的排名。在使用搜索引擎付费广告时，唐朝国旅的做法是首先分析目标市场的需求，了解不同目标客户在搜索旅游目的地和产品时的行为习惯，以及他们对旅游产品的偏好等因素；然后，他们会有针对性地制定落地页的文字内容和产品信息。一旦准备就绪，就开始撰写广告语，对不同的目标客户进行精准投放。广告投放后，客户在搜索特定关键词时，就会看到唐朝国旅的相关广告，点击广告链接就会进入网站从而提交询单。一旦收到询单，唐朝国旅的销售团队会与客户沟通，为他们量身定制旅行行程，促进客户预订和最终成行。为了确保搜索引擎付费广告投放的效果，唐朝国旅会不断调整广告策略、搜索引擎付费广告内容的设置（标题、引导文案以及链接）等。唐朝国旅负责广告投放的专员会针对几个不同的投放版本进行A/B测试，然后监控广告投放数据，以了解哪个标题的点击率更高、哪个引导文案的展示次数更多，最后根据这些数据确定最优的投放版本。此外，唐朝国旅还发现，仅仅通过点击率数据并不能全面评估广告的效果，还需要考虑广告所带来的询单质量。即使某个广告的点击量非常高，但如果其带来的询单都是跟团游或预算有限的客户，这与企业的业务目标也不匹配。

对于SEO策略，唐朝国旅专设团队进行定期的网站内容优化和更新工作。这包括产品内容的优化、页面文案的精细调整、链接的有效优化以及与外部合作伙伴的协同努力。在编写和更新网站内容的过程中，唐朝国旅的SEO专员紧密跟踪搜索趋势和需求。他们会深入研究目标市场的热门话题，了解在特定时期目标市场的客户对哪些主题的搜索兴趣最高。基于这些研究结果，SEO 专员会有针对性地创作和发布相关内容，以吸引更多的流量。这些综合的 SEM 广告策略帮助唐朝国旅提高了在线可见性，吸引了更多的潜在客户，并提供与客户需求紧密匹配的有价值的信息。

通过桂林唐朝国际旅行社的上述案例，可以看到广告对旅游业企业的整合营销传播的重要性。广告在以下几个方面对旅游业企业的营销具有关键作用：

（1）客户获取和引导。广告是吸引潜在客户的关键工具之一。通过在搜索引擎和其他渠道上展示广告，旅游业企业可以吸引对其产品和目的地感兴趣的潜在客户。这些广告可以引导客户访问企业网站、提交询单或直接预订。

（2）品牌宣传和形象树立。广告有助于建立旅游业企业的品牌形象。通过巧妙的广告语言和设计，企业可以传达其独特的价值主张，塑造积极的品牌形象。这有助于企业建立客户对其的信任，并在竞争激烈的旅游市场中脱颖而出。

（3）目标市场定位。广告允许旅游业企业精确地定位其目标市场。通过分析不同目标客户的需求和偏好，企业可以制定不同的广告策略，并将其有针对性地投放给特定的受众。这有助于提高广告效益和转化率。

（4）数据分析和优化。广告平台提供了丰富的数据分析工具，旅游业企业可以利用平台数据来了解广告的表现。通过监测点击率、转化率和其他指标，企业可以不断优化广告策略，以提高投资回报率。

（5）结合业务需求。广告策略的优化和调整应该是基于企业的实际业务需求和目标，而不仅仅是基于数字指标。高点击率可能带来大量询单，但如果询单的质量不高或与企业的业务目标不匹配，则可能不会带来期望的商业效果。

（6）持续优化是关键。在搜索引擎营销领域，持续地调整和优化广告策略是确保广告效果的重要步骤。为获得最佳效果，进行多个版本的 A/B 测试是必要的。这可以帮助企业找出哪些标题或引导文案更能吸引用户的点击和关注。

广告在旅游业企业的市场推广中扮演着至关重要的角色。通过精心策划和管理广告活动，旅游业企业可以吸引更多客户、树立强大的品牌形象、提高销售业绩、实现可持续的业务增长。

（二）销售推广

销售推广（Sales Promotion）是指在短期内刺激目标消费者、分销商和企业自身销售人员使其迅速做出反应，促进产品与服务销售业绩提升的营销传播活动。

在酒店与旅游业，针对分销商（如 OTA、旅行社、参与社群分销计划的个人等）可以采用提高销售佣金或赠送产品的方式进行销售推广；对于企业销售人员，可以采用销售竞赛、提供奖金等方式进行销售推广；针对消费者，可以采用的销售推广措施更多，常见的如图 15-2 所示。

上述销售推广方法在互联网时代之前也曾被企业广泛使用。但在互联网技术的支持下，各种销售推广方法在形式上和应用上得到了创新。例如，纸质优惠券在很多情况下已经被电子优惠券所取代；线下的抽奖和游戏促销已经被电子化的抽奖和游戏所取代；积分奖励计划的应用离不开会员忠诚度计划管理系统；消费返现可以直接体现在电子钱包中；POP 售点陈列海报需要充分考虑将二维码作为引流的一个入口。

图 15-2　酒店与旅游业企业针对消费者的销售推广措施

销售推广在旅游业企业营销传播中的积极作用主要有以下方面。

（1）提高潜在客户对品牌的认知，起到良好的宣传效果。

（2）增加企业产品和服务的销售量和收入。

（3）提高产品和服务的吸引力和竞争力。

（4）促进新产品或新服务项目的销售。

（5）促使现有客户购买更多产品和服务。

（6）帮助企业获得新的客户。

（7）刺激旅游淡季时的消费需求。

（8）获得分销渠道的更多支持。

销售推广并非是万能的，它主要适用于企业的短期营销策略，过度使用销售推广对企业的品牌有损害并有可能会导致渠道冲突。

（三）公共关系

公共关系（Public Relations）是指组织为了寻求公众的理解与接受、在公众心中树立良好声誉以及与公众建立互惠关系而进行的传播活动。在酒店与旅游业企业中，公共关系活动主要是通过讲述品牌故事或向公众展示企业的独特服务和产品卖点来影响目标消费者购买决策并建立有价值、有意义的关系。成功的公共关系活动需要创造力和想象力，并需要和相关媒体建立良好的合作关系。此外，由于社交媒体的普及以及广泛应用，公共关系活动的传播速度和范围变得更加快速和广泛，传播方式和路径变得更加多元化和精准化，传播内容体现形式呈现多样化、个性化和高频互动的特点。酒店与旅游业企业要善于利用社交媒体和数字营销技术开展公共关系的创新传播并与目标客户进行个性化互动。

酒店与旅游业市场是一个高度竞争的市场，公共关系有助于帮助企业在客户心中建立对品牌的信任度和美誉度，帮助企业从竞争中脱颖而出，并增加从潜在客户中获得预订的可能性。

酒店与旅游业企业常见的公共关系活动形式如图 15-3 所示。

（1）媒体报道。旅游目的地和酒店是重大活动的举办场所，旅游机构也会组织或承办一些重大活动。将有影响力的事件、有意义的活动以及企业为社会做的一些有价值的活动通过媒体进行报道，有助于旅游目的地或企业品牌的传播，以及与目标受众建立联系。此外，对于企业组织的一些有影响力的活动，可以考虑以新闻发布会的形式进行发布，同时企业应当与新闻媒体建立更加密切的合作关系。

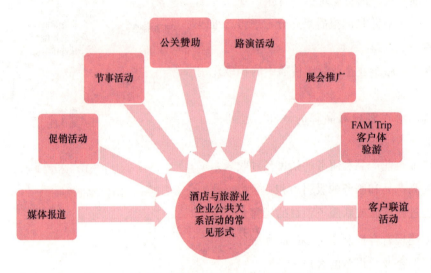

图 15-3　酒店与旅游业企业公共关系活动的常见形式

（2）促销活动。促销活动不仅可以吸引新老客户的关注，而且有助于提升企业的业务量。各种节日以及旅游淡季都是企业举办促销活动的好机会。酒店与旅游业企业可以制定一个年度的促销日历（Promotion Calendar），并在每次活动前策划通过微信公众平台、微博、抖音、小红书等社交媒体进行传播的方案，增加企业与目标受众之间的互动。

（3）节事活动。节事活动是指在特定的日期、根据特定的主题、针对特定的消费者、提供特定的产品和服务的营销活动。节事活动不仅可以提升企业品牌的知名度，还能吸引目标消费者参与并提升产品与服务的销量。节事活动并非局限于法定节假日，企业只要能找到一个好玩的、且能吸引消费者参与的主题，就能策划并举行一个节事活动。

（4）公关赞助。公关赞助是酒店与旅游业企业较为常见的公共关系活动形式之一。它是指企业通过提供一定的产品、服务、费用或其他实物的方式，赞助某一公益或者对社会有积极意义的活动，以塑造良好的社会形象和扩大企业影响力、知名度和美誉度，并向公众表明企业愿意承担一定的社会责任。

（5）路演活动。路演是指企业通过现场演示的方法，引起目标受众的关注和兴趣，以促进关系的建立和业务合作。旅游业企业可以举办路演活动，向潜在买家和买家展示企业的产品和服务的亮点，以吸引他们进行合作和采购。

（6）展会推广。全世界很多地方每年都会举办与酒店与旅游业相关的各种展会，这些活动不仅吸引了产品和服务的卖家（如旅行社、差旅服务公司、奖励旅游公司等），还吸引了大量目标消费者。例如，婚博会是很多城市中一种常见的会展活动，其以近期要举办婚礼的当地客户为邀请对象，具有一站式、全产业链的特点。婚博会能够吸引不少当地高星级酒店和高档餐饮企业参加，是企业获得婚宴订单的重要活动形式。

（7）FAM Trip 客户体验游。FAM Trip 的全称是 Familiarization Trip，是指某机构组织潜在客户前往特定目的地或企业的考察交流旅行。FAM Trip 的目的是让潜在客户熟悉目的地的情况或者企业的产品与服务，进而争取到潜在的业务。

（8）客户联谊活动。企业为了感谢客户和加强与目标客户的良好关系而举办的一种公关活动，其目的是提高客户对企业品牌的忠诚度和对产品、服务的黏性，进而提升企业的收益。

桂林唐朝国际旅行社长期以来一直将展会推广和路演活动视为重要的推广手段，积极参与各类行业会议和展览会，旨在树立口碑并增强客户信任度。为提高客户的信任度，唐朝国旅积极加入客源国主要旅游协会和组织，包括一些享有国际声誉的旅游协会。每年唐朝国旅都积极参与这些协会和组织举办的各类活动。这些活动的主要目标包括保持与旅游行业内部的沟通和交流，以及寻找新的客户和合作机会。除了参与旅游协会的会议，唐朝国旅还积极参加各类旅游展会，例如世界旅游交易会（World Travel Market，WTM）等，这些展会为企业提供了与现有客户会面的机会，同时也有利于企业寻找潜在的合作伙伴。企业会仔细筛选符合其业务定位的展会，如国际豪华旅游博览会（ILTM），并投入重要的资源，包括派遣团队参与、设置展位、设计宣传海报、准备相关参展资料和内容，以积极推动业务的拓展。此外，唐朝国旅还积极参与路演活动，例如在澳大利亚办事处的同事会不定期地参加当地举办的线下路演活动，以扩展业务范围。这些线下推广活动有助于唐朝国旅建立更广泛的客户网络，并加强业务合作。

通过桂林唐朝国际旅行社的上述案例，可以看到展会推广和路演等公共关系活动在旅游业企业的整合市场营销中发挥着重要作用，具体如下：

（1）建立口碑和信任。通过参与展会和路演活动，旅游业企业有机会与客户、同行业专业人士以及潜在合作伙伴面对面交流，从而建立口碑和信任感。这种紧密的互动有助于强化企业的品牌形象，增加客户对企业的信任度，从而促进业务增长。

（2）拓展客户网络。展会和路演活动为旅游业企业提供了一个可以广泛接触潜在客户和合作伙伴的机会。企业可以与潜在客户建立联系，扩展客户网络，寻找潜在的商机，这对于市场拓展至关重要。

（3）市场调研和反馈。参与展会和路演可以让企业更好地了解市场趋势和客户需求。企业可以借此机会收集来自客户和同行业专业人士的反馈，调整他们的产品、服务和营销策略，以更好地满足市场需求。

（4）品牌推广。展会和路演提供了展示企业产品和服务的平台，有助于品牌推广。企业可以通过展示自己的特点、优势和价值主张来吸引目标受众，从而增加品牌知名度。

（5）业务合作机会。这些活动为企业提供了与同行业其他参与者合作的机会，包括酒店、航空公司、旅游景点等。这种合作可以帮助企业提供更全面的旅游产品和服务,提高市场竞争力。

(6)促进销售。通过与潜在客户面对面交流,企业可以更好地理解客户需求,并直接提供解决方案。这有助于促进销售,推动业务增长。

总之,展会推广和路演等公共关系活动在旅游业企业的整合市场营销中发挥了多种作用,从品牌推广到销售促进,再到市场调研和合作机会,都对企业的成功发展至关重要。这些活动有助于企业建立和维护良好的业务关系,为企业赢得市场份额和客户信任提供了有力的支持。

(四)直接营销

直接营销(Direct Marketing)是指企业通过传统邮寄、电子邮件、短消息、社交媒体平台、数字营销工具(如官方网站、App、小程序)等与目标客户直接沟通并获取反馈,以便提高产品和服务直接销售效果的活动。为了开展直接营销,企业通常需要一个目标客户数据库,如客户关系管理系统、会员忠诚度计划管理系统,使企业能够直接将产品和服务信息发送给目标客户。

整合营销传播将直接营销作为主要方法之一,因此企业需要为直接营销建立独立的目标、预算和策略。由于各种整合营销传播活动的最终目的都是提高直接销售的份额,因此直接营销已经成为整合营销传播的重要内容和主要目的。

对于一家传统旅行社、景区或者酒店来说,由于在线旅行社(Online Travel Agency,OTA)有互联网旅行产品流量入口的优势,酒店与旅游业企业需要通过与OTA合作来获取新客源。但长期依赖OTA的弊端也很明显,尤其表现在企业获取客源的主动性差、渠道控制力差、面临的市场风险很高并且要向OTA支付不菲的佣金。因此,旅游业企业应该在为客户提供优质服务同时,将客户发展为企业的粉丝、会员,建立客户数据库,为开展有效的直接营销创造条件。

在数字化营销成为企业市场营销的主要特征后,数字技术能够更为有效地赋能直接营销,使直接营销能够面向目标客户实现信息的个性化、精准化、自动化触达,并能够通过与目标客户的双向互动获取个体目标客户的更多信息,从而开展基于客户画像的"千人千面"的直接营销。

桂林唐朝国际旅行社在直接营销方面使用电子邮件来促进客户询单,他们定期向超过10万名订阅用户发送包含目的地信息和产品信息的电子邮件。为了鼓励更多用户订阅信息,唐朝国旅每个月都会推出一系列激励用户订阅的活动,例如赠送免费旅行项目,以吸引新用户订阅他们的新闻简报。在策略上,唐朝国旅会根据不同的节日,例如圣诞季和春节等,以客户的视角来策划不同的内容,制定不同的推广方案。同时,唐朝国旅还会考虑根据不同的目的地,定期制定不同主题的推广活动。目前,唐朝国旅每个月都会进行两期电子邮件营销活动,一期旨在获取客户询单,另一期侧重于维护客户关系和传递品牌动态。这两期活动具有不同的目标和内容。在未来，唐朝国旅将致力于实施个性化营销策略，这将需要更多的数据支持，例如通过客户的标签向客户分类发送个性化的电子邮件，旨在更好地满足客户需求并提供个性化的内容体验，从而更有效地促进直接营销。

直接营销在旅游业企业的整合市场营销中发挥着重要作用，主要体现在以下几点：

（1）客户互动和信任的建立。通过电子邮件等直接营销渠道，旅游业企业能够与客户进行频繁而直接的互动。这有助于建立和增强客户对企业的信任感，因为客户能够定期接收到有关目的地、产品和特别优惠的信息。唐朝国旅通过向10多万名订阅用户定期发送电子邮件，有效地维系了客户关系。

（2）刺激销售和询单。通过电子邮件营销，旅游业企业能够刺激销售和获取客户询单。唐朝国旅通过每月的订阅活动，鼓励更多客户加入邮件列表，进而提高了销售和询单的潜在机会。这种直接的沟通方式可以迅速引导潜在客户采取行动，从而实现销售目标。

（3）定制内容和个性化体验。电子邮件营销允许旅游业企业根据客户的需求和偏好发送定制内容。唐朝国旅从客户的视角策划不同季节和主题的内容，以满足客户的期望。这种个性化的体验能够提高客户的满意度和忠诚度。

（4）数据驱动决策。直接营销通过数据分析提供了宝贵的信息，旅游业企业可以根据用户行为和反馈来调整策略。唐朝国际旅行社计划在未来实施个性化营销，这需要更多的数据支持，以更好地满足客户需求并提供个性化的内容体验。

总之，直接营销对于旅游业企业是一个有效的工具，可用于建立信任、刺激销售、提供个性化体验以及数据驱动决策。通过这种方式，旅游业企业能够更好地满足客户需求，提高市场竞争力。

（五）人员推销

人员推销（Personal Selling）是最古老的促销方式之一，它是指企业的销售人员面对面地与一个或多个潜在客户交流，使潜在客户认可企业品牌、产品和服务，并最终说服潜在客户购买产品或服务。

在酒店与旅游业企业中，人员推销的对象有两类：一类是个体客户；另一类是组织或机构客户（包括企业、行业协会、政府等）。对于个体客户，人员推销的场合主要是在经营场所。例如，酒店前台的员工向已经预订的客户推荐更高等级的客房；餐厅的服务员向客户推荐时令菜肴；旅行社门店的旅行顾问向客户推荐旅行线路。对于组织或机构客户，人员推销的流程会更加复杂，因为这类客户的购买决策周期长、环节多而且往往需要进行多人决策。无论是针对个体客户还是组织或机构客户，成功的人员推销活动往往离不开受过良好销售技能培训的专业人员，他们精通产品和服务等业务知识，善于观察和判断客户价值，能够洞察客户遇到的问题并帮助客户解决问题；此外，他们还应该是客户关系管理的高手，善于与客户建立长期的良好互动关系。

相对于其他公共关系活动来说，人员推销的优势和劣势如表15-2所示。

表 15-2 人员推销的优势和劣势

优　势	劣　势
1. 有助于新产品和新服务项目的销售 2. 有助于高价产品和服务的销售 3. 可以快速识别有价值和潜力的销售线索 4. 有助于销售人员与客户建立良好的关系 5. 有助于客户全面、详细地了解产品和服务 6. 可以对不同客户的差异化需求和问题提供针对性的解决方案 7. 可以根据客户的反馈进行即时的响应 8. 说服力强,更容易达成销售目的和提高客户满意度 9. 推销场地和时间灵活可控 10. 销售人员的规模和成本可以根据实际需求调整	1. 销售费用较高 2. 依赖人力,成本较高 3. 能接触客户的范围和数量有局限性 4. 在个体客户身上投入太多时间和努力,有可能毫无回报 5. 对销售人员的销售能力和技巧要求较高,需要对其进行有效的培训

数字化技术也在改变人员推销的方式。例如,借助社交媒体技术,对产品感兴趣的人都可以加入商家的分销计划,在朋友圈中分享商家系统生成的产品海报。如果有人通过海报订购产品,分销员就可以获得商家提供的奖金或奖励。此外,由于企业在数字世界与客户接触并互动的机会增多,对于已经在线上接触过的潜在客户,企业可以通过数字技术对客户行为打上标签和形成客户画像。销售人员在接触客户前,可以先从相关系统(例如客户关系管理系统、用户数据平台等)中查询该客户的标签或客户画像,然后有针对性地进行人员推销。

(六)影响者营销

影响者营销(Influencer Marketing)是指企业与符合其品牌定位和价值观,在某一专业领域有影响力、权威性且在社交媒体平台上有众多粉丝追随的人、媒体或者组织合作,在社交媒体平台中发起与企业相关的讨论话题,或者对产品与服务进行推荐的营销活动。

在很多情况下,酒店与旅游业企业开展影响者营销的合作对象都是在相关领域有权威性和影响力且拥有众多追随者的人。这类人也被称为"关键意见领袖"(Key Opinion Leader,KOL)。KOL 与追随者之间建立了高度的信任感和较强的黏性,KOL 对产品和服务的体验和推荐在追随者心中有示范性和权威性,并成为追随者选择旅游产品和服务的重要参考依据。

随着社交媒体平台的多元化发展,KOL 的概念有了更加丰富的内涵。KOL 活跃在不同的社交媒体平台上,比如微信、微博、头条、抖音、小红书、淘宝直播、马蜂窝、喜马拉雅等。这些不同形式的社交媒体平台的内容呈现方式和互动形式都不一样,决定其营销形式也不一样。比如,新浪微博的 KOL 营销形式是话题讨论,抖音的 KOL 营销形式多是创意短视频,小红书的 KOL 营销形式大多是商品推荐。企业要根据营销目标、目标客户的特征和产品属性选择合适的社交媒体平台。在国内市场,以短视频和直播为内容传播形式的新型 KOL——"达人",正在受到越来越多酒店与旅游业企业的青睐。"达人"站在幕前,将自己的个人形象融入推广内容,并借助短视频和直播平台进行观点的表达。"达人"是 KOL 的新类型,与习惯使用微信公众平台、微博等社交媒体的 KOL 相比,"达人"在内容呈现上更加侧重使用短视频和直播。"达人"比较适合产品的"种草"(即分享某产品的卖点以激发他人购买欲望)和"拔草"（即接受他人推荐，并下单购买产品的行为）。

KOL 推荐正在逐渐成为一种新兴的营销方式，吸引着越来越多的企业采纳。从 KOL 拥有的粉丝数量来看，可以将 KOL 分为头部 KOL、腰部 KOL 和长尾 KOL；从 KOL 所在的领域来看，可以将 KOL 分为明星类 KOL、垂直类 KOL 和泛娱乐类 KOL。企业需要选择符合其品牌定位、与其目标客户价值观匹配的 KOL，并和这些 KOL 共同策划相应的社交媒体互动传播方案，使企业的品牌和潜在目标客户建立联系，以促进品牌提升、潜在客户获取和产品销售。头部 KOL 的粉丝数量大，可以为企业广泛而快速地引流，但价格昂贵；长尾 KOL 粉丝数量小，但由于费用低，企业可以同时与多个长尾 KOL 合作以获得快速扩散效果；腰部 KOL 性价比较高。明星类 KOL 能够迅速引爆话题；泛娱乐类 KOL 传播信息多样；垂直类 KOL 更容易获得用户信任。除了 KOL，关键意见消费者营销（Key Opinion Consumer，KOC）开始得到营销界的重视。作为一个普通消费者，只要其在某个圈子或者领域中有影响力或者专业性，并能通过社交媒体获得朋友圈好友的认同和拥护，就可能带动朋友圈中的潜在消费者进行购买。KOC 所发布的内容可能比较粗糙，但其代表了一个真实的普通用户的看法，可以从同理心的角度影响其朋友圈中的消费者。

桂林唐朝国际旅行社积极采用影响者营销。首先，唐朝国旅会谨慎选择与目标客户相匹配的 KOL，在与 KOL 开展合作之前，唐朝国旅会进行深入的市场调研和综合评估，考虑 KOL 的整体影响力，然后再评估合作的效果。不过，唐朝国旅也会因具体情况灵活变通。例如，唐朝国旅曾经赞助一位 KOL 进行全球旅游的推广，尽管该 KOL 并不完全符合唐朝国旅对目标客户群体的定位，鉴于这位 KOL 在全球旅游媒体上的卓越影响力，唐朝国旅还是决定提供一定的支持和赞助，以换取相应的推广资源。通过与 KOL 的合作，唐朝国旅得以在 KOL 的社交媒体账号或网站上进行品牌推广。与此同时，KOL 营销还为唐朝国旅带来了一些由 KOL 创造的内容素材，这些素材可用于后续的营销工作。此外，唐朝国旅还与一些行业内的媒体记者展开合作，让他们在媒体网站上进行软文推广，并获取高质量的外部链接。这对于提升唐朝国旅的网站在搜索引擎优化（SEO）方面的排名非常有益。

影响者营销在旅游业企业整合市场营销中发挥着重要作用，主要包括以下几点：

（1）扩大品牌曝光度。通过与知名 KOL 合作，旅游业企业能够将品牌和产品推广到更广泛的受众中。KOL 通常拥有大量的追随者和粉丝，因此可以迅速扩大品牌的曝光度，让更多潜在客户了解旅游产品和服务。

（2）增强客户信任感。KOL 通常是某领域内的专家或权威人士，他们的推荐和评价能够增强客户对旅游业企业的信任感。客户更倾向于相信 KOL 的意见，因为 KOL 被认为是客观和可信的信息来源。

（3）创造有吸引力的内容。KOL 通常以吸引人的方式呈现内容，他们的创意和独特性能够吸引受众的注意力。通过与 KOL 合作，旅游业企业可以获得具有吸引力的内容素材，并将其用于品牌推广和营销活动。

（4）个性化和精准的推广。与 KOL 合作能够帮助旅游业企业实现更精准的目标客户定位。通过选择与目标客户群体相匹配的 KOL，企业可以更有效地传达信息，确保将信息针对性地传达给潜在客户。

（5）提高搜索引擎排名。与 KOL 合作还可以帮助企业获取高质量的外部链接，这有助于提高企业的网站在搜索引擎结果页面中的排名。这对于增加流量和提高网站可见性至关重要。

总之，影响者营销是旅游业企业整合市场营销策略中的重要组成部分，可以帮助企业扩大品牌影响力，建立客户信任感，创造吸引人的内容，实现个性化和精准的推广，并提高在线可见性。这对于吸引更多客户和增加销售业绩具有重要意义。

（七）社群营销

随着移动互联网和社交媒体互动融入人们生活中的方方面面，企业市场营销战略规划从 STP（市场细分、目标市场和市场定位）转向社群建设和运营。社群本是地理学和社会学上的概念，表示一个地区性的社区或一种特殊的社会关系。而今的社群概念还包括互联网上的各种社群，这类社群是出于对某一事物的探索或追求，包括兴趣、人物、知识、技能、工作，聚合在现实或者虚拟空间内进行交流的群体组织。社群的载体是各种社交媒体平台，如微信群、QQ 群、微博群、抖音群、钉钉群、闲鱼鱼塘等。在社群中，信息传播速度很快，社群成员之间可以持续互动并相互影响，形成心理上的归属感和认同感。

社群营销就是企业通过自己创建或者参加与企业文化、产品和服务属性相关的兴趣社群，并通过设计各种方式和场景，促使社群中的用户信任和支持企业品牌的营销方法。从企业角度来看，社群营销主要是以社群用户为中心，通过有特色、定位明确的内容来维系受众，构建企业与用户、用户与用户之间的连接，借助社群中人与人之间的关系快速实现品牌、产品、促销信息的传播与扩散，从而实现营销目标。

在酒店与旅游业，社群营销具有"创建门槛低，运营门槛高"的特点。成功的社群营销具有如下要素：

（1）社群定位。社群营销是否成功首先在于其是否具有明确的定位。由于社群成立的动机是基于共同的目标或兴趣，因此，社群需要面向垂直领域的需求。"垂直"是指专注在某些特定的领域或场景中。社群具有典型的垂直化特点，垂直细分社群具有更强的生命力和活跃度。社群营销就是以企业的超细分市场为定位标准，通过社群运营满足这些特定领域的用户的需求。以酒店与旅游业为例，可以考虑创建或者参与亲子社群、美食社群、旅游社群等。

（2）场景化运营。场景是指在特定的时刻、特定的接触点、特定的关系中，人们所在的虚拟或物理环境。同样一个人，出于对知识的渴望，会加入一个读书社群；出于对摄影的热爱，会加入一个摄影兴趣社群；出于购物需要，会加入一个购物分享社群；出于规划一次旅行的需要，会加入一个旅游目的地社群。可以说，社群营销要聚焦于特定场景，客户只会为特定且感兴趣的场景买单。

（3）社群规则。社群作为一个组织，如果没有一定的规则约束，社群的凝聚力和活跃度就会逐渐下降。因此，社群需要建立一定的管理架构、规则和运营规划。旅游和企业自建的社群首先要确定好管理架构，选好合适的人员担任群管理员，并制定一个让大家都遵守的规章制度，如入群规则、交流规则、淘汰规则。否则很容易出现广告充斥社群，甚至有不良动机的人"钻空子"入群。因此，当有成员违规的时候，群管理员需要出面进行纠正。社群除了管理者外，还需要有个核心人物作为群主。群主需要有一定的专业度和威信，这样才能凝聚社群的向心力。群主不一定由企业的高管担任，可以从用户中挑选。

（4）社群规模。在社群人数方面，并非越多越好。英国牛津大学的人类学家罗宾·邓巴（Robin Dunbar）在20世纪90年代提出"邓巴数"定律：一个稳定的社交网络人数是150人，在这个数量范围内，社群内的关系就像是古代氏族的关系，成员遵从共同的仪式；但如果社群人数达到500人规模，就需要通过共同的语言来凝聚向心力了；如果社群人数达到1500人，就需要用共同的文化来维系了。规模为35个人的社群，具有一致行动力，这也是小型组织形态的最佳规模。

（5）精细化运营。虽然社群的建立是为了营销，但是社群的商业价值是以用户的信任度和忠诚度为基础的。只有当社群与用户在交流互动的基础上产生信任，信息才能得到有效的辐射传播，社群品牌才可以溢价。如果社群中充斥着硬广告，而没有情感、没有温度，会破坏社群与用户的情感连接，导致社群营销的失败。社群运营最大的困扰就是其用户在一段时间的活跃后可能很快陷入沉寂。因此，社群运营者需要通过精细化的运营活动来充分调动参与社群的用户的热情。社群可以定期或不定期发放福利或优惠，凭借这些优质的活动维持用户的活跃度，进而提升社群的文化氛围。例如，可以将每周五作为红包福利日，规定抢红包手气最佳者获得优惠券或免费小礼品；也可以与爆款营销或饥饿营销相结合，不定期举行限量特色产品优惠购的活动。此外，社群管理者要注意倾听社群用户的心声，挖掘他们的痛点，提供他们所在意的价值。如果社群不能为社群粉丝创造价值，就会被粉丝抛弃，社群也就消亡了。

（八）直播营销

直播营销是指在PC（个人计算机）端平台和移动端平台以视频实时直播方式为品牌进行推广和销售产品的互动营销方法。直播营销综合了短视频营销、社群营销、口碑营销、事件营销、电商营销等特点，综合了品牌、用户、交易和社区等要素。直播营销的模式有直播间隙插入视频广告、主播分享推荐产品、明星或者网红参与产品体验活动、电商卖家秀等模式。直播营销的特点如下：

1. 直播营销能够实时互动，且具有更精彩的视听体验

在旅游业，直播营销的实时互动特征让人感觉真实，且主播能够与围观用户进行现场互动。和单向输出信息的图文模式相比，主播在直播时也充当着导游和客服的角色，能够实时解答用户的疑问，或者根据用户要求个性化地展示或推荐旅游产品，带来更加良好的观看和互动体验，从而在潜在消费者心中建立良好的品牌印象，并能在直播过程中将潜在消费者转化为订购者。在视听效果上，除了比传统的文字、图片和音频更加生动，直播能结合各种视频特效为

用户带来更加精彩的视听体验。用户在观看直播时可以随时参与互动，和主播及其他用户不断进行实时交流，如发弹幕"吐槽"或者献花"打赏"，甚至一起改变节目的进程。

2. 直播营销能让用户有持续的参与感

与实物产品不同，旅游产品多为虚拟产品，而且具有人文、服务体验的属性。直播可以让用户身临其境，并且感受到优秀主播的引导。这种参与感是线性持续的、立体的，可有效集中用户注意力。

3. 将有共同兴趣的用户聚集，目标精准

直播营销依托网络直播平台，只要有稳定的网络连接，就可以吸引志趣相投的用户前来围观，不受地域限制。用户在观看直播时，需要在某个特定的时间进入直播间。这种播出时间的限制，能够真正识别出并抓住精准目标人群。每一次直播都有突出的主题，每一个主播都有擅长的垂直细分领域，能够让有共同兴趣或需求的用户聚集在一起并参与互动，在互动过程中互相感染，诱发用户的从众心理。对于企业而言，可以同时面对有共同爱好和需求的群体，建立品牌情感，精准定位目标用户。此外，可以通过围观用户互动、点赞和打赏的数据来识别并了解目标用户，进而优化直播营销效果。

4. 直播营销带来的感官刺激能够实现"品效合一"的目的

直播营销的"土壤环境"日益完善。一方面，众多移动端直播平台的普及，互联网网速的不断提升，各种直播工具如手机、无人机价格的平民化，为直播提供了低成本的解决方案；另一方面，直播技术如 VR（虚拟现实技术）、图像识别、语音识别技术等突飞猛进，视听效果和互动效果不断提升。直播营销在给用户带来优质视觉和听觉体验的同时，形成了更直观、更全面的感官刺激，同时植入广告、购买链接将流量变现，达到同步追求品牌推广和转化效果的"品效合一"目的。

仟那酒店集团自 2022 年 9 月开始在抖音平台上开展直播营销。2022 年 11 月，单场直播实现了 13 万元的销售额，并吸引了超过 30 万人次的关注。2023 年 1 月，直播销售业绩更是飙升至 180 万元。这些成果主要来自仟那酒店集团在各大景区的门店，这些门店主要以老君山和伏羲山为最主要的直播营销场景。仟那酒店集团采用了一种策略性的产品组合方法，将直播间的产品分为引流品、主推品和利润品。引流品是为了吸引大量的观众前来观看直播，可以成功地将观众的注意力吸引到直播间，为之后的销售创造条件。主推品是在直播间成功吸引大量的观众后开始推广的产品。这类产品通常是爆款商品，具有较强的吸引力和较大的销售潜力。利润品强调有较高的利润，例如套房和亲子房。在直播中推广利润品，可以成功提高客单价，从而提高总体销售额。

仟那酒店集团在抖音平台的直播营销中，采用了一种独特的引流策略，成功地吸引了大量的目标客户。这种引流策略重在"圈人群"，确保吸引来的观众都是潜在的购买者。例如，当直播的营销目标是吸引郑州客源时，团队会推出一系列专门为郑州当地人设计的引流品。这些引流品，如早餐和钟点房，是外地人不会购买的，因为外地人无法使用这些产品或服务。酒店

集团利用"钩子"产品来打开郑州地区的流量入口。当大量郑州人购买引流品时，抖音的大数据会识别出该直播间主要受郑州人的欢迎，因此，抖音会更多地将直播间推送给郑州的用户，这就确保了流量的高质量和高精准度。

在直播过程中，主播与用户的互动起到了至关重要的作用。为了确保互动高效和转化率高，主播在每次直播前都要对产品的卖点进行深入的了解。这样，在直播过程中，主播可以准确地根据产品卖点来吸引和留住观众。例如，当主播详细描述某个特定的酒店房型的卖点时，他们实际上是在"圈定"特定的目标人群。这些被卖点吸引而来的观众往往与直播间的产品更匹配，因此这些观众的互动率与转化率会更高。仟那通常选择在门店进行现场直播，而非在传统的直播间，因为这样效果更佳。在传统直播间中，三个小时的直播可能只能吸引几千人，然而，当转到门店进行现场直播，尤其是当主播引导观众参观门店时，直播间的人气迅速攀升。这种动态的现场直播方式更能吸引观众，增加推流效果。

仟那酒店集团直播营销活动成功的背后涉及多方面的因素，凸显了"天时地利人和"的重要性。首先，仟那酒店集团的团队进行了深入的前期准备。在直播开始前，团队已经为直播产品进行了详细的策划，确保产品的高质量和强吸引力。不仅如此，团队还对产品的卖点进行了深入的研究，这意味着在直播过程中，主播能够快速、准确地把握和传达产品的核心价值，提高观众的购买意愿。2022年11月的一次直播，恰逢老君山下雪。老君山的雪景在当地及周边地区很有名气，因此这场意外的降雪为直播提供了一个绝佳的营销机会。于是仟那立即进行直播，重点推广与老君山相关的产品。雪景的自然魅力与直播间有吸引力的产品，形成了一种双重吸引力，使该场直播迅速受到了大量观众的关注和喜爱。产品和雪景的巧妙结合，使直播内容既有吸引力又有说服力，为产品的火爆销售打下了坚实的基础。总之，这次直播营销活动的成功，既得益于直播团队的前期准备和对产品卖点的深入了解，又得益于老君山雪景带来的机会。这恰好体现了在市场营销中，前期准备、外部环境和市场机会三者的完美结合是取得成功的关键。

总之，仟那酒店集团的直播营销策略是一个完美结合了产品策略、观众互动和抖音平台特点的成功案例，为其他企业在抖音平台进行营销提供了宝贵的经验。

（九）联合品牌营销

联合品牌营销通常也被称为"联合营销"或"合作营销"（Co-branding），是将两个或更多品牌联合起来进行的市场营销活动。这种营销的目的是通过将两个品牌的力量相结合，利用品牌各自的特点、资源和市场地位，从而实现品牌各自的商业目标。联合品牌营销可以在广告、促销、打包、特别项目或其他营销活动中进行。联合品牌营销的主要形式有：

（1）成分联合品牌，是指将一个产品作为另一个产品的一个成分或配件。例如，2023年9月，贵州茅台与瑞幸咖啡打造了一款创新的联名饮品——"酱香拿铁"。这款特色咖啡由融入了53度贵州茅台酒的白酒风味厚奶制作，不仅融合了茅台的经典酱香，而且饮品的总酒精度数低于0.5度，适合各种消费者群体。饮品的外包装巧妙地结合了两大品牌的特色，广告语

"美酒加咖啡，就爱这一杯"不仅体现了茅台的传统魅力，还融入了瑞幸咖啡的现代感，为消费者带来了全新的味觉体验。

（2）促销联合品牌，是指两家品牌合作进行某种促销活动。例如，2023年3月，广州卓美亚酒店与经典奢华跑车品牌阿斯顿·马丁广州携手举办"春季限定主题"联名下午茶活动。酒店主厨融合阿斯顿·马丁的匠心理念，选用时令食材，为客人打造了一场奢华的味蕾盛宴。根据活动负责人Miya Gu和Sarah Dai的介绍，这个活动体现了两大品牌的匹配性，它们都承载了独具匠心和非凡品质的理念。下午茶将阿斯顿·马丁经典车型的设计和色调融入餐点中，采用"宝物开箱"的主题，让顾客体验"自然及奢华"。这次联名活动不仅为阿斯顿·马丁品牌会员带来了专享的折扣福利，还将酒店品牌带入公众的日常话题中，为酒店带来了较大的市场关注度，促进了酒店销售额的增长。

（3）复合联合品牌，是指两家公司合作创建一个新产品。例如，万豪国际集团（Marriott International）与家具零售巨头宜家（IKEA）合作，共同推出了MOXY Hotels品牌。MOXY Hotels主攻年轻且预算有限的旅客市场，提供时尚、实惠但又不失品质标准的住宿体验。室内设计融合了宜家家具现代化的风格，酒店管理和品牌宣传则由万豪负责。

（4）同等联合品牌，是指两家品牌平等地结合在一个产品上。例如，裸心与全球知名汽车品牌路虎达成了战略合作，共同在莫干山的裸心谷度假村打造了路虎越野体验中心，见图15-4。路虎充分利用莫干山的原生态自然环境和山路地形，设计出了一条充满挑战的全地形驾驶体验线路。路虎试乘试驾体验包括裸心谷度假村内和度假村外两处地方，裸心谷度假村内的路虎越野公园赛道还原了越野常见的各种地形障碍，包括典型上陡坡、下陡坡、侧斜坡、翻高坡、涉深水、岩石区、突破坑洼、钢盔矩阵和八字花生谷，富有趣味和挑战。而裸心谷度假村外的山峦间，则设有竹海迷踪、森林车墩、巅峰纵贯线等7种更为惊险刺激的赛道。裸心与路虎选择联合品牌营销的原因在于两者理念的高度契合。

图15-4 裸心谷度假村的路虎越野体验中心

路虎作为英国的顶级越野车品牌，不仅代表了高品质的生活，还蕴含着对探险和探索的热忱。而裸心的品牌特色正是追求有趣的生活和探索未知的体验。对路虎而言，裸心的客户群体是他们的潜在市场；反之，裸心的客户也可以通过在裸心谷的试驾体验更深入地了解路虎品牌。两者的合作为客户提供了一个全新的度假与驾驶结合的体验。

联合品牌营销在上述案例中展现出其强大的整合营销传播效应。首先，它能够有效扩大市场覆盖面，因为两家品牌能够互相利用对方的市场和客户基础来实现更广泛的扩张。其次，它提供了一个共享成本的机会，使两家品牌在广告、研发和其他营销活动中可以更经济地分摊费用。再次，联合品牌营销还能催生联合创新，因为两个品牌可以融合各自的知识和技术，从而引领新的产品或服务创新。当两个知名品牌合作时，往往更容易赢得消费者的信任，因为他们的联名产品或服务通常很可靠。最后，联合品牌营销的策略允许每个品牌利用自己的核心能力，并从合作伙伴的专长中受益，使双方都能在自己的领域中发挥所长。然而，进行联合品牌营销并非没有风险，企业需要谨慎考虑品牌形象的潜在冲突、合作关系的管理复杂性以及如何公正地分配合作所带来的收益。

桂林唐朝国际旅行社在选择营销推广渠道时，首先会考虑目标客户的习惯以及同行业其他旅游营销推广渠道的情况。另外，他们会研究哪些渠道更能够满足目标客户的兴趣，同时更容易实现营销目标。社交媒体作为一种营销推广渠道，已经被桂林唐朝国际旅行社使用其超过10年的时间。在社交媒体的早期运营阶段，桂林唐朝国际旅行社的主要目标是获得潜在客户的询单。然而，他们逐渐发现，他们的主打产品——私人定制旅游产品，通过社交媒体获得客户询单并不容易。这是因为私人定制旅游产品的价格相对较高，很难在一次营销中促使客户在线上付款。因此，唐朝国旅随后将社交媒体的推广目标逐渐调整为树立品牌形象和维护客户关系。唐朝国旅认识到最受欢迎的渠道未必是最适合的，他们会密切关注新兴渠道，并在做出决策之前进行调查和全面评估。他们会重点考虑这些推广渠道是否与目标客户群体相匹配，以及能否通过这些渠道来扩展业务或实现其他目标。尽管唐朝国旅的主要目标客户是30~55岁的中年群体和老年群体，但他们不会完全忽视年轻人，他们会利用新兴渠道吸引年轻客户。总之，桂林唐朝国际旅行社会综合考量不同内容在不同渠道上的表现，然后选择合适的营销推广渠道，构建整合营销推广矩阵。

总而言之，在数字化时代，旅行者越来越频繁地在移动互联网上通过各类社交媒体搜索信息和进行购买决策。移动互联网和社交媒体成为广告、销售推广、公共关系、直接营销、人员推销、影响者营销、社群营销、直播营销等整合传播营销方法得以有效实施的基础，极大增强了用户体验，降低了传播成本，提高了对受众的影响力。更为重要的是，借助移动互联网和社交媒体，整合营销传播活动呈现出个性化互动的特色。企业能够通过数据对营销效果进行分析，不断根据市场定位和自身业务需求对整合营销传播方法进行优化、调整和组合，从而获得理想的回报。

二、整合营销传播中的内容营销策略

整合营销传播活动是指以目标客户为导向，向目标客户传播企业价值主张，使企业的产品和服务能够成为目标客户的首选，并推动目标客户的购买决策。在这个过程中，企业需要借助合适的媒介向合适的客户传播合适的内容。因此，制定有效的内容营销策略能够确保整合营销传播活动的成功，从而更好地吸引、说服和留下目标客户。内容营销是指以文字、图片、视频、音频、动画等形式创造对目标客户有价值、有吸引力且与企业品牌形象、产品和服务相关的内容。它通过持续性的内容传播计划去吸引目标客户注意，并影响和说服其采取行动。内容营销是整合营销传播中的一个重要组成部分，精心策划并实施的内容营销策略有助于提升整合营销传播的效果。

例如，桂林唐朝国际旅行社服务于多个旅游目的地，覆盖全球多个国家的目标客户群体。在制定内容策略方面，不同的目标市场中，客户的需求和对产品偏好各不相同。此外，不同的营销渠道对内容也有不同的要求。换句话说，相同内容在不同渠道上的效果也存在差异。因此，唐朝国旅在推广时针对不同渠道采用了差异化内容策略，例如，他们内部按不同的营销渠道划分不同的业务小组，以便分别开展具体的工作。在内容营销方面，唐朝国旅拥有丰富的经验，包括推广产品、分享旅行故事、撰写详尽的文案。多年实践证明，高质量、具有吸引力的内容，尤其是有创意、能够引发客户参与的内容，更易得到客户的青睐，而简单的产品推送则效果平平。因此，唐朝国旅更倾向于在内容中展现令人震撼的景观和丰富的文化，以引起潜在客户的浓厚兴趣。当客户表现出对某个景点的好奇时，客服团队则在互动区为其提供进一步的指导，这种策略始终在不断地调整和完善。

根据吸引目标客户的方式不同，内容营销在实施上可以分为集客营销（Inbound Marketing）和推播式营销（Outbound Marketing）两种类型。集客营销是在企业的多种接触点如社交媒体、搜索引擎、官网、线上直播和线下活动上，通过创造和发布优质内容吸引用户主动靠近和选择企业的品牌、产品或服务。推播式营销是指通过大众传媒渠道，如传统媒体、会议活动、户外广告等，向用户推送品牌及产品内容，从而达到推广目的。

在内容营销策略上，酒店与旅游业企业要注意如下关键策略。

（一）以价值主张为核心开展集客营销

价值主张（Value Proposition）体现了企业向客户提供的独特价值，解答了客户为何选择某个品牌或产品的疑问。整合营销传播旨在最大限度地影响和说服目标客户采取行动。因此，在整合营销传播活动中，以价值主张为内容创作的核心，在各种传播方法、各个传播渠道上都要尽量展示企业价值主张。这不仅能吸引目标客户，还能加深他们对品牌的理解，进而更好地实现整合营销传播的目标。

价值主张的传递不能是"硬广"式的推销，而应该采取集客营销，即通过有价值的、有用的、有趣的内容来吸引目标客户自发、主动地关注，从而实现营销目的。因此，在以价值主张为中心点的内容创造过程中，要以 PIS 原则为指导思想，如图 15-5 所示。P—Problem：用户遇到什么问题？I—Impact：不解决会有什么影响？S—Solution：问题该如何解决？"

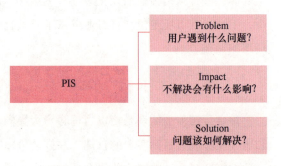

图 15-5　内容创造的 PIS 指导思想

（二）确保传播内容的一致性

酒店与旅游业企业在传播的过程中通常会采用多个渠道、多类传播媒介、多种内容呈现形式，并在不同的时间段，面向多个目标市场的客户进行信息传递。在这种情况下，确保在所有传播渠道、媒介、内容呈现形式中的内容具有一致性就很重要，即企业用同一个声音对外传播。这样，客户无论从哪个渠道接触到企业的信息，这些信息在形象、定位、内涵上都是一致的。这使客户可以在持续性的接触中不断加深对品牌的认知和认同。此外，内容的一致性也让客户感受到品牌的专业性和可靠性，从而提高对品牌的信任度。

为了确保传播内容的一致性，企业需要统一企业形象识别系统（Corporate Identity System，CIS）。CIS 是企业为了建立统一的品牌形象，对企业的文化、理念、产品、服务等方面进行的一系列设计和规划，包括理念识别（Mind Identity，MI）、行为识别（Behavior Identity，BI）、视觉识别（Visual Identity，VI）三方面。在理念识别方面，包括企业精神、企业价值观、经营宗旨、经营方针、市场定位、社会责任、企业文化等意识形态范畴需要统一。在行为识别方面，需要建立包括对企业内部的组织管理和教育，对企业外部的公共关系、公益活动、营销活动等实践行为和准则，以便使企业理念的实质精神在员工、客户、合作伙伴等利益相关者中得到认同和行动支持。在视觉识别方面，需要统一企业标志（LOGO）、标准字体、标准色、象征图案、吉祥物等基本要素和标准印刷品、产品包装、赠送礼品、广告媒体、衣着制服、旗帜、招牌、标识牌、橱窗、陈列展示等应用要素。

（三）掌握发布渠道的特点并针对性创造内容

整合营销传播活动所使用的发布渠道不仅可选类型众多且范围广泛，而且各个发布渠道还有自己的特点、规则和目标人群。为了达到更好的营销效果，营销人员需要了解不同发布渠道的特点、发布规则和推广策略。整合营销在内容上不仅要"投目标客户所好"，也需要"投发布渠道所好"。

酒店与旅游业企业常用的社交媒体发布渠道有官方网站、微信、微博、抖音、快手、小红书等。这些发布渠道对内容的要求也是不一样的。微信公众号适合发布专业性较强的内容；抖音和快手适合发布有趣、轻松的内容；而小红书适合发布时尚、潮流的内容。除了不同渠道对内容的要求有差异，为了确保最佳的营销效果，企业应该结合发布渠道的推广特点进行内容创作。例如，如果企业希望所发布的网页内容能尽快被搜索引擎收录并在搜索引擎上获得较理想的展示效果和排名，就需要对所发布的内容页面进行搜索引擎的基础优化（Search Engine Optimization，SEO），包括从 SEO 角度对网页标题（Title）、网页描述（Description）、网页关键词（Keywords）进行内容设置。

企业的运营人员还需要通过数据去创造和推广内容。例如，大部分酒店与旅游业企业都有自己的微信公众号。如果想让微信公众号上发布的推文起到理想的营销效果，就要结合微信公众号的客户定位、互动数据和分享渠道去创造内容。公众号后台自带的数据模块包含用户分析、图文分析、菜单分析、消息分析、接口分析、网页分析等模块，运营者可以通过分析文章的阅读量、点赞量、转发量等数据，以及不同时间段的数据变化情况，了解哪种内容更受欢迎，哪种内容需要改进，并有针对性地创造内容，然后选择最佳时间发布内容。此外，考虑到旅游业企业的微信公众号内容常在企业创建的或员工参与的微信群中分享，因此在内容创造时应特别注意对标题、封面图和摘要的策划，因为它们直接影响内容的点击率。

（四）为目标用户创造独特而有价值的原创内容

整合营销传播的效果取决于内容能否引起目标用户的关注、兴趣和共鸣。这就需要企业营销人员深入了解目标客户的敏感点、需求和兴趣点，然后创造有价值的内容。

在旅游业市场，对旅行者有价值的内容包括但不限于以下方面：

（1）为目标用户提出有针对性的旅行解决方案。针对目标客户的核心需求去创造有关旅行解决方案的产品。例如，很多亲子旅行产品的设计仅仅考虑了孩子的需求，并没有考虑出行家庭中其他成员的需求。因此，如果能够为亲子旅行产品创造一个能兼顾家庭中每个成员旅行需求的解决方案，无疑会受到亲子旅行市场客户的欢迎。

（2）为目标用户提供有帮助且专业的旅行建议。旅行者在规划旅行的时候，对目的地选择、行程规划、交通安排、餐饮住宿、景点推荐、购物娱乐、安全保障这些信息都有强烈的需求。虽然网上有各种各样的旅游攻略，但这些旅游攻略未必适合特定群体。作为专业机构，旅游业企业可以根据细分市场的差异，结合目标客户的行为特点、痛点和需求，提供独特的旅游攻略，从而达到更理想的传播效果。

（3）为目标用户提供视角独特的旅行体验。高质量的旅行常使用户从独特的视角接触到不同的文化、生活方式、民俗及价值观。这不仅可以开拓旅行者的视野，还可以使旅行者对自身生活产生新的思考和启发。因此，一些视角独特的旅行体验，例如深度体验当地文化、当地美食、非常规景点、网红打卡地、当地活动、当地人生活方式等，会广受欢迎。

（4）为目标用户提供性价比较高的旅行产品信息。在互联网上，性价比高的产品及其内容一直受到目标用户的欢迎和传播。旅行产品是有形产品和无形服务深度结合的体验性产品，价格、质量、服务、体验等多方面因素都会影响旅行者的选择。如果一款旅行产品不仅价格合理，而且能确保服务和体验质量，那么就能获得较好的传播效果。

（5）确保内容的原创性，避免抄袭或复制他人作品。原创内容更能体现品牌的独特性，并提高用户对品牌的信任度。此外，还可以考虑与其他品牌或合作伙伴进行合作，共同创作独特的原创内容，以共享流量资源和用户资源，提高品牌知名度和信任度。

（五）创造形式多样的内容，并注重内容的互动性和参与性

为了提高目标用户的视觉和听觉体验、增强内容吸引力和传播效果，在整合营销传播中，除了考虑用户的需求和兴趣，还要确保内容形式的多样性，从而有效地传递信息并实现预期效果。在内容的呈现形式上，应采用文字、图片、视频、音频、动画等形式。每种形式都有其优劣势和应用要求。

（1）文字内容。文字可以较好地传播详细的信息，并且容易被搜索引擎所收录但无法直观地展示产品和服务。在文字内容的创造上，要确保内容简洁明了和通俗易懂，注意段落之间的过渡和衔接，以确保文章流畅自然。可考虑通过故事、案例等增强内容的可信度和趣味性。在

文字内容的排版上，要善于使用字体、字号、行距、段落缩进、列表等排版元素和格式，提高可读性。在文字内容的传播上，要精心策划对目标用户有吸引力且能促使其尽快行动的标题。

（2）图片内容。图片可以更好地吸引用户的注意力，且容易被记忆，但难以表达和传递复杂的信息。在图片内容的创造上，一方面要选择有视觉冲击力、构图合理、质量清晰的图片，避免选择模糊或失真的图片；另一方面，要使用具有代表性和吸引力的图片，确保其与内容主题相关。此外，还需要优化图片大小和格式，以提高加载速度。为了强化信息的传递，还需要为图片添加简洁的文字描述或标题。

（3）视频内容。视频能够生动地展示产品或服务，从而增强用户的参与度和互动性，但其制作成本相对较高，通常需要依赖专业团队。在视频内容的创造上，要从脚本、拍摄、剪辑等方面仔细思考和策划，充分考虑故事情节、音乐、镜头、字幕等方面的要素。在拍摄的时候，要注意光线、构图、稳定性等问题，确保充足、明亮的光线条件，合理的构图和稳定、清晰的画面。在视频剪辑上，要注意时间轴、过渡、特效等方面的处理，以保证画面流畅、自然。视频内容的创造还要考虑音效和音乐元素，通过选择适合视频内容和风格的音效和音乐来营造合适的氛围。为了帮助用户更好地理解内容，还需要在视频中使用字幕、图标等元素。

（4）音频内容。音频可以更好地传达情感，适合认知类信息，但无法传达视觉信息，难以吸引用户的注意。在音频内容创造上，要从录制、剪辑、混音等方面仔细思考和策划。为了确保高质量的录音效果，需要选择高品质的录音设备，包括麦克风、录音笔等。在音频剪辑上，要注意元素之间的过渡和衔接，以确保音频整体流畅。

（5）动画内容。动画适合展示复杂信息，有利于帮助用户进行理解。然而，与视频类似，其制作成本较高，通常需要专业团队。在动画内容创造上，首先需要选择与品牌形象、定位和内容主题相符合的动画风格。动画的内容需要展示创意性和趣味性，以吸引消费者的兴趣和注意力，这可以通过使用有趣的角色、故事情节、音乐等方式来实现。

为进一步提升整合营销传播的效果，除了确保内容形式的多样性，还需重视内容的互动性和参与性。为此，可以采取如下策略：

（1）在内容中鼓励用户通过评论、问答、投票、问卷调研等方式参与互动，建立良好的双向沟通。

（2）在内容中策划有趣的线上活动和竞赛，例如旅游摄影比赛、征文活动、抽奖活动等，激发用户的参与热情。

（3）在内容传播中通过视频直播、实时问答等形式与用户进行实时互动，增强用户参与感并获得实时反馈。

（4）鼓励用户创作与企业品牌、产品和服务相关的内容，例如服务体验、旅行故事、照片、短视频。通过展示和分享用户生成的优质内容，提高用户的参与度和信任度。

（5）创建在线社区和社群，邀请目标用户参与，鼓励用户在社区和社群中分享自己的观点、经验和故事，建立一个有价值的内容分享和交流平台。

（6）在内容传播过程中实现个性化推荐，即根据用户的兴趣和行为，为其提供个性化的内容推荐，增强用户的关注度和满意度。

（六）制订合适的内容发布计划

整合营销传播的效果和发布计划的制定质量密切相关。发布计划涵盖了目标设定、数据采集、内容形式、内容制作、发布审核、发布渠道、发布频率、发布时间、效果监测与分析及应急措施的制定。

在制订内容发布计划之前，首先要明确营销目标和预期的效果。例如，企业进行内容传播，是为了提升知名度？还是为了获取新用户？或是为了提高销售业绩？或者几个目标都有。明确的营销目标将为内容发布计划提供明确的方向。

设定目标后，要预先思考内容传播所需的数据类型、用途及采集方法。这个步骤在传统的内容发布计划中很少被注意到，但是随着精准营销以及用户深度运营的发展，在整合营销传播前做好传播数据和用户数据的采集就越来越有必要了。例如，在户外广告上加入一个带参数的二维码，并策划一个扫码关注微信公众号的活动，引导看到户外广告的潜在客户关注微信公众号。这样不仅仅可以监测户外广告的营销效果，还可以将通过扫码关注公众号的潜在客户打上渠道来源标签并与之进行互动。

在内容形式和制作上，企业营销人员不仅要考虑内容传播的一致性，还要考虑所选媒介的特性以及目标用户的偏好。

内容的发布需要经过企业内部的审核流程：一方面，对图文内容的正确性、展示效果进行复核；另一方面，确保发布的内容符合企业形象传播的一致性。审核流程的具体步骤可以根据企业的实际情况进行制定，但通常包括审核标准、审核人员、审核流程和审核结果等。

在选择发布渠道时，需考虑各渠道的特性和优势。这不仅可以确保各渠道内容的相辅相成，还可以确保发布内容覆盖更广大的用户，从而提升传播效果和效率。

在发布频率方面，需要综合考虑营销需要、获取素材的资源条件、内容制作的能力、平台的规则以及目标用户的需求。发布频率不一定非常高，但首先应保证发布内容的持续性和质量。

在发布时间方面，需要结合所选渠道在不同时间段用户的活跃度，以及目标用户的所在地域、行为特征、消费习惯、文化习俗等因素，以及竞争对手的营销策略和市场环境，进行时间安排，以提高内容的曝光率和互动率。

效果监测和分析是内容发布计划不断优化的重要保障。在实施内容发布计划的过程中，需要持续监测内容传播的效果，如浏览量、点赞数、分享次数等。根据分析结果，对发布计划进行调整和优化，以提高整体营销效果。对于跨渠道的内容发布，要使用跨渠道追踪技术，如追踪链接、带参数二维码等，以了解受众在不同渠道上的行为和转化情况，评估跨渠道整合营销传播的效果。

对于整合营销传播中可能出现的突发事件或意外情况，应急措施提供了一个应对方案。常见的突发事件包括发布错误内容、内容被恶意投诉、内容回复不当。制定应急措施有利于维护品牌形象和保障营销效果。

（七）重视落地页在整合营销传播中的作用

在整合营销传播活动中，人员推销是指销售人员和客户进行面对面交流。随着越来越多的传播场景是在互联网空间中发生，公共关系、销售推广、直接营销、影响者营销、社群营销、直播营销、营销自动化等整合营销传播方法也都是在数字空间中互动。落地页扮演了数字空间中"销售人员"的角色，用于说服目标客户并引导目标客户采取预期的行动。

当用户在数字空间中接触到营销传播活动，就会看到很多带有链接的信息，点击链接后会跳转到一个网页，这个网页就是落地页。此外，用户还可以通过扫描二维码的方式进入到一个页面，这也是落地页。因此，落地页是用户点击营销广告、网页中链接或扫描二维码后进入的第一个页面，它用来实现特定的营销目标，如产品的销售、服务的提供以及获取潜在用户的联系方式等。作为连接内容和产品的载体，落地页起着承载流量、获取销售线索、实现交易转化的关键作用，是整合营销传播活动的核心环节之一。

在整合营销传播活动中，用户点击落地页的目的主要有三个，即了解详细信息、响应行为号召或填写表单。落地页的应用场景较为丰富，例如了解产品或服务、领取优惠或折扣资格、获取免费资源、注册或订阅、参加活动或活动报名、填写表单或留资、社交媒体互动等。

（1）了解产品或服务。为了引起用户对某个产品或服务的兴趣，落地页可以是产品或服务的有吸引力的内容介绍。

（2）领取优惠或折扣资格。为了促进用户的转化，可以通过落地页向目标用户提供特定优惠、折扣或促销活动的信息，并引导用户在落地页上领取优惠券或折扣券。

（3）获取免费资源。为了获取潜在用户或者提高用户使用体验，可以基于落地页提供免费的资源，如电子书、报告、课程内容等。

（4）注册或订阅。为了发展会员或订阅用户，可以基于落地页向用户提供注册或订阅功能。

（5）参加活动或活动报名。落地页可用于宣传活动，感兴趣的用户可以直接在落地页上进行活动的报名。

（6）填写表格或留资。为了获取潜在用户的联系方式或者收集更多的用户信息，落地页可以是用户填写信息的表格。

（7）社交媒体互动。社交媒体可以在内容中加上落地页的链接，以便向用户分享内容或与用户进行互动。

因此，对于落地页的设计和制作，首先要明确落地页面对的目标用户，从用户需求和使用场景角度进行整体策划和反复推敲，并对每一个落地页的浏览数量、浏览质量、留资量、转化率等数据进行分析和不断优化。

为了确保落地页在整合营销传播中起到良好的作用，在设计方面需要注意如下要点：

（1）面向特定人群。落地页作为数字空间中的"销售人员"，不可能同时满足所有客户的需求，因此一个落地页只能服务某一类人群。

（2）显著的视觉效果。利用高质量的图片和图标、吸引人的配色方案以及简洁的布局，确保增强落地页对目标用户的吸引力并展现专业性。

（3）有吸引力的标题。让目标用户通过标题就能感知落地页所提供的内容、产品或服务的价值。必要时可以使用副标题来补充和解释标题中的信息。

（4）简洁而有说服力或吸引力的内容。落地页应有逻辑性且突出关键特点或重要信息，以便能够快速吸引或说服目标用户。

（5）醒目而具有引导作用的行为召唤。落地页应在页面显眼的位置使用醒目的按钮或链接，让用户清楚知道下一步要做什么，并引导用户立即采取行动。

（6）高质量的页面设计。对页面的加载速度、导航易用性和针对不同设备屏幕尺寸的兼容性进行优化，提升用户体验。

落地页的投放渠道包括但不限于搜索引擎广告、社交媒体广告、内容营销、电子邮件营销、横幅广告、口碑营销、网站导航、合作伙伴推广、线下活动二维码等。

（1）搜索引擎广告。通过投放关键词广告，让用户在搜索引擎上搜索相关内容时看到广告落地页的链接。

（2）社交媒体广告。在社交媒体平台上投放广告，将落地页链接展示给目标用户。

（3）内容营销。在博客文章、电子书、报告等内容中嵌入落地页链接，吸引对相关主题感兴趣的用户。

（4）电子邮件营销。通过邮件列表向订阅者发送落地页链接，以便用户了解新产品、优惠活动或其他相关信息。

（5）横幅广告。在其他网站上投放横幅广告，将落地页链接展示给潜在用户。

（6）口碑营销。鼓励满意的客户将落地页链接分享给他们的亲朋好友及社交圈。

（7）网站导航。在官方网站上添加落地页链接，引导访问者了解更多信息或采取行动。

（8）合作伙伴推广。与其他公司或个人合作，让他们在自己的网站、博客或社交媒体上分享落地页链接。

（9）线下活动二维码。在线下活动（如研讨会、展览、路演等）中引导用户扫描微信二维码，吸引现场参与者。

（八）通过数据分析驱动内容营销策略的优化

在当下的移动互联网环境中，内容营销实际上是企业与客户不断互动的过程。这个互动过程会产生相应的互动数据。通过数据的采集、处理和分析，营销人员能更深入地了解受众的需求和兴趣，进而调整并优化营销策略。例如，通过用户的搜索、购买、浏览等历史数据分析，可以洞察其兴趣爱好和消费习惯，从而提供更个性化的推荐。

通过数据分析驱动内容营销策略的优化要采取如下措施：

（1）设定明确的目标和指标。在开始整合营销传播之前，要设定明确的目标和指标，以便于进行后续分析和优化。这些目标可能包括提高品牌知名度、增加网站流量、提高转化率等。

（2）数据收集。通过使用各种数据收集工具，收集与营销活动相关的数据，包括用户行为数据、互动数据、转化数据等。

（3）数据分析。对收集的数据进行深入分析，了解受众的需求、行为和反馈，以及各个营销渠道的效果。这有助于发现潜在的问题和机会，为优化提供依据。

（4）对比目标和实际效果。将实际效果与目标进行对比，评估整合营销传播的整体效果。这有助于了解目前的策略是否有效，以及是否需要进行调整。

（5）识别优劣表现。分析各个营销渠道和活动的表现，找出表现优秀的部分和需要改进的地方。这可以为后续优化提供有益的启示。

（6）制定优化策略。根据分析结果，制定针对性的优化策略。这可能包括调整内容策略、改进用户体验、优化广告投放等。

（7）实施优化。将优化策略付诸实践，对整合营销传播进行持续改进。这可能需要多次试验和调整，以达到最佳效果。

（8）持续监测和评估。在优化过程中，要持续监测和评估整合营销传播的效果，以确保目标得到实现。同时，根据市场和受众需求变化，进行适时的调整。

【探究性学习习题】

1. 研究与分析题

（1）选择一家酒店与旅游业企业，根据其在微信公众平台上发布的活动信息，分析其最近一年的整合营销传播活动，并评估其所采用的营销方法的有效性。

（2）调查并分析你所在地区的某家酒店与旅游业企业如何利用社群营销和影响者营销增强其品牌影响力。

2. 思考与讨论题

（1）在你看来，为什么内容营销在整合营销传播中起到了如此关键的作用？与同学讨论其在酒店与旅游业的特定应用。

（2）对于酒店与旅游业企业来说，应该如何确保其整合营销传播方法的一致性和连贯性？

3. 实践应用题

（1）为某家新开业的酒店或旅游景点设计一个内容营销策略，确保营销策略涵盖了内容的创建、发布和优化。

（2）假设你是当地某家五星级酒店的营销经理，需要组织一个联合品牌营销活动。请你选择一个合适的品牌进行合作，并设计此次活动的详细方案。

第十六章 社交媒体在整合营销传播中的应用

【本章概述】

本章深入探讨了社交媒体在酒店与旅游业整合营销传播中的应用。首先，本章对社交媒体的特性进行了全面描述，强调其不仅具备互动性、用户生成内容等基本特质，还拥有即时性、地理定位、私密性等独特属性。对社交媒体的选择，本章建议企业基于目标受众、地域差异、行业特性和预算等多重因素进行筛选。随后，本章详细说明了微信公众平台、短视频类社交媒体和消费体验分享类社交媒体的运营策略。微信公众平台为酒店与旅游业提供了一个全面的传播、互动和服务平台；短视频类社交媒体则依靠其视觉吸引力和多样化内容，为品牌营销创造了无限可能；消费体验分享类社交媒体作为口碑营销的核心，为企业带来了与KOL合作、实时客户互动等宝贵机会。

一、社交媒体的概念和选择

（一）社交媒体的概念和特征

社交媒体是基于互联网技术，允许个人或组织自行随地、随时地创作、分享、交流以文本、图像、视频、音频等方式呈现的意见、观点、经验的平台和工具。这些平台和工具之所以被称为"媒体"，是因为它们不仅和报纸、广播、电视等传统媒体具有相似的内容传播特征，还拥有4个传统媒体所不具备的基本特征：

（1）内容的数字化。社交媒体上的内容都是以数字化的方式呈现、存储、传播、交互和分析的。

（2）内容的用户生成性。社交媒体上的内容可由用户主动、自由地发布和分享。用户可以在社交媒体上表达自己的观点、分享自己的生活以及和他人互动。

（3）内容的互动性。社交媒体平台提供对内容的点赞、评论、分享、私信等功能，这些功能促进了用户之间的交流和互动。

（4）内容的多媒体性。社交媒体上的内容可以是文字形式，也可以是图片、视频、音频、动画等形式；用户可以采用各种形式来发布和表达自己的观点和情感，使内容更直观、生动和有趣。

在移动互联网时代，随着移动终端设备的普及，社交媒体已成为人们生活中不可或缺的应用工具。这使得社交媒体内容具有如下5个新特征：

（1）内容的即时性。社交媒体上的内容可以即时更新、即时互动、即时反馈和即时传播。

（2）内容的地理位置性。用户在发布内容的时候可以选择标记当前位置，方便其他用户通过地图快速找到这个位置。社交媒体平台也可以通过用户的移动终端收集用户地理位置信息，为用户提供基于地理位置的服务（Location Based Service，LBS）。例如，基于用户位置向其推荐酒店、餐厅、景点等信息。此外，内容的地理位置性也为商家和广告主提供了更精准的广告投放和营销方式，他们通过将广告展示给附近的用户，提高了广告的投放效果。

（3）内容的个性化。社交媒体平台通过收集使用者的个人信息、使用行为和社交关系数据，构建用户画像，分析用户的内容喜好和社交关系网络，然后通过推荐系统为用户推荐个性化的内容和服务，以及为用户推荐其朋友、关注对象的动态和互动等内容。

（4）内容的可私密性。用户可以在社交媒体平台上将其个人信息、发布的内容、与他人互动的内容的公开范围进行限制，使其只对授权的对象公开可见，如某内容仅限指定好友或特定用户组可见。内容的可私密性特征让用户对个人信息传播具备一定的掌控能力，从而有效保护了个人信息安全和隐私。

（5）内容的可反馈性。针对某用户通过社交媒体发布的内容，其他用户可以进行评论、点赞、分享、私信等动作，以此提升内容创造者的满足感和成就感。此外，社交媒体平台的分析工具还可以让用户实时了解他们所发布内容的阅读、互动等数据以及受众的人口特征等数据，从而帮助他们不断优化社交媒体的内容策略和互动策略。

（二）社交媒体的类型

人们使用社交媒体的目的多种多样，包括建立和维系社交网络、与他人分享和交换想法、展示兴趣爱好和作品、寻找志同道合的人交流互动，以及提高办公效率。不同的社交需求形成了多样化的社交媒体生态。互联网和新一代信息技术的发展使社交媒体平台可以采用不同的技术构建方式，满足各种使用场景和用户体验。社交媒体可以根据使用场景和目标受众来进行分类。根据使用场景，社交媒体常见的类型如下：

（1）社交网络类。该类社交媒体的用途是人际关系网络的建立和维系。个人或组织可以在平台上创建、发展和管理自己的社交网络。该类社交媒体的特征是强关系和强互动。用户将好友添加到自己的社交网络中，并通过网络沟通、分享和互动。在国内，这类社交媒体的典型代表是微信、钉钉；在海外，这类社交媒体的典型代表有Facebook、LinkedIn。

（2）即时通信类。该类社交媒体的用途是高效沟通。个人或组织可以通过该类平台与其他个人和组织进行单独沟通和群聊。该类社交媒体的特征是即时对话。在国内，这类社交媒体的典型代表有微信、QQ、腾讯会议、钉钉等；在海外，这类社交媒体的典型代表有 WhatsApp、Messenger、Zoom。

（3）生活分享类。该类社交媒体的用途是分享生活方式。个人或组织可以通过该类平台上传、发布和分享与生活方式相关的内容，也可以查看和评价他人发布和共享的内容。该类社交媒体的特征是分享与生活方式相关的内容。在国内，这类社交媒体的典型代表有抖音、快手、微信、小红书等；在海外，这类社交媒体的典型代表有 TikTok、YouTube、Instagram、Flickr。

（4）知识共享类。该类社交媒体的用途是共享和传播知识。个人或组织可以与其他用户分享并交流各种知识、经验和技能，从而实现通过社交媒体平台共建知识库的目的。该类社交媒体的特征是知识性和教育性。在国内，这类社交媒体的典型代表是知乎、百度百科、B 站；在海外，这类社交媒体的典型代表是 Wikipedia。

（5）资讯分享类。该类社交媒体的用途是分享热点、新鲜事。个人或组织可便捷、快速地向公众发布热点事件和热门消息。该类社交媒体的特征是弱关系和强传播。在国内，这类社交媒体的典型代表是微博；在海外，这类社交媒体的典型代表是 X。

（6）垂直社区类。该类社交媒体的用途是特定领域或主题的交流沟通，旨在将有共同话题、兴趣、背景或目标的用户聚集在一起。个人或组织可以基于自身的兴趣、专业、行业以及所关心的特定问题在相应的社交媒体平台上发帖、交流和分享。这类社交媒体的特征是领域垂直性、内容针对性和社区认同感。在国内，这类社交媒体的典型代表是专注于书籍、电影、音乐等信息评价和交流的豆瓣；在海外，这类社交媒体的典型代表是垂直职业社交媒体平台 LinkedIn。

（7）消费点评类。该类社交媒体的用途是产品和服务的评论和评分。用户通过撰写评论和打分来评价自己使用过的产品或服务，也可以通过查看其他用户对某产品或服务的消费评价和评分来帮助自己进行购买决策。对于被点评的商家而言，这类社交媒体可以帮助商家了解用户对其产品或服务的反馈，以不断提高产品或服务的质量和客户满意度。这类社交媒体的特征是实用性和对商家的强影响力。在国内，这类社交媒体的典型代表是大众点评、携程点评；在海外，这类社交媒体的典型代表是 TripAdvisor。

（8）直播电商类。该类社交媒体的用途是通过直播来进行品牌推广、产品和服务销售。个人或组织可以基于不同的目的实时直播相关内容，观众可以通过评论、点赞、送礼、打赏、购买等方式与主播互动和表示支持。主播可以通过获得打赏、直播带货、品牌推广等方式获得收益。这类社交媒体的特征是实时视频流和交易性。在国内，这类社交媒体的典型代表有淘宝直播、抖音、快手、微信视频号等；在海外，这类社交媒体的典型代表有 TikTok、Facebook、Live 等。

（9）协同办公类。该类社交媒体的用途是协同工作。组织机构可以利用该社交媒体为成员创建一个共享信息、协作和协同的数字化办公环境，以提高沟通效率和工作效果。团队成员之间可以进行如互动交流、文件存储和共享、文档在线编辑、项目管理、任务清单分配、日程安排和会议安排等需要协同的工作。在国内，这类社交媒体的典型代表是钉钉、飞书；在海外，这类社交媒体的典型代表是 Microsoft Teams。

上述社交媒体的特征和类型显示社交媒体在整合营销传播中具有巨大的作用和效果。企业选择通过社交媒体开展整合营销传播活动时，需要根据目标受众、品牌形象、营销目的并结合不同类型社交媒体的用途、特征和功能去选择和组合。

(三) 社交媒体营销传播的使用条件和渠道选择

1. 社交媒体营销传播的使用条件

对于社交媒体的使用者，他们不仅是内容消费者，还是生产者和传播者。用户在媒体中角色的转变，导致企业的营销传播方式发生改变，并使社交媒体营销传播在整合营销传播中的重要性逐渐提升。社交媒体营销传播是指企业用社交媒体平台和工具来获取和连接潜在目标客户，与潜在目标客户在社交媒体平台上互动和交流，了解客户需求、建立客户关系并鼓励他们参与营销活动，目的是实现品牌形象提升、产品和服务推广、客户对品牌及其产品认知加深、销售转化率提高和客户关系维护。

酒店与旅游业企业在进行社交媒体营销传播之前，首先要明确传播对象、内容定位和品牌标准。这是因为明确的传播对象可以帮助企业更有针对性地推广内容，确保所发布的信息更容易被目标受众接受和认可。内容定位则关乎于信息的质量、形式和传达的价值观。内容只有与企业的品牌形象、服务特点和目标受众的兴趣相符，才能引起共鸣，进而实现有效的品牌传播和提高转化率。另外，在社交媒体营销传播中，一致性是关键。企业需要确保其传播的所有信息、图片、视频等，无论是风格还是设计，都与其品牌标准相一致。这不仅可以增强品牌识别度，还可以确保品牌形象在多个平台和渠道上保持一致，增强品牌的专业性和可信度。

裸心在营销传播中注重明确沟通对象及沟通方式。裸心营销传播的重点并不仅仅是"高端度假村"，而是将裸心塑造成"快活裸心，返璞归真"健康乐活的可持续生活方式的引领者。

图 16-1 是裸心对外宣传的裸心泊的图片，企业的可持续生活方式理念在图中得到了充分的体现。

另外，裸心认为与目标受众的沟通不应仅仅体现奢华、高端和高雅，还应该使用他们能够理解和接受的语言。这样有助于缩短品牌与客户、产品与客户之间的距离，塑造一种平等、友善的关系。此外，裸心在社交

图 16-1 裸心泊

媒体传播中，遵循严格的品牌标准，确保始终呈现"清新、乐活、绿色、精彩"的品牌特质，见图 16-2。

裸心在沟通方式上根据其目标客户的偏好来精准地选择。由于其目标客户包括国际客户，这些群体仍然习惯使用电子邮件和新闻简报进行沟通，因此，裸心选择将电子邮件作为与这部

分客户沟通的主要工具。而在面向国内客户时，裸心更加偏重于社交媒体的营销传播方式，并且持续关注新兴的社交平台以保持与时俱进。无论是官方网站、微信公众号、微博、抖音还是视频号等，裸心都针对各社交媒体平台的特性，采用差异化的内容呈现方式，确保传播内容既友好又有吸引力。

总之，在信息量庞大、更新速度快的社交媒体平台上，企业必须确保其传播的内容能够在众多信息中脱颖而出，吸引用户关注，而明确的传播对象、内容定位、品牌标准正是实现这一目标的前提条件。

其次，酒店与旅游业企业在选择社交媒体营销传播渠道时，还需要确保他们所选的社交媒体营销渠道具备充足的运营能力。运营能力指的是企业在特定的平台或渠道上，有效地进行内容管理、用户互动、数据分析、事件应对等一系列活动的能力。无论企业选择哪种社交媒体营销传播渠道，都离不开对目标客户和产品的认知能力、创造有说服力的文案能力、有视觉冲击力的图像表现能力、高价值内容的创造能力、内容规划和持续更新的能力、内容的分发能力、数据的分析能力、在线社区关系的管理能力、跨部门的协作沟通能力、技术和工具的运用能力、危机工作和舆情处理能力这些运营能力的支持，社交媒体营销的运营能力的作用和要求如表 16-1 所示。

图 16-2　展现"清新、乐活、绿色、精彩"品牌特质的裸心堡恒温泳池

表 16-1　社交媒体营销的运营能力的作用和要求

序号	运营能力	作用	要求
1	对目标客户和产品的认知能力	了解目标客户和产品能帮助企业精准定位，提供真正符合用户需求的内容和服务，从而增强用户黏性和转化率	了解目标客户的需求、喜好、习惯和行为模式；对自己的产品和服务有深入的理解，知道其优势和劣势；知道如何将产品特点与目标客户的需求进行匹配
2	创造有说服力的文案能力	优质的文案能够更好地传达品牌信息，打动用户的心灵，激起用户的购买欲望，进而促进转化	能够撰写吸引人的方案标题和内容，引起读者兴趣；能够清晰、有逻辑地表达观点；文案中有具体的呼吁行动和引导
3	有视觉冲击力的图像表现能力	视觉是人类最直接的感觉之一。出色的视觉设计能立即吸引用户的注意力，提高内容的分享性和传播力	制作或选择与内容主题相匹配的图片或视频；确保视觉内容具有高品质和专业性；能够与文案结合，形成统一的传播信息
4	高价值内容的创造能力	在信息爆炸的时代，只有真正有价值的内容才能吸引用户关注并使用户长时间停留，促进用户忠诚度提升	提供有深度、有价值的内容，而不仅仅是浅层次的信息；能够定期发布原创内容；能够创作或策划各种格式的内容，如文章、视频、图文等

(续)

序号	运营能力	作用	要求
5	内容规划和持续更新的能力	持续的、有策略的内容更新能保持用户对品牌的关注，增强品牌的生命力，增加社交媒体账号的评分	设定内容发布的日程和频率； 根据热点调整内容策略； 确保内容始终保持新鲜感和相关性
6	内容的分发能力	合适的分发策略能使内容更广泛地传播给更多的潜在用户	选择合适的社交媒体平台或渠道进行内容推广； 利用多种手段和技巧提高内容的曝光率和转发率； 能够进行内容的跨平台或跨渠道推广
7	数据的分析能力	数据是社交媒体运营的罗盘。通过对数据的分析，可以了解用户的行为和需求，优化运营策略	定期收集和分析数据，如阅读量、点赞数、评论数等； 利用数据来调整内容策略，提高效果； 能够利用工具进行数据的深度分析，找出问题和机会
8	在线社区关系的管理能力	良好的社区关系可以帮助品牌建立忠诚的粉丝群，形成有力的口碑传播	主动与粉丝或用户互动，建立和维护良好关系； 及时回应用户的评论和反馈； 能够引导和管理社区的讨论，确保积极和健康的氛围
9	跨部门的协作沟通能力	社交媒体运营涉及多个部门的合作，有效的沟通能确保信息流畅，提高工作效率	与其他部门（如销售、客服、产品等）进行有效沟通和合作； 能够整合资源，实现多方位、多角度的内容创作和推广； 有良好的团队合作精神和协调能力
10	技术和工具的运用能力	随着技术的发展，各种工具层出不穷。能够熟练掌握和运用这些工具能显著提高运营效率和效果	掌握各种社交媒体平台的操作和管理技巧； 能够使用各种分析、编辑和推广工具； 不断学习和适应新技术和工具
11	危机工作和舆情处理能力	面对危机，迅速而恰当的反应能够最大限度地减少负面影响，维护品牌形象	在面对负面评论、投诉或危机时，能够迅速并有效地响应； 有策略地处理舆情，维护品牌形象； 能够预测和评估各种可能的风险，并事先准备好应对方案

2. 社交媒体营销传播渠道的选择

在酒店与旅游业中，企业所选的社交媒体营销渠道直接影响推广效果。企业需要从目标地域、用户画像、行业支持、应用场景、平台功能、竞争情况以及预算资源等方面选择合适的社交媒体营销传播渠道。

对于目标地域，旅游业企业需要确定其目标客户市场是国际市场还是国内市场。如果是国际市场，则需要考虑Facebook、Instagram、X等国际主流社交媒体平台；如果是国内市场，则需要考虑微信、微博、抖音、小红书等国内主流社交媒体平台。

社交媒体平台的用户画像是企业选择社交媒体营销传播渠道的重要因素。社交媒体平台的用户画像主要由年龄、性别、地域、兴趣爱好和使用习惯构成。综合网上2021—2022年的公开数据，我国典型的社交媒体平台的用户画像如表16-2所示。

表 16-2　我国典型的社交媒体平台的用户画像

项　目	微　信	微　博	抖　音	小　红　书
年龄	各年龄段分布较为均匀	16~30 岁的年轻人占比达 80% 以上	49.42% 的抖音用户在 24 岁以下；31.26% 的抖音用户为 25~30 岁	18~35 岁的年轻人占比达 84%
性别	男性为主，比女性用户多 12%	女性为主，比男性用户多 10%	比较均衡，男性比女性用户多约 4%	女性为主，比男性用户多 38%
地域	分布较为平均	一线和二线城市为主	分布较为平均	一线和二线城市为主
兴趣爱好	兴趣爱好比较广泛，涵盖各种领域，例如时尚、美食、旅游、科技、音乐、电影等	兴趣爱好广泛，包括时尚、美食、旅游、体育、科技等多个领域	偏好演绎、生活、美食、情感、文化、影视类内容	偏好时尚、美妆、穿搭、美食、旅游、影视、健身类内容
使用习惯	使用频率很高，主要用于聊天、社交、获取信息、移动支付、打车、点餐、购物、领券、预约等方面	使用频率较高，主要用于休闲娱乐、获取新闻资讯、社交互动、表达个人观点等方面	使用频率很高，主要用于观看短视频、分享生活、交流互动、获取信息等	消费能力较高，主要关注时尚品牌、护肤品、彩妆、旅游等高质量的产品和服务

上述客户画像分析仅供参考，且会随时间、地域、事件等因素变化而不断变化。此外，即便在同一社交媒体平台，不同地域、年龄、性别的用户在兴趣爱好和使用习惯上也有较大差异。企业需要根据自己目标客户的画像特征选择合适的社交媒体营销传播渠道。

在行业支持上，有的社交媒体有明显的行业属性和特征。例如 TripAdvisor 主要面向酒店、旅行社、景区、旅游目的地等旅游业态；大众点评长期以来主要面向餐饮业和生活服务业。有的社交媒体平台会对针对旅游业开设专门的频道，提供活动支持和相应功能。例如，在小红书上，用户可以根据分类菜单如酒店、下午茶、餐厅等，搜索本地信息；抖音平台上线了同城吃喝玩乐项目，发布了美食、休闲娱乐、游玩、住宿、丽人、亲子等榜单；抖音平台推出的兴趣点（Point of Interest, POI）功能，使用户可以通过视频中的地理位置定位，来获得涵盖吃喝玩乐的本地生活服务和优惠信息。

桂林唐朝国际旅行社在国际社交媒体营销上以 Facebook 为主导。虽然该旅行社在 Instagram、X 等主流社交媒体平台上有账户，但由于 Facebook 拥有庞大的全球用户群，并且更适用于其目标用户群体——30~55 岁之间的人群，因此被视为首选的社交媒体营销渠道。经验显示，有些主流平台可能不完全适用于旅游行业。例如，某些旅游业企业在 X 上的推广效果未能满足预期，这可能与 X 的内容倾向有关。此外，唐朝国旅也在尝试利用 Tripadvisor 和 LinkedIn 等新兴平台来发布公司和目的地信息，并根据效果不断调整其社交媒体策略。

在应用场景和功能上，不同渠道、不同地域的社交媒体平台有很大的不同，它们根据应用场景提供了相应的功能。例如，从地域上看，我国的社交媒体平台应用场景侧重于用户间的实时通信、分享生活、发表观点等，而欧美地区的社交媒体平台应用场景则更注重用户间的互动、分享、展示生活等。在我国的社交媒体平台上，用户更习惯于用表情、动态图片等形式表达情感和情绪，而在欧美地区的社交媒体平台上，用户则更多使用文字和表情符号表达情感和情绪。从渠道上看，小红书平台非常适合"种草"，即向其他用户推荐产品或服务，微信在应用场景上更加侧重交易和客户服务。

竞争状况以及企业的预算资源也是企业选择社交媒体营销渠道的关键因素。竞争状况是指企业的竞争对手在社交媒体营销渠道上的选择。预算资源是指企业在整合营销活动中的预算和付出的资源。预算规模受企业规模、业务类型和团队认知的影响，大型旅游业企业社交媒体营销的预算规模普遍较大，而中小型旅游业企业的预算规模相对较小。

在选择了合适的社交媒体营销渠道后，企业需要确定目标用途、关键运营策略和营销推广效果评估这三个方面的内容，从而为企业日常的社交媒体营销活动提供行动准则以及为社交媒体营销系统的功能开发提供方向。

二、微信公众平台在整合营销传播中的应用

根据腾讯公布的财报显示，2022 年第三季度微信月活跃人数是 13.09 亿人，同比增长 3.7%；小程序 2022 年第三季度日活跃账户数突破 6 亿个，同比增长 30%，其中日均使用次数同比增长超 50%。作为国内热门的社交媒体平台之一，微信公众平台对旅游业企业的重要性不言而喻。微信公众平台有订阅号、服务号、企业微信和小程序四种账号类型。此外，2020 年 1 月，腾讯正式宣布开启视频号内测的平台。与订阅号和服务号不同，微信视频号是一个全新的内容记录与创作平台。企业需要根据营销目标、客户需求、应用场景并结合运营能力选择一种或多种账号类型。

（一）应用场景

旅游业企业在微信公众平台的应用上主要有如下场景：

1. 内容服务

旅游业企业可以在微信公众平台上创建经认证的订阅号或服务号。企业通过公众号提供的菜单功能设置企业信息、产品和服务展示、活动和促销参与、客户服务等内容入口，从而有效地提升目标客户对企业的认知度、信任度和参与度。

2. 品牌宣传和推广

旅游业企业可以在微信公众平台上围绕目标客户需求创造与品牌相关的优质内容，并通过与粉丝持续互动来提升品牌认同感和形象。

3. 拓展潜在客户

旅游业企业在开通公众号后，可以将有价值的内容、有吸引力的体验活动、性价比高的促销在公众号上形成推文，并转发到微信群、微信朋友圈中，吸引潜在客户关注公众号。

4. 客户沟通和互动

微信服务号提供了丰富的功能，如自动回复、群发消息和客服对话，帮助企业与客户更加高效地沟通和互动。旅游业企业可以通过服务号为关注的粉丝提供在线客服功能，及时解决客

户在旅游过程中的问题，从而提升客户满意度。

5. 产品和服务销售

旅游业企业可以在服务号和小程序上对接预订系统、商城系统和微信支付，从而实现产品和服务的销售。此外，旅游业企业可以鼓励感兴趣的客户参与公众号推出的产品有奖推荐活动，实现老客户介绍新客户，为企业获得更多的销售收入。

6. 客户关系管理

在国内市场，由于绝大多数旅行者都在使用微信，旅游业企业可以通过微信服务号与广大潜在客户建立直接的联系和互动。更为重要的是，微信向服务号用户开放了接口，使微信服务号能够与企业的客户关系管理系统对接，并使传统客户关系管理系统增加其不具备的社交互动性。这使微信服务号成为了旅游业企业构建私域流量池和维护客户关系的有效工具。

7. 数据化运营

微信公众平台提供了丰富的数据收集和分析功能，并可以和第三方的营销分析系统对接，实现更深层次的业务数据分析，从而使企业不断优化和调整自己的运营策略，提高数据化运营效果和营收水平。

（二）关键应用策略

为实现营销目标，酒店与旅游业企业的微信公众平台在实施过程中需要考虑一系列策略。这些关键应用策略包括锁定目标受众、确定内容方向和发布计划、提供差异化服务体验、开展有规模和力度的促销活动、确保优质内容创造的持续性、采取多种方式提升内容的打开率和传播效果、在关键接触点上引导客户关注公众号、通过数据分析优化运营策略。具体内容如下：

1. 锁定目标受众

微信公众号是企业为目标市场客户提供营销传播和服务的线上平台，因此在运营公众号前，企业需要确定公众号所服务的目标受众，并研究他们的行为特征、消费痛点和需求，以便在未来的运营中更好地创造与目标受众需求相关的内容，从而不断吸引和留住目标受众。对于直接面向消费者的酒店与旅游业企业来说，微信公众号的目标受众主要是目标市场的潜在客户和曾经有过消费体验的客户。

2. 确定内容方向和发布计划

在锁定公众号针对的目标受众后，企业需要根据目标受众的需求和兴趣来确定微信公众号内容的创作方向和发布计划。这个步骤是确保公众号运营效果的关键，直接影响目标受众的兴趣和留存。例如，酒店的客户对酒店的服务特色、酒店所在城市的深度体验、酒店优惠促销活动、酒店针对不同入住目的客户的个性化服务等内容感兴趣；旅行社的客户对实用的旅游攻略、定制化和高性价比的旅游线路、旅游产品的促销活动等内容感兴趣。因此，旅游业企业要以目标受众的兴趣点、痛点为中心，结合自身的卖点、营销目标、营销计划、运营能力、运营预算来确定内容方向，制订内容发布计划，并确保内容发布具有一定的规律和连贯性。

3. 提供差异化服务体验

微信公众号不仅是整合营销传播的工具，而且是客户服务的工具。大多数提供会员计划的酒店与旅游业企业会在官方网站上提供会员服务。在将公众号与会员系统对接后，企业可以通过公众号为会员提供更具互动性和精准性的服务体验，进一步提升公众号在粉丝和会员心中的价值感，增加客户黏性，从而实现客户资源的长期利用和价值最大化。这些差异化体验包括：

（1）粉丝和会员专属活动。举办粉丝或会员专属活动，例如会员日发红包、抽奖等形式的活动，为粉丝和会员带来专属而独特的价值感。

（2）粉丝和会员专属优惠。通过微信接口判断粉丝和会员身份，在公众号上为粉丝和会员提供专属的优惠价格和优惠券，提升会员黏性和微信直销渠道的产量。

（3）一对一客户服务。利用微信客服功能为粉丝和会员提供专属客服，解决粉丝和会员在消费过程中的疑问和需求，提高会员满意度。

（4）粉丝和会员反馈机制。通过公众号收集粉丝和会员的意见和建议，对企业产品和服务进行改进，不断优化粉丝和会员体验。

（5）粉丝和会员专属社群。通过微信群、微信小程序等方式建立会员社群或社区，增进与会员之间的交流和互动，增强会员的归属感。

（6）个性化内容推送。利用微信分组功能或者对接会员系统，为不同标签、不同属性、不同等级的会员设计定制化的内容，在会员互动时进行个性化推送，满足会员的个性化需求。

4. 开展有规模和力度的促销活动

高性价比的产品和服务是吸引消费者最大的卖点。旅游产品的需求不稳定性和易逝性特点，决定了企业需要开展多种形式的促销活动，以保证在经营淡季销售尽量多的产品和服务。因此，在微信公众号上开展有一定规模和力度的促销活动以吸引新客户、提高老客户的参与度和复购率，是微信公众号重要的运营策略之一。这些活动能给公众号带来更高的粉丝关注度并提升在粉丝心中的价值感。

企业在公众号上开展促销活动的时候，需要注意如下几点：

（1）促销活动的内容要与企业或品牌的定位相符，不能与企业或品牌的形象相悖。例如，一家高星级酒店在大促中给出超低的优惠价格，这虽然可能取得很好的销量，但长远来看反而有损品牌定位和声誉。

（2）促销活动要有时效性，不能长期进行。有时效性的促销活动可以让消费者产生紧迫感，促使他们在有限时间内做出购买决策。长期或者频繁进行的促销活动不仅会导致紧迫感消失，还会导致价格体系混乱，削弱品牌价值和形象，并使消费者逐渐形成期待降价的心理，不愿意在非促销时段购买。

（3）促销活动要有一定的创意性和互动性，能够吸引客户的注意力。创意性强的促销活动更容易引起消费者的兴趣和好奇心，从而吸引他们关注品牌。互动性能够促使消费者积极参与促销活动，从而提高活动的参与度。高参与度不仅有助于增加消费者对活动的关注度，还有助于消费者更深入地了解产品和品牌价值、促进品牌传播、营造口碑效应、提高活动的投资回报率。

（4）促销活动要有合理的规模和力度。有一定规模和力度的促销活动更容易吸引消费者关注、激发消费者购买欲望，并帮助企业在短时间内实现销售业绩的提升和降低产品库存风险。但过大的促销力度可能会导致品牌形象受损，过小的促销力度则可能难以达到预期效果。

5. 确保优质内容创造的持续性

微信公众平台的服务号允许企业每月向粉丝推送四次内容。企业应该充分利用这四次机会，通过提供新鲜、有价值的内容来提高粉丝的注意力、活跃度和参与性。这不但可以增强品牌形象，而且有助于粉丝了解企业最新的产品和服务信息，促进产品销售。为此，公众号运营者可采取如下措施确保优质内容创造的持续性：

（1）围绕价值主张和差异化卖点创造内容。为了使目标受众关注微信公众号并提高粉丝的黏性，微信公众号的运营人员需要始终围绕企业的独特价值主张和差异化卖点创造有价值、相关且一致的内容。企业应根据目标受众和价值主张确定要传递的信息，让客户更好地了解企业的优势和价值，从而在有需求的时候优先选择企业的产品和服务。

（2）结合社会、行业热点和热搜进行内容创造。热点和热搜往往代表了用户的兴趣点和需求，并具有较高的话题性。结合热点和热搜进行内容创造有助于提高现有粉丝的关注度和活跃度，并吸引更多新用户关注公众号。此外，关注社会和行业热点有助于旅游业企业了解市场动态，发现新的商业机会和促进产品和服务创新。

（3）采用多元化的内容形式。不同的用户群体可能对不同类型的内容感兴趣。图文、视频、音频、直播等不同形式的内容可以满足用户的多样化需求，使用户在公众号上的体验更加丰富，在浏览过程中不会感觉单调。多元化的内容形式也有助于创造更多的主题，例如目的地攻略、当地活动、美食推荐等。这样不仅可以增加公众号的内容丰富度，提高用户对公众号的认同感，而且可以增强传播效果。近年来，短视频、直播等新兴形式受到广泛关注和欢迎，旅游业企业微信公众号运营者需要紧跟时代潮流，尝试多元化的内容形式，以适应消费者对内容喜好的变化。

（4）鼓励用户反馈与互动。鼓励用户留言、评论，积极回应用户反馈，以了解用户需求，不断优化内容。与用户保持良好的互动关系，有助于提高内容质量。

（5）建立质量把控流程。优质的内容离不开质量管理。旅游业企业需要对公众号建立严格的审稿和优化流程，确保发布的内容无错、高质量。

6. 采取多种方式提升内容的打开率和传播效果

在这个信息大爆炸的年代，微信公众号推文的正常打开率（即图文阅读总人数（阅读量）与图文送达人数的比例）很多情况下为1%~2%。为了提升打开率、阅读量和转发量，旅游业企业公众号运营者需要考虑如下措施：

（1）优化标题、摘要、封面图片。当公众号文章被发布以及被分享到朋友圈，受众者首先看到的就是标题、摘要和封面图片。因此，这些要素都应该经过精心策划和考量。标题应该能引起用户的好奇心和阅读冲动；摘要应该简洁明了，突出内容的重点和价值；封面图片应该与内容相关，且具有吸引力。另外，无论标题还是摘要，应确保以图文消息的方式被分享到朋友圈时，文字能够完整展示。

（2）组建以有消费体验的客户为对象的粉丝群。有消费体验的客户对品牌有认同感和忠诚度。将这些客户按照一定的主题和兴趣组建微信群，有利于微信推文信息的传播，从而提高打开率、阅读量和转发量。

（3）优化发布和传播时间。通过分析用户行为数据，找到用户活跃度较高的时间段，将内容在这些时段发布，以提高用户打开率。公众号运营人员不仅要找到最合适的发布时间，还要了解在微信群中分享推文的最佳时间。

（4）采用多种推广方式。结合微信公众平台的特性，采用多种推广方式进行内容发布。如将推文在合适的时间发布到粉丝和会员群中；建立员工分享机制，鼓励员工将推文分享到各自朋友圈；与合作伙伴建立白名单开发机制，协调合作伙伴将推文在公众号上进行转载。

（5）设置奖励机制。设置奖励机制激励用户分享和推荐，例如发积分、送优惠券及礼品等。奖励可以增加用户分享的积极性。

（6）社交媒体整合。通过其他社交媒体平台进行公众号及推文内容的推广，例如微博、抖音、小红书等，引导用户关注公众号以获得最新鲜和有价值的内容、产品和服务。通过多渠道宣传，可以吸引更多潜在用户关注并分享。

（7）发布独家优惠活动。通过在公众号上发布独家优惠活动，激发粉丝分享的动力。用户为了获取优惠和参与活动，会主动进行分享和推荐。

（8）按照内容主题分类。为了让用户在公众号上更容易找到感兴趣的内容，可以将公众号上已经发布的内容按照主题进行分类，以提高用户体验和内容的易用性。

（9）根据数据和用户反馈及时调整内容策略。分析公众号推文的阅读量、分享量、点赞量等数据，了解哪些内容受欢迎、哪些需要改进。根据市场变化、用户反馈和数据分析结果，及时调整内容策略，包括内容主题、发布时间、推广方式等，以提高传播效果和用户满意度。

7. 在关键接触点上引导客户关注公众号

在整个消费旅程中，从意识、吸引、探索、预订到体验、拥护，旅行者展现出不同的行为特征、痛点和需求，因此会与企业有多个接触点。旅游业企业公众号运营人员要分析每一个接触点上的用户需求，将接触点上用户需求的解决方案制作为落地页，吸引接触点上的客户通过关注微信公众号获取数字化的解决方案。例如，对于酒店业企业，能够引导客户关注企业公众号的关键接触点有：

（1）线上活动接触点。在线上举办各种有趣的互动活动，如抽奖、问答、投票等。活动奖品可以是酒店或旅游相关的优惠券、礼品等，吸引用户关注。

（2）经营场所接触点。在前台、客房、餐厅、会议室等关键接触点上放置宣传物料，例如易拉宝、桌卡、海报等。在宣传物料上展示企业微信公众号二维码，并精心策划能够促使客人立即扫码关注公众号的行为号召用语（Call to Action，CTA）。当客户扫码关注后，公众号通过消息推送功能推送相应的解决方案（包括但不限于电子优惠券、定制化旅行攻略或消费推荐、有帮助的信息下载、活动报名表、信息查询、投诉建议等）。

（3）员工接触点。培训前台、餐厅的员工，在为客户提供服务的时候主动推荐关注企业微信公众号，以获得有价值的服务。酒店的一线经营岗位是客户与酒店的第一个接触点，员工的引导至关重要。

（4）关键服务接触点。在关键的服务过程中，例如点餐、支付、开发票、连接 WiFi、停车场缴费等接触点，引导客户关注公众号并使用相应的服务。

8. 通过数据分析优化运营策略

在公众号运营工作中，数据分析工作至关重要，因为它可以帮助运营者更好地了解公众号的运营状况、用户行为和喜好，从而制定更有效的运营策略和内容策略。数据分析使运营者能够根据客观数据做出决策，而不是依赖个人经验或直觉。这有助于提高决策的效率和准确性。数据分析可以帮助运营者获得如下有帮助的信息：

（1）用户特征。通过分析用户的性别、年龄、地域等属性数据，运营者可以更好地了解目标受众，从而制定有针对性的内容和营销策略。

（2）内容效果。数据分析可以帮助运营者了解哪些内容受欢迎、哪些内容效果不佳。通过优化内容策略，可以提高用户满意度和活跃度。

（3）运营效果。数据分析可以帮助运营者监测公众号的关注人数、取关人数、阅读量等关键指标，为运营效果优化提供数据支持。例如，通过分析用户取消关注的原因，运营者可以采取措施降低取关率。

（4）互动效果。通过分析消息发送、评论、点赞等互动数据，运营者可以了解用户的互动偏好和效果，从而调整互动策略，例如找到最佳推送时间、优化活动内容等，从而提高营销活动的转化率和 ROI。

企业除了分析自己的公众号数据，还要分析竞争对手的公众号数据，以便了解竞争对手的优势和不足，从而制定有针对性的竞争策略。

三、短视频类社交媒体在整合营销传播中的应用

短视频是一种由连续画面、背景音乐及字幕等组成的，播放时长在几秒钟到几分钟之间，内容短小精炼、展示信息较丰富且结构紧凑的内容载体。常见的短视频播放时长有 15 秒以下、15~30 秒、30 秒~1 分钟、1 分钟以上，其中较长的短视频一般在 5 分钟以内。虽然短视频已经融入人们生活的方方面面，但大多数观众仍然利用碎片化时间观看短视频。如果视频时长太长，观众可能缺乏足够的时间和耐心看完，从而影响短视频的点击率和播放表现；如果视频时长太短，其内容所承载的信息和价值有限，会影响观众的观感。短视频平台对视频时长的建议

或要求依据其平台定位和用户习惯而定，且会随用户习惯的改变而调整。时长较短的短视频制作较为容易，能够在很短的时间内传递信息，可以适应现代社会快节奏的生活方式，但由于其内容受限，无法展示丰富且有深度的内容；时长较长的短视频虽然内容更为丰富，能有更多的创意空间和表现手法，但制作过程更复杂，且对观众的时间投入要求较高。

短视频根据制作模式不同，可以分为用户生成内容（User Generated Content，UGC）、专业生成内容（Professionally Generated Content，PGC）、专业用户生成内容（Professional User Generated Content，PUGC）和人工智能生成内容（Artificial Intelligence Generated Content，AIGC）四类。

短视频的制作形式包括竖屏和横屏两种，两者各有优、劣势。从内容上分析，相较于竖屏短视频，横屏短视频拍摄取景更广、画面内容更丰富，因而包含的信息量更大，特别适合展示宽阔的大场景；竖屏短视频虽然展示的场景内容相对较少，但拍摄主体更加突出，更容易让观看者专注于核心内容，沉浸感和代入感更强。从使用设备上分析，相较于竖屏短视频，横屏短视频更适合在电视、电脑、平板等设备上观看；竖屏短视频非常适合在智能手机上观看，而在电视、电脑和平板等设备上观看时会出现黑边。从人类眼睛的生理结构角度来看，水平方向上视野范围要比垂直方向上更广，因此横屏短视频可以更好地适应人眼的视觉范围，为观众提供更自然、舒适的观看体验。但由于现在多数用户在移动互联网环境下通过智能手机使用社交媒体，而且使用手机时倾向于竖屏操作，因此，竖屏短视频在移动端社交媒体上的观看体验更加优越。当播放内容主要集中在画面中心时，竖屏短视频同样能够为观众提供良好的观看体验。

从整合营销传播角度而言，多渠道传播和跨渠道传播都有助于传播效果最大化。因此，在拍摄短视频的时候，最好可以使用两台设备，分别拍摄横屏素材和竖屏素材，然后根据使用平台和场景需要制作和上传竖屏短视频或者横屏短视频。

（一）应用场景

短视频类社交媒体在整合营销传播中具有重要的作用和价值，它的应用场景主要有个性化内容推荐、市场推广和品牌传播以及产品和服务销售。

1. 个性化内容推荐

短视频类社交媒体大多使用包括一种或多种算法的个性化内容发布机制，为个人用户提供符合其个人喜好与需求的内容。之所以能实现个性化推荐，是因为短视频平台综合使用多种算法分析短视频内容和用户行为。对于短视频内容，平台会对视频的内容、标签、话题、音乐等进行分析，并给每个视频打上标签；对于用户行为，平台会对用户的观看、点赞、评论、分享等行为进行分析，并给每个用户打上标签，形成用户画像，然后根据用户画像和喜好进行内容推荐。不同的短视频社交媒体平台会使用不同的算法组合，旨在帮助观众拥有更多个性化体验。个性化推荐系统常用的算法包括协同过滤算法（Collaborative Filtering）、基于内容的推荐算法（Content-Based Recommendation）、深度学习（Deep Learning）、社交网络分析、信息流漏斗算法等。以下介绍协同过滤算法和信息流漏斗算法两种比较重要的算法。

（1）协同过滤算法。协同过滤算法是一种广泛应用于个性化推荐系统的算法。它的原理是针对目标用户找出相似用户，通过分析相似用户的喜好挖掘目标用户的喜好。

协同过滤算法通常分为两类：第一类是基于用户的协同过滤（User-Based Collaborative Filtering，UserCF）；第二类是基于物品的协同过滤（Item-Based Collaborative Filtering，ItemCF）。基于用户的协同过滤算法的核心思想是首先计算用户之间的相似度，然后根据相似用户的行为数据预测目标用户对未知事物的兴趣。例如，如果用户A和用户B的观看历史非常相似，可以认为A和B有类似的兴趣，那么可以将A喜欢的视频推荐给B；反之亦然。

基于物品的协同过滤算法的核心思想是首先计算物品之间的相似度，然后根据目标用户对相似物品的行为数据预测其对未知物品的兴趣。例如，如果物品X和物品Y被很多相似用户使用，我们可以认为物品X和物品Y具有一定的相似性，因此可以将相似用户喜欢的物品X推荐给使用过物品Y的用户。

协同过滤算法的局限性在于难以解决冷启动问题（Cold Start Problem）。冷启动问题是指在推荐系统中，当面对新用户、新项目或新推荐系统时，由于缺乏足够的历史数据，导致难以为用户提供准确且个性化的推荐。此外，协同过滤算法还容易受到数据稀疏性（Data Sparsity）的影响，导致推荐质量受损。数据稀疏性是指在一个数据集中，大部分数据项的值为零或者缺失，只有很少一部分数据项为非零或有效值。在推荐系统中，数据稀疏性通常表现为用户或项目评分矩阵中的空缺值过多，未评分、未购买或未观看的项目数量远远大于已评分、已购买或已观看的项目数量。

（2）信息流漏斗算法。信息流漏斗算法是抖音和今日头条等字节跳动公司旗下平台的核心算法，利用这种算法，短视频在平台上的曝光量根据其数据表现从低到高逐级上升，形似一个漏斗。当一个短视频通过某账号发布后，平台会把该短视频分发给一个人数规模较小的流量池（即一级流量池）进行展示。新视频流量分发以观众所在位置、关注和好友为根据，也可能根据短视频内容标签分发，该步骤也被称为"冷启动"。接着，平台会根据短视频在一级流量池中的评论比、点赞比、完播率、转发量等数据评估其表现；如果该短视频在一级流量池中表现出色，平台会将其推向一个规模更大的二级流量池。这一过程会持续进行。通过分层推荐和逐级筛选，优质内容得以触及更广泛的用户群体，从而获得平台更多的流量支持。以上步骤也被称为"数据加权"或"叠加推荐"。

信息流漏斗算法也被称为分层流量池推荐算法。这种算法发挥了去中心化作用。无论账号粉丝数量规模大小，优质的新内容和长尾内容都有机会凭借该算法脱颖而出。信息流漏斗算法有助于实现推荐内容的多样性，并发掘优质内容，进而提升用户活跃度和平台留存率。

2. 市场推广和品牌传播

短视频社交媒体在市场推广和品牌传播方面发挥着重要作用。对于酒店与旅游业企业来说，短视频社交媒体平台可以帮助它们提高品牌知名度、扩大品牌影响力，从而吸引更多潜在客户。短视频社交媒体所具备的一些关键优势如下：

（1）高视觉吸引力。短视频内容通过视觉元素迅速传递信息，吸引用户关注。

（2）创意表达。短视频为企业提供了丰富的创意表达形式，有助于塑造独特的品牌形象。

（3）庞大的用户基数。短视频社交媒体平台拥有庞大的用户群体，为酒店与旅游业企业提供了广泛的潜在用户资源。

（4）便捷分享。短视频内容易于分享，可以在不同的社交媒体平台上迅速传播，扩大企业品牌影响力。

（5）良好互动性。短视频社交媒体平台通常具有良好的互动功能，用户能够与企业进行实时互动，提高用户参与度和认知度。

（6）个性化推荐。短视频平台的算法可以帮助企业精准定位目标用户群体，提高营销效果。

（7）KOL 与网红效应。旅游业企业可以与短视频社交媒体平台的意见领袖合作，借助其影响力快速传播品牌信息，提高品牌知名度和信任度。

在短视频社交媒体平台上，旅游业企业不仅可以通过展示各种旅游文化、旅游资源和旅游攻略来激发观众的好奇心和旅行欲望，还可以通过短视频平台发布各种营销活动，如发起挑战、话题，向目标客户发放限时优惠券和折扣券等，吸引观众关注并参与活动，提高营销效果。

3. 产品和服务销售

优质的短视频具有强烈的视觉冲击力和多样的内容形式，它能生动展示产品和服务的特点，迅速吸引观众的注意力。依靠强大的个性化推荐能力，短视频平台可以分析观众的行为数据和兴趣偏好，为他们推荐与其兴趣相匹配的产品和服务。

短视频平台的社交属性有助于创造口碑传播效应，进一步提高产品的曝光率和信任度。此外，短视频平台通常提供一键购买、商品橱窗等功能，方便用户直接在视频中完成购买，简化购物流程并提高用户购买意愿。

因此，短视频成了移动互联网和社交媒体时代一种有效的销售工具，帮助旅游业企业在更广泛的受众中推广和销售产品和服务。

（二）关键应用策略

短视频类社交媒体在旅游业企业的整合营销传播中已经得到广泛应用。许多旅行社、景区、酒店已经开始利用各大短视频类社交媒体平台来吸引更多的客户。为了确保整合营销传播效果的最大化，旅游业企业需要注意账号定位、内容策划与创意、内容制作与发布、用户互动这几个关键应用策略。

1. 账号定位

酒店与旅游业企业在利用短视频类社交媒体平台开展整合营销传播前，首先要做好平台上的账号定位。这种定位包括账号类型定位、目标受众定位、品牌形象定位和内容定位等方面。

（1）账号类型定位。社交媒体平台会根据用户需求提供不同类型的账号，如个人账号和企业账号。个人账号通常用于个人沟通、分享生活、兴趣爱好等,而企业账号则用于品牌推广、产品营销、客户服务等商业用途。此外,有些社交媒体平台还提供其他类型的账号,例如认证账号、公共人物账号、商家账号等。不同类型的账号在功能、权限和操作上可能存在差异,用户可以根据自己的需求选择合适的账号类型。短视频类社交媒体平台也不例外,多数平台提供个人账号和企业账号。相对于个人账号,企业账号通常拥有更多专属功能和增值服务,如长视频权限、自定义头图、用户互动、数据分析、广告投放等。有的短视频类社交媒体还支持在企业账号上一键跳转官网链接、一键拨打企业电话等功能。此外,企业账号还可以获得法律保护,防止侵权、抄袭等。

对于旅游业企业而言,在短视频类社交媒体平台上设立企业账号无疑有助于展现其官方形象,提高品牌知名度和信誉。特别是对于在其他社交平台已有成功运营经验的企业,借助现有的社交媒体平台运营实力开设企业账号,将进一步强化品牌形象。对于欠缺社交媒体平台运营经验的酒店与旅游业企业,将个人账号逐步升级为企业账号也不失为一种稳妥的策略。这种策略使企业能在短视频类社交媒体平台逐步探索有效方法,积累粉丝群体及影响力。在个人账号阶段,企业可发布多样化的旅游相关内容,观察不同内容的受欢迎程度,从而更深入了解目标受众需求。当条件成熟时,企业可以将个人账号升级为企业账号,从而进一步加强品牌形象和扩大品牌影响力。

综上所述,选择短视频类社交媒体平台的账号类型时,企业需要参考社交媒体运营能力、品牌形象要求、营销目标、功能需求、法律风险等因素。

(2)目标受众定位。在确定账号类型后,企业需要明确短视频类社交媒体账号面向的目标客户群体及其人物画像,包括年龄、性别、地域、职业、收入、兴趣爱好等特征。这有助于企业更好地了解目标受众,制定更有针对性的短视频类社交媒体营销策略。

短视频平台的用户年龄主要集中在18~35岁,男女比例较为均衡,呈现明显的年轻化特征。他们热衷于通过短视频平台获取资讯、娱乐以及进行社交,乐于与亲友分享吸引人的内容,显示出高度的活跃和参与意愿。在地域上,短视频社交媒体平台的用户遍布全国各地,分布比较均匀。他们对短视频内容的偏好广泛多样,涵盖了生活、美食、旅游、健身、情感、文化、时尚、科技、娱乐等多个领域。在消费观念上,他们更注重个性化和创新性,愿意尝试新鲜事物,追赶潮流的速度比较快,对高品质和体验独特的产品或服务更容易产生消费欲望。

(3)品牌形象定位。品牌形象定位是企业在短视频类社交媒体平台上进行营销推广的关键一步,有利于企业在短视频类社交媒体平台上树立专业、独特的形象。企业不仅要使品牌形象定位与企业的价值观、价值主张以及企业形象识别系统(Corporate Identity System,CIS)相符,而且要研究竞争对手在短视频类社交媒体平台上的品牌形象,确定差异化的竞争优势。

酒店与旅游业企业在短视频类社交媒体平台上创建的官方账号代表企业的形象,所以需要根据品牌定位去"装修"这个账号的各项要素,包括名称、头像、账户图片、账户信息、账户介绍。取一个独特、富有个性和特色、易识别且与企业品牌形象一致、能够反映企业价值观或者契合目标客户需求的账户名称，是企业短视频营销走向成功的第一步。基于传播一致性的原则，头像、账户图片、账户信息、账户介绍等要素也要契合企业价值观或者目标客户需求。在账户信息与账户介绍上，要明确传递账户对目标客户的帮助和价值。账号的"装修"可以确保留给访问用户良好的第一印象。

在社交媒体平台上，为增强与目标受众的互动和沟通，有些企业会给品牌赋予一个具有独特个性特征的虚拟形象，如卡通形象、吉祥物或者虚拟数字人等。这些虚拟形象具有独特的外观、性格、兴趣爱好等人格化的特征。通过这个虚拟形象，企业的品牌理念、价值观被转化为具体、生动、有趣的表现形式，有助于提高企业品牌形象的亲和力、吸引力、识别度和传播力。一旦这个虚拟形象打造成功，就可以发展为企业独有的IP。IP原意是指知识产权（Intellectual Property，IP），在互联网和泛娱乐领域是指具有高认知度和市场价值的文化产品。IP可以是一个故事、一个角色、一个品牌或其他受大众喜爱的事物。IP可以跨越多个领域，包括游戏、动漫、影视、文学、戏剧等，通过多渠道、多轮次的变现，实现粉丝经济的价值。一个优质的IP可以吸引大量粉丝，促进相关产业的发展，并创造更多的商业价值。企业如果要在短视频社交媒体平台上使用人格化的虚拟形象代表自己与目标受众互动，需要注意如下事项：

1）确保虚拟形象与品牌形象、价值观和目标受众相契合，避免产生认知冲突和混淆。

2）设计独特、有吸引力的虚拟形象，以便在竞争激烈的市场中脱颖而出。

3）保持虚拟形象在整合营销传播中的一致性，确保其在不同场景和社交媒体平台中都能一致体现企业的价值主张和品牌形象。

4）创造有价值、有趣的内容，确保内容能满足用户的需求和期望，促进内容的传播和分享。

5）不断监测市场反馈和分析营销数据，持续优化虚拟形象的人格吸引力。

（4）内容定位。在明确账号类型、目标受众和品牌形象之后，企业需要进一步为其在短视频类社交媒体平台上的内容进行精准定位。这意味着短视频内容的主题、风格和形式需根据目标受众的兴趣和企业的品牌定位进行策划，以提高用户的关注度和黏性。例如，旅行社或旅游景点的内容应重点展现目的地的自然风光、当地文化、特色美食、实用旅游攻略和有吸引力的优惠信息；而酒店可以展现其独特的环境、优质服务、客户的真实评价和各类优惠活动，同时推荐酒店附近的休闲娱乐信息。

企业要想在短视频类社交媒体上产出受欢迎的内容，应当关注如何体现内容的趣味性、吸引力，以及如何准确地传达品牌的核心价值和产品亮点。为内容进行清晰的定位可以为创作指明正确的方向。

2. 内容策划与创意

短视频类社交媒体平台每天都在涌现大量与旅行相关的作品，但许多精心制作的视频往往难以获得预期的互动效果，这是因为平台上的相关短视频数量庞大，很多旅行短视频在内容、风格和表现形式上相似，这使短视频在众多主题和风格同质化的作品中很难脱颖而出。拥有良好互动数据的短视频往往针对目标用户需求而创造出独特、有趣和富有创意的内容，而不是刻板地展示产品和服务，或生硬地插入软广告。因此，酒店与旅游业企业在短视频类社交媒体平台上开展整合营销传播时，需要对短视频内容进行富有创意的精心策划。

酒店与旅游业企业在短视频类社交媒体平台上应专注于垂直领域原创内容的创作，也就是围绕其核心产品和服务，专注于特定细分领域和细分人群的内容创造，贴近细分人群的需求。专注垂直领域的短视频不仅能够吸引特定用户群体的兴趣和提升其黏性，而且能够提高内容在短视频类社交媒体平台的曝光率和关注度。

对于酒店，如果要在短视频类社交媒体平台上保持内容的垂直性，可以考虑以下内容方向：

（1）酒店特色和卖点。短视频突出酒店的特色和卖点，如独特的建筑风格、独特主题的客房环境、优美的餐厅景观等。

（2）餐饮美食。酒店名厨介绍、特色菜品制作过程、应季新菜品推荐以及与厨师互动等内容。

（3）活动与娱乐。酒店内的特色活动、节事活动、特色的康体娱乐设施和项目等。

（4）旅行攻略与周边景点。酒店周边的旅游景点、当地文化特色以及旅行攻略等。

（5）客户评价与案例。分享客户的入住体验和评价，展示酒店为客户提供的优质服务。

（6）服务幕后故事。酒店员工的日常工作、团队文化以及酒店内部的故事。

对于旅行社，为确保短视频内容的垂直性，可以考虑以下内容方向：

（1）独特旅行线路：独家定制的旅行线路和产品，并展示旅程中的亮点和特色。

（2）旅行攻略。实用的旅行攻略，包括目的地介绍、当地特色、美食推荐、住宿选择、出行交通等方面的信息。

（3）客户旅行故事。客户的旅行体验和故事，展示他们在旅行过程中的欢乐、感动和成长。

（4）主题旅行活动。旅行社举办的各种主题活动，如摄影比赛、亲子活动、美食之旅等。

（5）当地文化体验。旅行目的地的当地文化、传统风俗、手工艺品制作过程、民间艺术表演、特色节庆等。

（6）旅行攻略和贴士。与旅行相关的实用建议，如行程规划、旅行安全保障、旅行保险选择、突发情况应对措施等。

短视频仅确保内容的垂直性是不够的，还要善于策划话题营销。话题营销是指利用热点话题或者能够引起目标用户共鸣的话题来激发用户的兴趣、参与感和传播欲望，使品牌在目标市场产生更大影响的一种内容营销策略。短视频与话题营销的结合可以让企业在有限的资源条件下实现更大的市场影响和营销效果。例如，万豪旅享家（Marriott Bonvoy®）2022年启动了一项全球招募活动，寻找三位对内容创作和旅行充满热情的TikTok专家，作为万豪官方特派员。这些特派员将在300天内，完成在威斯汀酒店、Moxy Hotels®、圣瑞吉酒店和丽思卡尔顿酒店等精选酒店的十次入住体验，并通过万豪旅享家TikTok官方频道与其他会员分享他们的经历和所享受的会员权益。若成功入选，特派员将获得环游世界所需的一切资源，包括私人旅行顾问、航班、当地交通、餐饮、设施,以及十次在特别目的地的住宿机会。整个旅行体验价值超过30000美元,另外特派员还将获得15000美元的津贴。这个基于短视频的话题营销活动旨在吸引更多年轻人关注和加入万豪旅享家,体验万豪旅享家带来的优质服务和会员权益。

在短视频内容的策划中,话题营销和故事营销在某种程度上是相辅相成的两种策略。话题营销着眼于围绕热点或引人关注的话题来吸引受众,而故事营销则通过讲述引人入胜的故事来传递品牌价值和使命。两者可以结合使用,将热门话题融入故事中,让故事更具现实意义和关联性,从而吸引更多受众;同时,通过讲述具有话题性的故事,也能激发受众的参与和讨论。以话题为载体,通过讲述故事来传达品牌信息,可以实现更广泛和深入的传播效果。

在很多酒店与旅游业企业的日常经营中,经常上演着各种有趣、有意义的故事,为短视频内容创作提供了宝贵的素材和灵感。例如,通过讲述客户的真实旅行体验和住宿感受,让潜在客户了解企业的产品和服务;通过讲述员工工作的故事,展示他们的专业技能、热情服务和对待客户的用心,有助于树立品牌形象,增加潜在客户对企业的信任;通过讲述旅游目的地的风土人情、历史文化、自然风光、当地传说、当地人物与活动等故事,可以展现目的地的独特魅力并为潜在客户提供旅行灵感;通过讲述酒店与旅游业在环保、社区发展、员工福利等方面的故事,有助于建立企业的良好形象,吸引有共同价值观的潜在客户。对大多数人而言,旅游消费仍属于低频次的消费。因此,以故事为核心的短视频策略有助于酒店与旅游业企业提前布局市场,深入目标客户的内心。

在以故事作为短视频创意的时候,要充分考虑背景、场景、人物、情节、冲突、主题、情感、视觉效果、语言和风格等要素,如图16-3所示。

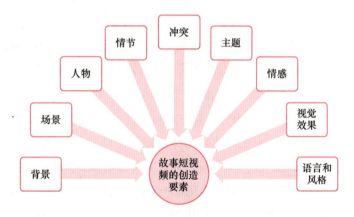

图16-3 故事短视频的创造要素

(1)背景。这是故事发生的舞台,包括时间、地点等要素。详细且具有特色的背景能让故事更具吸引力。

(2)场景。这是故事所在的具体环境,如酒店、旅游目的地等。一个真实、细腻、有趣的场景能让故事更具有沉浸感,使受众更容易融入故事情境中。

(3)人物。人物是故事的主体,通过对人物性格特点、旅行动机、爱情、亲情与友情,成长体会等方面的塑造，使人物更加饱满、立体并丰富故事情感层次。一个鲜明的人物形象能为故事增添现实感，让受众产生共鸣，更容易投入到故事中。

（4）情节。这是故事的核心，通过讲述完整的事件过程，让受众产生兴趣和共鸣。

（5）冲突。这是故事最重要的动力，可以推动情节发展。冲突可以是人物与环境之间的矛盾，也可以是人物与他人、社会、内心等方面的矛盾。

（6）主题。这是故事所要传达的核心思想或观点，一个鲜明的主题能让故事更具深度和意义。

（7）情感。这是故事中不可或缺的元素，它为人物塑造提供了动力，可以引起受众的情感共鸣。通过描绘人物之间的喜怒哀乐等，让故事更加丰富多彩。

（8）视觉效果。通过运用色彩、光影、布景等手法创造独特的视觉体验，从而增强故事的吸引力。

（9）语言和风格。对于文字叙述的故事，语言和风格是塑造其特色的关键。通过使用生动、鲜明的语言和独特的叙述风格，可以让故事更具魅力。

除了故事思维，酒店与旅游业企业还拥有丰富的短视频创作素材。例如，酒店的短视频创作素材可以包括建筑风格、智慧服务、食材、烹饪技艺、传统文化、现代审美、当地风土人情、当地风光、酒店高科技设施等，从而构成丰富的场景和多元的文化元素。这些丰富的元素组合起来，可以触及不同受众的兴趣点，唤起受众对美好生活方式的向往。

在利用多种素材创作能引发目标受众共鸣的短视频内容时，背景音乐（Background Music，BGM）的选择同样至关重要。一段好的背景音乐可以为短视频增色添彩，强化感情表达、增强视频节奏感、引导用户关注、提高品牌辨识度、提升受众的观看体验，最终增强短视频的吸引力和传播力。

2018年9月11日，抖音、头条指数与清华大学国家形象传播研究中心城市品牌研究室共同发布了一份名为《短视频与城市形象研究白皮书》（简称白皮书）的报告。白皮书总结出城市推广中不可或缺的四大关键要素，即"BEST"：B—BGM，代表城市音乐；E—Eating，代表本地饮食；S—Scenery，代表风景和景色；T—Technology，代表富有科技感的设施。这四大要素共同构成了城市的立体形象，它们深入城市生活的各个角落，使城市符号更具辨识度。例如，短视频背景音乐《西安人的歌》和《成都》成为打造城市品牌和辨识度的关键要素。

在保证内容质量的前提下，短视频类社交媒体平台上的持续内容更新对短视频营销至关重要。高质量且持续更新的内容能够不断满足用户的需求并吸引更多的潜在客户，一方面，这有助于增加客户的关注度和参与度，从而提高品牌知名度和影响力；另一方面，有助于使品牌在短视频社交媒体平台和搜索引擎中获得更多的曝光率和流量。

综上所述，当酒店与旅游业企业利用短视频类社交媒体平台开展整合营销传播时，为获得理想的传播效果，需要聚焦垂直领域的内容创造、策划话题营销、结合故事营销、充分利用丰富的短视频素材、选择合适的背景音乐，并保持持续内容更新，最终才能起到获取潜在客户的良好效果。

3. 内容制作与发布

（1）短视频的内容制作。制作高质量的短视频是利用短视频类社交媒体平台开展整合营销传播的一项基本技能。这项基本技能包括拍摄技巧、制作技巧和质量控制。

在拍摄技巧上，要注意如下方面：

1）稳定的画面。使用三脚架、云台或手持稳定器等设备保持画面稳定，避免画面抖动。

2）合适的角度和视角。尝试不同的拍摄角度（如高角度、低角度）和视角（如全景、特写），展现旅游目的地或酒店服务场景的多样性及魅力。

3）光线和色彩。充分利用自然光和人造光，注意光线方向和色彩搭配，使画面更加生动和吸引人。

4）视频分辨率和质量。根据输出要求选择适当的分辨率（如1080p、4K）和画质。高分辨率有利于后期剪辑和画面放大。

在制作技巧上，要注意如下方面：

1）视频剪辑。利用专业的视频剪辑软件，对拍摄的素材进行裁剪、拼接和调整，保证视频的节奏感和观看体验。

2）特效和动画。根据需要，添加一些特效（如过渡、滤镜）和动画（如图层动画、文字动画）等，提升视觉冲击力和趣味性。

3）字幕和标注。在视频中加入字幕、标注或弹幕，提供更多信息，帮助用户更好地理解内容。需要注意字体、颜色和大小的选择，确保可读性。

4）背景音乐和音效。根据视频内容选择合适的背景音乐和音效。音乐可以强化情感表达和节奏感，音效可强调画面细节和动作。

5）黄金5秒。短视频开头的前5秒是吸引受众注意力和留住受众的关键时刻。如果在这段时间不能吸引受众的注意力，受众就会停止观看视频。因此，在黄金五秒内，要突出视频的亮点、引起观众的好奇心、提供新颖的视角和想法以及体现短视频的独特性和创意性。

在质量控制上，要注意如下方面：

1）制定标准和流程。为短视频制作团队制定一套明确的质量标准和流程，包括画面质量、音频质量、剪辑技巧、评审流程等方面。

2）合作与分工。组建专业的拍摄和制作团队，明确各自职责，提高制作效率。

3）策划和脚本。在制作前，充分了解目的和需求，明确短视频的主题和风格。编写详细的策划和脚本，包括拍摄内容、顺序、角色等。

4）控制短视频时长。根据目标客户需求和短视频平台的规则，确保将短视频控制在合适的时长范围内。一方面要关注时长对完播率的影响，另一方面要确保信息密度适中，能在短时间内传递有价值的信息。

5）分镜头拍摄。依据脚本分解镜头，为每个镜头设计场景、角色、动作等，确保拍摄内容的完整性、层次感和连贯性。

6）分阶段检查。在短视频制作的各个阶段检查拍摄、剪辑、特效、音频等环节，以便在早期发现问题并进行调整，避免重复劳动和资源浪费。

7）评审和修改。组织人员对已完成的短视频进行评审，交换意见和建议，并根据评审和反馈对短视频进行多次修改。

8）法律风险评估。确保短视频所用的素材和音乐均有合法使用权，避免构成侵权。

9）用户测试。在视频发布前，可以邀请一些客户或内部员工进行用户测试，了解他们的观点和感受，并根据反馈意见修改和优化视频内容。

通过遵循以上拍摄技巧、制作技巧和质量控制方法，酒店与旅游业企业可以制作出更高质量的短视频，从而在短视频类社交媒体平台上实现有效的整合营销传播。

（2）短视频在社交媒体平台上的发布

成功的短视频营销不仅取决于创意内容和制作水平，还离不开对发布过程的有效管理。管理好短视频发布是实现有效整合营销传播的关键环节。短视频发布环节的专业性对提高短视频曝光率、增加用户参与度和促进潜在客户转化都至关重要。短视频发布管理的内容包括短视频标题、短视频封面图、标签、发布时间、互动回应、数据分析等要素。

1）标题。短视频应具备一个吸引人、有个性和简明扼要的标题。标题应突出短视频内容的核心要点，既让用户提前了解短视频内容，又具有吸引力和趣味性，能够抓住观众的注意力。但标题切勿夸张或哗众取宠。

2）封面图。短视频封面图是指在短视频播放之前或者在短视频列表中展示的一张图片，用于吸引观众的注意力，概括短视频内容和亮点，提高短视频的点击率和关注率。封面图应清晰、简洁且有视觉冲击力，能够反映短视频内容的主题和亮点。

3）标签。使用与短视频内容和主题紧密相关的标签，以便让短视频更容易被目标受众发现，并提高短视频在搜索结果中的排名。

4）发布时间。选择适当的发布时间，以便在目标受众最活跃的时段推送内容。一般在工作日的早晨和晚上短视频观看量较高。而在节假日或周末，尽管目标受众的闲暇时间较多，但由于更多人发布短视频，竞争相对更为激烈。

5）互动回应。在发布短视频后，要密切关注用户的反馈和互动。对用户的评论和提问要及时回应，以提高用户参与度和互动性。

6）数据分析。通过分析短视频的播放、点赞、评论和分享量等数据，了解视频的表现和受众的喜好。根据数据调整短视频内容、风格和发布策略，以提高短视频的传播效果。

4. 用户互动

短视频的独特之处在于其融合了视频、音频等多媒体元素，为用户提供了一种动态和沉浸式的互动体验，而不仅在于传递信息。短视频的优势不仅在于形式多样，更在于信息传递的互动性。在创作短视频时，创作者需要尽可能利用多媒体元素，让受众感受到真实、有趣、互动性的体验，从而提高短视频在平台上的曝光率和流量。此外，短视频的完播率和互动数据（如点赞量和评论量）会影响其在平台上的推荐度。因此，除了要保证短视频的质量和创意，还要引导用户点赞、评论和转发，以便获得良好的互动数据。

酒店与旅游业企业提高短视频在社交媒体平台上的互动性有如下方法：

1）引导受众进行互动。在短视频中，可以通过提问、讨论话题、征求意见等方式，引导受众进行互动。

2）增加短视频的趣味性和互动性。在短视频中，可以增加趣味性和互动性的元素，如游戏、投票、抽奖等，让受众更加愿意参与互动。

3）利用社交媒体平台进行互动。发布短视频后，可以在社交媒体平台上发起相关话题与受众互动。

4）回复评论和私信。回复受众的评论和私信，增加受众的互动积极性。

5）利用直播互动。在直播中，可以与受众进行实时的互动交流，回答受众的问题，增强受众的参与感和互动体验。

6）制作互动性强的短视频系列。制作互动性强的短视频系列，如问答类、挑战类短视频等，增加观众的互动积极性和参与度。

7）与意见领袖合作。与在社交媒体平台上有影响力的意见领袖合作，共同制作短视频内容。这可以帮助企业吸引更多目标受众并提高用户互动性。

抖音平台为商家提供了兴趣点（Point of Interest，POI）功能。POI 可以是商家、景点、餐厅、咖啡厅、酒店等各种场所，它是抖音平台用于描述地理位置的一种标识。通过 POI，抖音用户可以搜索、浏览和分享感兴趣的地点，同时也可以通过 POI 定位自己的位置，了解周围热门的场所和地点。在抖音上，创作者在上传短视频时可以添加 POI 信息，将短视频关联到某个具体的 POI 上。这样其他用户就可以通过该 POI 找到相关短视频，从而增加短视频的曝光率和可见度。商家通过 POI 功能与目标受众进行互动有如下方法：

1）加入 POI 标签。在短视频中加入 POI 标签，可以让受众更容易地找到相关的商家、景点等地点信息，增加受众的互动性和参与度。

2）在 POI 页面发布短视频。在 POI 页面发布与商家、景点等相关的短视频，可以吸引更多的用户关注和参与，提高短视频的曝光度和流量。

3）利用 POI 功能进行签到打卡。在 POI 页面中，可以利用签到打卡等方式，增加用户互动性和参与度。例如，可以在 POI 页面发布一个签到打卡活动，要求用户到该地点拍照，上传照片并打卡，增加用户的互动体验和参与度。

4）利用 POI 页面进行促销活动。在 POI 页面中可以发布促销活动信息，吸引用户参与和关注，增加视频的曝光度和流量。

四、消费体验分享类社交媒体在整合营销传播中的应用

随着互联网成为主流的购物渠道，社交媒体以其独特的互动和沟通功能发挥着越来越重要

的作用。在线购物过程中,分享消费体验和查看他人建议已成为消费者旅程图的关键行为。消费者在面对海量购物信息时,信息过载问题成为痛点之一。这使得专注于消费体验分享的社交媒体平台,如小红书、大众点评、猫途鹰（TripAdvisor.com）,受到了消费者的青睐。这些平台吸引了大量用户参与并形成了庞大的社区,为人们提供了一个分享和交流购物经验的场所。

消费体验分享类社交媒体不仅缓解了购物过程中信息过载的痛点,还满足了用户的社交化购物偏好,促进了用户间的分享、互动和信任,并为企业整合营销传播活动提供了新的平台和方式。这类社交媒体主要围绕用户分享与交流消费体验展开,涉及购物、旅游、美妆、美食等多个领域。在平台上,用户可以通过文字、图片、视频等多种形式评测、推荐和分享自己消费的产品与服务,从而吸引其他用户的关注和信任,增加用户的互动性和参与度。这样的机制可以帮助用户更深入地了解产品和服务,提高消费者的决策效率和购物体验。

基于消费体验分享类社交媒体开展口碑营销,对旅游业企业的市场拓展至关重要。以桂林唐朝国际旅行社为例,该旅行社是一个国内的线上跨境旅游机构,服务团队既不在客源国也不在旅游目的地国。在市场拓展前期,如何吸引潜在客户对唐朝国旅而言是一个关键挑战。唐朝国旅深信口碑营销是最佳的解决方案,该旅行社积极地在各大点评渠道上进行布局,并鼓励客户分享自己的评论。唐朝国旅在口碑管理上的表现非常出色,线上好评率一度高达99%。尽管已经建立了卓越的口碑,唐朝国旅仍在持续优化其口碑营销策略。当某个渠道上的好评数量和比例达到一定水平时,唐朝国旅会探索新兴的口碑营销渠道。例如,在许多OTA平台,尤其是专注于长线旅行的OTA平台,已经开始提供点评功能,并据此对产品进行排序。唐朝国旅通过多种策略鼓励客户在这些新兴渠道上发表评论,旨在进一步提高品牌的曝光度,并提升其在OTA平台上的产品排名。

通过桂林唐朝国际旅行社的案例,可以看到消费体验分享类社交媒体在整合营销传播中的重要性,它不仅能够建立品牌的信任和公信力,驱动销售,还为企业提供了宝贵的用户反馈,助力产品和服务的改进,同时通过加强与消费者的互动,增强客户忠诚度,从而在市场竞争中为企业赢得有利地位。

（一）应用场景

消费体验分享类社交媒体已成为服务业各企业开展整合营销传播活动的重要平台。各平台针对特定的服务业领域拥有独特的优势,并随发展阶段调整其主攻的细分市场。例如,在高端酒店领域,携程点评在国内市场占据领先地位;小红书在民宿领域颇受欢迎;而在国内酒店业向海外扩展过程中,猫途鹰成了关键的平台。在餐饮和本地服务业务上,大众点评通常是众多企业的首选,与此同时,小红书也逐渐展现出其对用户的影响力。对于寻求海外拓展的国内旅行社,猫途鹰的营销传播能助力其提升口碑并吸引潜在客户。总之,消费体验分享类社交媒体在诸如品牌推广、口碑营销、KOL合作、客户互动、产品销售以及数据驱动的运营等方面,为企业的营销传播提供了具有独特优势的支持。

1. 品牌和产品"种草"

在整合营销传播中,企业融合了广告、销售推广、公共关系、直接营销、人员推销、影响者营销、社群营销、直播营销及营销自动化等策略，以提高用户对品牌、产品和服务的认知。从操作层面看，这些策略大致可以分为集客营销和推播式营销。消费体验分享类社交媒体是集客营销的重要工具，它主要通过用户生成内容（UGC）加深用户对品牌的信任。

以小红书为例，该平台以用户的产品使用经验和心得分享为核心，让受众对产品有更具体、直观的感受。（这种分享在国内社交媒体中被称为"种草"，意指通过各种方式向他人展示或推荐某个产品或服务，激发他们对产品和服务的兴趣及购买欲望。）同样，在大众点评上，许多用户会详尽描述其体验的餐厅，包括氛围、烹饪技巧、菜品和口感等。这些分享或基于个人的真实消费体验，或基于协助商家推广的目的。利用"种草"策略，企业可以吸引更多的潜在客户，引起他们对所推荐品牌及产品和服务的关注和购买兴趣。

2. 年轻潮流消费客群的获取

大众点评、小红书等消费体验分享类社交媒体的主力用户主要是 20~40 岁之间的人群。这部分用户在社交媒体上活跃度极高，乐于分享自己的生活、消费体验和心得，以此建立社交网络并寻求认同。他们在消费时倾向于做出理智的选择，善于从多个渠道获取信息，并习惯于在购买前进行全面的信息搜索和比较。他们不会轻易被广告左右，更倾向于在网上寻找攻略和阅读评论。在消费观念上，这些年轻用户对新鲜事物和流行趋势高度敏感。他们更偏向于选择有特色和设计独特的产品和服务，用个性化的消费方式来表达自己独特的品味和生活态度。同时，他们注重生活品质，对产品和服务的质量，以及购物过程中的体验都有较高的要求，并且愿意为具有高品质且性价比高的产品和服务买单。

因此，对于酒店与旅游业企业来说，通过大众点评、小红书等消费体验分享类社交媒体开展整合营销活动，有助于吸引并获取年轻潮流消费客群。

3. 优质分享内容促进销售转化

消费体验分享类社交媒体聚集了众多有丰富消费体验的用户。这些用户的行为模式可以归纳为"逛、买、体验、分享"这一流程。在此过程中，他们将自己的消费体验、心得和感受分享给其他用户，从而影响这些用户的消费决策。

（1）逛。用户在消费体验分享类社交媒体上浏览，了解新鲜事物、潮流趋势和其他用户的消费体验。

（2）买。受其他用户推荐和分享的鼓励，用户可能会尝试购买相关的产品或服务。

（3）体验。购买后，用户会体验产品或服务并形成自己的感受。

（4）分享。体验结束后，用户将分享自己的评价和感受，供更多人参考。

"逛、买、体验、分享"行为模式使消费体验分享类社交媒体平台上积累了大量的优质内容。这些内容包括真实的消费体验、产品和服务评价等，为其他潜在用户提供了有价值的参考。这种分享传播的过程不仅有助于用户做出消费决策，而且有助于商家提高产品和服务质量。那些能够满足目标客户需求的企业可以借助用户之间的口碑传播，逐渐建立起声誉和良好口碑，并可以通过消费体验分享类社交媒体平台上的销售功能实现传播效果、客户获取、销量提升等目标。

（二）关键应用策略

1. 开通官方账号

通过在消费体验分享类社交媒体平台上设立企业账号，旅游业企业可以展示官方形象、提高品牌知名度和信誉。以小红书为例，该平台提供了"专业号"和"非专业号"两类账号。专业号需要进行身份认证，适合品牌企业、权威行业人士（例如医生、律师）以及独立内容创作者，而非专业号无身份认证要求。此外，非专业号可以申请成为专业号，以获得专属身份标识、更多的运营功能和营销工具。

在大众点评网上，尽管任何注册用户都可以发布 POI 信息（POI 即 Point of Interest，特指在大众点评网上建立的指向任一公开经营且符合网站收录范围的商户），包括 POI 的所在城市、区域、商户类别、商户名、地址、电话等信息，但为了保证信息的准确性和真实性，建议商户本身认领或更新 POI。一旦完成认领，商户将能够更方便地通过其账户中心管理商家信息，并获得更多的营销功能，包括店铺装修、广告推广、商品上架、关键词推广、团购、电子优惠券、电子会员卡、预约预订、用户互动以及数据分析等。这些功能有助于提升品牌形象、拓展客户群体并提高企业营收。

2. 发布有价值的官方内容

在微信公众号中，一篇优质的内容可能在发文当天获得较高的阅读量，但随后几天阅读量会迅速下降。然而，在消费体验分享类社交媒体平台上，优质的内容会持续被有明确消费目的的用户搜索或推荐，起到长期"种草"作用。在小红书上，企业可以通过专业号发布笔记。在大众点评上，企业可以通过官方点评发布图片、商家新鲜事等图文内容。这些内容的创造有如下技巧：

（1）确定内容的目标受众。在创建内容前，需要明确内容面向的目标受众，例如家庭出游还是情侣旅行等，根据目标受众的需求确定内容主题。

（2）提供有帮助的信息。分享与产品卖点或服务特色相关的信息，以及对目标用户有帮助的内容，如折扣信息、促销活动、产品推荐等。

（3）确保高质量的内容。高质量的内容会引发受众的情感共鸣，增强内容的吸引力。例如，可以通过讲故事的方式来传递企业的品牌价值或用户的使用体验。内容的撰写需要注意文字的表达方式和文风，确保内容清晰和有吸引力。

（4）图片和视频展示。使用精美的图片和有吸引力的视频来展示产品、服务或相关场景。视觉元素能够吸引受众的注意力，增加内容的可视化程度。

（5）创意封面、标题和引导语。使用独特、有吸引力的封面、标题和引导语，引起受众的兴趣，促使他们点击并阅读内容。

（6）注重内容的排版和格式。良好的阅读体验还取决于内容的排版和格式，如合适的字体、颜色和字号。

（7）加入合适的话题和标签。为了提高内容的曝光率，需要在内容中加入合适的话题和标签。

（8）互动和反馈。鼓励受众在文章下方进行互动和留言，并及时回复用户的问题和评论，这可以增加用户参与度。

（9）定期更新和发布。保持定期更新内容，这不仅有助于持续吸引用户的关注，还能提高企业在平台上的曝光度。

3. 鼓励客户在平台上分享体验

消费体验分享类社交媒体之所以能够吸引众多用户，是因为它为用户提供了真实的消费体验信息。对很多消费者来说，分享有价值的内容可以为其带来满足感、社交认同感和在平台上的影响力。因此，旅游业企业应该鼓励已经消费的客户或正在消费的客户进行消费体验的点评和分享，从而在更多的潜在客户心中"种草"。

需要指出的是，在鼓励客户分享消费体验之前，企业需要做好如下前提工作：

（1）提供殷勤好客的服务。企业首先需要向客户提供殷勤好客的服务，包括友善的服务态度、高效的服务流程以及与客户期望相符的产品和服务。只有通过提供出色的服务，才能增进客户对企业的情感和给客户带来分享的动力。

（2）打造独特和令人印象深刻的消费体验。独特和令人印象深刻的消费体验会提升客户点评率和好评率，如特色的活动、精心设计的服务项目、个性化定制的体验等。只有给客户留下难忘的体验，他们才更有动力分享给他人。

（3）有效的沟通和互动。企业需要与客户进行有效的沟通和互动，建立良好的关系。这可以通过积极倾听客户的意见和反馈，及时回应客户的需求和问题，提供个性化的关怀和服务等方式实现。建立积极的互动关系有助于增强客户对企业的认同感和忠诚度，进而促使他们愿意分享消费体验。

为了提升客户的点评率和好评率，企业需要采取如下措施：

（1）提供优惠或奖励。为客户消费后的分享行为提供一定的奖励，例如折扣、积分、现金、礼品卡等，这样可以增加客户分享的积极性。

（2）提供便捷的分享渠道。在平台规则允许的情况下，在消费场所放置二维码，确保在客户消费过程中为其提供方便的分享渠道，提高客户参与的便捷性。

（3）创造分享的环境与动力。在特定地点设置拍照打卡点或提供特别的体验，有助于创造鼓励客户分享的环境，激发客户分享的动力。

（4）提供参考资料和灵感。为了让用户更好地创造内容，企业可以提供参考资料和灵感，例如旅游攻略、景点介绍、文化背景等。这些资料可以在企业的官方账号上发布，也可以在与用户的互动中提供。

（5）回应和互动。积极回应客户的分享，感谢他们的贡献。这不仅可以增加客户对企业的好感和信任度，还可以激发其他客人的参与。

除了上述措施，企业还应积极与客户互动，了解他们在大众点评、小红书等消费体验分享类社交媒体上的成长级别或会员级别，并对这些平台上用户等级较高的客户采取一些积极措施来鼓励他们进行点评。这些措施包括：

（1）个性化回应和感谢。对于平台用户等级较高的客户，提供个性化的回应和感谢，以表示企业对这些客户的特别关注和重视。

（2）独特奖励或消费权益。在不违反平台规则的前提下，为这类客户提供独特的奖励或消费权益，以鼓励他们进行点评，包括特别折扣、升级服务、专属礼品等。

（3）邀请参加 VIP 活动或体验。在不违反平台规则的前提下，为这类客户提供独特的 VIP 活动或体验，例如与高层互动、服务升级等。

以上措施可以提高消费体验分享类社交媒体平台上用户等级较高的客户的参与度、忠诚度和积极性。但需要确保这些措施是合规、合理、公正和可持续的。

4. 达人营销

达人营销是消费体验分享类社交媒体平台上一种常见的营销策略。与 KOL 营销概念相似，达人营销通过在社交媒体上拥有众多粉丝和在某领域有影响力的人物（即"达人"，网络用语）来推广品牌、产品或服务。由于这些达人在某领域内对粉丝群体具有较大影响，因此能够对粉丝的购买决策行为产生影响。借助达人营销，企业能够获得更多的流量和曝光，从而提高转化率。

酒店与旅游业企业可以通过与小红书或大众点评平台上的优质达人合作来提升品牌知名度。例如，小红书提供一个名为"蒲公英"的官方平台，协助品牌与优质创作者开展商业合作。"蒲公英"平台利用多维数据能力，帮助品牌科学制定投放策略并全面评估种草效果。同样的，旅游业企业还可以邀请大众点评上的达人来探店。达人通过真实体验产品和服务，并撰写及分享高质量内容的方式，可以使更多的潜在用户了解企业的产品和服务优势，进而增强品牌影响力和认知度。

酒店与旅游业企业借助消费体验分享类社交媒体平台开展达人营销，还可以将特惠套餐、优惠券、限时折扣、产品和服务购买方式等信息融入达人发布的内容中，引导用户通过合适的途径参与活动或进行预订。

企业在开展达人营销方面，要注意如下事项：

（1）明确目标用户的相关行为。在了解目标用户兴趣和爱好的基础上，调研他们在消费体验分享类社交媒体平台选择和使用上的习惯，了解他们信任和关注哪些达人或者哪些类型的达人。

（2）寻找达人。通过消费体验分享类社交媒体平台官方渠道或者专业的第三方公司寻找达人，要求他们推荐与企业定位、目标用户、品牌影响力和预算相匹配的达人，并介绍所推荐达人的成功案例以及相关数据。

（3）对达人进行选择。为了确定达人是否符合要求，首先，了解达人在消费体验分享类社交媒体平台上粉丝的画像，判断是否和企业客户定位一致。其次，根据达人之前发布的内容的质量、浏览量以及吸引力，分析是否与企业品牌形象和价值观一致。最后，还要了解达人的粉丝规模、参与度，尤其是点赞量、评论量、分享量等衡量参与度的指标。

（4）与达人进行良好的沟通。在开始正式合作前，应与达人进行深入交流，让其了解品牌、产品和服务，同时企业也应当了解达人的态度和推广策略。

5. 广告投放

每天，大量消费者在小红书、大众点评等消费体验分享类平台上寻找所需的产品和服务。这些平台逐渐成为企业提升品牌知名度、吸引新客户和增加销售额的有效渠道。为满足企业的需求，这些平台提供了多种广告方案。例如，大众点评的数据显示，通过关键词搜索到的消费者，其中60%是在寻找特定商家。因此，商家可以选择以氛围、商区、分类和地标等多种关键词进行广告投放。利用关键词广告，商家可以依赖平台的大数据功能，准确匹配消费者的喜好和特点。广告投放后，商家的主页浏览量平均可增加4.2倍。除了关键词推广，大众点评还提供如团购、推广通、电子会员卡和预约预订等推广方式。而小红书则有开屏广告、小红屏和信息流广告等广告服务。

需要特别注意的是，尽管在消费体验分享类平台上的广告可以带来很大流量，但为确保其效益最大化并实现销售转化，企业应该采取针对性的广告策略，包括明确的目标受众、独特的卖点、引人注目的广告设计和广告投放时间的精细化管理。

6. 促销活动

有力度的促销活动可以迅速为企业在消费体验分享类社交媒体平台上开设的账户带来人气。例如，企业可以在小红书上举办抽奖、挑战、打卡等有趣的活动或赛事，并向参与者提供特别优惠和礼品，这样可以吸引更多的目标潜在客户参与，并增加企业的曝光度和影响力。将促销活动策略与用户生成内容的营销策略相结合，可使企业品牌和产品在用户中获得更广泛的传播。在大众点评上，商户参与平台推出的团购活动能在短期内迅速提高客流量，并以高性价比吸引新客户。根据大众点评商务推广服务专栏的信息，某团购上线当天即取得良好效果，其中高达83%的团购客户为新用户。

促销活动不能只提供优惠，而要富有创意和策划周全。在互联网上，以降价但不降低质量为特点的促销活动通常行之有效，但频繁使用可能会导致利润率下降，并为企业带来很多只注重低价而不在意品牌或质量，以"薅羊毛"为目的的低价值用户。为此，企业应该在促销活动中提供独特的用户体验，优化产品或服务，采用合理的产品打包和捆绑销售策略，从而吸引并留住高价值的客户。

7. 营销传播效果分析

消费体验分享类社交媒体为入驻企业提供多维数据分析功能，协助企业科学地制定传播策略并评估传播效果。除了平台官方提供的数据分析功能，企业还可以利用第三方数据分析工具来评估传播效果。这些工具能够提供关于用户行为、内容传播和用户画像等方面的详细数据与分析报告，帮助企业深入了解其营销效果。例如，大众点评提供了一个名为"商户通"的平台，它具有经营参谋、竞争力分析等功能，可以帮助入驻企业优化经营策略。平台为企业提供店铺流量、商品销售、核销、预约和评价等日常经营数据，并支持多门店、自定义时间段和多平台数据查看。此外，大众点评还提供了门店竞争力诊断功能，这是一款基于商户自身经营数据的智能分析工具。商家通过使用该工具与区域内其他商家进行比较来诊断自身的经营状况，协助发现经营中的问题，并针对可优化点提供数据解读和相关建议。

【探究性学习习题】

1. 研究与分析题

（1）选择一个知名品牌酒店，分析其在微信公众平台上的内容服务和推广策略，指出其成功的关键要素。

（2）调查并分析当前短视频市场中的三个热门话题或趋势，讨论其为何受到大众欢迎。

2. 思考与讨论题

（1）如何看待KOL与网红效应在当前社交媒体营销中的作用？它们是否会被其他新兴的营销方式所取代？

（2）消费体验分享在社交媒体营销中的角色是什么？为何消费体验分享对消费者决策过程有如此重要的影响？

3. 实践应用题

（1）创作一个针对特定目标受众的短视频内容脚本，描述该短视频的核心信息、背景音乐选择、主要视觉元素和预期的互动策略。

（2）选择一个你熟悉的餐饮企业品牌，分析其在消费体验分享类社交媒体上的存在感，并为其提出三条增强其社交媒体影响力的建议。

第十七章 【实验项目四】营销自动化在旅游目的地整合营销传播中的应用

一、实验概述和目的

本实验以营销自动化在旅游目的地整合营销传播中的应用为实验对象,要求学生使用问途数字化运营管理平台工具,设置指定旅游目的地在某旅游展会上的宣传海报所附的二维码在扫码后的营销自动化规则,并使用微信扫码体验。然后结合整合营销传播的实施步骤知识,对上述规则进行优化调整,并在问途数字化运营管理平台工具中完成设置。

该实验项目的学习目的包括:

(1) 理论与实践相结合。掌握营销自动化的概念、关键要素,及其在旅游目的地整合营销传播中的作用。

(2) 培养实际操作能力。掌握营销自动化的实现流程和规则设置方法。

(3) 掌握营销自动化分析能力。结合本实验中的触发规则、营销自动化设置方法,掌握营销自动化的设计和分析能力。

二、实验背景

整合营销传播是企业基于对自身定位和市场的分析,借助新一代营销技术与工具,以目标受众和其他利益相关者为传播对象,以一致性、准确性和连贯性的品牌、产品和服务信息为传播内容,在购买决策与消费过程的不同阶段,统筹使用广告、销售推广、公共关系、人员推销、直接营销、影响者营销、社群营销、直播营销、联合品牌营销、营销自动化等方法为企业获取潜在目标客户,然后进行双向互动的沟通,最大限度地影响和说服传播对象采取行动,最终以合理的投入达到理想的营销效果。

营销自动化是企业和用户在接触点上进行互动的数字化工具。现在的旅行者大都可以熟练使用移动互联网和社交媒体,他们在旅游的各个阶段通过这些工具获取信息和服务。因此,整合营销传播逐渐走向数字化和移动化。为了实现良好的和持续的营销效果，传统的营销传播越来越倾向于结合移动互联网和社交媒体技术。因此，设计并使用营销自动化软件工具在社交媒体中实现整合营销传播，是酒店与旅游业市场营销人员的必备能力。

三、实验原理

营销自动化是一种基于用户数据库的精准营销技术，用于在合适的时间，通过合适的工具，向合适的用户（群）自动发送合适的内容，以实现与用户的精准和双向互动，最终实现有效转化客户的目的。基于数据技术，企业可以合规地采集消费者旅程中的相关数据，对用户在旅程不同阶段的需求进行分析判断，然后制定自动化执行的规则，基于客户画像自动匹配多场景的内容，在合适的接触点让合适的用户自动触发合适的内容。本实验任务基于数字化运营管理平台，学生通过数字化运营管理平台完成行为触发条件、触发规则、营销自动化规则等设置，并通过扫码收到相应的推送内容，体验营销自动化效果，掌握针对不同业务场景的营销自动化的策划和设置方法。

四、实验工具

（1）软件环境。问途数字化运营管理平台、微信公众号、微信小程序。
（2）硬件环境。个人计算机、智能手机、互联网。

五、实验材料

广州旅交会是一个每年都会吸引大批旅游者参加的旅游展会。本次桂林的参展团在会上准备主推"寻味桂林本土美食之旅"和"桂林文化探索之旅"两个主题，希望让更多人知道除了"桂林山水甲天下"，桂林还有深厚的文化底蕴，如代表史前文化的甑皮岩遗址，秦始皇时代的灵渠，桂海碑林，靖江王城和纪念红军长征突围的湘江战役纪念碑园等。展会期间，参展团计划在现场放置宣传本次活动主题的海报，到会者在现场可以扫码获取活动相关内容。海报附有专属二维码，当与会者扫码关注公众号后，会收到"感谢关注美丽桂林"及两个主题路线的推荐入口。请你协助完成两个主题路线的营销自动化规则的设置，要求当客户扫码后点击其中任意一条路线推荐，可以马上查看所选路线的游玩推荐及预订信息，并在随后收到当前游玩路线的折扣优惠券推送，并且每个路线活动的优惠每人仅可享受1次。

针对这个任务，系统预设提供以下基础配置：
（1）提供海报专属二维码，当用户扫码后，会自动打上"旅交会获客"标签。
（2）用户扫描二维码后，会自动收到"感谢关注美丽桂林"及两个主题路线的推荐入口。
（3）用户回复"1"，自动收到本土美食之旅游玩路线推荐，点击路线链接即可进入浏览，并自动给用户打上"寻味桂林本土美食之旅"标签。
（4）用户回复"2"，自动收到文化探索之旅游玩路线推荐，点击路线链接即可进入浏览，并自动给用户打上"桂林文化探索之旅"标签。

（5）提供"桂林本土美食之旅 20 元代金券"领取页面。

（6）提供"桂林文化探索之旅 80 元代金券"领取页面。

六、实验步骤

（1）使用问途数字化运营管理平台，完成触发规则及营销自动化设置，营销自动化设置与营销自动化设置中的自动化规则设计分别见图 17-1 和图 17-2。

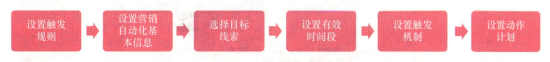

图 17-1　营销自动化设置步骤

图 17-2　营销自动化设置中的自动化规则设计

1）完成路线一"桂林本土美食之旅"游玩路线的触发规则及营销自动化设置，要求当客户扫码并点击浏览了"本土美食之旅"游玩路线后，立刻收到桂林本土美食之旅 20 元代金券。

2）完成路线二"桂林文化探索之旅"游玩路线的触发规则及营销自动化设置，要求当客户扫码并点击浏览了"文化探索之旅"游玩路线后，立刻收到桂林文化之旅 80 元代金券。

（2）营销自动化结果体验（见图 17-3）。

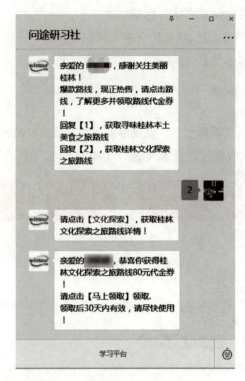

图 17-3 营销自动化结果体验

1）使用微信扫描活动海报二维码后，回复"1"自动获取桂林本土美食之旅路线，并获取 20 元代金券。

2）使用微信扫描活动海报二维码后，回复"2"自动获取桂林文化探索之旅路线，并获取 80 元代金券。

（3）结合整合营销传播的实施步骤，分析并简述该旅游目的地使用上述营销自动化规则进行整合营销传播的实施思路。

（4）根据上述整合营销传播思路，针对本实验的营销自动化规则提出优化调整方案。

（5）使用问途数字化运营管理平台，新建一个营销自动化规则，实现方案优化调整的设置，并进行体验。

第六篇

酒店与旅游业的销售渠道管理——交付价值

【本篇结构】

- 第六篇 酒店与旅游业的销售渠道管理——交付价值
  - 第十八章 酒店与旅游业的销售渠道
    - 一、销售渠道的概念和类型
    - 二、销售渠道管理的过程和理念
      - (一) 销售渠道管理的过程
      - (二) 销售渠道管理的理念
    - 三、销售渠道管理的挑战
  - 第十九章 销售渠道管理的方法和策略
    - 一、构建可持续的销售渠道组合
    - 二、在线分销渠道的管理策略
      - (一) 在线分销渠道的管理重点
      - (二) 在线分销渠道的曝光量提升策略
      - (三) 在线分销渠道的流量和转化率提升策略
    - 三、在线直销渠道的管理策略
      - (一) 在线直销渠道的作用
      - (二) 私域用户池的管理
      - (三) 官方网站流量和转化率的提升策略
  - 第二十章 【实验项目五】酒店在线分销渠道的页面设计与设置

第十八章　酒店与旅游业的销售渠道

【本章概述】

　　本章深入分析了酒店与旅游业的销售渠道及其管理策略。首先明确了销售渠道的概念，并按照直销和分销渠道、线上和线下销售渠道进行说明。每种渠道都有其特定价值和功能，但也面临不同的挑战。接下来，本章对销售渠道管理进行了探索，涉及寻找、筛选、合作、评估和优化各渠道的方法。这一管理思路旨在把客户需求放在首位，强调团队合作、目标导向、持续优化、数据指导决策、诚信合作和互利共赢。章节末尾，着重分析了销售渠道管理在数字化时代所面临的挑战。网络技术虽然为企业带来了更多销售机会，但同时也带来了渠道冲突、信息过载和技术更新等问题。为应对这些挑战，旅游业企业需要平衡在线分销与直接销售，合理分配资源，并持续追求技术进步。

一、销售渠道的概念和类型

　　产品的价值只有在向目标客户交付后才能实现，这个交付过程会经过各种销售渠道。在酒店与旅游业企业中，销售渠道是指旅行产品和服务从供应商到旅行者的各种途径。这些途径主要包括：

　　（1）企业官方网站。旅行者可直接在企业官方网站上了解旅行产品和服务信息、预订旅行产品、加入会员计划以及参与优惠活动。

　　（2）企业移动端应用。旅行者下载企业提供的移动端应用程序（App），通过 App 进行产品和服务的购买。

　　（3）企业社交媒体应用。旅行者关注企业的社交媒体账号，例如微信公众平台、小程序、抖音、小红书企业号等进行产品和服务的购买。

　　（4）呼叫中心。旅行者通过拨打企业设有的呼叫中心电话进行产品和服务的购买。

(5) 销售部。旅行者直接联系企业的销售部门的销售人员来购买产品和服务。

(6) 在线旅行社（OTA）。旅行者通过如携程、美团、飞猪等提供在线预订服务的平台进行产品和服务的购买。

(7) 元搜索引擎。元搜索引擎是指聚合多个平台的搜索引擎。旅行者可以通过提供旅行产品价格比较和预订服务的元搜索引擎，如去哪儿网，进行产品和服务的购买。

(8) 传统旅行社。旅行者通过线下实体旅行社门店进行产品和服务的购买。

(9) 会议和活动策划公司。以参加会议、会展和活动为目标的旅行者可以通过专业的会议和活动策划公司订购会议、会展旅行的产品和服务。

上述渠道可以分为不同的类型。从交付途径上看，销售渠道可以分为直销渠道和分销渠道。直销渠道和分销渠道的主要优点和缺点如表 18-1 所示。

表 18-1　直销渠道和分销渠道的主要优点和缺点

项目	直销渠道	分销渠道
渠道定义	产品供应商直接将产品交付给旅行者，无需通过任何代理商	产品供应商通过代理商等中间机构向旅行者销售产品
渠道举例	企业销售团队、官方网站、酒店前台	传统旅行社、在线旅行社、专业会议组织者
渠道使用的主要优点	掌握客户资源和客户数据，拥有更多的市场主动权； 自主掌控销售过程和客户体验； 降低对代理商的依赖和分销费用； 直接了解客户需求，提高客户信任度、满意度和忠诚度	专业化分工提高了销售的效率和效果； 分销市场的客户整体规模大，能帮助企业获取更多的新客户； 更快扩大企业和产品的市场曝光度和覆盖率，提升市场影响力； 能够提升企业在网络分销渠道的声誉和点评分数； 有利于充分利用分销商的资源和专业知识； 能够根据产品销售情况在分销渠道动态调整价格，提高收益
渠道使用的主要缺点	需要建立专业的销售团队和运营团队，增加了销售成本； 能够获取的客户群体和流量有限； 获取新客户的成本越来越高	不掌握客户的数据； 面临分销商在市场上不当销售行为的风险； 可能与分销商产生利益冲突或竞争； 面对强势分销商，缺乏市场控制力和主动权，利润容易被分销渠道控制； 需要安排专人对分销渠道进行管理和沟通

随着在线购物的普及，线上销售已经成为企业的关键渠道，并展现出巨大的潜力。从销售场所的角度来看，销售渠道主要分为线上和线下两种。表 18-2 列出了线上和线下销售渠道的主要优点和缺点。

表 18-2　线上和线下销售渠道的主要优点和缺点

项目	线下销售渠道	线上销售渠道
渠道定义	通过实体场所销售产品和服务的渠道	通过互联网销售产品和服务的渠道
渠道举例	实体门店、面对面销售	在线旅行社、直播平台

(续)

项 目	线下销售渠道	线上销售渠道
渠道使用的主要优点	面对有直接需求的客户，快速识别客户的价值和需求； 可以对不同需求的客户提供个性化方案，并有助于高价产品和服务的销售； 说服力强，更容易达成销售目的和获得客户信任； 通过线下交流容易建立良好的客户关系	面对更广泛的潜在客户群体； 在线上可以展示无限量的产品，满足不同需求的客户； 在任何地点都可以提供7×24小时的服务，而且无须人员时刻值守； 为客户提供丰富多样的数字化购买体验； 易于收集客户的访问和购买信息，以实现精准营销和个性化服务； 无须实体店铺和场所，节省了实体场所的租金和其他固定支出
渠道使用的主要缺点	受地域、场地的限制； 接触客人的范围和数量有局限性； 依赖场地和人力，销售费用和成本较高； 销售人员的销售能力和技巧直接影响销售效果	缺乏与客户的直接互动沟通； 难以针对客户的个性化需求提供产品和服务方案； 线上价格透明，不利于销售高价产品和服务； 需要专业的团队进行运营，对提升流量和转化率的技能要求越来越高； 可能需要额外的广告投入来获取流量

不论是直销渠道还是分销渠道，是线上销售渠道还是线下销售渠道，每种渠道在酒店与旅游业企业的市场营销中都有其独特的价值与功能，它们各自具有一定的优点和缺点。企业应根据自己的实际情况和销售需求，灵活制定和调整渠道组合策略。

二、销售渠道管理的过程和理念

（一）销售渠道管理的过程

在酒店与旅游业企业，销售渠道的管理通常涉及对渠道的寻找、筛选、合作、评估和优化，这是一个持续的过程。

桂林唐朝国际旅行社除了在线直销，与众多分销渠道也建立了合作关系。唐朝国旅作为一家知名的跨境旅行机构，很多渠道主动寻求与其合作。但在筛选过程中，唐朝国旅发现传统的OTA主要偏重于碎片化产品的销售，但在此领域，唐朝国旅没有明显的优势，例如在众多旅游目的地，其提供的地接等服务使其在价格上难以脱颖而出。因此，唐朝国旅更倾向于和那些与其业务定位和优势相匹配的渠道合作，如专门为长线旅游和私人定制设计的渠道。举例来说，随着TripAdvisor推出专门定制平台，唐朝国旅便针对该渠道的特性进行了相应的业务拓展和维护。在合作中，他们持续评估合作成果并与合作伙伴共同努力，以进一步提升销售成果。

通过上述案例，可以将销售渠道的管理过程总结如图18-1所示。

（1）渠道寻找。这是销售渠道管理的第一步，企业需要分析市场、目标用户和竞争对手情况，结合企业自身产品和服务的品类、定位、服务能力、销售目标等因素来寻找合适的潜在销售渠道，并和潜在销售渠道进行接触和沟通。

（2）渠道筛选。在与潜在销售渠道进行接触和沟通后，企业需要根据沟通情况进行筛选，结合双方意愿，销售渠道的客户定位、客户覆盖范围、品牌形象匹配度、价值观以及合作成本与费用进行综合考虑，以确定哪些渠道最适合自己的产品和目标市场。

（3）渠道合作。当确定了可合作的销售渠道后，企业要与其进行合作谈判、签署和执行合作协议。合作关系通常会经历从蜜月期到稳定期，再到可能的下降期的过程。双方需要保持良好的沟通，共同拓展市场、解决客户问题和管理渠道冲突。

图 18-1 销售渠道的管理过程

（4）渠道评估。对于酒店与旅游业企业而言，由于产品并不是无限量供应的，因此渠道并非越多越好，企业需要关注渠道的质量和效率。销售渠道管理人员需要不断对合作效果进行评估，监测各个渠道的销售额、转化率、客户满意度等关键指标。这样可以帮助企业了解哪些渠道是有效的，哪些渠道可能需要改进，以及如何优化销售策略。

（5）渠道优化。销售渠道的管理是一个不断优化和完善的过程。基于评估结果，企业应对与各渠道的合作策略进行适时调整，如提高对合作效果良好的渠道的支持和资源投入，降低或终止与低价值、无前景的渠道的合作，从而优化资源，以探索和拓展更有价值的渠道。同时，为了避免营销风险和不确定性，企业不应过度依赖某一渠道，而应确保销售渠道的多样性和均衡性，确保业务的灵活、稳定和持续。

（二）销售渠道管理的理念

销售渠道管理实质上是一种管理理念。它涵盖了企业对客户的承诺、对品质的追求、对业绩的注重以及持续的改进。通过上述案例，可以看出桂林唐朝国际旅行社的销售渠道管理理念包括下列方面：

（1）明确自身优势。企业需要深入了解自己的产品和服务，明确哪些渠道与其自身的优势和定位相匹配。

（2）不盲目跟风。尽管某些渠道在市场上非常热门，但并不意味着它们适合所有企业。桂林唐朝国际旅行社没有与传统的 OTA 渠道进行深度合作，是因为这些渠道更适合碎片化产品。

（3）持续评估与优化。销售渠道不应是一成不变的。企业需要定期评估各个渠道的表现，并根据实际情况进行调整和优化。

（4）灵活应对市场变化。随着市场环境的变化，新的销售渠道和机会不断出现。例如，TripAdvisor 推出的定制平台为桂林唐朝国际旅行社提供了新的合作机会。

（5）深度合作与共创价值。企业应与销售渠道建立深度合作关系，共同努力优化产品和服务，使双方的利益最大化。

销售渠道管理需要企业具有敏锐的市场触觉、明确的战略定位和持续的创新意识，以适应不断变化的市场环境并取得持续的成功。在数字时代,酒店与旅游业企业还应该建立"以客户为中心""团队协作""结果导向""持续改进""数据驱动""诚信与守法"和"协同共生"的理念。

(1) 以客户为中心。企业应以目标客户的需求为导向管理销售渠道。渠道不仅是企业的客户,也是企业与终端消费者建立关系的桥梁。企业需要倾听渠道的意见,同时关注终端消费者的反馈,致力于构建三方共赢的局面。

(2) 团队协作。有效的销售渠道管理依赖于团队协作,这包括企业内部的合作,以及与销售渠道的合作。所有的利益相关者都要齐心协力、共享信息、协作解决问题并共享成果。

(3) 结果导向。销售工作充满挑战,应当始终以结果为导向。销售管理过程固然重要,但最终的业绩才是衡量标准。销售管理过程再好,如果不能带来相应的业绩也是徒劳。因此,销售渠道管理需要设定明确、可量化的目标和业绩指标,以便有效地监控、评估和持续改进销售情况。

(4) 持续改进。销售环境和客户需求是不断变化的,销售管理的过程应当持续改进,包括不断改进销售策略、提高销售渠道的销售效率、增强销售渠道的销售技巧。此外,秉承持续改进的理念也有助于促进企业与销售渠道的合作关系和合作质量。在合作过程中,不可能不出现问题,双方需要以包容和协作解决问题的心态开展和持续改进合作。

(5) 数据驱动。销售渠道的效率和效果直接影响企业的竞争力。通过收集和分析销售数据,销售渠道管理人员可以掌握每个销售渠道的表现和能力,并了解其客户行为和偏好,从而不断优化销售渠道的销售策略以及为销售渠道提供更为精准的产品、服务和促销活动。

(6) 诚信与守法。信誉是企业最宝贵的资产。诚信不仅体现在企业对消费者的承诺和服务上,还体现在企业与销售渠道合作伙伴的交往中。秉持以诚信为本的理念开展经营,有利于企业建立良好的口碑,获得渠道合作伙伴更多的支持,促进良好的长期合作关系,增强合作伙伴的信任感,从而获得更多的业务机会。此外,在渠道销售与管理的过程中,确保所有合作与业务开拓的合法合规性也非常重要,可以避免违法行为导致的经营风险和不确定性,保障业务的稳定性。

(7) 协同共生。旅游业企业与各个销售渠道之间是协同共生的关系,是互利互惠、合作共赢的关系。协同共生是指企业联合利益相关者,以增效及创新为目的去构建企业内部、企业与外部以及跨界的生态关系,通过共享信息、共享资源、共享风险,从而达到整体价值最大化的动态过程。通过与合作渠道建立良好的合作关系,企业可能会发现新的市场机会、新的服务方式,甚至新的业务模式。协同共生的理念可以促使各合作方更加有效地协作、提高工作效率、提升自身的竞争优势,以及更好地应对日益激烈的市场竞争。当然,建立协同共生关系也要考虑如何解决信息安全、合作成本、合作复杂性和团队信任度的问题。

整体来说,销售渠道管理的理念能够帮助企业更深入地理解并满足客户需求,提高销售业绩和构建稳固的客户关系。因此,酒店与旅游业企业在对销售团队的招聘、培训、评估和激励过程中，应持续融入并强化这些理念，为创造优异的销售业绩打下坚实的基础。

三、销售渠道管理的挑战

互联网为旅游业企业与酒店的产品和服务销售带来了许多新的机会和渠道，但同时也让企业面对一个全新且复杂的环境。这个新的环境具有如下特点：

1. 消费者掌握购买决策的主动权

互联网打破了地域限制，使消费者可以根据自己的需求去搜索和选择产品与服务，消费者对渠道的选择更加灵活和多元化。这意味着企业对消费者购买决策的影响力有所减弱，企业想要吸引和留住客户将更具挑战性，并面临更多的竞争对手。

2. 新型销售渠道层出不穷

互联网催生了各种新型销售渠道，不仅包括传统互联网时代的在线旅行社、元搜索引擎，还包括移动互联网时代的各种移动应用和社交媒体渠道。随着流媒体平台的普及，短视频和直播平台成为旅游业中越来越有影响力的销售渠道。多渠道销售在酒店与旅游业企业市场营销活动中成为常态。

3. 信息过载影响消费决策

互联网上每天都会产生海量的旅行信息，这些信息超过了旅行者自身的处理能力，造成了决策困难。企业的品牌、产品和服务信息如果不能有效展示给目标客户，其获得订单的机会就会减少。因而，企业不仅要考虑如何通过各种销售渠道发布信息，还要注重信息管理和优化：一方面，企业需要提供良好的用户体验，使所发布的信息能够对目标客户有用；另一方面，企业需要进行搜索优化，确保信息在旅行者搜索时能优先展示在搜索结果页。

新的环境使酒店与旅游业企业在销售渠道管理上面临极大的挑战。这些挑战包括：

1. 在线分销与在线直销的协同

各个 OTA 平台的 App 已经占据了绝大多数旅行者智能手机空间。在国内，携程、美团、飞猪这些 OTA 平台成为了流量的入口和市场的领先者；在海外，Expedia、Booking.com 等 OTA 巨头占据了绝对优势的市场份额。

社会学中的"马太效应"——强者越强，同样作用于旅游业企业的渠道市场。大型 OTA 平台凭借其庞大的用户群成为旅行者的首选，吸引了众多旅游业企业入驻。庞大的用户群为平台吸引了更多的旅游供应商，而丰富的供应商资源又进一步为平台吸引了更多用户，从而增加了 OTA 平台的整体价值。这也是古斯塔夫森定律（Gustafson's Law），即网络效应（Network Effect）的体现——随着用户规模的扩大，产品或服务的价值也随之增加。更多的用户意味着更多的连接和交互机会，进而带来更多的信息、资源和市场参与者。这让很多旅行社、景区、酒店等旅游产品供应商在 OTA 渠道管理上存在巨大的挑战。一方面，各个 OTA 平台之间的激烈竞争迫使旅游业企业不得不"选边站"，甚至"二选一"，以获得某一头部 OTA 的流量扶持；另一方面，这也使旅游业企业在大型 OTA 面前丧失了一定的议价权和主导权。OTA 平台往往会利用其市场优势来不断压低旅游业企业的价格，或者要求旅游业企业提供更优惠的合作条件。

面对OTA的强势市场，许多酒店与旅游业企业纷纷尝试建立自己的在线直销平台，如官方网站、微信公众平台服务号与小程序，并在直销平台上提供会员忠诚度计划、会员促销活动和会员价格优惠。但企业自建的直销平台面临的最大困难是流量获取、转化的困难以及缺乏对平台的长期运营能力，因为这对人才、技术以及流程提出很大挑战。企业与OTA合作以获取新客源，并通过直销平台的有效运营吸引新客户从而满足他们的未来需求就显得尤为关键。要想在大型OTA面前获得市场主动权，企业需要提供独特、高质量的产品和服务，并加强自身的技术、营销和运营能力。另外，政府和行业协会需要依据《电子商务法》《反垄断法》以及《反不正当竞争法》来保护中小旅游业企业的利益，促进市场的公平竞争和良性发展。

2. 避免销售渠道之间的冲突

很多酒店与旅游业企业采取多渠道销售的策略，以最大限度获取潜在客户。但若缺乏有效的管理策略和系统支持，采用多渠道销售的策略可能会引发渠道冲突。常见的渠道冲突现象如下：

（1）价格不一致。当不同销售渠道（如直销、OTA、社交媒体）在相同预订条件下为同一产品提供不一致的价格时，便会产生渠道冲突。以酒店为例，如果旅行者发现在同一时间段内，OTA上的房价低于酒店官网，他们很可能会倾向于通过OTA预订，从而导致酒店错失直销机会。

（2）服务标准的不一致。当旅行者通过不同渠道预订时发现服务标准和质量存在差异，可能引发渠道冲突。例如，在相同预订条件下，通过酒店官网预订客房可以获得免费早餐，而通过OTA预订则没有，那么客户更倾向于通过官网进行预订。

（3）渠道合作伙伴之间的竞争。OTA之间为了竞争，会采取补贴、低价等价格战方式来吸引客户，这会导致供应产品的企业价格混乱，损害企业的利益。

（4）库存管理的冲突。对于供应量有限的产品，如酒店客房或邮轮船舱，企业若在各销售渠道上提供不同的库存数量，很可能会引起渠道冲突。

渠道冲突的后果是比较严重的。从客户角度来说，渠道冲突会让客户决策时产生困惑和犹豫，并使得以较高成本购买产品的客户产生不满，损害企业的品牌形象和客户满意度。从企业角度来说，如果各销售渠道之间的竞争过于激烈，可能会导致价格战，从而降低企业的利润。从合作渠道角度来说，如果没有公平和透明的价格与合作政策，就会损害双方的合作关系。因而，旅游业企业在开展多渠道销售时，需要采取措施避免冲突，协调和平衡各销售渠道的利益关系。企业可以采取的策略如下：

（1）明确合作渠道的作用。了解合作渠道的客源定位、客源特征和市场定位，从而对每个销售渠道的作用和期望贡献进行明确定义。

（2）保持价格和服务的一致性。尽可能确保在相同交易条件下，所有销售渠道提供的价格和服务是一致的，从而避免渠道冲突。

（3）管理合作渠道。与合作渠道建立互惠互利的合作关系，了解每个合作渠道的业务规则、逻辑、产品和服务要求，同时也让合作渠道了解企业的需求和业务目标。

（4）优化库存管理。使用技术手段来管理库存，例如通过渠道管理系统确保所有销售渠道的库存信息同步更新，从而避免超额预订和渠道冲突。

（5）通过数据驱动策略。通过收集和分析销售数据，全面掌握各个销售渠道的表现，从而制定更有效的策略。

3. 内容分发与管理

酒店与旅游业企业通过多渠道进行产品和服务销售时，应当确保所有渠道的内容、更新及质量一致。企业会向每个销售渠道提供企业介绍、产品和服务的图文信息、价格和促销活动信息，但由于产品、服务或促销活动常常发生变化，这要求企业能及时更新所有销售渠道上已经对外发布或上线的信息。为了提升销售渠道的转化率，还要确保每个销售渠道都能展示高质量的图文内容，包括文字的准确性和吸引力、图片的清晰度和吸睛力、短视频的质量等。

此外，由于不同销售渠道针对的市场和目标客户不同，理想的做法是分析每个销售渠道的目标客户并提供个性化的内容。对于面向多国家或多地区的产品和服务，还要考虑文化、语言、法律和市场等因素，在不同的国家和地区提供不同的内容。更为关键的是，在内容分发过程中，需要确保所发布的内容不侵权且能被企业的版权和知识产权所保护。

综上所述，若企业忽视内容分发和管理，可能会导致客户感到困惑，影响其购买决策，甚至对品牌形象造成负面影响。

4. 客户触达的挑战

在开展销售管理活动时，酒店与旅游业企业常常遇到客户触达率的挑战。例如，由于公众号文章的阅读人数有限，营销推文的触达率并不高。同时，公众号的消息推送不能包含明显的营销内容，而小程序则被视为一次性的交易或服务工具，不能用于触达客户。

5. 技术挑战

酒店与旅游业企业在开展多渠道销售时，面对各渠道销售行为的日益在线化以及对客户服务的精准性和实时性的要求，在技术方面会面临很大的挑战。这些挑战包括：

（1）数据集成和同步。销售渠道的数据需要在多个系统之间进行集成和同步，包括库存管理、定价、订单处理、客户数据等。这需要复杂的数据接口和实时同步技术的支持。

（2）跨平台和多设备的支持。随着移动设备和社交媒体的普及，旅游业企业和酒店需要在多个平台和设备上进行产品销售和提供服务。这需要跨平台的开发工具和技能，以及对用户体验的深入理解。

（3）内容管理。在多个销售渠道上发布和更新内容需要强大的内容管理系统的支持。这需要企业开发符合要求的内容管理系统，并支持各种格式的内容（如文本、图片、视频等）。

（4）安全和隐私保护。在收集和处理客户数据的过程中，企业需要保护数据的安全和客户的隐私。这需要先进的安全技术和策略,以及对法律法规的遵守。

（5）收益管理。在库存容量有限的情况下,为了实现收益的最大化,企业需要使用收益管理的技术进行准确的需求预测分析,在不同的时间和渠道上设定最佳的价格。这可能需要历史数据以及具有先进的预测模型和算法的收益管理系统的支持。

（6）人工智能和机器学习。人工智能和机器学习技术可以用于销售预测、个性化推荐、客户服务等,但这也给企业带来了技术挑战,包括算法的选择和优化、模型的训练和验证。

【探究性学习习题】

1. 研究与分析题

（1）对于线上分销与在线直销,在价格、促销、和客户体验三个维度上进行深入的研究分析,探讨这两种渠道的相对优势和劣势。

（2）深入调研某类消费者的购买行为和偏好,研究在选择销售渠道时消费者最关心的因素是什么?

2. 思考与讨论题

（1）你如何看待直销渠道和分销渠道之间的关系?它们之间是否存在冲突?应当如何解决这些冲突?

（2）随着技术的进步,还会有哪些新的销售渠道出现?讨论这些新渠道可能带来的机会和挑战。

3. 实践应用题

假设你是一个民宿的店长,尝试制定一个销售渠道策略,考虑直销、线上销售、社交媒体营销等元素。

第十九章　销售渠道管理的方法和策略

【本章概述】

在数字化日益发展的今天，酒店与旅游业的销售渠道管理显得尤为关键。本章首先揭示了如何打造和维护多元而持久的销售渠道组合，着重指出企业应依据产品生命周期阶段、产品种类、目标市场及目标客户渠道使用偏好来调整策略。由于在线分销渠道占主导地位，本章逐一分析了在线分销渠道的关键元素，如流量引导、转化优化、扩大品牌曝光以及为关键用户打造特定体验。同时，还详细探讨了企业官方网站如何发挥直销优势，吸引用户、提升转化，并确保优质的用户体验和客户关系维护。此外，本章还深入解读了私域用户池的价值，以及与"公域"的互补策略，让读者进一步明确私域流量如何为企业带来长远价值。在探索官方网站流量提升策略时，本章突出维护网站内容、提升用户体验和支持多种语言的展示等方面的作用，旨在帮助读者更好地理解销售渠道的实务操作。

一、构建可持续的销售渠道组合

销售渠道组合（Sales Channel Mix）是指企业对产品和服务最佳销售渠道的组合或配置策略。作为销售渠道管理的核心工作，销售渠道组合依据公司的营销目标、目标细分市场的需求和行为，以及各销售渠道的特点和潜在影响力制定。销售渠道组合决定了企业如何有效分配销售资源，以便最大限度地提高销售效率、客户覆盖面和客户满意度。

首先，销售渠道组合的制定应当针对企业产品生命周期的不同阶段采取不同的策略。例如，在品牌或产品的诞生阶段，企业与大型分销渠道的合作能迅速增加曝光度和知名度。但当产品进入成长期和成熟期，增加直销渠道的比重有助于提升客户忠诚度，并降低对分销渠道的依赖。换言之，销售渠道组合的制定取决于营销目标，例如，追求高利润和抢占市场份额这两个不同的营销目标对销售渠道组合的要求不一样。

其次，销售渠道组合的制定和企业产品类型、目标市场和目标客户渠道使用偏好紧密关联。例如，酒店的产品分为客房、餐饮、宴会与会议、康体娱乐等类型，不同类型的产品需要不同的销售渠道。酒店有多个细分市场，有的销售渠道服务的是休闲度假客户，有的则主要针对商务客户。因此，了解目标客户的需求和行为有助于选取合适的销售渠道组合。

最后，设计销售渠道组合时还要考虑各销售渠道的特点及其潜在影响。各销售渠道可能在市场覆盖、运营成本、运营难度和收益上有所不同。企业应综合考虑这些要素，选择既能实现营销目标，又能满足目标客户需求，且具有经济效益和可持续性的销售渠道。

企业的销售渠道组合策略是一个动态组合和管理过程，企业需要根据市场变化和企业业务策略的调整进行动态管理和优化。这要求企业定期评估各渠道的效果，根据销售数据和客户反馈来调整渠道配置和资源分配。

山东舜和酒店集团在2022年通过新增销售渠道为集团带来了超过2000万元的增收，曾预计在2023年将达到4000万元以上的增收。山东舜和酒店集团副总裁任丛丛女士表示，舜和之所以能取得如此的成绩，得益于其独特的销售渠道组合，该组合由"公域矩阵"和"私域矩阵"两部分构成。其中，"公域矩阵"主要目标为拓展市场和吸引新客户，而"私域矩阵"则着眼于提高效率和增加收入。舜和的公域矩阵基于餐饮、客房、会议、宴会和新零售这五大产品类型进行构建。具体来说，餐饮产品的销售渠道包括团购和外卖两种。团购渠道涵盖美团、大众点评和抖音，而外卖渠道则包括美团、饿了么、抖音和商宴通。客房产品的销售渠道主要集中在携程、美团、同程、去哪儿网以及抖音。会议产品主要通过会小二、抖音和酒店哥哥网进行销售。宴会产品的销售渠道涵盖抖音、美团、小红书等。而新零售产品则主要在抖音、小红书和淘宝上进行销售。舜和私域矩阵的搭建则是根据企业与目标客户的触达和互动方式以及效果去组合渠道，具体包括公众号、企业微信、小程序、视频号、短信与电话，如图19-1所示。

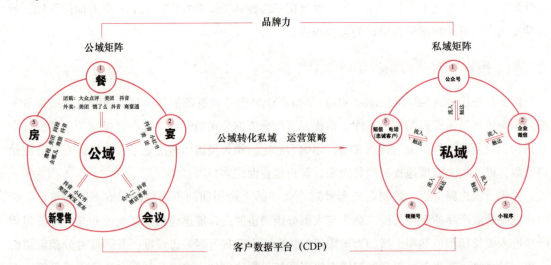

图19-1 山东舜和酒店集团数字化全域营销矩阵

根据上述山东舜和酒店集团的案例，舜和的销售渠道组合成功经验汇总如下：

（1）明确营销目标。舜和针对"公域矩阵"和"私域矩阵"分别设定了具体的营销目标。其中，公域矩阵的目标是增量和拉新，私域矩阵的目标是提效和增收。设定清晰的营销目标有助于企业选择和优化销售渠道。

（2）基于产品特性选择销售渠道。舜和依据其各产品类别（如餐饮、客房、会议、宴会和新零售）进行了有针对性的销售渠道选择。这强调根据产品特点和客户需求进行销售策略部署的重要性。

（3）采用多样化销售渠道。舜和融合了众多销售渠道，例如团购网站、外卖平台、旅游预订网站以及社交媒体等，以确保更广泛的市场覆盖和客户触及。

（4）根据与客户互动方式选择销售渠道。在私域矩阵中，舜和根据与目标客户的触达和互动方式选择相应的销售渠道，例如公众号、企业微信、小程序、视频号、短信与电话、餐饮预订系统和客房预订系统。这说明理解并满足客户互动需求的重要性。

（5）动态管理和优化销售渠道。舜和的实践证明了销售渠道组合不应是一成不变的，而应根据市场变化和企业战略进行动态管理和优化。例如，随着新的销售渠道（如抖音、小红书等社交媒体平台）的出现，舜和也相应地调整了其销售渠道组合。

总之，建立有效的销售渠道组合要求企业具备明确的营销目标，对其产品和客户需求有深入的理解，能够灵活地采纳多种销售渠道，并持续地进行销售渠道的管理和优化。

二、在线分销渠道的管理策略

在线分销渠道在酒店与旅游业市场营销中的重要性不言而喻。它可以帮助旅游业企业提升线上曝光率和知名度，精准匹配有需求的旅行者。它也可以帮助企业更精细地洞察消费者的需求和行为，从而及时调整其产品和服务。通过在线分销，旅游业企业可以将其最新的产品、服务和促销活动实时推送到旅行者所使用的移动端设备上。此外，它也是企业与旅行者在线互动的渠道，帮助企业建立和深化消费者的信任度，提高品牌美誉度。更为重要的是，在线分销渠道已经越来越成为旅游业企业获客和营收的主要来源。因而，众多酒店与旅游业企业纷纷将销售工作重点和方向转向在线渠道。随之而来的是，线上市场竞争日益激烈，企业获得流量的成本逐渐上升，转化率面临更大的挑战，这使得在线分销渠道的管理和运营更加依赖精细化的运营策略。

（一）在线分销渠道的管理重点

在旅游业，在线分销渠道是以互联网平台作为载体，帮助旅游业企业进行产品和服务销售的渠道，它以在线旅行社（OTA）为主要业态。在OTA平台上，当旅行者输入入住日期和退房日期等信息进行搜索，会显示一个酒店列表页，出现在该列表页上的酒店便获得了曝光量。当旅行者在列表页上点击某酒店进入详情页，就产生了流量。流量是指访问一个网站、应用或特定页面的人数，它可以是独立访客数量，也可以是页面浏览次数。流量是衡量一个网站或应用受欢迎程度和潜在客户规模的重要指标。流量的公式如下：

曝光量×点击率＝流量

旅游业企业如果想从OTA等在线分销渠道获得更多的订单，需要遵循一个常见的公式：

流量×转化率＝订单数

式中，转化率是指访问者完成某个目标行为（例如预订客房、注册会员、购买商品等）的比例，是衡量网站、应用或营销策略有效性的重要指标。

上述公式和案例揭示了在线分销渠道业务管理的重点：要提高流量，首先要提高曝光量；要提高订单数，则可以通过提高访问流量，或者提高转化率，或者同时提高两者来实现。

（二）在线分销渠道的曝光量提升策略

在线分销渠道的核心运营问题在于如何提高曝光量、流量和转化率。企业只有解决这个核心问题，才能从OTA渠道获得更多订单。因此，理解曝光量的来源并采取有效措施提升曝光量是在线分销渠道管理的首要任务。

酒店在搜索列表页中的位置及排名很大程度上决定了其能获得多少曝光量。影响酒店在列表页排名的因素有很多，例如服务质量、价格竞争力、房源数量和质量、酒店信息完整度、客户评价、商户诚信经营情况、酒店贡献度等。

要想进一步提升曝光量，酒店可以在与OTA深度合作、关键词搜索、广告推广、促销活动等方面采取必要的措施。

（1）与OTA深度合作。这是酒店等旅游业企业与在线分销渠道建立某种合作关系而获得的基础曝光量。一旦酒店与平台建立合作关系，例如成为携程的特牌、金牌级别合作伙伴，美团的黑金冠3、黑金冠2、黑金冠1级别合作伙伴，即使不采取任何额外的促销或优化措施，也能获得一定的曝光量。平台会根据合作的深度和广度提供不同的曝光量支持。

（2）关键词搜索。关键词搜索曝光量来自用户在搜索框中输入关键词后的搜索结果。对于酒店来说，优化酒店和房型的名称和描述，使其包含用户可能会搜索的关键词，是提高关键词搜索曝光量的一个重要策略。例如，广州某酒店位于长隆旅游度假区附近，如果酒店在名称中添加"长隆"字样，则其被有兴趣去长隆游玩的客户搜索到的概率就更高，从而增加酒店的在线流量。同理，当用户在搜索框中输入"亲子"，在酒店信息、房型名称、筛选关键词和筛选标签中有"亲子"字样的酒店更容易被列在搜索结果中。

（3）广告推广。OTA等在线分销平台通常会为酒店提供一系列的推广工具来帮助其提升曝光量，如携程的金字塔、美团的推广通、同程旅行的带客宝。这些营销推广工具本质上是广告位资源的排名。酒店排名越靠前，酒店获得曝光量和流量的概率就越大。

（4）促销活动。各大OTA等在线分销平台设有"促销推广"和"营销活动"等模块，酒店通过参加各类促销活动，可以获取对应的平台流量和展示标签，从而获得更多曝光量。各OTA平台的促销活动设置大致分为会员、权益、促销和活动四类。平台会在不同时段（如节假日、热点事件等），赋予各类促销活动不同的流量权重和标签展示优先级。酒店要熟悉各OTA平台上的活动类型、展示样式、折扣力度、是否叠加、取消机制等具体规则，做到有针对性地参与促销活动，实现"引流"的目的。

理解并熟练掌握上述几种曝光量来源，可以帮助酒店运营者更有针对性地解决流量问题。每种曝光量来源都有其特点和优势，酒店需要结合实际情况，发挥其最大价值。除了上述措施，酒店运营人员还要不断研究影响OTA平台曝光量的其他因素。以酒店客房为例，影响其曝光量的还有如下因素：

（1）客房销量。在大多数OTA平台上，客房销量是影响酒店列表页排名和展示优先级的一个重要因素。它包括累计客房销量和实时客房销量两部分。累计客房销量是指较长统计周期内的累计销量（例如7天内、30天内的销量），它反映了酒店的长期销售情况和市场接受度。一般来说，累计客房销量越高，酒店在平台上的排名越靠前。因此，酒店应当努力提高长期销售量，以提高其在平台上的排名。实时销量是指酒店在OTA平台上较短统计周期的累计销量（例如1小时内的销量），它影响酒店的瞬时排名。一小时内的流量和订单量的高低，会直接影响酒店在这一小时内的排名。这要求酒店关注和掌握销售的实时情况，及时调整销售策略。旺季和淡季对销量的影响也是非常重要的。旺季的高销量可以提高酒店的累计销量，从而提高淡季时的排名。这要求酒店根据市场情况和季节变化灵活调整销售策略，尽可能提高旺季的销量。

关注客房销量这个影响因素，对于理解和改善酒店在OTA平台上的销售表现是有帮助的。但要注意，销量并不是唯一影响曝光量和排名的因素，价格竞争力、用户评价、预订服务质量等因素也是非常重要的。

（2）价格竞争力。在OTA平台上，酒店通常采取多种策略来获取曝光量。价格竞争力被认为是关键因素之一。大多数旅行者会把价格作为选择酒店的重要标准，如果酒店能提供具有竞争力的价格，就有可能吸引更多的消费者，从而提高销售量。

当旅行者在OTA平台上搜索酒店时，平台会通过搜索结果列表页向旅行者展示符合搜索条件的多家酒店。酒店虽然在列表页中获得了曝光，但只有消费者点击后才能转化为实际的流量。搜索结果列表页的酒店客房起售价格在很大程度上决定了消费者是否愿意点击，从而直接影响酒店的流量获取。

酒店需要密切关注竞争对手的产品价格，特别是其产品在搜索结果列表页的起售价格。虽然低价格可能吸引用户注意力并获得流量，但过低的价格可能对酒店的品牌形象和盈利能力产生负面影响。因此，酒店可能需要寻找一种平衡，始终确保价格符合产品价值。例如，酒店可以通过提供带折扣促销标签的起售价格，使消费者感觉产品性价比更高，同时减少对酒店的价格体系和品牌形象的影响。

总之，有效的价格策略是酒店在OTA平台上获取曝光量的重要方式之一。这需要企业对竞争对手的价格策略进行深入的理解，并结合对消费者行为的洞察，以实现更广泛的市场覆盖和最终的销售增长。

（3）用户评价。在OTA平台上，评分和评价会对酒店曝光量产生重要影响，这是因为大多数旅行者在选择酒店时，会参考其他客户的评价和评分。这就使评分和评价成了影响消费者决策的关键因素。

酒店的平均评分能够直观地反映其整体质量。如果一个酒店的评分较高，那么在消费者的心中，这个酒店就更可能是一个高品质、值得信赖的选择。因此，保持高评分是酒店在OTA平台上获取流量的重要策略。

优质的评价不仅能够提升旅行者对酒店的信任度，还可以为旅行者提供有关酒店的详细信息，帮助他们做出决策。优质的评价通常内容丰富、语言表述清晰、包含照片或者视频，并来自高权重的账号。评价的数量也很重要，如果一个酒店的评价数量很多，那么旅行者通常会认为这个酒店更受欢迎，因此更可能选择预订该酒店。

为了提高在OTA平台上的曝光量，酒店需要通过提供优质的服务和良好的客户体验，鼓励客户进行正面评价，以提高评分和优质点评的数量。

(4) 预订确认服务质量　对于在线分销管理，预订确认服务质量对酒店从OTA平台获得曝光量尤为重要。首先，从OTA角度看，到店无房、到店无预订、确认后满房、确认后涨价、承诺服务未提供等行为会对OTA平台和消费者的利益产生负面影响。如果这种情况经常发生，OTA平台可能会重新评估与酒店的合作关系，或者导致酒店在搜索结果中的排名下降，甚至面临平台的惩罚。其次，从预订客户的角度看，如果成功预订后，他们在抵达酒店时却被告知无房或涨价，这将给他们带来巨大的不便。这种负面体验可能损害消费者对酒店的信任度，从而导致他们在OTA平台上给酒店留下差评。这样的负面评价可能影响其他潜在消费者的预订决策，进一步降低酒店的曝光量。

因此，为了在OTA平台上获取更多流量，酒店需要高度重视预订确认服务的质量。这意味着酒店需要努力降低拒单率、取消订单率和退款率，尽量避免出现违反确认或承诺的情况。此外，在OTA平台上，当酒店可订率太低，例如关房率太高、热销房型关房、可售卖非热销房型价格太高等情况，都可能会导致酒店被OTA平台降低排名。因而，酒店需要对内部预订管理和预订流程进行优化，为OTA平台提供一定数量的保留房，这些都是可以考虑的改进措施。

总之，优化预订确认服务质量是酒店在OTA平台上获得曝光量的关键策略之一。这不仅有助于保护和提升消费者的信任度，还有助于酒店在OTA平台上维持并提高其在搜索结果中的排名。

(三) 在线分销渠道的流量和转化率提升策略

在线分销渠道管理的关键因素是流量和转化率的提升。转化率是指在一定统计周期内酒店订单数与流量之间的比例。掌握影响流量与转化率的主要因素，并采取有效措施提升流量和转化率是在线分销渠道管理的关键。

为了提升流量和转化率，酒店需要深入理解在线旅行社OTA平台的用户行为路径，并着手优化关键的用户接触点。用户行为路径描述的是用户在OTA平台上从开始搜索到最终完成预订的完整过程。在此过程中，用户会经历多个关键的接触点，每个接触点都会影响用户体验和满意度，从而可能影响用户的预订决策。在用户行为路径中，查询页、搜索结果列表页、酒店详情页、预订下单页是最为关键的 4 个访问页面。

1. 查询页的优化

查询页是 OTA 平台上的主要流量入口，为寻求预订的客户提供搜索查询、活动推广和内容推荐等功能。在搜索查询板块，用户可以选择城市或启用位置定位功能，然后输入入住和退房日期进行酒店搜索。为了更快地找到符合自身需求的酒店，许多用户会设置更多的搜索条件，例如关键字、位置、品牌、酒店名称、价格范围和评级等。不同的搜索条件组合会导致酒店在搜索结果页上的排序不同。在活动推荐板块，主要展示 OTA 平台的推广和当季活动精选；而内容推荐板块则提供针对当前搜索用户的个性化推荐内容。

酒店如果希望在查询页上获得流量，可以采取以下措施：

（1）关键字优化。酒店应分析与搜索条件相关的关键词，并在 OTA 平台上进行关键词优化，包括在后台模块添加关键词、在酒店名称和房型名称中加入关键词等。例如，对于热门商圈或靠近重要地标的酒店，可以考虑在酒店名称中添加相关后缀，像"高铁站店"，以增加酒店的曝光率。

（2）覆盖更广泛的价格区间。由于许多消费者使用价格筛选工具来选择酒店，因此酒店应考虑覆盖更广泛的价格区间。一些 OTA 平台将价格按照一定区间进行划分，酒店覆盖的价格区间越多，将吸引越多的流量。因此，酒店可以通过多样化的产品设计策略来覆盖更广泛的价格区间，例如通过打包销售来扩大向上覆盖，使用促销工具扩大向下覆盖从而吸引预算较低的消费者。

（3）参与 OTA 平台的活动。OTA 平台通常会推出各种促销和推广活动，酒店应积极参与这些活动，以提高在查询页上的曝光度和可见度。

以上措施有助于酒店在 OTA 平台的查询页上获得更多曝光量和流量，进而增加转化率提升的机会。然而，酒店仍需根据自身情况和目标受众制定相应的优化策略，并持续跟踪和调整以取得最佳效果。

2. 搜索结果列表页的优化

搜索结果列表页是用户在 OTA 平台上行为路径的第二步。图 19-2 的三个页面分别是携程、美团和飞猪对在同一地点、同一时间预订酒店的搜索结果列表页。在列表页上，包括酒店首图、酒店名称、酒店点评分、点评数量、位置及距离、售卖起价、最近客户预订时间等信息。因此，列表页的优化就是对酒店首图、标签、点评和售卖起价进行优化，目的是使酒店能在列表页内脱颖而出，吸引客户点击进入详情页，从而为酒店带来流量。

在酒店首图（见图 19-3）优化技巧上，要选择能够突出酒店卖点的图片。在 OTA 平台上，高星级酒店通常偏好选择建筑外观图，而低星级酒店则更多展示客房图片。酒店选择的照片应该符合如下标准：

（1）高质量。无论是选择建筑外观图还是客房图片，酒店都要确保图片的质量。图片应清晰、明亮、色彩舒适，无模糊或失真的部分。

图 19-2　携程、美团和飞猪搜索结果列表页

图 19-3　OTA 平台酒店首图举例

（2）突出卖点。图片应能突出酒店的主要卖点。例如，如果酒店的地理位置优越，可以选择一张能看到周围风景或地标建筑的图片；如果酒店的客房装修独特，可以选择一张展示其客房特色的图片。

（3）真实准确。图片应真实地反映酒店的状况，不应过度修饰或修改。误导用户的图片不仅会降低用户的满意度，还可能对酒店的声誉产生负面影响。

（4）选择代表性产品。如果以客房图片作为首图，酒店应当优先选择销量占比最大的房型的图片或者最希望推广的房型的图片。如果选择数量少而且价格贵的房型图片，客户点击进去后发现并不是想订的房型，就会导致订单流失或者流量虚高。

（5）季节性。图片的选择还应考虑季节因素。例如，如果在夏季，可以选择一张展示酒店泳池或海滩的图片；在冬季，可以选择一张展示酒店温馨舒适内饰的图片。

（6）大小适中。图片的大小应符合OTA平台的要求，图片经系统裁剪后应能完整展示。因而，作为首图的照片要将拍摄主体放在画面中心且上下有一定的留白。

（7）照明和角度。照片应选择适当的照明和角度来拍摄。适当的照明可以突出酒店的氛围和装修风格，合适的角度可以展示酒店的空间感。

（8）使用视频。使用视频可以更生动地展示酒店的环境和氛围，提升用户体验。视频的拍摄应考虑场景的变化、镜头的流畅度、音乐和剪辑的配合度等因素。

（9）竞争优势。与同商圈或同城排名靠前的其他酒店相比，酒店照片风格要有一定的差异性，并能反映卖点和竞争优势。

（10）合规与合法。酒店上传的照片不要出现广告信息。如果出现人物肖像，要确保获得合法授权。

列表页包括各种类型的标签，例如挂牌标签、头图促销标签、点评标签、权益标签、星级钻级标签、榜单标签、特色主题标签、主推活动标签、特色服务标签等。选择标签或者向平台申请相关标签时，需要注意所选择的标签应与酒店的特点和服务相关，突出酒店的主要卖点，并根据酒店的最新情况进行更新，例如图19-4。

图19-4　OTA平台列表页标签

酒店在列表页上的起售价格应有竞争力，需要对比列表页排名相近的酒店后进行实时起价，并根据市场需求和竞争对手价格的变化及时调整价格。酒店起售价格如果带有价格优惠标签会增强吸引力，例如图19-5。

图19-5　OTA平台价格优惠标签

3. 酒店详情页的优化

酒店详情页的访问用户数量是衡量流量大小的主要数据。作为帮助旅行者深入了解酒店设施和服务的重要页面，详情页需提供全面和详实的信息以及用户评价，以增强用户的信任感和满意度。这一页面为订单转化做了至关重要的铺垫。各大 OTA 平台，如携程、美团和飞猪，都为详情页提供了多元化的优化选项。以携程为例，优化项包括相册、视频、酒店基础信息、房型信息、价格竞争力、产品性价比、用户点评、酒店旅拍、酒店问答、酒店设施和政策、图文介绍、在线咨询、取消政策以及订单接单速度等。这些优化选项可以分为图像类、文字类和互动类三类。

（1）图像类信息优化。在用户浏览详情页时，首先接触的往往是酒店图册。酒店应确保图册中包含 50~60 张各类照片，涵盖房间、外观、餐饮设施、健身设备、商务中心、儿童游乐区、公共区域以及周边环境等。在选图时，应首选酒店拥有完全使用权且由专业摄影师拍摄的实景图片。此外，建议从目标客户角度出发，参考用户在评价中分享的实拍图片，找出用户更喜欢的角度、场景和事物进行专业拍摄。除此之外，酒店还需展示周边环境、地标建筑、网红打卡点、风景名胜、商业区域、夜市等图片。如果酒店位于交通便利的地点，应通过图片强调此优势。例如，某酒店在其图册中展示了附近的车站和站点大巴，并在图片中标注"×××景区乘车点"，这对有意前往该景区的客户具有很大的吸引力。

至于房型图片，它在提升转化率中起了核心的作用。建议酒店针对每种房型上传 4~5 张图片，包括全景拍摄的房间照片（包括面向窗户的全景照片和面向门的全景照片）、卫浴和软装细节等。需要注意的是，房型图片的首图应尽可能与房型名称相符合。比如，如果房型名称为海景房，那么首图应该展示房间外的海景。

（2）文字类信息优化。尽管图像类信息对提升转化率至关重要，文字类信息在提供必要的、具体的细节和增强客户信任度方面也起着同等关键的作用。文字类信息提供了关于酒店设施、服务、地点、价格、预订政策等关键细节。缺乏这些信息，旅行者预订时很可能会犹豫不决。准确、全面和易于理解的文字信息可以增加客户对酒店的兴趣和信任感，使产品更具有吸引力，从而提高转化率。文字类信息的处理应该遵循如下要点：

1）简洁明了。文字类信息应当简洁明了，帮助用户在快速浏览中获取关键信息。

2）突出产品和服务卖点。文字类信息要明确突出酒店的卖点和优势。例如，房型名称需要充分体现房型的特色和功能，包括房型档次、窗外景观、特色主题、设计风格等。

3）信息准确。确保酒店、房型与设施设备介绍等信息的准确性。对于影响客户决策、体验或者容易引起客户误解的信息，最好能够提前告知，以免被客户投诉。例如，某知名温泉度假酒店的泉水含有丰富矿物质，导致水色不甚清澈。由于酒店未及时告知客户这一点，因此他们误认为水质不佳，进而发生大量不必要的投诉，给酒店带来诸多麻烦。

4）明确预订政策。关于客房预订、入住须知等文字描述应当尽量清晰，避免模糊，确保用户预订时不会产生误会，避免不必要的麻烦。

5）强调可用优惠。如果酒店为预订客户提供增值服务、礼盒或特别优惠，应当确保这些信息被明确地介绍。用户往往会被优惠信息吸引并预订。

在某些 OTA 平台的 App 上，酒店还可以上传图文详情，将酒店信息以更丰富的形式展示给访客。酒店可以将酒店特色、产品和服务卖点、酒店活动、酒店周边景点推荐等信息制作成精美的图文海报并上传，以便吸引客户和提升转化率。

（3）互动类信息优化。无论是图像类信息、文字类信息，还是图文结合的信息，都属于企业单向发布的静态信息。然而，进行在线预订的客户很可能更加重视互动类信息，如在线咨询、点评及其回复等。这些互动类信息不仅解决了客户关心的问题，还为酒店提供了一个及时、细致、专业地展现产品与服务的特点和优势，并获得客户的反馈和信赖的机会。对于客户在互动时反映的问题或投诉，酒店应当通过诚恳的态度和认真的回复，在客户心中留下更好的印象。互动类信息的维护要注意如下要点：

1）及时互动。当用户在平台上提出关心的问题时，通常希望能够得到及时的响应或答复，以便尽快决定。无法及时获得响应可能会导致用户进行其他选择，例如，选择能够快速响应的其他酒店。

2）专业建议。用户希望酒店对他们的问题或需求提供专业、精准的建议。如果酒店的回答不精准或无效，可能会导致用户对酒店的专业性和可靠性产生怀疑。

3）全面性回答。全面回答用户的问题可以提高用户满意度，使用户觉得自己的问题或需求得到了重视和理解。这有助于酒店与用户建立信任，提高预订的转化率。

4）策略性推荐。根据用户的问题或需求，有策略性地推荐酒店的特定设施、服务或优惠，可以吸引用户并提高预订率。这需要运营人员对酒店的产品和服务有深入的了解，以便提供适当的建议。

5）个性化互动。个性化互动可以有效提升用户体验，从而提升酒店在用户心中的信赖感。例如，针对特定的问题或评论，提供专门的回答和建议。这可以显示出酒店关注每一位客户，尽力提供个性化服务的态度。

6）重视对负面反馈的处理。面对用户的负面反馈或评论，酒店应予以高度关注并给予专业回应，包括承认错误（如果有的话）、道歉，以及明确表明将采取什么措施来解决问题。负面反馈的正确处理不仅可以挽回不满的用户，还有助于吸引新的用户，因为它显示了酒店对优质服务和客户满意度的承诺。

7）持续的互动参与。酒店运营团队应当持续监控和参与在线互动，即使这些互动不直接涉及问题或请求。通过定期收集用户的问题、反馈和评论，酒店可以持续改进其服务，并及时处理可能出现的问题。

互动类信息不仅可以帮助用户解决问题，还为酒店提供了发现和满足用户需求并改进产品和服务的机会，进而提高用户满意度、信任感和转化率。同时，通过这种互动，酒店还可以从用户反馈信息中发现商业机会，为新产品开发提供思路。

4. 预订下单页的优化

当用户在详情页上选择特定房型并点击预订时,他们将被导向下单页,这是完成预订过程的最后一步。在这个页面上,用户可以浏览订单,填写入住人信息、担保方式或支付方式,然后得到预订的确认。各大 OTA 平台高度重视下单页的用户体验,例如,在完成预订之前,用户期望能够清楚地了解所有的订单信息,如预订的房型、价格、入住及退房日期,以及取消或修改的政策和其他相关条款。因此,OTA 平台会提供一个简洁明了的界面,让用户可以清晰地查看这些信息。为了增强用户体验,OTA 平台会提供简化的信息填写流程和便捷的支付选项,从而使用户能迅速、无障碍地完成预订。对于酒店而言,一旦用户完成预订,酒店需要迅速确认订单,不论是新订单还是已经被修改或取消的订单。这对增加用户的满意度和信任感是非常关键的。另外,部分客户可能会选择在多家酒店同时下单,而后选定其中确认最迅速的酒店。因此,如果酒店能够为 OTA 平台用户提供保留房,那么 OTA 平台就能为用户进行实时的订单确认,这极有可能增加用户选择该酒店的概率。

三、在线直销渠道的管理策略

(一)在线直销渠道的作用

旅游业企业与在线分销渠道的合作可以为企业带来更多的订单和新用户。随着许多知名 OTA 平台的 App 逐渐成为大多数旅行者手机上的必备应用,它们也逐渐成为人们在旅行时首选的产品与服务购买渠道,从而赋予 OTA 平台明显的流量垄断优势。这种垄断优势包括 OTA 平台自身的流量优势以及与第三方流量平台合作的优势。OTA 平台虽然为旅行社、酒店、景区等旅游业企业带来了流量和订单,但也给旅游业企业的市场营销带来了挑战。这些挑战包括高昂的佣金费用、缺乏直接客户关系、定价主动权、同业间的竞争、市场依赖性和风险性。

(1)高昂的佣金费用。OTA 平台通常从企业处收取订单总价的 10%~20% 作为佣金。如果一家旅游业企业来自 OTA 平台的订单占比较高,会影响企业的利润率和盈利能力。

(2)缺乏直接客户关系。尽管通过 OTA 平台获得的客户最终会通过旅游业企业进行消费,但由于 OTA 平台采用了一系列数字化策略来绑定用户,并且不分享用户数据给旅游业企业,这使企业与客户之间建立直接关系变得更为困难。

(3)定价主动权。OTA 平台会要求旅游业企业提供最低价格保证和优惠政策等条件,这限制了酒店自主制定价格和政策的灵活性。

(4)同业间的竞争。在 OTA 平台上,作为供应商的旅游业企业处于与其他同行的直接竞争中。由于存在大量的同类企业和同质化产品,这会导致同业之间的激烈竞争。

(5)市场依赖性和风险性。由于 OTA 平台具有流量的优势,旅游业企业对 OTA 平台的依赖程度较高。一旦与某个平台的合作关系出现问题,企业可能会面临流量和预订突然下降,导致的业务不稳定性和风险性。

酒店与旅游业企业在与 OTA 平台合作时应避免形成过度依赖,应当积极寻求开展在线直销的机会，以获得对市场和客户的更多主动权。通过在线直销，酒店可以建立直接的客户关系，掌握定价策略的自主权，并减少对单一渠道的依赖，以实现更稳定和可持续的业务发展。

（二）私域用户池的管理

1. 传统的流量与转化率思维模式

长期来看，提高流量与转化率是企业数字营销的核心目标。但随着众多平台型企业（例如在线旅行社、社交媒体和电商平台）通过其强大的品牌力、广告战略和优质的用户体验吸引了众多用户，流量开始在这些大型平台上聚集。这导致酒店与旅游业企业面临流量获取成本逐渐攀升的问题。为了在主流 OTA 平台上获得曝光率和流量，企业不得不增加广告预算、参与价格战，或者委托外部专业团队代为运营。这不仅增加了企业获取流量的成本，还加大了企业在此领域的竞争压力。

传统的公式"流量×转化率=订单数"主要强调流量的重要性以及转化率对订单生成的影响。旅游业企业不仅需要通过有效的市场推广、广告投放和搜索引擎优化等手段来吸引更多的流量，还需要通过优化产品与服务质量、价格策略、用户体验等方式来提高转化率。很多企业在开展搜索引擎优化（SEO）和搜索引擎营销（SEM）时，会将官方网站作为承接流量的"着陆页面"；而在开展移动互联网环境下的市场推广和广告投放时，会将微信公众平台、天猫（飞猪）旗舰店或者其他大型社交媒体平台的企业号作为承接流量的工具。

在 PC 互联网时代，搜索引擎成为旅行者获取旅行信息、产品和服务的首选工具。企业需要通过搜索引擎优化和关键词竞价排名策略来获取流量。在旅游业，随着大型 OTA 平台和其他资本雄厚的大型企业在搜索引擎营销上加大投入，中小型旅游业企业面临从广告预算到运营团队的各种挑战。针对这种情况，中小型旅游业企业可以聚焦于品牌名称、品牌相关产品和服务以及长尾关键词来优化官方网站的搜索排名。对于关键词竞价排名，一旦选择投入，企业应设立专门的团队或岗位来持续监测并优化广告的效果。

2. 私域用户池的思维模式

随着移动互联网和社交媒体时代的到来，通过智能手机和平板电脑等移动端设备访问互联网的行为方式使旅行者获取旅行信息、产品和服务的途径更为多样和丰富。在旅行者的整个消费旅程中，酒店与旅游业企业可以在各个消费阶段利用多种接触点与目标客户进行线上或线下互动。尽管在线分销对旅行者的购买决策具有关键影响，但在线下消费场所，如酒店入住、景区游览等环节，旅游业企业与客户直接互动的机会更多。这为企业与客户建立直接关系、通过后续的运营手段不断提升客户关系质量以及增强客户的黏性创造了条件。

在移动互联网背景下，旅游业企业在线直销的重点已经从简单的获取流量转向了通过为各渠道的客户提供优质服务，将其发展为直销渠道的客户，进而培养为忠诚客户，并为这些建立了直接互动关系的客户提供更多的消费场景和体验。这种策略可被视为"私域用户池"的运营策略。

例如，山东舜和酒店集团认识到餐饮和酒店业与其他行业相比，其独特优势在于线上流量在线下触达的机会很多。因此，舜和致力于将线上流量转化为"私域用户"，这包括为工作人员提供明确的指引以确保其在线下各接触点有效地引导客户。同时舜和不断推出各种促销活动，目的在于让各个渠道的客户感受到在舜和自有平台获得的服务价值，从而促进这些与酒店建立了直接关系的用户规模的增长。在短短十个月内，舜和发展了20多万名会员。

"私域"是指企业完全掌控并可以直接触及的用户数据和客户资源。这些资源包括企业通过官方网站、App、会员制度等方式积累的客户信息、购买行为数据、互动记录等。"私域"可以理解为企业在数字时代建立的与用户直接联系和沟通的专属空间。第三方平台和分销渠道虽然会为合作的旅游业企业提供流量和客户，但不会分享用户数据和客户资源。因此，无论企业在第三方平台和分销渠道上有多少用户，都属于"公域"的范围。"公域"是指企业在第三方平台、社交媒体上建立的在线互动空间，是企业利用第三方平台和社交媒体等渠道与用户进行互动和传播的场所。对于作为产品供应商的酒店与其他旅游业企业而言，"公域"平台的局限性在于企业对平台上用户数据的控制权和客户触达能力受到限制，企业在"公域"上的活动受到平台的规则、算法和政策的影响。但不可否认的是，"公域"平台在企业数字营销中扮演着重要的角色，它可以为企业提供更广泛的曝光和影响，并为企业与用户进行实时互动和反馈创造条件。因此，企业需要在"公域"平台上建立正面的品牌形象，积极参与用户互动，提供有价值的内容和服务，以吸引用户的青睐和信任。同时，企业也需要认识到"公域"的风险，合理规划和管理"公域"平台的运营，确保"公域"与"私域"协同运作，实现整体的数字营销目标。

如果"公域"平台能够开放接口和权限，允许企业自主地触达和影响客户，并获取相关的互动数据，这种平台更接近私域的范畴，因为企业在这些平台上具有更高的自主权和控制权。企业的微信公众平台服务号就是一个典型的例子。微信公众平台提供了开放的接口和功能，使企业可以通过自己的服务号与用户进行直接互动，包括发布内容、回复评论、发送消息等。企业可以对自己的服务号拥有更多的自主权和控制权，能够更好地管理用户关系和进行精准营销。在这种情况下，企业可以将微信公众平台服务号视为一种接近私域的沟通空间，通过其有效地与用户互动并获得更多用户数据。企业可以利用微信公众平台服务号进行用户关系管理、精准营销、品牌建设等活动，以实现更高效的营销和互动。

相对于依赖第三方平台和分销渠道的"公域"流量，"私域"流量具有以下特点和优势：

（1）用户拥有权。企业对私域数据拥有所有权，可以自由使用和管理私域数据，且不受第三方平台的限制。

（2）建立用户关系。通过私域，企业可以与用户建立直接、个性化的互动关系，了解用户需求、提供定制化的产品和服务。

（3）数据分析和洞察。私域数据是企业了解用户行为、喜好和购买习惯的重要来源，有利于企业进行深入的数据分析和洞察，为市场营销和业务决策提供依据。

（4）提升用户黏性和忠诚度。通过私域，企业可以与用户建立更紧密的联系，并提供个性化的关怀和增值服务,提升用户的黏性和忠诚度。

(5)创新增值商业模式。基于私域数据和用户关系,企业可以探索更多的增值商业模式,如精准营销、会员制度、定制化产品等,实现更好的商业效益。

因此,私域在数字营销中被视为重要的数据资产和管理重点,企业需要通过有效的数据管理、用户关系建设和个性化营销等手段来发挥"私域用户池"的潜力,实现持续的用户增长和业务增长。

私域用户池的运营取决于私域用户池的价值和企业为用户创造消费机会的能力。私域用户池的价值不仅取决于用户数量,还与用户质量密切相关,其中用户质量主要由用户的消费能力及其与企业目标定位的匹配程度决定。私域用户池中用户的数量越多、消费能力越强、匹配性越高,私域用户池的价值就越高。企业为用户创造消费机会的能力是指企业创造吸引用户消费的机会和场景的能力。因此,私域用户池的运营本质上是企业对目标用户的深度运营,企业通过深度运营来不断提升用户的忠诚度和复购率。

例如,舜和在宴会销售策略中始终围绕"私域用户池"进行精细化运营管理。为了促进私域用户池用户的增长,舜和注重消费体验分享型社交媒体的营销策略。一方面,舜和通过优质的服务和策略优化门店宴会场地及产品在点评网站上的口碑;另一方面,舜和会投入一些推广费用来提升点评网站上品牌和产品曝光率,并根据用户需求和浏览习惯持续优化页面内容。这样的策略平均每月为舜和的成员酒店平均每月带来300～400次的咨询,其中超过80%的咨询来自目标客户。这些客户可能会询问宴会价格或要求实地考察宴会场地。由于宴会的筹备和实施周期通常较长,比如,客户可能在某年进行咨询,但实际宴会在下一年才举办,因此所有的客户信息和需求都会被仔细记录在系统中。对于尚未决定选择舜和的客户,如因预算、场地档期或其他因素导致的未成交,舜和始终保持高度重视,因为他们认为表现出关注与咨询意味着对舜和的信任。只要客户还在舜和的"私域流量池"中,未来他们仍有可能选择舜和的其他服务(如外卖、餐饮或客房服务)。因此,舜和的团队坚信不能错过任何一个精准的客户。舜和酒店集团线上宴会询盘逻辑见图19-6。

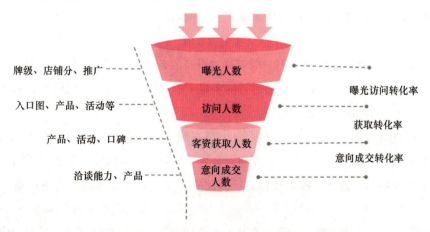

图19-6 山东舜和酒店集团线上宴会询盘逻辑

私域用户池的运营公式可以描述如下：

私域用户池订单数=用户数量×目标用户匹配率×用户触达率×用户参与率×用户转化率

上述公式表明，私域用户池订单数是由多个关键指标决定的：

（1）用户数量。反映私域用户池的用户规模，用户规模越大，潜在订单数就越多。

（2）目标用户匹配率，是指用户池中目标用户的比例。目标用户匹配率越高，潜在订单数就越多。

（3）用户触达率，是指企业能够将营销信息成功传递给私域用户池中用户的比例。用户触达率越高，用户能够接收到营销信息的机会就越多，从而产生越多的订单。

（4）用户参与率，是指私域用户池中的用户积极响应企业活动的比例。用户参与率反映了用户活跃度和购买意愿。

（5）用户转化率，是指用户参与企业活动或互动行为后最终转化为订单的比例。

私域用户池的运营不仅要求企业着眼于自有用户的持续增长，还要求企业精心设计多种消费场景以满足用户多样化需求。这意味着企业需要在不断扩充其自有用户群体的同时，也创造丰富、多元的消费体验，从而有效提高转化率和订单量。舜和就是一个成功的例证，它擅长利用多种营销活动来提升私域用户的重复购买率。例如，2023年6月1日至9日，舜和在各大门店举办了"鸿运当头照，龙虾免费吃"活动。这一信息通过企业微信公众号、短信和电话等多种途径广泛传达给私域用户，甚至在向客户发送的预订确认短信中，也巧妙地嵌入了活动信息。这种策略有效地刺激了私域用户的再次消费行为。

（三）官方网站流量和转化率的提升策略

官方网站是旅游业企业展示自身形象和品牌价值的重要平台，同时也是开展营销活动和与客户直接沟通的主要渠道。企业可以通过官方网站向潜在客户提供产品与服务信息、在线预订、活动促销、客户服务、会员计划等功能，从而促进用户和销售额的增长。

1. 官方网站流量的提升策略

无论是酒店集团、单体酒店，还是旅行社、景区，官方网站都是这些旅游业企业开展直销活动的基础平台。随着移动互联网时代来临，官方网站在直销中的使用环境发生了巨大变化，这些变化包括：

（1）移动设备改变用户访问习惯。随着移动设备的普及，越来越多的用户通过手机和平板电脑访问互联网。用户通常更倾向于通过智能手机中的应用程序或社交媒体平台来获取信息和进行预订，而不是直接访问官方网站。

（2）大型OTA平台改变用户使用偏好。大型在线旅行平台（OTA）在移动互联网时代垄断了酒店预订市场，它们投入了大量资源和资金来推广自己的应用程序和移动网站。很多用户习惯于使用OTA进行旅游产品搜索和预订，因此旅游业企业官方网站在竞争中难以获得足够的流量。

（3）社交媒体占据用户使用时间。在移动互联网时代，用户在社交媒体平台上停留的时间越来越长。这些平台有海量用户分享自己的旅行体验、旅行产品推荐和评论,使其成为更多旅行者获取旅行信息和推荐,进行旅行消费决策的重要渠道。这使酒店官方网站的流量受到一定程度的冲击。

(4)短视频冲击用户内容偏好。短视频通过生动的影像和吸引人的内容,能够更好地传达酒店的特色和体验。相比文字和静态图片,视频更能够吸引用户并使其产生情感共鸣,从而在用户心中留下深刻的印象。这可能导致用户更愿意通过短视频平台来获取酒店信息,而不是直接访问官方网站。

综上,在移动互联网时代,由于移动应用、OTA、社交媒体和短视频等平台拥有庞大的用户基础,用户的注意力被分散,并且逐渐习惯于通过这些平台获取信息和服务。这使旅游业企业的官方网站获得流量的难度加大了。但官方网站是旅游业企业进行品牌宣传、提升曝光度和知名度、获得潜在客户和增加销售收入的重要渠道,旅游业企业依然需要采取如下策略来提升官方网站的流量:

(1)做好搜索引擎基础优化工作。搜索引擎优化(SEO)是一种通过遵循搜索引擎的收录、展示和排序规则,提升网站在搜索引擎中自然排名的营销方法。搜索引擎使用爬虫技术在互联网上发现和搜集网页信息,并建立索引库。当用户输入查询关键词时,搜索引擎根据相关度等条件对已收录的网页进行快速检索和排序,并向用户返回查询结果。因此,网站运营商需要借助搜索引擎优化的方法,确保在搜索引擎中获得良好的收录、展示和排序效果。

搜索引擎的基础优化工作主要通过站内和站外两种途径进行。站内优化包括网站整体结构优化、关键词优化、内部链接优化和网站内容更新。网站应该合理规划整体结构,采用扁平的树状结构,并确保用户从首页进入所需页面的点击次数不超过 3 次。网站应设置导航,如顶部主导航、左侧导航、底部导航和面包屑导航,方便访问者快速进入目标页面,同时也便于搜索引擎抓取页面信息。关键词优化需要网站根据用户需求在网页内容中进行合理添加和布局,优先选择与主营业务相关、与用户搜索习惯密切相关、与网页内容相匹配的关键词,并注意长尾关键词的重要性。设置关键词要注意密度,避免过度堆砌。需要特别注意的是,TDK(Title、Description、Keywords)标签的优化对搜索引擎的收录和展示至关重要。标题(Title)标签是放置关键词的最佳位置,需要注意关键词的重要程度和数量。描述(Description)标签是页面内容的简介,也应包含关键词。关键词(Keywords)标签则对页面的关键词进行简述。

(2)结合社交媒体内容推广官方网站。旅游业企业在其社交媒体账号中可以提供官方网站的链接,方便用户直接访问。在社交媒体的日常发布内容中,旅游业企业可以发布与官方网站相关的优惠促销活动、预订和会员服务等内容,并通过链接引导用户前往官方网站,以进一步了解和参与活动。为了引导用户访问官方网站,社交媒体发布的内容应添加明确的行动召唤用语,如"点击了解更多"或"立即预订"。

此外,确保官方网站具备响应式的设计至关重要,以适应 PC 端、平板电脑、智能手机等不同设备。由于用户可能通过各种设备使用社交媒体并访问官方网站,因此网站的设计和布局应注重优化用户体验。网站应具有快速的页面加载速度，确保网页内容清晰可见，并能够在不同屏幕尺寸下自适应显示。这样可以提升用户的满意度，增加他们与官方网站的互动频率，减少跳出率，增加页面访问次数和时长。

（3）对官方网站内容进行质量管理和及时维护。官方网站的内容需要确保丰富性、有用性和新鲜度。官方网站应针对目标用户提供有用的信息，包括旅游目的地介绍、旅行指南、当地文化体验、景点推荐、美食推荐、旅游活动建议等。这样不仅可以为用户提供全面的旅行信息，还可以促使搜索引擎尽可能多地收录页面。除了文字内容，网站还可以考虑添加图片、视频等多媒体元素。这些内容形式不仅可以更直观地展示目的地风景、酒店设施和服务，吸引用户并增加他们的互动和留存时间，还可以增加搜索引擎对图片、视频的收录。此外，定期更新网站内容是吸引搜索引擎爬虫并增加收录页面的关键。官方网站定期发布新闻、活动和优惠等内容，可以保持网站的活跃性和新鲜度。网站频繁的内容更新也会吸引用户回访，提高他们与网站的互动率和转化率。

（4）在官方网站上提供会员服务。在官方网站上提供会员服务可以增加官方网站的流量。这是因为官方网站是为会员提供促销活动和忠诚度计划的在线服务平台之一。对于新用户，可以在官方网站注册成为会员，从而获得会员专享权益和优惠的机会；对于现有会员，可以登录官方网站，查看和参与会员专属的活动和优惠。这些行为不仅为官方网站带来了流量，还增加了用户与官方网站的互动和参与度，提高了网站平均访问页面次数和访问时长。此外，满意的会员通常会通过口碑推荐和社交媒体将官方网站介绍给其他人，这种推荐效应也可以为官方网站带来更多的流量，提升官方网站的直销效果。

（5）在线下整合营销传播活动中推广官方网站。旅游业企业在线下开展整合营销传播活动可以给官方网站带来潜在流量。旅游业企业应在线下广告、销售推广、公共关系活动、人员推销以及节事活动营销的宣传物料中明显地宣传官方网站的网址，吸引目标客户的关注，将潜在客户引导至官方网站进行更深入的了解和互动。在宣传物料中需要突出官方网站的优势，如提供便捷的在线预订、详尽的旅游信息、优惠促销活动等，以引起潜在客户对官方网站的兴趣，并增加他们访问网站的动机。

总之，通过整合线下活动和官方网站的宣传，旅游业企业可以实现线上、线下的互动，提高品牌曝光度，增加网站的流量和转化率。同时，这种整合营销传播活动可以提升企业形象和信誉度，建立用户对官方网站的信任，进一步促成用户在官方网站上预订和购买。

（6）在关键的服务接触点推广官方网站。旅游业企业与客户有很多服务接触点，在关键的服务接触点推广官方网站是一种有效的策略。例如，当客户使用酒店的 WiFi 连接互联网时，将官方网站设置为连接后的默认网站可以引导用户直接访问官方网站，使客户能够迅速了解酒店的各项服务、预订信息、促销活动等。这种策略可以有效地增加官方网站的流量，并促使客户与酒店建立更直接的互动关系。除了客户连接 WiFi 的场景，酒店还可以在酒店前厅、客房内、电梯内提供官方网站的网址和优势，鼓励客户访问网站以获取更多的个性化服务和优惠活动信息。

2. 官方网站转化率的提升策略

虽然采取上述策略可以有效增加官方网站流量,但最终的订单数量还受转化率影响。转化率是指访问网站的用户中实际完成预订或其他所期望的行动的比例。转化率的提升意味着更多的访问者变成实际的预订者,增加旅游业企业的销售收入,并提升业绩。此外,通过提高转化率,企业可以更有效地利用已有的网站流量,减少不必要的营销成本。

为此,旅游业企业可以采取如下策略提升官方网站的转化率:

(1) 确保官方网站能够提供良好的用户体验。官方网站的用户体验至关重要,网页加载速度、导航菜单的清晰性、页面设计和视觉元素的吸引力、用户界面的友好易用性、高质量的图片和视频展示、适应不同终端设备的显示效果以及优化表单填写和预订流程等用户体验要素都会影响转化率。

1) 快速的网页加载速度。用户希望网页能够快速加载,不希望等待网页缓慢加载。优化网页的加载速度可以减少用户跳转率,提高转化率。

2) 清晰的导航菜单。清晰且易于理解的导航菜单可以帮助用户迅速找到所需的信息。导航菜单应具有合理的层次结构,使用户能够直观地浏览和查找网站内容。

3) 有吸引力的页面设计和视觉元素。有吸引力的页面布局与设计、精心选择的颜色和字体等视觉元素,可以增强用户对网站的兴趣。

4) 友好易用的用户界面。用户界面应简洁、直观,使用户能够轻松地进行信息查询、查看最新促销活动和预订等操作。

5) 高质量的图片和视频。网站通过展示高质量的图片和视频,可以吸引用户注意,并提供更真实的服务体验。

6) 适应不同终端设备的显示。官方网站应具备响应式设计,以适应不同终端设备(如PC、手机、平板电脑)。企业应确保网站在不同尺寸屏幕中呈现出良好的布局和可用性。

7) 优化表单填写和预订流程。优化预订流程可以让用户在尽可能少的步骤中轻松完成预订。同时应减少烦琐的表单填写,提供快捷的支付方式,降低预订过程中的流失率。

(2) 提供有竞争力和差异化的定价策略。聪明的旅行者会在官方网站和OTA网站对要预订的产品或服务进行反复比较,从而选择预订的渠道。因此,旅游业企业需要在官方网站上提供与竞争对手和OTA相比更有竞争力的价格或包价套餐,以提升转化率。具体的策略包括:

1) 在对竞争对手调研后制订有竞争力的价格计划。由于旅行者会在提供类似产品和服务的旅游业企业之间进行价格比较,因此,旅游业企业需要对竞争对手官方网站的定价策略进行调研,确保其有综合性的竞争优势。这种竞争优势并不仅指价格最低。例如,当一家酒店的网络评分高于竞争对手时,即使其价格略高也不会影响客户的选择。

2) 与OTA的定价形成差异化竞争优势。出于市场公平性和保持OTA平台竞争力的考虑,OTA通常会要求旅游业企业提供价格一致性的定价政策,避免价格歧视和不公平竞争的情况发生。但这种价格一致性的定价政策会对官网转化率产生影响。一方面,价格一致性可以避免不同渠道出现明显的价格差异,增加消费者对渠道和价格的信任;另一方面,价格一致性也会限制旅游业企业在官网开展直销的灵活性。因此,旅游业企业需要审视和权衡价格一致性政策的使用。例如,企业可以通过在官方网站上提供有性价比优势的包价产品、注册会员享优惠活动、官网预订获得增值服务等措施来刺激用户的购买欲望,加强用户对官网的价值认知,提升官网的转化率。

3) 明确的定价信息和透明的预订政策。企业应在官方网站上清晰、明确地展示价格计划和包价套餐的详细信息,包括价格、服务内容、优惠活动等,确保信息易于理解和浏览,用户能够快速找到他们感兴趣的信息。此外,企业还应清晰地说明预订取消和修改政策等重要信息,增加用户信任感和满意度。

4) 根据库存灵活调整价格。企业应根据需求和供应的变化,在官方网站上实时调整产品价格。当需求较低或库存较多时,企业应降低价格以刺激用户预订;当需求较高或库存紧张时,企业应可以适度提高价格以提高收益。

5) 巧妙使用电子优惠券。电子优惠券是一种数字化的促销工具,其通过提供如特定折扣、免费服务、附加价值等优惠来吸引用户在特定网站上进行预订和购买。旅游业企业可以向老客户或者新客户提供官方网站上电子优惠券的便捷领用方式,增加用户在官方网站进行预订的动力。企业可以将电子优惠券与其他促销手段结合,提供更具吸引力的优惠组合。例如,将电子优惠券与套餐优惠、会员特权等进行组合,提供更全面的价值优势,促使用户在官网上进行预订。旅游业企业需要注意优惠券的合理性、时效性和发放频率,避免过度依赖优惠券而导致利润下降或用户对正常定价产生不满。

(3) 通过购物动态控件提升转化率。购物动态控件主要通过展示实时的购买活动或产品供应情况,刺激用户的购买欲望并促使其购买。例如,当用户在网上预订客房时,网站出现"有人刚刚预订"或者"仅剩×间房"的信息提示。这些信息会使用户感到一种紧迫感,认为需要快速行动以避免错过机会。同时,购物动态控件展示了其他用户对产品或服务的认可和购买行为,这有助于增加浏览者对产品或服务的信任感。值得注意的是,企业应该注意平衡购物动态控件的使用频率和真实性,以确保其有效性和良好的用户体验。

(4) 在官方网站上适时推出独有的节事活动和会员活动。企业在官方网站上适时推出独有的节事活动和会员活动可以有效提升官方网站的转化率。这些活动为官方网站带来了独特的价值,有利于吸引用户在官方网站预订和购买。

旅游业企业可以将特定的节日主题与特别优惠、礼品、活动或服务相结合,并在官方网站上提供独家宣传和预订。这种独有的节事活动可以营造节日氛围,吸引用户在官方网站上参与活动。用户在官方网站获得的独特节日体验和具有吸引力的优惠,可以增加他们选择官方网站的意愿。同样,为会员提供促销活动也能有效提升官方网站的转化率。例如,在官方网站定期推出"会员日"活动,为会员提供电子优惠券领取、会员折扣限时预订、会员特价产品与服务等，可以激发会员的参与度和忠诚度，加强会员对企业品牌的认同感和忠诚度。

（5）在官方网站提供即时对话功能和便捷的客户服务。在官方网站提供即时对话功能和其他便捷的客户服务可以有效提升官方网站的转化率。即时对话功能允许网站访问者与客服代表进行实时的在线交流和互动。客户可以随时在官方网站上与客服代表进行沟通，获取详细的产品信息、价格、预订流程等相关信息，减少购买过程中的不确定性，增加客户预订和购买的意愿。即时对话功能也为企业向客户提供个性化的服务和建议创造了机会。客服代表可以根据用户的需求和偏好，提供个性化的旅行建议、行程推荐或定制套餐，激发客户做出预订和购买的决策。此外，官方网站的客户服务还能为用户解决问题、处理投诉并提供售后支持。这种及时的客户服务不仅增强用户对企业品牌的信任感和忠诚度，还提供了良好的用户体验，使客户再次选择在官方网站进行预订或购买。

（6）针对目标客户需求以及服务卖点撰写内容。针对目标客户需求撰写官方网站内容可以确保内容与目标客户的期望和兴趣相吻合。因此，旅游业企业需要了解目标客户的需求和偏好，包括他们的旅行偏好、需求和关注点，然后在官网上提供相关、有用且有吸引力的内容。例如，如果企业的目标客户是商务旅行者，则企业在官网上可以提供关于交通、互联网连接、商务配套设施等方面的详细信息。这种针对目标客户需求的内容能够吸引他们的注意，增加他们对官方网站的兴趣和信任，进而促使他们采取预订和购买等转化行为。此外，将产品和服务的独特卖点融入官方网站的内容也是提高转化率的关键。官方网站内容应强调企业的独特优势和特点，通过展示这些清晰而引人注目的服务卖点，可以有效吸引用户的注意，强化他们对企业产品和服务的认知与兴趣，并增加他们购买的意愿。

（7）重视网络安全和隐私保护。在数字时代，网络安全和隐私保护已经成为用户非常关注的问题。如果用户对某个网站的安全性和隐私保护感到担忧，他们可能会犹豫不决或选择离开该网站，从而减少转化率。因此，官方网站需要采取一系列措施来确保网络安全和隐私保护，以增加用户对官网的信任感，提高用户进行在线购买的意愿。以下是一些重要的措施：

1）使用安全协议和加密技术。确保官网使用安全的协议（如 HTTPS）和加密技术来保护用户的个人信息和交易数据。这样能够有效防止网站被恶意攻击和数据被泄露，提升用户对网站的信任感。

2）安全支付选项。官网应提供多种安全的支付选项，如信用卡支付、第三方支付平台等。这样能够给用户提供多样化的选择，并确保他们支付过程的安全可靠。

3）强化账户安全。官网应建议用户创建强密码、使用两步验证等安全措施来保护他们的账户安全。同时，官网应及时更新和修复安全漏洞，确保网站的安全性。

4）清晰的隐私保护政策。官网应提供易于理解和透明的隐私保护政策，说明用户的个人信息将如何被使用、存储和保护。这样能够增加用户的信任感，并使用户更愿意提供个人信息。

（8）支持多种语言的展示。在旅游业，支持多种语言的展示对于满足不同地区和不同语言背景的用户至关重要。这可以扩大官方网站的潜在受众群体，使用户在熟悉的语言环境中浏览和使用官网，从而提高他们的体验感和满意度。这也有助于帮助企业在不同地区建立更广泛的品牌认知，提高这些受众与官网的互动频率和转化率。此外，支持多种语言的展示可以增强官方网站搜索引擎优化的效果。通过使用多种语言的关键词，官方网站在不同语言的搜索结果中更容易被搜索引擎收录和展示，从而提高流量和转化率。需要注意的是，为了确保多语言展示的质量和准确性，建议企业寻求专业的翻译服务，以确保翻译内容准确地反映企业的品牌形象和核心信息。

【探究性学习习题】

1. 研究与分析题

（1）分析某个你熟悉的 OTA 平台，指出在该平台中哪些酒店或旅游产品在搜索结果中的排名更靠前，并尝试分析可能的原因。

（2）研究不同的在线分销平台的评价系统，指出哪些因素被用户经常提及，以及这些因素是如何影响用户购买决策的。

2. 思考与讨论题

（1）如果你是一家高星级单体酒店的销售总监，你会如何平衡直销和分销之间的关系？结合费用、覆盖率和客户忠诚度等因素进行思考。

（2）为什么私域流量的管理在今天变得越来越重要？如何确保私域用户的持续参与和活跃度？

3. 实践应用题

（1）选择一家酒店，尝试制定一个针对其官方网站流量和转化率提升的策略方案。

（2）基于私域流量的概念，为一家旅游业企业设计一个会员计划或活动，旨在提高其私域用户的活跃度和忠诚度。

第二十章 【实验项目五】酒店在线分销渠道的页面设计与设置

一、实验概述和目的

本实验以酒店在线分销渠道的页面设计与设置为实验对象，要求学生使用酒店数字化营销管理工具，为某酒店设计 OTA 平台的查询页、搜索结果列表页、酒店详情页。通过此实验，学生不仅能够掌握酒店在 OTA 平台的用户行为路径和关键用户接触点等相关知识，还能学习有效页面内容设计与用户体验之间的联系，并在模拟 OTA 平台上进行配置，最终掌握根据用户需求和业务目标运营高效、有吸引力的在线分销平台的能力。

该实验项目的学习目的包括：

（1）理解在线分销渠道的重要性。了解为什么在线分销渠道对酒店行业如此关键，并学习各种在线分销渠道的特点和功能。

（2）理解页面设计与用户体验的关系。探讨如何通过有效的页面设计提高用户的预订转化率。

（3）学习页面设计的基本原则。例如布局、色彩、导航、号召行动等。

（4）实践页面设置和配置。对接软件工具，学习如何设置和优化酒店在 OTA 平台的页面。

二、实验背景

在线分销渠道在酒店业的营销和销售策略中起了至关重要的作用。随着互联网和移动技术的迅猛发展，越来越多的消费者选择在线渠道进行酒店预订。因此，酒店需要确保其在 OTA 平台上的页面设计与内容设置是有效和有吸引力的。酒店与旅游业市场营销人员必须具备在线分销渠道的页面设计与内容设置的能力。

三、实验原理

OTA 平台指的是"在线旅行社"（Online Travel Agency）平台，它是一个在线市场，旅行者可以在上面搜索、比较和预订各种旅游相关的服务,包括酒店、度假村、客栈、航班、租车、旅游套餐等。

酒店在 OTA 平台的运营有如下特点:

(1) 一站式预订体验。用户可以在 OTA 平台上比较多家酒店的价格、设施、评价等,并进行预订。

(2) 用户评价和评论。大多数 OTA 平台允许客户在完成住宿后留下评价和评论,这对其他用户做决策非常有帮助。

(3) 促销和特价。OTA 平台经常提供特价折扣、积分兑换或其他奖励,以吸引和留住用户。

四、实验工具

(1) 软件环境。问途酒店数字化运营管理平台、微信小程序。
(2) 硬件环境。个人计算机、智能手机、互联网。

五、实验材料

大衍酒店管理公司(简称大衍)是一家由一群对酒店业充满激情和梦想的创业者创立的酒店管理公司,主要面向国内二线城市的新中产。大衍旗下酒店拥有鲜明的特色,包括提供主题客房、高品质的床垫和床上用品等。在品牌管理方面,大衍面向不同的细分市场客群将旗下品牌分为如下几种:

(1)"嘉睿"品牌——酒店通常位于交通便利、商务与会展活动活跃的繁华地段,致力于为要求较高的商务和会展客户提供细腻、周到的商旅服务和个性化的体验。

(2)"逸朋"品牌——酒店通常位于交通便利的城市生活圈,致力于为既注重品质商务服务又需要社交空间的客户打造集商务、社交于一体的商旅生活方式。

(3)"缤阅"品牌——酒店通常位于城市近郊或自然资源较为丰富的区域,致力于打造融入所在地生活方式的休闲度假模式,满足追求美好生活的客户对合家欢乐、休闲放松、情感联结的本地生活体验。

大衍旗下三个品牌各自在国内某个经济发达、环境优美、宜业、宜居、宜游的现代化国际滨海城市拥有一家酒店,分别是大衍嘉睿酒店、大衍逸朋酒店、大衍缤阅酒店。

大衍旗下各酒店的设施设备情况见表 20-1。

表 20-1 大衍旗下各酒店的设施设备情况

酒店名称	餐厅	会议室	康体娱乐	其他
大衍嘉睿酒店	中餐厅及私密包厢、米其林西餐厅、外国主题餐厅、酒吧	3 个 50~300 人不等的无柱会议室、董事会议室、多功能厅	健身房、室内恒温泳池	洗衣服务;客房送餐服务;健身中心提供有氧运动的健身课程

(续)

酒店名称	餐厅	会议室	康体娱乐	其他
大衍逸朋酒店	位于顶层的全日制餐厅（提供早餐、午餐、晚餐和酒吧，空间可拆可合）及5个包厢、全开放式厨房、共享办公空间兼咖啡厅	可拆可合的多功能会议室、一楼大堂（含策展空间）	健身房、顶层无边际泳池、主题型酒吧空间、互动游戏厅	洗衣服务；客房送餐服务；健身中心提供有氧运动的健身课程
大衍缤阅酒店	全日制餐厅、包厢、80个餐位的特色餐厅、休闲酒吧	宴会厅、多功能会议室	健身房、瑜伽室、亲子泳池、儿童乐园（6岁以下儿童）、游乐体验区（6~12岁儿童）、当地特产店、农场	洗衣服务；客房送餐服务；提供草坪活动、健康骑行、森林瑜伽项目、主题类野餐、自然课堂

请任意选择一家酒店，设置和优化酒店在OTA平台的相关页面。

六、实验步骤

（1）设置查询页。内容包括酒店基本信息设置与优化、酒店关键字设置与优化。

（2）设置搜索结果列表页。内容包括酒店首图设置与优化、酒店标签设置与优化。

（3）设置详情页。内容包括酒店相册设置与优化、酒店基础信息设置与优化、酒店房型信息设置与优化（见图20-1）、酒店设施信息设置与优化。

图20-1 酒店房型信息设置与优化

（4）团队合作与报告撰写，内容包括分配团队角色和责任，确保每个成员都参与实验过程；制订实验计划，并分享进度和问题，确保项目按计划进行；准备一个详细的项目报告，总结实验的过程、结果和经验教训。

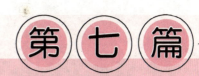

第七篇 酒店与旅游业的客户管理——提升价值

【本篇结构】

- 第七篇 酒店与旅游业的客户管理——提升价值
  - 第二十一章 客户生命周期价值的管理
    - 一、客户生命周期价值的概念
      - (一) 客户生命周期价值的定义
      - (二) 客户生命周期价值的计算
    - 二、客户生命周期价值管理的实施
      - (一) 提升客户价值
      - (二) 延长平均客户生命周期
  - 第二十二章 客户体验管理
    - 一、客户体验管理的概念
    - 二、客户体验管理的实施
      - (一) 客户体验管理的实施步骤
      - (二) 客户体验管理的关键指标
    - 三、大数据技术在客户体验管理中的应用
      - (一) 文本情感分析的方法
      - (二) 文本情感分析的流程
  - 第二十三章 客户深度运营
    - 一、客户深度运营的概念
      - (一) 客户深度运营的定义
      - (二) 客户深度运营的特征
    - 二、客户深度运营的实施
  - 第二十四章 【实验项目六】使用大数据技术进行旅游目的地市场满意度调研

第二十一章 客户生命周期价值的管理

【本章概述】

本章深入探讨了客户生命周期价值的管理策略。首先解释了 CLV 在增强企业客户价值中的核心角色和计算方式。接着,从数据驱动的视角出发,系统地介绍了如何提升客户价值并延长平均客户生命周期以提高 CLV。其中,提升客户价值主要围绕提高平均订单价值和购买频率介绍;而延长平均客户生命周期则着重于增进客户满意度、建立深厚的忠诚度,并制定针对性措施以减少客户流失。

一、客户生命周期价值的概念

(一)客户生命周期价值的定义

客户生命周期价值(Customer Lifetime Value,CLV)也被称为生命周期价值(Lifetime Value,LTV),是一个用于衡量客户在与企业的整个商业关系中为企业带来的预期收益的预测模型,之所以被称为"生命周期",是因为这个模型考虑了从客户与企业第一次接触直至关系结束的全过程。这个过程包括许多不同的阶段,例如意识、考虑、决策、购买、体验、复购和最终离开。了解客户的生命周期价值对企业的增长至关重要,因为它可以帮助企业理解应该花费多少成本和精力来获取和保留客户,可以指导企业制定营销、销售和产品开发策略,也可以帮助企业确定哪些客户对企业最有价值,从而实现更有效的资源配置。

客户生命周期价值的管理是一个持续的、动态的过程,每个阶段都需要不同的营销策略和客户管理策略。理解这一过程对企业优化客户关系并提高客户生命周期价值是至关重要的。客户生命周期价值管理中的一个关键观念是:维护现有客户的成本远低于获得新客户的成本。因此,提高现有客户的价值成为企业推动增长的有效方法。一方面,企业需要明确客户生命周期价值管理的目标,另一方面,通过优化客户体验和深度运营来提高客户满意度和忠诚度,从而延长他们的生命周期并增加其价值。这对企业的盈利能力和持续增长至关重要。

(二) 客户生命周期价值的计算

客户生命周期价值的计算首先应计算平均订单价值，接着将该值乘以平均交易次数得到客户价值。计算出平均客户生命周期（Average Customer Lifespan，ALS）后，将其与客户价值相乘可以确定客户生命周期价值。

$$客户生命周期价值 = 客户价值(CV) \times 平均客户生命周期(ALS)$$

其中，

$$客户价值(CV) = 平均订单价值(AOV) \times 平均交易次数$$

在客户价值的计算公式中，

$$平均订单价值(AOV) = 总收入/订单总数$$

$$平均客户生命周期(ALS) = 1/客户流失率$$

$$平均交易次数(f) = 年订单总数量/年唯一客户数量$$

平均客户生命周期的具体数值取决于行业和业务模型。一般来说，它是指一个客户从首次购买产品或服务到最后一次购买之间的平均时间。这个时间可以用月、季度或年来计算，取决于业务周期和需要。计算 ALS 的一种常见方法是首先确定客户流失率。客户流失率可以通过以下方式计算：在一定时间期限内（比如一个月、一个季度或一年内），流失的客户数量除以这个时间期限开始时的总客户数量。

例如，某企业每年总收入为 5000 万元，每年订单总数量为 10 万单，则：

$$平均订单价值(AOV) = 50000000/100000 = 500(元/单)$$

假设该企业平均每年下订单的客户数量为 5 万人，则：

$$平均交易次数(f) = 100000/50000 = 2(次)$$

那么，

$$客户价值(CV) = 500 \times 2 = 1000(元)$$

假设该企业每年开始时有 5 万名客户，但到年底流失了 1 万名客户。那么，客户流失率就是 $1/5 = 20\%$。则：

$$平均客户生命周期(ALS) = 1/20\% = 5(年)$$

通过上述计算，可以得出：

$$客户生命周期价值(CLV) = 1000 \times 5 = 5000(元)$$

上述计算方法提供了一个基本的预测模型，可以帮助企业了解每个客户在商业关系期间能够为公司带来的价值。这种预测并未考虑可能影响 CLV 的各种因素，如购买频率变化，客户获取成本（Customer Acquisition Costs，CAC）、订单利润变化、销售和营销费用、运营费用、产品和服务成本、客户忠诚度，以及新客户和现有客户购买行为的差异。例如，一家企业的客户对品牌没有任何忠诚度，该品牌在将发生的业务转移到竞争对手处时无须承担切换成本，这将降低客户在原品牌的平均订单价值和购买频率，并导致客户流失率增加，从而降低 CLV。因此，在实际应用中，企业可能需要采用更复杂的模型来精确地预测和理解客户生命周期价值。

二、客户生命周期价值管理的实施

客户生命周期价值不仅是一个公式，还是一种数据驱动的运营思想。其解决的核心问题有两个：提升客户价值（CV）和延长平均客户生命周期（ALS）。

（一）提升客户价值

提升客户价值的主要方法是提升客户的平均订单价值和平均交易次数。与购物或餐饮等其他消费行为相比，旅游是一种周期性更强、频率更低的消费行为。大部分人可能每年只安排一次或几次旅行，因此，旅游业企业客户的平均交易次数往往不高，而每次的消费金额因旅行目的、旅行预算、消费观念不同而不同。由于很多旅行者喜欢多样化的旅行体验，他们可能不会连续选择同一家旅游业企业或同一个目的地。因此，旅游业企业需要精心设计有效的策略来提升客户的平均订单价值和交易次数。

提升平均订单价值的方法有：

1. 开展交叉销售

交叉销售（Cross-Selling）是一种历史悠久的销售策略，它要求销售人员向客户推荐与其已购买的商品或服务相关的其他产品。例如，一位客户在网络平台上预订了一间酒店房间，酒店可能会建议他们同时预订自助餐，并提供价格优惠，从而增加销售额。交叉销售的产品可以是已购产品或者服务的附加品，或者其他用以加强特定产品或者服务原有功能或者用途的产品或服务。这里的特定产品或者服务必须具有可延展性、关联性或者补充性。交叉销售策略还有助于降低边际销售成本并提升利润率。大量实践证明，向已有客户推销某种产品或服务的成本远低于吸引新客户的成本。交叉销售已成为企业提高平均订单价值的重要销售策略。在基于互联网的营销技术不断普及和深入应用的时代，交叉销售不仅适用于面对面的人员推销场景，还深入到了线上和自动化营销等多种形式中。这些形式包括：

（1）在线交叉销售。当客户浏览或者购买一种商品时，系统会自动推荐其他相关的商品，以引导客户购买。在电子商务网站或者移动应用中，这种交叉销售的案例十分常见。

（2）邮件营销交叉销售。当客户购买某个产品后，商家可以通过发送电子邮件向客户推荐相关的其他产品。

（3）数据驱动的交叉销售。通过收集和分析客户的购买历史、浏览偏好等数据，企业可以使用机器学习算法来预测哪些产品更可能被哪些特定的客户购买，从而进行更精准的交叉销售。

（4）社交媒体交叉销售。企业可以通过社交媒体推广某种产品，同时提及其他相关的产品，引导客户进行购买。

总之，交叉销售在当前的营销技术中的应用已经非常广泛，随着大数据和人工智能技术的发展，交叉销售将会变得更加智能和个性化。

2. 开展升档销售（向上销售）

升档销售也叫向上销售（Upselling），它是指向已经选择并正在购买某一特定产品或服务的客户，或已经购买但还没有开始体验的客户推荐更高级或升级版的产品或服务。升档销售策略的目的是增加每个客户的购买金额，提高销售收入。例如，一位客户预订了一家酒店的标准双人房，在前厅办理入住时，酒店工作人员向其承诺支付优惠价格就可以升级为有更好的视野景观、更大的空间、更高级的设施的豪华双人房。这种销售策略可以增加销售额，提高平均订单价值。同时，升级后的产品或服务能更好地满足客户的需求并提高客户的满意度。

3. 产品打包销售

产品打包销售是指将两种或更多种产品或服务捆绑成一个套餐进行销售，旨在通过提供更高性价比的产品或服务来吸引客户，并降低客户对单一商品价格的敏感度，促使客户购买更多的产品或服务。这种策略能有效提高客户的平均交易金额，进而提高客户价值。在实施产品打包销售策略时，企业需要将互补的、相关的或者目标客户感兴趣的产品进行打包，并确保价格的合理性以及使企业效益最大化。

4. 提供特别的体验项目和主题活动

通过提供特别的体验项目和主题活动，企业可以增加客户的参与度，并提高他们的平均消费额。例如，根据对客户需求的分析，企业可以向他们推荐定制的私人旅游线路、本地特色的美食体验，或者以中西方传统节日为主题的活动。这些独特的、个性化的体验项目和主题活动可以提升客户价值。

5. 使用收益管理的定价策略

收益管理是使收益实现最大化的市场营销策略，它基于对市场细分的理解和预测，使用价格优化、超额预订和需求管理等策略来提高收益。因此，企业通过实施动态定价、差异化定价、优化库存等收益管理策略，可以有效提升客户的平均消费金额。

提升平均交易次数的方法有：

1. 开展促销活动

为了激发消费者对产品和服务的购买意愿，企业会通过打折销售、买一赠一、积分奖励、赠品、优惠券、免费试用、限时折扣、批量购买折扣、季节性折扣、节日专享、会员专享、推荐有奖等方式开展促销活动，让目标客户感到机不可失，从而激发目标客户的购买欲望和购买冲动。在很多种情况下，客户对自己的需求可能并不十分清楚，并且缺乏购买动力。而促销活动可以提供一个合理的理由，使客户感受到现在是购买的最佳时机。因而，开展促销活动不仅可以提高平均消费金额，还可以激发客户更频繁地进行消费。

2. 提供有效且有针对性的优惠券

提供优惠券是一种常用的营销策略。有的企业为了提升平均消费次数，会向客户的账户发放电子优惠券，作为促使目标客户购买的手段。如果优惠券符合客户的需求、便捷使用和优惠力度大，则可以有效增加客户购买频次。如果优惠券的发放规则、发放对象、发放时间、发放频率经过精心设计，有利于培养客户的购买习惯，促使其有计划地购买。但如果优惠券发放缺乏针对性，或随意发放且不能满足目标客户的需求，那么它就不能有效地提高客户的消费次数。因此，企业需要根据客户的需求和行为来制定和调整优惠券策略。

3. 向客户提供积分奖励计划

积分奖励计划是一种常见的营销策略，它是指客户每次消费后都可以获得一定数量的积分，客户将积分累积至一定金额可以去购买或兑换商品以及权益，从而增加客户的消费频次。积分也可以作为一种额外的奖励方式被用于一些促销活动。例如在"双倍积分日"，高级别会员可以获得更多积分奖励和权益，从而鼓励客户再次消费。积分奖励计划能否有效增加消费次数还取决于积分的规则、使用范围、活动的吸引力、以及相对于竞争对手的竞争力。如果获取积分的规则过于复杂、积分的价值不高、大量积分只能兑换少量奖品，这些情况只会起到相反的作用。

4. 开发新的产品和服务

确保产品和服务保持优质水准有助于激发客户再次消费的意愿，从而提升其消费频次。在旅游业，忠诚客户不仅希望企业能保持一贯的高标准服务，而且期待能有更多新的体验。因此，旅游业企业需要不断创新并开发新的产品和服务，从而激发客户的兴趣，进一步刺激他们再次消费。

5. 为客户提供个性化和定制化服务

个性化服务和定制化服务能够为客户带来深入且个人化的消费体验，这不仅会增加客户的体验感与忠诚度，还会提升购买频率。在这两种服务中，个性化服务主要是基于对用户行为的分析和预测来提供差异化的服务，而定制化服务则是根据用户的明确需求来提供专属的服务。在旅游业中，为了更有效地为客户提供个性化服务，企业通常需要搜集和分析客户的购买历史、浏览行为以及反馈等数据，以便充分了解客户的需求和兴趣，提供符合客户期望值的服务。随着人工智能技术的深入应用，个性化服务可以通过数据驱动来实现，企业借助预测模型、智能推荐系统、营销自动化等技术可以更有效地提高客户的消费频次。例如，企业在日常与客户的线上互动中，可以通过营销自动化技术根据客户的行为和需求向其自动发送个性化的优惠信息，从而提高客户的消费频次。

（二）延长平均客户生命周期

延长平均客户生命周期（ALS）主要是指提高客户满意度和忠诚度，以及减少客户流失，以下是一些具体的策略和方法：

1. 建立客户忠诚度计划

客户忠诚度计划是企业为与客户建立忠诚关系而设计的管理制度和行动方案。客户忠诚度计划主要包括四个方面的内容，分别是参与计划客户的招募、客户分层体系、积分计划和客户权益。其中，参与计划客户的招募是指要考虑忠诚度计划适用的对象，确定要招募客户的方式。客户分层体系是一种等级制度，客户可以通过不断消费成为更高级别的会员，从而享受更多的客户权益、专属活动、个性化服务、积分回馈比例甚至价格优惠。经过精心设计的客户忠诚度计划能够有效避免客户流失，延长客户生命周期。积分计划是指客户通过购买商品或服务累积积分，并在累积一定数量的积分后兑换奖品或享受折扣。客户权益是指加入忠诚度计划的客户根据相应的层级获得的差异化待遇和优先关怀特权。

2. 提供优质产品和服务

提供优质产品和服务对延长客户生命周期起到了关键性的作用。首先，优质的产品和服务可以满足甚至超越客户的期待，从而提高他们对品牌的满意度和忠诚度。满意且忠诚的客户更有可能与企业保持良好的关系，从而延长他们的生命周期。其次，优质的产品和服务可以引发口碑效应，使客户更有可能向他人推荐某个品牌，从而帮助企业吸引新客户。最后，当客户看到他们推荐的品牌受到朋友和家人的认可，也会增强他们对该品牌的认同感。因此，旅游业企业一方面要确保能够提供符合企业品牌定位的优质产品和高水准服务，还要不断优化用户体验，从而延长客户生命周期。

3. 定期跟进和关怀客户

定期跟进和关怀客户是延长客户生命周期的有效方法，这不仅可以让客户感觉被重视和尊重，而且可以让企业及时了解客户的需求和反馈，以及他们对产品或服务的满意度。这种方法有助于增强企业与客户之间的关系，提升客户的忠诚度，从而延长客户生命周期。企业定期跟进和关怀客户的方式有：

（1）定期调研。定期调研客户的满意度和需求，以确保他们对产品或服务感到满意。这可以通过电话调查、电子邮件调查或面对面访谈等方式进行。

（2）定期发送有价值的信息。除了销售信息，企业还可以向客户发送促销活动、新产品与服务体验、活动邀请函等有帮助、有价值的信息，以此保持与客户的联系。

（3）关心客户的需求和问题。通过定期与客户沟通，了解他们在使用过程中是否需要帮助或遇到了哪些问题，并根据企业的能力为他们提供必要的帮助或解决方案，表达对客户的关怀。

4. 采取措施挽回流失客户

挽回流失客户是延长客户生命周期的重要策略之一。一方面，企业需要通过调查和反馈，了解客户为何停止使用其产品或服务；另一方面，企业在了解客户流失原因后，需要制定相应的挽回策略。例如，如果客户因价格而流失，可以提供优惠或折扣；如果是因为产品或服务的问题，则需要对产品或服务进行改进，并向客户反馈已经解决了这些问题。为了更加高效地识别并挽回流失客户，企业需要收集并分析客户的行为数据，以预警可能的客户流失。如果一位曾经频繁购买的客户突然停止了购买，这可能是客户流失的预警信号。企业可以举办一些专门针对流失客户的活动，如提供专享折扣、免费试用等，以吸引他们重新使用企业的产品或服务。

【探究性学习习题】

1. 研究与分析题

（1）在旅游业中选择一种业态的企业，计算并分析其客户生命周期价值（CLV）。

（2）请对比不同行业中的企业（如零售业和航空业）在客户生命周期价值管理上的异同。

2. 思考与讨论题

（1）在数字化和大数据时代，如何更精准地计算和优化客户生命周期价值？

（2）在维护现有客户与吸引新客户之间，企业应该如何平衡资源和策略以使CLV最大化？

3. 实践应用题

（1）假设你是某餐饮业的店主，如何通过提供不同价值的服务或优惠来增加顾客的平均消费金额和消费频率？

（2）假设你是某旅游电子商务网站的营销经理，如何通过数据驱动的方法来延长客户生命周期？请你提出具体策略和行动建议。

第二十二章 客户体验管理

【本章概述】

本章深入探讨了客户体验管理在酒店与旅游业的应用及其实施策略。从战略的角度,本章探讨了客户体验管理如何全面地管理客户对产品和公司的感受,并阐明了它与市场营销、客户关系管理及客户生命周期价值管理之间的紧密联系。在实施层面,本章突出了数字化时代全渠道客户体验管理的重要性,强调了应以品牌一致性、无缝的客户接触点与及时响应为主要策略。为了评估客户体验,本章引入了 CSAT 和 NPS 两个核心指标,并详细说明了它们的测量方式。最后,结合大数据技术,本章为读者展示了如何利用文本情感分析更深入地解析客户的感受,为企业提供更精准的反馈指导。

一、客户体验管理的概念

2004 年,贝恩特 H. 施密特(Bernd H. Schmitt)在《顾客体验管理:实施体验经济的工具》一书中,对客户体验管理(Customer Experience Management,CEM/CXM)进行了明确的定义,他认为客户体验管理是战略性地管理客户对产品或公司的全面体验的过程。

1. 客户体验管理和市场营销的关系

传统的市场营销重点关注的是产品、定价、渠道以及促销推广等要素,其核心在于影响并促进产品或服务在购买前阶段的吸引力并最终促进成交。相比之下,客户体验管理则侧重于客户在购买产品或服务之后的阶段,包括产品体验、互动和沟通。在数字化时代,互联网技术赋能企业在整个消费旅程中有更多机会接触目标客户并与之互动。客户体验不再局限在实体环境中,而是从数字空间开始,延伸到实体环境中。因此,客户体验管理的范围应从数字空间的接触点扩展到实体环境中的所有接触点。如图 22-1 所示,山东舜和酒店集团将客房内的枕头作为一个接触点,为客户带来惊喜的体验。

随着移动互联网和智能手机的普及,企业有了更多触及目标客户的便捷途径,而客户也可以随时随地通过多个接触点和渠道与品牌互动。每次互动都会产生大量的客户体验数据。企业可以通过各种方式收集客户的反馈数据，整合并分析全接触点、全渠道的客户体验数据，以便更深入地了解客户需求，发现并解决问题，为企业各个部门的决策提供数据支持。

图 22-1　山东舜和酒店集团在客房枕头上设计的欢迎语

市场营销是为目标客户、现有客户以及利益相关者发现、识别、创造、传播、交付、提升和管理价值的一系列理念、策略、流程和行动过程。客户体验管理在市场营销行动过程中的每个阶段都可以发挥不同的作用：

（1）市场数据和客户数据洞察。客户体验管理通过数据来发现和识别客户的行为、需求和期望。数据洞察可以用于创造和改进产品与服务，提升客户体验。

（2）品牌形象提升。良好的客户体验可以显著提升品牌形象和美誉度。当客户的体验超过期待时，他们更可能成为品牌忠实的粉丝和传播者。

（3）销售促进。通过市场营销策略，企业可以吸引潜在客户并鼓励他们参与活动，并通过提供优质的客户体验将这些潜在客户转化为成交客户。

（4）客户满意度和忠诚度提升。市场营销策略可以帮助企业吸引和保留客户，而优秀的客户体验可以进一步增加客户的满意度和忠诚度，从而带来复购率的提升和"以老带新"的效果。

2. 客户体验管理与客户关系管理的关系

客户体验管理（CEM）与客户关系管理（CRM）在基本功能方面有相似或者重叠之处。但 CRM 的核心目标是通过管理和优化与客户的关系来提高客户满意度和忠诚度，这通常涉及销售、服务和营销的各个环节。CRM 通常具有一些企业内部业务流程管理功能，主要用于提高企业效率。相比之下，CEM 则更专注于管理和优化客户在与企业所有接触点的全过程体验，包括在数字空间和实体环境中的接触、互动和沟通。CEM 强调通过跨渠道数据的打通和实时数据流的监测，更深入地了解和响应客户的需求、偏好和行为。CEM 在一定程度上提升了 CRM 的内涵，它在管理和优化客户关系的基础上，更加关注客户的全过程体验，以更全面、更深入地满足客户的需求和期望。同时，CEM 也可以为 CRM 提供更丰富、更实时的数据和洞察，帮助企业更好地理解和服务客户。

总之，客户体验管理是一种运营理念和运营战略，是企业客户关系管理的重要组成部分，是数字时代客户关系管理更深层次的要求。它的核心目标是通过一系列运营策略提高客户满意度，建立客户忠诚度，并提高客户生命周期的价值。

3. 客户体验管理与客户生命周期价值管理的关系

客户生命周期价值（CLV）是客户体验管理中需要跟踪的关键性能指标之一。CLV 与净推荐值（NPS）和客户满意度（CSAT）的不同点在于，CLV 直接与收入有关，而 NPS 和 CSAT 主要是衡量忠诚度和满意度的指标。

客户体验管理由企业对客户在每个接触点的体验管理构成，这是一个监控、倾听和不断优化的过程，企业通过客户满意度和忠诚度的提升最终实现客户生命周期价值的提升。

二、客户体验管理的实施

（一）客户体验管理的实施步骤

客户体验管理是一种以客户为中心的战略，它通过理解、优化并满足客户的期望，从而提升客户满意度和忠诚度。客户体验管理包括多个方面和环节，如洞察客户需求、创建客户旅程地图、确定关键绩效指标、收集和分析数据、优化客户体验、评估效果并持续改进等。这些都需要详细的规划和执行。客户体验管理的实施步骤具体内容如下：

（1）洞察客户需求。实施客户体验管理的第一步是理解客户。这包括深入理解企业所面向的客户群体的需求、偏好和期望。洞察客户需求可以通过各种方式实现，包括进行市场研究、分析客户数据、进行客户访谈、使用在线调查工具等。深入了解客户可以帮助企业制定真正符合客户需求和期望的产品、服务和市场策略等。例如，裸心主要服务的客户包含 80 年代后期出生的年轻客户。经过深入分析这一群体的客户数据，裸心发现他们对如何为父母安排在度假村的活动特别关注。客户反馈中频繁出现如下问题："我想带上爸妈来体验，度假村有哪些活动适合他们？"或者，"我想为父母预订旅行服务，希望他们也能体验。"针对这些需求，裸心推出了专为"银发一族"设计的套餐，以满足年轻客户为父母提供高质量休闲体验的期望。此外，由于许多客户带着特定的摄影服装到度假村，裸心还为他们推出了快拍、旅拍的增值服务，进一步提升了客户的整体体验。

（2）创建客户旅程地图。客户旅程地图是一种视觉工具，用于描绘客户与企业的所有交互过程，从而帮助企业全面理解和优化在消费旅程中各个接触点上的客户体验。通过创建客户旅程地图，企业可以更直观地看到客户体验中的关键环节，从而找出优化产品的机会。

（3）确定关键绩效指标。关键绩效指标（KPI）是衡量客户体验管理成效的重要工具。根据企业的特点和目标，KPI 可能包括净推荐值（NPS）、客户满意度（CSAT）、客户生命周期价值（CLV）、客户留存率等。企业应选择最能反映其业务成果的 KPIs。

（4）数据收集和分析。数据是驱动客户体验管理的关键。首先，企业需要建立一个有效的数据收集和分析机制，包括确定数据采集的地点（或接触点）、方式、工具，以及数据清理、数据分析、数据存储和管理等环节。有效的数据收集和分析机制可以帮助企业获取实时、全面的客户反馈，以支持决策；其次，企业要定期收集和分析数据，以了解其产品和服务在哪些方面做得好，在哪些方面需要改进。数据分析的结果可以为改进客户体验提供有价值的信息。

(5) 优化客户体验。基于数据分析的结果，企业应制订并实施改进计划，以提高服务质量和客户体验。这可能包括优化产品设计、改进服务流程、提升员工服务能力等。

(6) 评估效果并持续改进。实施改进措施后，企业需要通过 KPIs 来评估这些改进措施的效果。如果效果满意，则可以持续实施和优化这些改进措施；如果效果不满意，则需要调整改进计划。这一步骤应作为客户体验管理的持续过程，以实现持续改进和优化。

酒店、旅行社等旅游业企业的客户可能在预订、咨询、支付、服务体验等各个环节中通过不同的渠道与企业互动，跨越线上和线下不同的消费场景。因此，全渠道客户体验管理（Omnichannel Customer Experience Management）的重要性不言而喻。这是一种跨越所有交互渠道的客户体验管理，目的是提供一致和无缝的客户体验。无论客户选择通过哪种方式（如官方网站、官方社交媒体平台、线下经营场所、呼叫中心等）与企业接触，他们都能享受到一致的服务。

裸心的客户体验管理覆盖客户从预订前、预订中、预订后、入住前、入住中和入住后的全过程。首先，裸心需要通过整合营销传播活动让品牌触达很多的潜在客户。为此，裸心在小红书、抖音、视频号、微博甚至海外的 Instagram、Facebook 等社交媒体上通过图片、文字、视频大量"种草"，以吸引潜在客户。由于潜在客户会通过不同的渠道进行预订，例如 PC 端网站、移动端网站、小程序、在线客服、400 电话等，企业应保证无论潜在客户使用哪种渠道预订，都能通过扫描这些渠道提供的二维码关注微信客服，从而直接与裸心客服互动。为了增进客服与客户互动的体验，裸心精心准备了一套 Q&A 常见问题库。针对一些常见问题，客户可以通过微信自动回复获取常规答复；而针对客户的个性化问题，可以转到人工客服在线处理或电话跟进。对于所有的互动细节标准，裸心总部都从品牌层面做了完整的规划和视觉呈现要求。客户预订后，会立即收到确认短信和一些重要信息告知与友情提醒。例如，度假村不主动提供一次性用品，但如果客户需要，可以自行前往前台索取。短信会提示客户带上泳衣、舒适的鞋子、衣服以便享受户外活动等。这些手段都会增进客户体验并促进预订率提升。当客户预订后，裸心的宾客服务小程序"裸心享 naked NOW"开始为客户提供服务，客户可以在入住前预先进行餐饮、SPA、活动等服务项目的预订。在客户抵达前，裸心会联系客户获取抵达时间和车牌号码，以便为客户提前做好服务安排。当客户抵达度假村前台的时候，服务人员已经准备好了欢迎饮品和欢迎礼物。如果客户在规定入住时间前抵达，但是客房还没有安排好，客户可以先参加度假村内的各项活动，裸心会在房间安排好后将行李送到客房，完全不耽误客户的度假生活。客户入住后，依然可以通过"裸心享 naked NOW"小程序获取服务以及预订活动。在住店期间，裸心会提供丰富多样的餐饮以及活动选择，确保客户一日三餐不重样以及每天体验不同的活动。离店前，度假村客服会提前和客户沟通退房离店时间，为客户准备离店小礼物，并安排意见征询。对于客户的反馈意见，客服也会及时回复。在离店的服务跟踪上，裸心有一套标准和细节要求，例如，裸心会在每个度假村展示裸心的其他度假产品，吸引客户对其产生向往。这些措施都增加了客户体验，促进了复购率提升。

结合上述案例，全渠道客户体验管理可以包括以下几个方面：

（1）维护品牌一致性。无论在线上、线下渠道，官方网站还是社交媒体上，企业都需要保持一致的品牌形象和信息，使客户接触到的企业信息具有一致性。

（2）无缝衔接各个接触点。企业需确保在各个接触点间为客户提供无缝衔接的体验。例如，客户在官方网站上查看某个旅游产品后，可以在社交媒体平台上看到关于这个旅游产品的话题讨论。

（3）提供个性化服务。基于对客户行为和喜好的深入理解，企业可以提供更加个性化的服务，满足客户的个性需求。

（4）实时响应客户反馈。无论通过哪个渠道，客户反馈都应得到及时的响应。这不仅可以提升客户满意度，还能帮助企业及时发现和解决问题。

为实现上述全渠道的客户体验管理，企业必须在每一步都投入充足的资源和精力。只有这样，才能真正提升客户体验，从而增加客户满意度，提高客户忠诚度，最终推动企业收益的持续增长。

（二）客户体验管理的关键指标

实施客户体验管理时，首要步骤是确定关键绩效指标（Key Performance Indicator，KPI）。KPI 有助于量化和追踪特定目标的进展。在客户体验管理中，衡量客户体验和满意度的 KPI 可能有很多种。其中，最具代表性的 KPI 有客户满意度（CSAT）、复购率、在线点评得分、在线转化率、净推荐值（Net Promoter Score，NPS）等。近年来，CSAT、NPS 都是衡量客户体验管理的常用指标。

1. 客户满意度

客户满意度调研是企业为了了解客户对产品或服务的满意程度，通过比较服务表现与客户预期之间的差距，为提升产品和服务质量、提升客户满意度提供数据依据的常用方法。它也是企业获得客户直接反馈、了解客户满意度的重要途径。客户满意度调研不仅能体现酒店"以客户为中心"的理念，还能根据调研的数据分析结果引导企业改进方向，为服务体验管理提供依据。

客户满意度反映了消费者在购买产品后的心理满足程度。由于旅游业的产品主要是无形的服务，其特点使客户在消费前很难准确判断服务的质量，因此，为降低购买的不确定性，消费者往往会在购买前从不同渠道获取产品信息，从而建立一定的期望。满意度的产生很大程度上是基于消费者对预期与实际体验之间的比较。若实际体验未能达到预期，消费者将感到不满，这可能导致他们不再重复购买并给予负面评价；若二者相符，消费者的购买意愿仍然是不确定的；但当实际体验超出预期时，消费者将会高度满意，这种满意度甚至会随着其对产品的不断购买而加深，进而转化为对品牌的忠诚度。因此，客户满意度不是一个固定的指标。正确地理解并调整满意度策略可以帮助企业将消费者的不满意转化为满意，从而提升整体的客户体验。

客户满意度测评的核心在于定量分析，它用数字来体现客户对特定属性的感受，因此对测评指标的量化显得尤为重要。尽管企业可以通过询问或观察得知客户对产品、服务或企业的观感和偏好，但这些方法在获取深入、具体的满意度信息时可能会受到限制。为此，采用特定的态度测量技术可以帮助企业更客观、便捷地量化客户难以直接表达的态度。这就需要用到量表。设计量表通常包括两个关键步骤：首先是赋值——为不同的态度特性设定特定数值；接下来是定位——将这些数值排序或整合成一个序列，并将受访者的反馈定位于此序列。使用数字测评态度有明确的优势：一方面，数字易于进行统计分析；另一方面，数字化的方式使态度测量更为简明、清晰。

李克特量表（Likert Scale）是总加量表的一种，专为特定研究对象设计，要求受访者对特定题目给出数值评分，随后通过累计得分来展现受访者对某一主题的整体态度或评价。李克特量表广泛应用于满意度调研，有助于企业了解客户的看法与感受。通常，受访者需依据5种级别对其满意程度进行评价，这5种级别及其对应值分别为满意（5）、较满意（4）、一般（3）、较不满意（2）和不满意（1）。尽管5级量表和7级量表较常见，但根据研究需求，有时也会采用4级量表、6级量表或11级量表等其他类型的量表。

客户满意度量表是评估客户满意度的主流方法。CSAT基准测试分为两部分：首先，根据特定需求如测试期限、数量和企业的发展预期，设置一个满意度得分基准，帮助企业判断满意度高低；接下来，邀请客户为其所接受的服务进行1~5分的评价，其中1分代表极不满意，而5分代表极为满意。这种评分简明地揭示了客户对服务的满意程度。通常，1~3分的评价为不满意，而4~5分为满意。但一些对满意度要求较高的企业可能会将1~4分视为不满意，仅将5分视为满意。满意度的总得分则由感到满意的客户数量占总参与调查者的比例决定。

企业追求的不应仅是客户的满意，还应包括客户忠诚度。忠诚的客户不会轻易被其他品牌所吸引，并乐于向他人推荐企业的产品和服务。企业选择衡量客户满意度的方法时，除了考虑满意度，更应关注其对客户忠诚度的影响。客户忠诚度体现在客户对品牌的高度认可，当他们或身边的人需要某种服务或产品时，会首选并推荐该品牌。在此背景下，NPS成了评估客户忠诚度的高效且实用的工具。

2. 净推荐值

净推荐值（Net Promoter Score，NPS）是一种用于计量客户向他人推荐某企业产品或服务意愿的指数。2003年Fred Reichheld在《哈佛商业评论》发表的文章 The One Number You Need to Grow 中提出净推荐值的概念。2008年Fred Reichheld在出版的《终极问题：创造好利润，促进真成长》一书中系统介绍了NPS，并在2013年出版的《终极问题2.0：客户驱动的企业未来》中把NPS发展为客户体验管理指标体系。

NPS调查通常只有一个简单的问题："你向朋友或同事推荐某品牌/产品/服务的可能性有多大？"企业后续也可能会根据需要提一个开放性问题以便更精准地了解用户对公司、产品或服务的反馈和看法。受访者的回答以0~10分来表示，0分表示"完全不可能"，10分表示"非常可能"。调查结束后，可以将受访者回答的分数划分为3组（每组都会包含不同类型的客户）：

（1）推荐者（9~10分）。推荐者理论上是最可能推荐企业产品的人，他们基本上对企业的产品表示满意，也是企业的忠实客户。

（2）被动者（7~8分）。被动者是处于摇摆立场的人，他们喜欢企业的产品，但是该产品并不足以让他们愿意冒着影响声誉的风险去推荐。

（3）贬低者（0~6分）。贬低者是对企业的产品满意度低或完全不满意的人，他们大多表现为不推荐，甚至会建议其他人不购买产品。

NPS 的计算公式如下：

$$净推荐值得分 = 总推荐者百分比 - 总贬低者百分比$$

NPS 通过计算总推荐者与总贬低者这两类人群的占比，得出一个相对值。这个值在-100%（所有人都是贬低者）和+100%（所有人都是推荐者）之间变化。在客户体验管理中，NPS 是一个重要的工具，它通过衡量客户愿意将产品或服务推荐给他人的行为意图，为企业提供客户对品牌的总体印象和长期忠诚度的整体视图。推荐行为不仅是客户满意度的标志，更是忠诚度的体现，因为只有当客户对一个品牌有强烈的信任感和满意度时，他们才会把它推荐给他人。当客户愿意推荐一个产品或服务时，他们不仅可能会继续购买，而且可能会向其他潜在客户介绍。这种行为意图和产生的口碑效应使 NPS 成为一个有效且更具前瞻性的预测指标，可以帮助企业预测客户未来的行为。南方航空公司 NPS 调查见图 22-2。

图 22-2 南方航空公司 NPS 调查

作为客户体验管理的关键绩效指标，NPS 也有其局限性。NPS 仅包括一个简单的推荐意愿问题，可能难以涵盖所有影响客户体验的因素。例如，客户推荐某项服务并不意味着他们对该服务的所有方面都满意。不同细分市场、不同文化背景的客户对产品和服务的感知及要求的差异性也会导致 NPS 评分出现差异。此外，由于 NPS 只涉及一个问题，它无法提供客户给出特定评分的详细原因。如果没有额外的开放性问题或跟进研究，企业可能难以根据 NPS 结果制定详细的改进策略。

NPS在旅游业的客户体验管理中具有重要的应用价值。企业可以在用户的全消费旅程中每个能够与消费者互动的接触点应用NPS以获得实时反馈,从而及时了解消费者对其服务和产品的满意度,以及他们推荐的可能性。例如,在酒店客户的消费旅程中,酒店与客户的接触点包括网站预订、前厅办理手续、客户入住、餐厅就餐、前厅退房等。酒店可以在每个接触点通过线上或线下的问卷调研,询问客户对该接触点体验的满意度,例如,提问,"您是否愿意向您的亲朋好友推荐酒店的某项服务?"当企业了解到客户在全消费旅程中各个接触点的NPS值,便能更全面地掌握客户体验的表现,为及时的服务和产品改进、提高消费者满意度和忠诚度提供有价值的参考。这种价值体现在:

(1)洞察消费者行为。通过在全消费旅程的各个接触点应用NPS,旅游业企业能更深入地理解消费者的行为模式,识别在消费过程中的关键影响因素,从而制定更有效的营销和服务策略。

(2)优化客户体验。覆盖全消费旅程的NPS能够揭示不同接触点、不同阶段可能存在的问题,从而有针对性地进行产品和服务改进,整体优化客户体验。

(3)增强客户关系。通过持续收集客户反馈和优化客户体验,旅游业企业能够进一步增强与客户之间的关系,支持企业长期的用户增长。

(4)预测和驱动增长。NPS可以反映消费者的忠诚度和推荐行为,帮助企业采取措施优化客户体验,并预测未来的增长。

NPS的值介于-100%和100%之间。NPS的计算方式是基于推荐者(给出9分或10分的客户)的比例与贬低者(给出0~6分的客户)的比例之差,所以其可能的最小值为-100%(所有人都是贬低者),最大值为100%(所有人都是推荐者)。企业在应用NPS进行调研和分析时,会疑惑NPS值多少算理想或者是否有基准值可以参考。一般来说,NPS是正数意味着推荐者多于贬低者,这说明企业的品牌、产品和服务都是较好的;NPS高于50%意味着推荐者的比例远超过贬低者,反映出企业的品牌、产品和服务获得了客户的高度认可。

市场上有不少研究机构会定期发布NPS基准值,企业可以将第三方机构发布的NPS基准值作为参考,并与企业的NPS值进行比较,深入了解影响NPS值的因素,有针对性地采取优化措施。NPS基准主要分为两种:一种是内部NPS基准,反映组织在不同时期的NPS数据;另一种是外部NPS基准,表示同行业各公司的平均分数。企业也可以将自己的NPS与同行业的竞争对手或行业平均水平进行比较,以了解自己在市场上的竞争力和位置。由于外部NPS基准值会因行业、市场、产品类型、环境、位置等因素而有所不同,因此企业应更加关注内部NPS基准。如果一个企业的NPS持续提高,通常意味着企业的客户体验正在改善;而如果NPS持续下降,则企业可能需要调查其可能的原因并采取改善措施。

三、大数据技术在客户体验管理中的应用

数据在当今的客户体验管理中起着决定性的作用。为了确保客户满意度和忠诚度,企业必

须构建一个全面而又高效的数据收集和分析框架。传统的数据收集方法，如客户满意度调查和净推荐值问卷，虽然提供了宝贵的直接反馈，但它们有局限性。一是由于人为因素和社会期望偏见，问卷的结果可能不能完全反映真实情况；二是问卷收集的样本量相对有限，且涉及的人力、物力和时间投入较大。

为了更全面地掌握客户的感受，大数据技术可以发挥出更大的作用。通过对用户在互联网上的评论和分享数据进行文本情感分析，特别是采用自然语言处理（NLP）算法和情感分析库，企业可以更客观、全面地了解用户对其产品和服务的情感态度，包括负面态度、中立态度或正面态度。这样才能以客户价值为核心，制定更有针对性的客户体验管理策略。例如，针对负面反馈，企业可以迅速响应并调整服务，实时优化客户体验，确保持续的满意度和忠诚度。需要指出的是，虽然互联网上有海量的点评与分享数据，但其中不乏噪声数据、极端情感或人为操纵的评论。因此，在分析过程中，正确的数据清洗和验证方法是不可或缺的。

（一）文本情感分析的方法

文本情感分析是自然语言处理（NLP）领域的一个关键应用。它对带有情感色彩的主观文本进行分析、处理、归纳和推理，从而提取出带有情感倾向的信息。文本情感分析通常采用特定的情感得分指标，使研究者能够量化定性数据。简而言之，文本情感分析的核心目标是将文本中难以捉摸、复杂的情感内容转化为清晰、可量化的指标。在技术上，情感分析可以被视为一个文本分类问题，如为文本内容的感情倾向打分，将其标记为"正面""负面"或"中立"。这种标记或分类的过程在 NLP 中被称为文本分类。文本情感分析有三种主流方法：

1. 基于情感词典的文本情感分析方法

这种方法主要依赖于预先定义的情感词典。情感词典是专为情感分析设计的，其中包括具有正面或负面情感倾向的词汇、短语和习语。这些条目通常还附带有关情感极性（如正面或负面）和情感强度的标注。基于情感词典的方法主要通过计算文本中的情感词汇频率或权重来确定整体情感倾向。一部完善的情感词典不仅应列出情感词汇，还可能包括：

（1）情感短语和习语。如"心情愉悦""愁眉苦脸"。

（2）语义关系。例如同义词、反义词、上下义词等，有助于准确解读情感词汇。

（3）语法信息。例如词性标注和语法规则，有助于更好地解析文本内容。

通过情感词典，市场研究者可以深入洞察用户的情感和态度，进而为客户体验管理提供决策依据。情感词典有许多选择，各具特色。例如，BosonNLP 情感词典是基于来自微博、新闻、论坛等的大量情感标注数据自动构建的。它不仅为文本中的词汇标注了情感极性，还对情感强度进行了分级。通过 BosonNLP 情感词典，研究者可以有效地跟踪社交媒体的情感趋势，并迅速识别网络上的负面信息。

2. 基于传统机器学习的文本情感分析方法

这种方法需要通过朴素贝叶斯、支持向量机等算法来对文本数据进行分类。在使用时，首先需要对文本数据进行特征工程处理，将其转换为适合机器学习模型处理的格式，然后使用标注的数据对模型进行训练。

朴素贝叶斯算法的"朴素"之处在于它假设特征之间是条件独立的。这意味着在给定的输出类别条件下，一个特征的出现并不影响其他特征的出现。尽管这种假设在实际情况中并不总是成立的，但朴素贝叶斯算法仍然在很多实际应用场景中表现出色。

支持向量机是机器学习领域中常用的分类算法之一，尤其适用于二分类问题。这种算法的目标是找到一个最优分割超平面（在高维空间中可能是超曲面），将两个类别的数据分隔开。最优分割超平面选择的方式是确保最近的数据点（被称为支持向量）到这个平面的距离最大化，从而确保对新数据的分类鲁棒性（即 Robustness，指一个系统、模型或方法对误差或小的变化的稳定性和抵抗能力）和准确性。

3. 基于深度学习的文本情感分析方法

基于深度学习的情感分析利用了人工神经网络。人工神经网络是受人脑结构启发而设计的计算模型，目的是模拟人的思维模式和语言处理能力。深度学习特别适合处理复杂的大量文本数据。与传统的机器学习方法相比，深度学习的一个显著优点是其能自动挖掘和理解文本中的特征和深层语义信息。在传统机器学习中，研究者通常需要手动选择模型和设计特征，这一过程费时且易错。而深度学习可以自动从原始文本中学习这些特征，从而减少了人为干预，并提高了模型的准确性和效率。例如，使用深度学习分析旅游景区相关的评论时，模型可以识别"不"和"推荐"之间的负面联系，而不只是基于词语"推荐"简单地认为评论是正面的。总之，基于深度学习的文本情感分析方法通过自动学习文本的深层特点，为研究者提供了一个更加精确和高效的工具来理解文本中的情感。

在进行文本情感分析时，选择哪种工具取决于研究者手中的数据和实际需求。文本情感分析方法为市场研究者针对不同场景和需求的研究提供了多种工具的选择，这有助于其准确解读文本的情感信息。

（二）文本情感分析的流程

文本情感分析可以概括为五个关键步骤，从数据的获取到最终结果的可视化输出，有利于其对文本背后的情感进行准确的解读。

（1）数据获取。文本情感分析的第一步涉及从各种渠道、平台或数据库中收集原始文本数据，如社交媒体、评论网站或新闻中的文章。

（2）数据预处理。为了确保文本数据的一致性和纯净性，需要进行数据预处理。这包括分词（将句子拆分为单独的词或短语）、移除停用词（如"和""的"等常用但信息量少的词），以及清理标点符号和数字。

（3）特征提取。这一步的目的是从处理过的文本中选取对情感分析有帮助的关键信息或特征，如词语的出现频率、位置或上下文关系。

（4）分类处理。在这个核心阶段，文本将被按其情感倾向分类，如"正面""负面"或"中性"。根据具体的数据和需求，可以选择不同的算法，例如决策树、随机森林或支持向量机。

（5）结果可视化输出。为了直观地呈现文本中的情感分析结果，可以采用可视化方法。例如，词云图能够清晰地展现文本中各个词的重要性：越重要的词会显示得越大。这不仅能帮助研究者快速捕捉文本的核心情感，还增加了分析的趣味性和直观性。

数据预处理是文本情感分析中至关重要的步骤。不同于数字或其他结构化数据，文本数据包含了丰富而复杂的信息和情感。为了保证分析的精确性和可靠性，需要对文本数据进行系统而细致的预处理。预处理的步骤包括数据清洗、分词、停用词处理和词性标注。

（1）数据清洗。数据清洗是数据预处理的一个关键环节，目的是确保数据质量并准确反映真实情境。具体来说，数据清洗包括以下核心操作：

1）文本内容提取。它是指从大量的原始数据中筛选出人们真正关心的文本信息。例如，从网页中提取评论文本，而忽略广告和其他无关信息。

2）去除无用内容。它是指移除对分析没有价值或可能导致误解的信息。这些无用内容不仅不会增加分析价值，反而可能导致分析结果的偏颇。例如，大量的默认评论可能使某种情感倾向过于明显，而不能真实地反映大众的看法。常见的无用内容包括：①重复内容。如同一用户发布多次相同的评论。②过度重复的评论。例如，连续出现的"好好好好……"。③默认或自动回复。这是因为这类内容并没有反映用户的真实情感。

数据清洗对确保数据分析的准确性至关重要。只有高质量的数据，才能真实、准确地捕捉到客户的感受，为客户体验管理提供有价值的反馈。

（2）分词。分词是文本处理的基础步骤，其目的是将连续的文本流切割成有意义的单词或短语，为后续的文本分析建立基础。在英文中，分词相对简单，因为词汇之间通常以空格明确地分隔开。而中文的处理则更为复杂，因为文本由连续的汉字组成，无明显间隔，并且单个汉字的意义可能不完整，往往需要组合成词来传达完整的信息。为了解决中文的这一问题，研究者开发了多种"分词"技术，大致可分为以下几种：

1）机械分词方法。按固定字数进行切割，如每两个字或三个字组成一个词。

2）基于理解的分词方法。通过语言学规则进行切割。

3）基于统计的分词方法。这种方法通过学习大量文本数据，将那些组合在一起出现频率高的汉字认定为一个词。例如，"酒店"这两个字经常一起出现，因此被视为一个词。

上述方法中，基于统计的分词方法在实际中应用较多。Jieba（结巴分词）是这类方法中较受欢迎的工具之一，它是 Python 的一个中文分词库，不仅提供分词功能，还支持词性标注和关键词抽取等功能，为文本分析提供了便捷的条件。

（3）停用词处理。停用词处理是文本预处理的重要环节，其目标是移除在文本中频繁出现但对分析并没有实质性贡献的词汇。所谓的停用词，通常是指那些虽然在文本中经常出现，但并不携带特定的信息或情感倾向的词。例如中文中的"的""和""在"，或英文中的"and""the""is"。这些词在很多情况下对理解句子的整体意义并没有决定性的作用，而在大规模的文本分析中，它们可能会因为出现得过于频繁而掩盖其他更有意义的关键词。为了高效地处理停用词，研究者和开发者通常会维护一个停用词清单。这个清单包含了各种常见的、被视为"不重要"的词汇。在文本预处理时，首先会遍历文本中的每个词汇，并与停用词清单进行对比。如果发现某个词汇出现在停用词清单中，就会将其从文本中移除。清除停用词可以确保分析工作更为集中和准确，聚焦于真正能够反映文本主题或情感的关键词，从而提高分析的质量和效率。

（4）词性标注。词性标注（Part-Of-Speech tagging，POS tagging）是自然语言处理中的一个核心技术，它是连接单词和它们在文本中作用的桥梁，为深入的文本解析和多种自然语言处理应用提供了必要的基础信息。词性标注的主要目标是为文本中的每个单词或词汇标注一个明确的语法属性，即"词性"。这些词性包括名词、动词、形容词、副词等。在文本分析中，知道一个单词是动词还是名词有助于对其含义进行更准确的判断，从而增强对文本的理解。词性标注不仅可以帮助研究者确定文本中每个单词的具体角色，还可以为更高级的文本分析和处理任务提供基础，如句法分析和语义理解。词性标注的应用不仅限于基础的文本分析。在许多复杂的自然语言处理任务中，如机器翻译、语音识别、问答系统等，词性信息都可以提供关键的上下文，帮助机器更好地理解和处理人类语言。

【探究性学习习题】

1. 研究与分析题

（1）考察近一年内的酒店与旅游业新闻，找一个失败的客户体验管理例子，分析失败的原因并提出你认为可能的解决方案。

（2）选择互为竞争对手的两个酒店与旅游业企业，研究它们的在线评价及反馈，分析哪个企业在客户体验管理上做得更好并分析其原因。

2. 思考与讨论题

（1）在客户体验管理中，CSAT 和 NPS 都是衡量客户满意度的重要指标。讨论它们各自的优缺点，并思考在哪些场景下一个指标可能比另一个更具优势。

（2）如果你是一家酒店与旅游业企业的客户体验经理，你会如何制定策略来确保客户在所有接触点（从预定、入住、享受服务到退房后的反馈）都能获得一致的高品质体验？

（3）大数据和文本情感分析为客户体验管理提供了全新的分析工具。请大家讨论这些技术的引入给传统酒店与旅游业企业带来的机会和挑战。

3. 实践应用题

（1）请你设计一个简单的问卷，旨在衡量一家酒店与旅游景点的客户满意度（CSAT）。完成后，请对至少 10 名受访者进行调查，并对结果进行分析。

（2）请你选择一个熟悉的酒店或旅游景点，并绘制一张客户旅程地图，在地图上标出各个接触点，分析在每个接触点上如何优化客户体验。

第二十三章　客户深度运营

【本章概述】

本章深入探讨了客户深度运营的核心概念及其执行策略。首先，章节定义了客户深度运营的概念，并强调其主要特点是利用数据驱动提供个性化服务，并在全接触点上实现营销自动化。其次，在实施过程中，旅游业企业应确保对客户数据的准确收集与整合，给客户的各种行为打标签，最后依据这些标签制定相应的营销自动化规则。为了确保运营策略的有效性，企业需不断地监测、分析并优化其运营策略。

一、客户深度运营的概念

（一）客户深度运营的定义

客户深度运营是企业深入挖掘和优化客户价值的战略，它的目标是通过深入了解客户在消费旅程中每个接触点的需求，借助信息技术实现双向互动与个性化的沟通和服务，以提高客户满意度，增加客户忠诚度，从而建立与客户的长期关系，并最终实现客户增长和业绩增长。例如，某知名民宿短租公寓预订平台运用大数据和人工智能技术进行客户深度运营，在用户选择、预订等关键接触点为用户提供个性化的体验。当用户浏览官方网站时，平台会收集和分析用户的行为数据（如搜索习惯、浏览时间、点击内容等），并利用这些数据来预测用户的需求，为用户提供个性化的住宿选项和旅行体验推荐；在用户的预订过程中，该平台运用机器学习技术来优化价格，帮助民宿主设定合理的价格，使民宿主在收入最大化的同时可以为用户提供更多的选择；在入住后，该平台为用户提供各种特色旅游体验，如烹饪课程、艺术工作坊或徒步旅行等。这种方式不仅增加了用户的消费选择，也增加了用户对平台的黏性，从而提高了平台的活跃度和交易量以及用户价值。

综上，企业通过客户深度运营可以提升客户生命周期价值。而客户体验管理则是客户深度运营的基础，使其能够更有效地针对每个客户提供个性化服务，并进一步影响和提升客户生命周期价值。换言之，企业要提升客户生命周期价值，需要良好的客户体验管理和深度运营。

（二）客户深度运营的特征

客户深度运营的关键特征主要有两点：一个是数据驱动的个性化服务，另一个是全触点的营销自动化。

1. 数据驱动的个性化服务

从客户深度运营角度，企业需要将每类客户甚至每个客户视为独特的实体，专注于满足他们的个性化需求，为客户提供更加贴心和便利的体验，从而提升客户满意度和忠诚度。客户深度运营的主要特征是通过数字工具实现企业与客户之间的双向互动和反馈。在这一过程中，企业不断收集并分析数据，从而深入理解并满足客户的个体化需求。与对所有客户采用统一策略的传统运营模式相比，客户深度运营更强调为每类或每个客户设计独特且有针对性的运营策略，提升营销效果。在这个过程中，数据起着至关重要的作用。缺乏数据意味着企业无法准确把握用户需求，无法制定出有效的运营策略。因此，数据驱动是客户深度运营的核心。通过数据驱动决策，企业能够更精准、更有效地进行运营，从而提升运营效果和业绩。

2. 全触点的营销自动化

客户深度运营的核心特征在于，无论客户在消费旅程中的任何接触点（线上或线下）与品牌互动，企业都能实时响应并提供个性化的服务和推荐。针对大规模的用户群体，企业通过人工方式进行全触点的个性化运营显然无法满足需求，因此，营销自动化已成为必不可少的解决方案。

营销自动化利用先进的技术手段，实现实时的数据收集和处理，借助算法和机器学习技术自动识别用户行为模式，根据用户行为数据自动调整和优化运营策略。通过自动化工具和流程，企业能高效地执行各种运营任务，如发送个性化的营销信息，以及自动回应客户请求。例如，某个注册客户在一家旅游业企业的微信小程序上查看最新的旅游活动推荐后没有立即预订，系统会在30分钟后自动向其注册手机号发送一个领取优惠券的短信。由此可见，营销自动化减轻了人工的负担，提升了营销的效率，让企业能集中更多精力和资源在用户体验优化上。因此，营销自动化是客户深度运营的关键环节，其实质是一种数据驱动的、个性化的、全触点的自动化运营模式。

二、客户深度运营的实施

客户深度运营是一种将客户置于核心的战略性工作，它能够帮助旅游业企业更好地理解客户的需求、偏好和行为模式，从而提供更具个性化和针对性的服务。旅游业企业在开展客户深度运营工作时，可以借鉴如下步骤：

1. 收集和打通客户数据

客户深度运营成功实施的关键在于企业对个体用户数据的精确收集和整合。为了深入洞察客户的需求和行为，企业必须收集如人口属性数据（例如地理位置、性别、年龄），消费行为数据（例如购买历史、购买频率）、用户互动数据（例如网页浏览、社交媒体平台互动、菜单点击）等个体级别的数据。需要说明的是，这些数据通常不能从第三方平台如 OTA 上获取，而需要从企业控制和拥有的系统上获取，如官方网站、移动应用、客户关系管理系统、社交媒体平台官方账号等。

在现代营销管理中，企业不同的 IT 系统各自扮演着特有的角色和作用。由于客户在不同场景下可能与企业通过不同的系统互动，因此客户的数据会被分散存储在多个系统中。为了满足客户深度运营的需求，企业需要对分散在不同系统中的客户数据进行身份识别和整合。常用的数据整合方法是依赖跨系统的共有用户 ID，例如手机号码。若这些系统运行在统一的生态体系内，例如微信的公众号、小程序等，则可以通过特定的识别码（如微信的 UnionID）实现数据的打通。应当强调的是，在收集和处理个体级别的用户数据的过程中，企业需严格遵守相关的数据和隐私保护法规，确保对用户数据的合法使用，以维护用户的隐私权益和企业的声誉。

2. 设计全接触点上的引流和互动策略

在确保以技术实现对用户数据的打通之后，客户深度运营的第二步则需专注于全接触点上的引流和互动策略的设计。这一阶段的核心是明确和优化客户与品牌之间的线上和线下接触点，并通过制定吸引人的内容或体验，引导潜在客户与品牌进行更深层次的互动。这个步骤可以被视为"诱饵"设计。

在这个步骤中，企业首要的任务是识别并优化所有潜在的接触点。接触点有很多种，例如企业的官方网站、社交媒体平台、线下经营场所或企业主办或参与的活动。接下来，企业需要在接触点上创建有价值和吸引力的内容或体验项目，以此作为"诱饵"来吸引客户互动。在设计引导策略的过程中，企业需要通过明确的号召行动来引导客户完成预期的互动行为。这些行为可能是填写表单、点击菜单、立即订购、领取优惠券等。号召行动需要在接触点的页面上醒目显示，以便吸引客户的注意，并引导他们进行操作。在设计全接触点上的引流和互动策略的过程中，企业需要不断地测试、分析、反馈，并对策略进行优化，以最大限度地增强策略的效果。

3. 给客户打标签

通过全接触点的引流和互动，企业可以捕捉到用户的行为数据。针对这些数据，企业接下来面临的挑战是如何为用户行为打标签。为客户打标签意味着企业应当在客户数据库中为客户的每次互动行为设立特定标识。这些标签可以基于不同的属性或行为特点来定义。标签有不同的类型，例如事实标签、规则标签和预测标签。

（1）事实标签。事实标签反映了客户的基础属性和行为。比如，人口统计信息（年龄、性别、地理位置等）、购买行为、浏览历史、点击行为等。事实标签往往是基于实际的、可度量的事实。

（2）规则标签。规则标签是由某种预先定义的逻辑或规则来生成的，这些规则包括业务规则或数据规则。比如，根据客户的购买频率、购买量、最近一次购买时间等信息，系统可以根据 RFM 模型来给客户打标签。

（3）预测标签。预测标签是基于历史数据和数据分析模型来预测未来的行为或趋势。比如，通过历史购买行为和用户行为模式，可以预测一个客户未来可能的购买行为，从而给他打上"高价值潜力客户""流失风险客户"等标签。

以上三种类型标签各有侧重，同时也能互相支持和补充，为企业提供全方位的客户信息。事实标签提供对客户现状的描述，规则标签侧重于描述客户行为的规律，预测标签预见未来可能的行为模式，以此来指导企业的运营决策。

在给客户打标签的过程中，业务专家应当运用专业知识和对业务的深入理解，以确定哪些标签对业务最有价值，以及如何最有效地收集和利用这些标签数据。同时，数据科学家应当运用技能来处理大量的数据，创建和管理复杂的标签系统。

4. 设计营销自动化规则并实施

在给客户打上标签后，企业可以针对这些标签制定相应的营销自动化规则。营销自动化规则是一种基于特定触发事件或客户行为来自动执行预设的营销活动的策略。营销自动化规则通常包括三个主要部分：触发器、条件和动作。

（1）触发器（Trigger）。这是启动自动化规则的事件，例如客户填写了某张表单，或者点击了某个链接。

（2）条件（Condition）。这是指决定自动化规则是否应该被执行的条件。例如，只有当客户已经完成注册并且没有购买商品的时候，才会触发向客户发送商品已加入购物车未完成购买的提醒邮件。

（3）动作（Action）。这是指当触发器被触发并且满足执行条件时，系统将执行的操作，例如发送邮件，或者更新客户信息等。

制定营销自动化规则可以看作"面向特定标签的客户策划的营销活动"。首先，企业需要了解并评估每种标签代表的客户群体的需求，以确定最佳的营销策略。例如，标签为"亲子客户"的用户可能对亲子旅游产品或活动更有兴趣，因此企业可以向这类用户推送相关的旅游攻略或优惠活动信息。具体的推送形式可以是电子邮件、短信、App 推送等。然后，制定的营销规则需要灵活且具有针对性，可根据客户行为和反馈进行调整。例如，如果"亲子客户"对亲子旅游产品的点击率较高，但购买转化率低，则企业可能需要对产品定价或优惠政策进行调整。最后，营销规则需要通过营销自动化工具来实现。营销自动化工具可以帮助企业自动执行营销活动，如自动发送邮件、自动推送消息等。这不仅可以提高营销效率，还可以使个性化客户体验更好。例如，通过自动化工具，企业可以在客户浏览特定产品后立即发送产品相关信息，或者在客户完成购买后发送感谢邮件等。

5. 持续优化和学习

在客户深度运营的各个步骤中，企业需要持续监测和分析运营结果。例如，企业可以使用 A/B 测试来找出最有效的营销策略，或者通过数据分析来了解接触点互动的有效性、客户数量和比例的增加等效果,并不断总结和优化策略。

通过实施客户深度运营的关键步骤,旅游业企业可以更好地了解和满足客户的需求,从而提高客户满意度和忠诚度,最终提升企业的运营效果和业绩。

从客户价值发现、价值识别、价值创造、价值传播到价值交付这一系列的市场营销活动构成了一条完整的价值变现链,每个环节都对企业的盈利能力和竞争力产生影响。价值发现、价值识别和价值创造是价值变现前的基础工作,价值交付是价值变现的标志性成果。价值传播是价值交付必备的前置性活动,价值传播活动的成功与否决定了企业能够获得多少流量,而流量决定了潜在客户的获取效果。在互联网兴起和发展的早期,数字营销活动主要围绕"流量"来开展。如今,由于流量获取成本的上升,低成本获取流量的策略变得越来越难以实施。因此,现在的企业开始将注意力转向精细化的客户管理,从客户生命周期价值的角度去分析和提高客户价值,并通过优化客户体验,实施客户深度运营策略,不断提高客户满意度,增加客户忠诚度,从而实现销售增长和利润最大化。这需要企业统筹规划客户生命周期价值管理、客户体验管理和客户深度运营的各项工作。

【探究性学习习题】

1. 研究与分析题

(1) 根据本章内容,探讨数据驱动的个性化服务在客户深度运营中的作用及其带来的变革。

(2) 结合数字化时代的特点,探讨全触点营销自动化如何为旅游行业带来差异化竞争优势。

2. 思考与讨论题

(1) 为什么数据整合在客户深度运营中如此关键?

(2) 从消费者的角度,思考数据驱动的个性化服务可能有哪些潜在风险。

3. 实践应用题

(1) 请你设计一个简单的营销自动化规则,以提高某旅游产品的销量。请分别列出该营销自动化规则的触发器、条件和动作。

(2) 假设你是一家旅游业企业的运营经理,请设计一份简短的调查问卷来收集客户数据,使这些数据帮助你更好地实施客户深度运营策略。

第二十四章 【实验项目六】使用大数据技术进行旅游目的地市场满意度调研

一、实验概述和目的

本实验以旅游目的地的市场满意度调研为实验对象,要求学生使用大数据技术和工具,对指定旅游目的地的游客网络评论数据进行采集和处理,并基于处理结果构建满意度综合评价指标体系,从而进一步对消费者、产品和服务等相关方面进行分析和编写市场满意度调研报告。

该实验项目的学习目的包括:

(1) 培养实际操作能力。掌握使用大数据技术进行旅游目的地市场满意度调研的基本思路,具备使用大数据技术和工具进行网络评论数据采集和处理的能力。

(2) 理论与实践相结合。掌握市场满意度调研的基本分析方法,具备市场满意度调研报告编写的能力。

(3) 培养创新思维。技术总是在不断地发展和变化,学生需要具备创新思维,以应对未来的挑战。

二、实验背景

在旅游目的地的管理实践中,市场满意度调研是一项常规工作。同时具备科学性和实用性的旅游目的地市场满意度调研和分析,在推进旅游业现代化建设发展、增加旅游业服务能力、满足游客高质量的消费需求中起着关键作用。而使用大数据技术和工具对海量的游客网络评论数据进行采集和处理,筛选有效评价信息、科学分析评价内容,已经逐步替代传统的调研问卷模式,成为企业进行旅游目的地市场满意度调研的一种常用方法。

游客网络评论数据具有数量规模大、内容覆盖广、格式差异大等大数据的典型特点。自然语言处理(Natural Language Processing,NLP)技术是一门融合多学科知识的计算机科学技术,是大数据科学领域和人工智能领域的重要发展方向。基于自然语言处理技术的文本挖掘、情感分析、机器学习等技术手段能在海量的游客评论数据中挖掘热点话题并构建相关评价体系，从而基于评估结果进行旅游目的地的市场满意度调研和分析。

三、实验原理

使用大数据技术进行旅游目的地市场满意度调研的实验原理涉及多个步骤和技术：

1. 数据采集

（1）选择数据源。首先，需要确定用于调研的数据源。这可以包括社交媒体评论、在线评分、游客反馈、市场调查数据等。

（2）数据抓取。使用网络爬虫工具，从数据源中抓取数据。这些数据可以包括游客的评论、评分等相关信息。

2. 数据预处理

（1）数据清洗。清洗数据以去除错误、重复或不一致的信息。这可能包括处理缺失数据、处理异常值等。

（2）分词和去除停用词。对于中文文本，还需要进行分词和去除停用词，以便后续的进一步分析。

3. 特征词提取和情感分析

（1）利用数据挖掘技术，从预处理数据结果中提取特征词，挖掘热点话题。

（2）使用自然语言处理（NLP）技术对热点话题进行情感分析，以确定评论中的情感极性（正面、负面、中性）。

4. 可视化和报告

（1）利用数据可视化工具，用图表将分析结果以易于理解的方式呈现出来。

（2）创建详细的报告，包括对游客满意度的总体分析、游客评论的关键主题和趋势等。

5. 结果解释和决策支持

（1）解释实验结果，提供有关如何提高旅游目的地市场满意度的建议。

（2）支持决策制定，以优化市场推广、服务提供和改进等方面的策略。

四、实验工具

（1）软件环境。问途酒店与旅游大数据应用实训平台，或互联网爬虫工具，或 Python、Excel 及其他分析工具。

（2）硬件环境。个人计算机、互联网。

五、实验材料

请从广州长隆旅游度假区、上海迪士尼乐园、北京环球影城主题公园三个旅游目的地中选择一个，爬取其在携程网最近 3 个月的网络评论数据，然后进行热点话题挖掘和情感分析，并基于处理结果形成市场满意度调研报告。

六、实验步骤

（1）使用问途酒店与旅游大数据应用实训平台或互联网爬虫工具，爬取携程网上指定旅游目的地最近三个月的网络评论数据，见图 24-1。

图 24-1 使用大数据技术进行旅游目的地市场满意度调研——数据采集

（2）使用问途酒店与旅游大数据应用实训平台或 Python 程序，对上一步爬取到的网络评论数据进行数据清洗、分词和去除停用词等预处理操作，见图 24-2。

图 24-2 使用大数据技术进行旅游目的地市场满意度调研——数据预处理

（3）使用问途酒店与旅游大数据应用实训平台或 Python 程序，基于 TF-IDF 算法对上一步的数据预处理结果进行特征词提取和排序，见图 24-3 与图 24-4。

图 24-3　使用大数据技术进行旅游目的地市场满意度调研——特征分析

图 24-4　使用大数据技术进行旅游目的地市场满意度调研——特征词提取结果

（4）使用问途酒店与旅游大数据应用实训平台或 Python 程序，基于自然语言处理技术对上一步的挖掘结果进行特征词情感分析，见图 24-5。

图 24-5　使用大数据技术进行旅游目的地市场满意度调研——情感分析

（5）使用问途酒店与旅游大数据应用实训平台或 Python 程序，对上一步的情感分析结果分别形成正面和负面特征词的可视化词云图，见图 24-6。

图 24-6　使用大数据技术进行旅游目的地市场满意度调研——分析结果

（6）基于上一步的可视化结果，将特征词按不同维度进行区分并填入下表，见表 24-1。

表 24-1　特征词填写

维　度	正面特征词	负面特征词
景观/景点		
服务		
消费		
体验		

（7）基于以上游客网络评论分析处理结果，编写旅游目的地的市场满意度调研报告，提供有关提高旅游目的地市场满意度的建议，以优化市场推广、服务提供和改进等方面的策略。

第八篇 酒店与旅游业的营销管理体系建设——管理价值

【本篇结构】

- 第八篇 酒店与旅游业的营销管理体系建设——管理价值
  - 第二十五章 数字时代营销管理体系建设
    - 一、营销管理内部体系的构建方法
    - 二、营销管理外部体系的构建方法
  - 第二十六章 营销管理体系建设的伦理与法律
    - 一、营销管理伦理
      - (一) 从中华传统文化视角看营销管理伦理
      - (二) 从新一代信息技术应用视角看营销管理伦理
    - 二、数字时代市场营销的法律法规
      - (一) 有关知识产权保护的法律法规
      - (二) 有关个人信息和个人隐私保护的法律法规
      - (三) 有关广告投放的法律法规
      - (四) 有关促销活动的法律法规
      - (五) 有关电子商务交易的法律法规
      - (六) 有关营销数据的合规
  - 第二十七章 营销技术的发展与选择
    - 一、营销技术的发展和类型
      - (一) 营销技术的发展
      - (二) 营销技术的类型
    - 二、营销技术工具的规划与选择
      - (一) 营销技术工具的规划
      - (二) 典型营销技术工具
      - (三) 营销技术工具的选择
  - 第二十八章 【实验项目七】旅游企业在线营销管理体系搭建综合实验

第二十五章　数字时代营销管理体系建设

【本章概述】

本章首先对现代营销管理体系进行了深入探讨，强调其存在4个核心要素：团队、流程、技术和数据。这4个要素是企业实施价值导向营销战略的基石，可以确保整个体系的协调与高效运作。这一体系的构建经历了从基础业务能力、核心竞争力到业务驱动力逐步完善的过程。同时，详细阐述了在体系构建中所涉及的7个环节。此外，章节还从外向思维的角度探讨了营销管理外部体系的构建方法，强调数字化运营是以客户为中心，构建一个全接触点的营销管理体系。这一体系旨在确保企业能够根据不同的接触场景提出最适合的营销方法，以提升与客户的互动效益。全接触点营销体系通过多个步骤进行构建，旨在帮助企业深入了解客户需求，并提供更为个性化的产品和服务。总之，数字时代营销管理体系的构建不仅在于内部结构的优化，还要与外部市场环境和客户需求相结合，形成一个既具有内在稳定性又能灵活响应外部变化的全接触点营销管理体系。

一、营销管理内部体系的构建方法

营销管理体系的建设在任何企业都不是一蹴而就的，而是一个循序渐进、不断优化的过程。现代营销管理体系的核心要素有4个，分别是团队、流程、技术和数据。其中，团队是价值导向营销战略实施的基础条件，流程为战略执行提供了规范，技术赋予了必要的工具和支撑，而数据则为整个营销管理体系提供了引导和动力，4个要素共同确保了整个体系的协调运作。

在绝大多数酒店与旅游业企业中，团队、流程、技术和数据四大要素的建设是一个逐步完善和发展的过程，可以分为以下三个阶段（见图25-1）：

（1）发展为基础业务能力。这一阶段的重点是从零开始建立能够支撑市场营销基本业务运作的基础能力，包括核心人员的招募和培训、基本营销管理系统的开发和实施、主要电子商务平台的构建，以及运营流程的初步制定。这一阶段的目标是确保企业具备执行基本营销任务的必要条件。

基础业务能力	核心竞争能力	业务驱动能力
核心人员的招募和培训 基本营销管理系统的开发和实施 主要电子商务平台的构建 初步的运营流程制定	数字化营销团队的组建和专业化培训 数字化营销活动的全面推进 分销网络和私域用户池的规模化扩展 运营流程的优化和完善	专业的用户增长团队 对用户进行精细化运营 营销生态体系的构建 新一代信息技术与业务的深度融合

图 25-1 现代营销管理体系建设的三个阶段

（2）发展为核心竞争能力。在具备基础业务能力的基础上，企业需要进一步发展和完善其营销能力，以全面、充分地满足市场营销业务所需的核心竞争力。这包括数字化营销团队的组建和专业化培训、数字化营销活动的全面推进、分销网络和私域用户池的规模化扩展，以及运营流程的优化和完善。此阶段的成功将使企业在市场中占据有利地位，实现快速的增长和扩展。

（3）发展为业务驱动能力。在前两个阶段的基础上，企业还需要构建更高层次的数据能力，以主动为业务发展提供支撑并驱动持续增长。这包括专业的用户增长团队、对用户进行精细化运营、营销生态体系的构建，以及新一代信息技术与业务的深度融合。通过数据分析和智能化手段，企业可以更精确地识别和满足客户需求，更有效地优化资源配置，更高效地实现市场响应和业务扩展。

综上，团队、流程、技术和数据四大要素的建设是一个连续、动态的过程，涉及人员、技术、流程和战略等多个方面的协同发展。这个协同发展过程离不开企业的规划、实施、检查和优化。从实施和落地角度来说，营销管理体系建设需要在高层重视和投资、营销系统和平台开发、内部宣传与培训、岗位职责设置与执行、运营与分析优化、绩效评估与激励、市场和模式创新这七个重要环节进行推进。

（1）高层重视和投资。现代营销管理体系的建设离不开高层的支持和必要的人力、物力和财力等资源投入，否则任何战略都难以成功执行。高层重视和投资表明了企业的态度和承诺，有助于工作的整体推进。例如，山东舜和酒店集团的数字化转型得益于集团董事长任兴本的亲自领导与组织。集团董事长从企业文化和团队意识做起，亲自带领集团及各子公司的高层进行学习和统一认知。集团董事长通过精心设计的"战略、目标、组织架构、岗位职责、流程、人才、机制和成果"这8个方面，确保转型策略的有效执行。舜和数字营销的成功得益于企业文化的赋能和文化价值观对数字化转型的深度培育，整个过程展现了自上而下的转变与认知统一。

（2）营销系统和平台开发。营销系统和平台包括企业内部使用的管理系统（例如客户关系管理系统、用户数据平台、营销自动化系统等）和企业对客服务的平台（例如官方网站、智能手机客户端、微信服务号、小程序等）。没有这些系统和平台，现代营销管理体系是无法正常运转的。例如，山东舜和酒店集团依照其业态结构，整合多家信息技术服务提供商，构建了一个全云战略架构体系（见图25-2），并形成了一套可以持续优化的生态系统，以确保各系统间的高效互联互通。舜和注重与专业的信息技术公司建立紧密的战略合作关系，针对其特定业务需求，开发了符合集团业务标准的SaaS平台。在系统的研发过程中，舜和不只注重其功能，更强调其在实际运营中的落地能力和组织力。

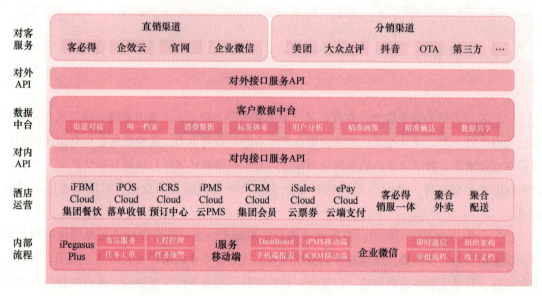

图25-2　山东舜和酒店集团全云战略架构体系

（3）内部宣传与培训。数字营销需要不断进行变革和创新，任何变革和创新都需要得到企业内部的理解和支持。营销管理体系的建设不但涉及营销部门，而且涉及全员范围。因而，任何营销变革首先要在企业内部开展宣传和培训，确保能够得到全体员工的理解和积极参与，这有助于提高团队的协同能力和执行能力，确保各项营销工作的顺利实施。例如，山东舜和酒店集团在进行各项改革的内部宣传和培训时，综合了传统与现代手段。从高层开始，舜和除了利用微信及微信群等数字化渠道进行宣传，还特意采用纸质的"传达条"进行信息传递。尽管这种方法显得较为传统，但它成功地引起了团队的高度关注和重视。

（4）岗位职责设置与执行。岗位职责设置主要涉及对每个岗位的职责、权限和义务的明确描述，它是确保组织高效运作的基础。通过明确的岗位职责设置，营销团队的每个成员都能明确自己的工作内容和目标，有助于企业不同岗位和部门之间的协同工作，有效推进市场营销计划的执行。企业为了更合理地分配人力、财力和物力等资源，也需要明确的岗位职责设置。例如，山东舜和酒店集团副总裁亲自负责集团数字营销业务，在各分店精心挑选了负责数字营销的兼职业务经理，这些经理不仅为所在门店提供服务，同时也对集团的数字化运营成果承担责任。这种模式构建了一个扁平的矩阵式的运营体系，有效地降低了人力成本，同时培养了一批在线上、线下都能展现出色运营能力的数字营销人才。为进一步促进与客户的互动和私域流量的增长，集团在各成员企业设立了"企业微信福利官"的兼职岗位。这些福利官直接与客户进行现场互动，利用多种策略激励消费者关注企业微信，实现了私域流量的增长。

（5）运营与分析优化。营销体系的运营和分析优化是一个持续的过程，企业需要不断地根据市场变化、客户反馈、运营效果进行分析、调整和改进。通过持续运营并对运营效果进行分析，企业能够发现和解决现有运营中的问题，不断优化营销策略，从而提高营销效果。例如，山东舜和酒店集团在会员运营方面，采用会员结账占比和积分回收率等关键指标来分析各门店的会员复购效果。舜和旗下餐饮门店的会员结账占比平均达55%，而积分回收率的平均值为30%。若某家门店的指标低于平均水平，则表明该门店存在潜在问题，需对其营销策略进行调整与优化。

（6）绩效评估与激励。为了提高市场营销工作的效率、效能和效果，提升营销团队的激情和能力，需要为团队成员设立明确的目标和关键绩效指标，设计和实施激励计划，然后定期进行业绩和绩效评估，并基于评估结果实施员工激励。例如，山东舜和酒店集团借助数字技术创新考核激励制度，实施全员数字化营销策略。在会员发展、客户评价以及产品销售各环节，舜和都采用了量化的奖励机制，并且确保能够及时发放奖励。随着数字营销业绩的持续增长，员工在新的绩效评估体系下收入普遍有所增长。同时，通过数字化策略，集团也实现了提质增效的目的。

（7）市场和模式创新。营销管理体系的设计需要能够支持市场和模式创新，促使企业发现新的市场、新的商机和潜在的创新模式。例如，2023年舜和敏锐捕捉到了市场变化并举办了"省钱文化节"，充分体现了其以客户为中心的服务理念。在市场策略上，舜和创新性地发起异业联盟，与银行、零售商、加油站等有着相似目标客户群体的企业携手，共同为各自的会员带来更多价值，同时为对方吸引更多潜在客户。

上述环节形成了一个完整和连贯的体系，确保了营销管理体系的健康发展和持续创新。其中每个环节都是不可或缺的一部分，共同推动了整体战略的成功执行和企业业绩的可持续增长。企业需要定期对营销管理体系的各项指标进行评估。一个简单有效的评估方法是对7个环节从"是否存在、是否合理、内部是否认知充分、现在是否有效、未来是否有效"角度进行检视，并分别给出"较好""中等""较差"的评价。

（1）是否存在。检查每个环节是否具有实际的操作流程和实施方案，是否在企业内得到实际执行和体现。

（2）是否合理。分析每个环节的设计和实施是否符合公司的整体战略和市场定位。

（3）内部是否认知充分。了解企业内部员工对每个环节的理解和接受程度，评估内部沟通和培训的有效性。

（4）现在是否有效。评估每个环节的当前执行效果是否达到了预期的目标，整个体系是否高效运作。

（5）未来是否有效。结合企业未来的增长和市场变化，从长远角度评估每个环节是否具有足够的灵活性和可适应性。

如图25-3所示，这是问途信息技术有限公司的咨询团队在某个项目中对某酒店集团营销体系的评估情况。可见，该酒店集团高层比较重视营销管理体系建设和投资，但市场和模式创新严重不足。此外，该酒店集团在内部宣传与培训、运营与分析优化、绩效评估与激励方面需要改进，改进的方向是确保其合理性和有效性。

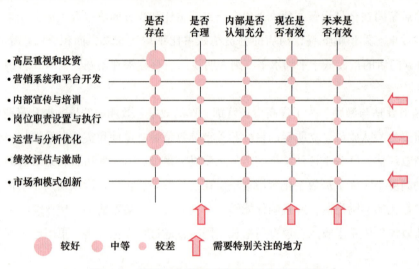

图25-3　某酒店集团营销管理体系的评估情况

上述七个环节还可以做进一步细化和评估。例如，咨询团队在调研后将运营与分析优化工作汇总为13个方面的关键内容，包括会员运营、大客户营销、电子分销、数据管理、内容管理、预订管理、产品策划、价格和库存、线下推广、线上推广、社交媒体、活动管理、分析评估，然后再进行分析，见图25-4。

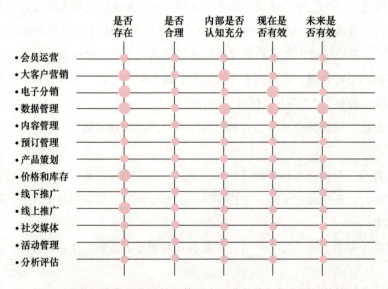

图25-4　某酒店集团营销管理体系中运营与分析优化的评估情况

二、营销管理外部体系的构建方法

在数字化时代，酒店与旅游业企业越来越依赖数字化运营并逐渐将其作为主要的运营模式。数字化运营强调利用移动互联网、物联网、云计算、大数据、人工智能等新一代信息技术，对企业的产品、服务和运营流程进行整合和重塑。通过打通数据链路，企业能够在用户生命周期的每个接触点更精准地吸引用户，并在运营流程的各个环节不断进行创新和变革，以实现用户增长和提升用户价值。

数字化运营的核心是以客户需求为中心的外向思维。这种思维注重运用互联互通的数据来驱动客户体验的提升，并通过深入了解和满足客户需求进行深度运营。在这一背景下，酒店与旅游业企业在构建营销管理体系时，不能仅从内部视角出发考虑组织结构和资源配置，企业还需要站在外部视角，以客户需求为核心，对客户全消费旅程中的各个接触点进行整体规划，构建一个灵活、响应迅速、能够与客户需求紧密相连接的体系。这个体系称为全接触点营销管理体系。

在国内的酒店业，全接触点营销管理体系已引起了业内专家的关注。在这方面，金陵酒店管理有限公司与问途信息技术有限公司进行了深入且系统的研究。2018年，两家企业联合进行营销管理体系开发，对金陵管理的众多酒店进行了细致的调查和分析后，发现酒店的所有经营活动都可以归结为人、产品、方法、工具与客户的全方位接触。这种接触跨越了全时段和各种形式，构成了企业与用户之间的接触点。

两家企业的专家基于以上发现提出了以细分市场为核心，从产品、传播方法、销售渠道、营销工具、管理标准与流程5个方面来规划与客户接触方法的全新体系，他们将这一体系命名为全接触点营销管理体系，简称ATouch（All Touch）。全接触点营销管理体系的核心理念是根据不同的接触场景提出最合适的方法，以增强酒店与客户的互动效益。这不仅揭示了每次营销的成果皆源于接触的成果，更揭示了接触本身就是营销的本质。通过研究人与人、人与物之间的接触关系，企业可以更精确地把握并提高营销效率。ATouch全接触点营销管理体系模型见图25-5。

对于一家已经进入市场的企业，管理层在构建全接触点营销管理体系模型时，首先应当研究企业现有的产品、服务和资源获得能力，包括显性能力和隐性能力；然后确定市场定位，即企业选择为哪些类型的客户和市场提供服务；最后逐一针对选定的每个细分市场，研究最合适的产品与服务、最有效的营销传播方法、最适用的销售渠道、最佳的营销工具、最匹配的管理标准和流程，从而构建出针对该细分市场的全接触点营销管理体系。

全接触点营销管理体系的构建是以细分市场为核心的，不同业态在运用方面可以有所调整。在酒店业，不同类型

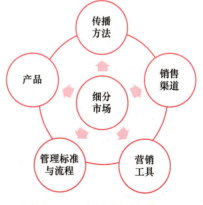

图25-5　ATouch全接触点营销管理体系模型（陈雪明、黄昕）

的产品面对的细分市场客群也不同。对于一家已经进入市场的酒店（即非筹建中的酒店），该酒店的地理位置、硬件设施设备都已经固定。在这种情况下，酒店的营销策略应与其现有资源和条件相匹配。虽然市场不断变化，但有形产品因为受制于内外部条件，不可能随时变化，所以酒店的全接触点营销管理体系构建首先需从产品类型维度进行市场细分，然后再针对每个细分市场制定全接触点营销方案，即酒店根据客房类产品、餐饮类产品、会议与宴会类产品、康体娱乐类产品、新零售类产品分别进行市场细分。细分市场的方法和针对细分市场的分析可以依据本书第六章中的阐述进行分析。

在细分市场上，首先对每个细分市场所需要的产品进行分析。在全接触点营销管理体系中，酒店产品清单如图25-6所示。

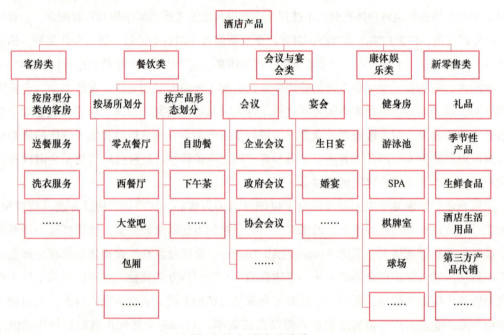

图 25-6　酒店产品清单

上述每个产品都需要企业从概念、要素、层次、产品独特卖点等角度结合企业自身情况进行汇总分析，形成产品分析汇总表。在全接触点营销管理体系构建中，企业需要分析每个细分市场适用的产品。

针对上述产品类型中的每个产品使用的营销传播方法及其组合都是不一样的，在ATouch中，酒店线上和线下的营销传播方法见图25-7。

针对上述营销传播方法，需要从实施步骤、工作要求、实施难点、实施费用、涉及部门及岗位等角度进行分析。在全接触点营销管理体系构建中，需要分析每个细分市场所适用的营销传播方法，见图25-8。

针对不同的细分市场，产品的销售渠道也不相同。即便是同一类型的销售渠道，但由于客源特征、合作产品、合作流程、产量提升关键点、渠道主要促销活动、合作成本都不一样，因此需要针对每个具体的分销渠道进行分析，见图 25-9。在全接触点营销管理体系构建中，需要汇总每个细分市场所使用的合作渠道商。

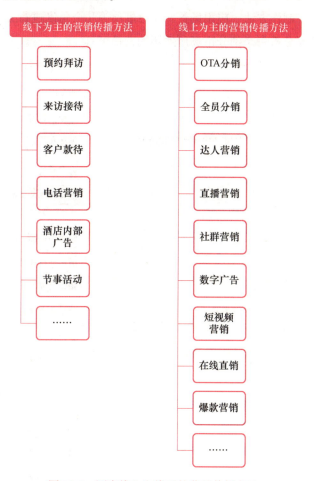

图 25-7　酒店线上和线下的营销传播方法

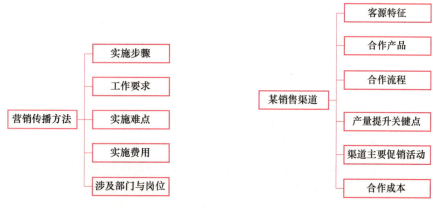

图 25-8　营销传播方法的分析框架　　　　图 25-9　营销渠道的分析框架

营销工具可以分为用于推广引流的工具、用于销售转化的工具、用于客户关系管理的工具等，见图25-10。每一类工具既包括传统的媒介工具，也包括数字化工具。营销工具可以从内容、用途、呈现方式、制作方法、应用场景、注意事项等几个角度进行分析。在全接触点营销管理体系构建中，需要分析每个细分市场所适用的营销工具。

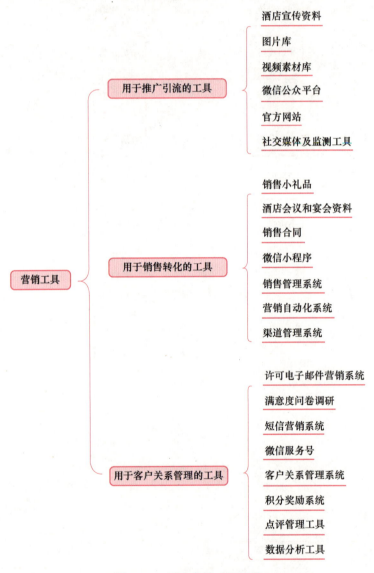

图25-10　酒店营销工具清单

营销管理标准和流程包括市场调研、竞争对手分析、客户结构分析、市场营销计划、营销管理表单、销售话术、销售技巧、市场和销售会议等内容，见图25-11。每一项都需要制定明确的标准和流程。在全接触点营销管理体系构建中，需要分析每个细分市场所适用的营销管理标准和流程。

通过上述步骤将每个细分市场与适用产品、营销传播方法、销售渠道、营销工具、营销管理标准和流程进行组合,就形成了针对具体某细分市场的全接触点营销管理体系,见图 25-12。

图 25-11　酒店营销管理标准和流程

图 25-12　某细分市场的全接触点营销管理体系

全接触点营销管理体系不仅是一种营销管理的工作方法，它还是一种工作标准、工作原则、工作要求、培训依据、工作内容和职责分工依据。它不仅有助于企业深入了解客户的需求，还有助于企业明确如何与某一类客户接触、采用何种方法和渠道进行接触以及提供哪些个性化的产品和服务。这一新颖的理念不仅拓宽了酒店的营销视野，还为建立可持续的市场营销管理体系打开了新的路径。

【探究性学习习题】

1. 研究与分析题

（1）请对比分析团队、流程、技术和数据这4个要素在现代营销管理体系中的作用及其重要性。

（2）请分析数字化运营的"外向"思维在现代营销管理体系中的重要性及其对传统营销模式的影响。

2. 思考与讨论题

（1）请思考在不同的行业中，营销管理体系的内外部构建方法是否会有所不同。请举例说明。

（2）营销管理体系中的哪些部分容易受到技术变革的影响？如何确保体系稳定性与灵活性并存？

3. 实践应用题

（1）请设计一个简单的全接触点营销管理体系方案，包括目标市场、产品、营销传播方法等关键元素，并阐述其实施策略。

（2）请以一家旅游业企业为例，基于其提供的服务和产品制定一个针对其核心客户群的全接触点营销管理体系，并确保该体系涵盖所有关键的接触点。

第二十六章 营销管理体系建设的伦理与法律

【本章概述】

本章深入探讨了营销管理体系建设中的伦理与法律问题。在伦理部分,首先从中华传统文化的角度出发,探讨了如"天下为公""天人合一"及"自强不息"等中华优秀传统文化代表思想在营销伦理中的融合,突出其在现代营销管理中的价值与意义。随后,本章从数字化视角分析了一系列伦理挑战,例如大数据如何导致价格歧视及侵犯个人隐私等问题。在法律部分,详述了与数字营销息息相关的各类法律,例如与知识产权保护、个人隐私保护、广告投放、促销活动及电子商务交易相关的法律等,并特别强调了酒店与旅游业在开展市场营销活动时应当确保合法合规。此外,还重点讨论了数据合规的多方面挑战,特别是在数据驱动的营销环境中如何保证数据的安全性与合规性。本章旨在传达一个核心信息:企业在营销活动中,无论在伦理层面还是在法律层面,都必须确保行为的正当性与合法性。这不仅是企业获得消费者及社会认同的基石,更是确保企业长远稳健发展的关键。

一、营销管理伦理

市场营销管理活动和伦理息息相关。营销管理伦理涉及人们在营销决策、行为和活动中所面临的伦理挑战和冲突,以及人们对这些挑战和冲突的处理方式。营销管理伦理就是企业和营销人员进行市场营销管理活动时必须遵守的价值观和行为准则。

技术的迅速发展、沟通方式的变革、消费者行为的变化、全球化等因素的影响,使市场营销的理论每隔数年就会发展变化,因此营销管理伦理也处在变化中。对于酒店与旅游业企业来说,一方面要继承人类在历史发展中沉淀下来的伦理观,将其融入营销管理伦理观;另一方面要发展适应数字时代企业经营的新营销管理伦理观。

(一)从中华传统文化视角看营销管理伦理

习近平总书记在中国共产党第二十次全国代表大会的报告中指出:中华优秀传统文化源远

流长、博大精深，是中华文明的智慧结晶，其中蕴含的天下为公、民为邦本、为政以德、革故鼎新、任人唯贤、天人合一、自强不息、厚德载物、讲信修睦、亲仁善邻等，是中国人民在长期生产生活中积累的宇宙观、天下观、社会观、道德观的重要体现，同科学社会主义价值观主张具有高度契合性。这段话高度总结了中华优秀传统文化的10个代表思想，这些思想在我国的社会、文化、哲学、经济和政治中起着重要的作用。我国企业的营销管理伦理观同样受中华优秀传统文化代表思想的影响和指导，可以从如下角度建立中国特色的营销管理伦理观：

1. 天下为公

"天下为公"典出《礼记·礼运篇》——"大道之行也，天下为公"。意思是天下是天下人的天下，天下是大家共有的。很多学者从两个角度阐述其含义，一是"天下为公众所共有"，二是"以公心治理天下"。企业既是经济实体，又是社会的一部分。"天下为公"的理念不仅适用于社会和政治的治理，同样适用于营销管理。

第一，在市场营销管理和决策中企业应该考虑环境、社会和经济发展的可持续性，为社会和消费者的福祉承担相应的社会责任，这是由于"天下为公众所共有"；第二，企业在制定营销策略时，需要从消费者的角度出发，秉承公平竞争原则，不应当以不正当的手段或行为来损害社会、消费者、竞争对手的利益，并应当确保营销策略的透明性和真实性，这与"以公心治理天下"的理念相契合。

总之，"天下为公"为现代企业提供了一个有力的道德框架，企业不仅要对其股东负责，还要对整个社会负责。市场营销管理和决策需要考虑整个社会的利益，而不仅考虑短期的经济利益。

2. 民为邦本

"民为邦本"典出《尚书·夏书·五子之歌》——"民惟邦本，本固邦宁"。意思是民众是国家的根本，只有人民安居乐业，国家才能安定。"民为邦本"是古代民本思想的集中体现，强调了人民在国家中的核心地位，凸显了人民的重要性和对国家稳定的贡献。这一思想可以应用在企业营销管理伦理中，具体表现为企业的营销管理工作必须以客户和员工为核心：一方面，企业应确保其产品和服务始终以客户价值为主导，建立和维护长期的、互惠的客户关系；另一方面，员工也是企业的"本"，员工成长和员工的福祉是企业营销管理工作成功的关键。

3. 为政以德

"为政以德"典出《论语·为政》的第一篇——"为政以德，譬如北辰，居其所而众星共之"。这句话突出强调道德在政治活动中的重要性和主导作用。为政以德，则可使民心所向，天下归之。这一思想成为我国历代政治家的治国理念：德行为先，国家安宁；道德兴旺，国家昌盛。

对于企业营销管理伦理来说，"为政以德"同样是至关重要的。企业不仅要追求经济效益，更需肩负道德使命，建立并坚持一套核心的企业道德和价值观。无论是外部营销活动还是内部管理，都应与企业价值观保持高度一致。换言之，企业的治理与经营策略应秉持"为政以德"

的精神。当企业真正以道德为根基，与所有利益相关方建立深厚的信任关系时，它便能成为行业中的"北辰"，吸引众多"星辰"围绕。

4. 革故鼎新

"革故鼎新"典出《周易·杂卦》——"革，去故也，鼎，取新也"。"革"意为去旧，"鼎"象征着纳新。这不仅揭示了事物变化发展的固有规律，也体现了变与不变、新与旧之间的深刻关系。简而言之，"革故"为创新提供了土壤，"鼎新"则是创新的直接表现。在市场营销领域中，"革故鼎新"的理念同样具有重要意义。随着市场环境、消费者需求和技术的变化，企业需要在营销理念、策略、产品设计、服务模式、实施方法以及操作流程等方面持续进行创新。这种不断创新既是对旧方法的优化，也是对新方法的探索，从而保证企业在竞争激烈的市场中始终保持领先地位。

5. 任人唯贤

"任人唯贤"典出《尚书·咸有一德》——"任官惟贤才，左右惟其人"，意思是用人只选有德有才的人。从历史来看，凡是推行"任人唯贤"原则和路线的政权都会强调要充分实现"智者尽其谋，勇者竭其力，仁者播其惠，信者效其忠"，这样往往会出现国泰民安、国家昌盛的局面；凡是推行"任人唯亲"路线的，往往与国亡政息相连。数千年的政权更替、国家兴衰证明了"国以任贤使能而兴"。在企业的营销管理中，这一原则同样适用。营销管理工作需要企业选择和重用拥有专业能力和共同价值观的人才，这样才能确保企业营销管理的成果，并在团队内部建立一个公平竞争、积极向上的团队文化。这样的团队文化会为企业构筑坚实的核心竞争力，使其在激烈的市场竞争中屹立不倒。

6. 天人合一

"天人合一"典出《正蒙·乾称篇》，其原文为"儒者则因明致诚，因诚致明，故天人合一，致学而可以成圣，得天而未始遗人"。天人合一是中国古代哲学的核心思想之一，其中的"天"不是指天空或天体，而是描述人类所生存的自然环境。从根本上理解，"天人合一"注重人与自然之间的紧密联系和互相依存，强调人类是自然的组成部分，与天地同生，与所有事物共存。这不仅是一种强调人与自然和谐共生的宇宙观，更是一种寻求物质与精神平衡的生活哲学。

在现代营销管理伦理中，"天人合一"这一观念也有着广泛的启示和应用价值。第一，企业在推出产品或服务时，不仅要考虑其商业价值，还要充分考虑其对自然环境的影响。这意味着企业需要遵循绿色、环保的可持续发展模式来开展营销管理工作，实现长期盈利与生态平衡的双重目标。在旅游产品开发中，酒店与旅游业企业应注重保护自然资源和文化遗产，防止过度开发。例如，选择使用可再生能源、减少浪费、保护旅游地生态系统，以及尊重旅游地文化和传统。第二，在给客户创造消费体验时，酒店与旅游业企业应该提供同时满足旅行者物质需求和精神寄托的体验，文旅融合，使旅行者在享受舒适的住宿和旅游服务的同时，能深入体验和欣赏旅游地的自然风光和文化。

7. 自强不息

"自强不息"典出《周易·乾卦·大象传》——"天行健,君子以自强不息"。在《周易》中,乾卦对应着天,天道广而无私、生养万物、运行不息,君子应当师法天道,自觉奋发向上,永不松懈,即"自强不息"。这一哲学思想起初是对个人精神追求的指导。古代的圣贤倡导仿效天道,他们强调"自强不息、敏于行、喻于义"的君子气节。这不仅要求人们积极进取、勇于挑战、持续完善自我,还鼓励人们始终保持奋进的态度和决心。"自强不息"中的"强"不仅是一种外在的力量,更是一种内在的修养,象征着自我超越和内心的力量,这需要人们具备深刻的自知之明和强烈的自我驱动力。自强不息是中国传统文化的精髓,时至今日仍具有强大的生命力,激励了无数仁人志士面对挑战永不退缩、坚守信仰,并为自己的理想而不懈努力。

从营销管理伦理的视角,"自强不息"的哲学思想为现代企业营销管理和团队建设提供了宝贵的指导和启示。第一,在瞬息万变的市场环境中,企业营销团队应秉持不懈追求的精神,持续对产品、服务和策略进行创新,以满足消费者日益变化的需求,确保自身在竞争激烈的市场中始终保持领先优势。而沾沾自喜、故步自封的企业,就会丧失市场竞争力,甚至被市场淘汰。第二,营销竞争之路充满了挑战,不会一帆风顺,难免会遭遇失败与低谷。企业唯有自强不息、从失败中吸取教训、提炼经验、促使团队保持乐观、迅速调整心态、勇敢地面对市场的考验,才能在未来的市场竞争中获胜。因而,企业在文化建设和员工培训方面,也应弘扬"自强不息"的品质和精神,内化于心、外化于行,使之成为团队的共同信仰、独特品格与文化基因。

8. 厚德载物

"厚德载物"典出《周易·坤卦·大象传》——"地势坤,君子以厚德载物"。坤卦在《周易》里代表广袤的大地。这句话的意思是君子处事需要如同大地,无私地包容和承载一切。"厚德载物"倡导人们要心胸宽广,对不同的观点和事物都持开放包容的态度,海纳百川、和而不同;对他人的过错持宽恕之心;在行为态度上,要不计较个人的得失,对人平和谦逊。

"厚德载物"这一经典的哲学理念为现代酒店与旅游业企业的营销团队提供了深刻的启示。在快速变化的市场环境中,首先营销团队需要具有开放和包容的心态,拥抱新趋势和新技术,并深入理解消费者的多元化需求。这不仅是对客户的尊重,更是满足其个性化需求的关键。其次,酒店与旅游业的营销团队需要秉持高度的诚信,尽心尽责实现对客户的每个承诺。在团队合作中,团队成员更应超越个人的得失,着眼于团队和企业的大局。最后,与"厚德载物"中强调的道德修养与自我完善相呼应,酒店与旅游业的营销人员应保持自我进步、相互学习、取长补短,在不断提升个人专业知识和能力的同时,共同建设一个有战斗力的团队。

9. 讲信修睦

"讲信修睦"典出《礼记·礼运》——"大道之行也,天下为公,选贤与能,讲信修睦",意思是讲究信用,睦邻修好。《礼记》中将"讲信修睦"视为大同世界的理想境界。"信"意味着诚实无欺，恪守信用。人无信不立，国无信不兴。落实人与人、组织与组织、国与国之间和睦相处的基础就在于修养自身之"信"德。"讲信修睦"不仅是我国由来已久的历史文化传统，更是中华民族世代相传的道德圭臬，是为人之本、处世之方、立国之基。

"讲信修睦"为现代营销管理提供了一个重要的伦理指导。第一，在市场营销活动中，企业必须坚守诚实的原则，对客户提供真实的产品信息和服务承诺。欺骗客户或误导性的宣传推广都是伦理禁区。品牌的成功取决于产品和服务的质量，更取决于品牌信誉。一个忠于承诺、恪守信用的品牌更容易获得消费者的信任。第二，与客户、供应商、代理商等业务合作伙伴之间建立和睦的关系也是营销成功的关键。这需要企业展现出真挚的合作意愿，确保交易的公正与公平，同时彼此尊重和信任。

10. 亲仁善邻

"亲仁善邻"典出《左传·隐公六年》——"亲仁善邻，国之宝也"，意思是亲近仁义而与邻邦友好。对于"邻"的含义，古人有两层解读：第一，它代表地理上的近邻，包含亲密、亲近、亲善之意。这与我国古语"远亲不如近邻"相呼应，体现了邻里关系在传统文化中的重要意义。邻里或邻国并不只有竞争或冲突，还是一种相互依赖、和睦共生的关系。第二，"邻"也有道义上的解读，意指与自己道德观念相通的伙伴。《论语》有言："德不孤，必有邻"。一个拥有高尚道德观的人、组织或国家不会被孤立，反而会吸引那些拥有相似道德观的人、组织或国家与之结盟，进而共同构建一个和谐的环境。

"亲仁善邻"这一古老的哲学理念为现代营销管理提供了宝贵的伦理指导。第一，在竞争激烈的市场环境中，企业往往与其他企业共存于相同的市场或产业中。这种"邻里关系"应是基于相互尊重和合作，而不是单纯的竞争和对立。长远来看，行业内的合作可以创造更大的价值，形成共赢的局面，正如邻里和睦共生可以带来更多的利益。第二，在选择合作伙伴时，要确保双方的道德观念和价值观是相似或一致的。这是因为道德观念不仅反映了企业的品牌形象和社会责任，还能决定合作关系的稳定性和持久性。合作伙伴的道德观念保持一致，可以确保在面对冲突和挑战时双方都能遵循相同的原则来做决策，并提高合作效率，减少不必要的摩擦和冲突。

除此之外，还有很多其他中华优秀传统文化代表思想可以作为企业的营销伦理观。比较典型有：

11. 君子爱财，取之有道

"君子爱财，取之有道"典出《增广贤文》。企业进行市场营销的核心目标是追求利润，这是商业活动的内驱力。然而，更重要的是如何达到这一目标。从营销伦理角度来看，企业仅追求短期利润而忽视为客户创造价值是不可持续的。企业需要以客户价值为核心，通过发现、识别、创造、传播、交付、提升和管理客户价值来实现企业可持续发展并盈利。企业在追求财富时，必须始终以客户的价值为中心。《论语·述而》有言："不义而富且贵，于我如浮云"，也是这个道理。

12. 己欲立而立人，己欲达而达人

"己欲立而立人，己欲达而达人"典自《论语·雍也》，是儒家处世之道的重要原则，意思是有仁德的人在自己想立足时也帮助别人立足，在自己想发达时也帮助他人发达，即以忠恕之心对待他人，达到推己及人、和谐共生的境界。

从营销管理伦理的角度来看，"己欲立而立人，己欲达而达人"蕴含了非常丰富的实践智慧。首先，营销是为了满足企业的利益，更是为了确保客户的需求和期望得到满足。这样的营销策略可以帮助企业建立长期、稳固的客户关系，促进企业的持续发展。其次，在与供应商、分销商和其他业务伙伴的合作中，企业应该遵循"己欲达而达人"的原则，确保双方都从合作中获得相应的回报和满足。这样的合作关系更加稳固，有助于降低经营风险。最后，企业在追求自身发展的同时，也应关心员工的成长和福利。员工是企业的重要资产，只有当员工得到适当的培训、激励和关心时，他们才能更好地为企业创造价值。

"己欲立而立人，己欲达而达人"这一儒家思想为现代营销管理提供了重要的道德和伦理指导，强调了企业在追求自身利益的同时，也要关心和回馈社会、合作伙伴、员工和消费者，从而实现真正的和谐共生。

（二）从新一代信息技术应用视角看营销管理伦理

数字营销技术的迅速发展，除了为市场营销带来创新变革，也对企业的营销伦理提出了巨大的挑战。这些挑战包括：

1. 价格歧视和大数据杀熟

很多旅行者发现，如网络购物、交通出行、旅游住宿等价格容易波动的领域都存在"浏览次数与价格挂钩""平台会员被定向涨价""一人一价"等现象。为了刺激消费，平台企业采取邀请新人注册、限时抢购、整点秒杀、预付定金、跨店满减等层出不穷的手段来吸引消费者。在长期的交易活动中，平台企业通过性别、年龄、职业、地理位置、浏览历史等海量数据，能够准确刻画消费者的个性特征，利用算法技术给不同类型的消费者"画像"，判断其消费习惯、消费能力和价格敏感度，对其购买偏好进行预测，从而有针对性地影响消费者的购买决策。甚至某些电子商务平台在为消费者提供订餐、购物、订机票等服务时，出现了消费者消费得越多，得到的折扣反而越低，价格越贵的现象。这就是严重影响营销伦理的"大数据杀熟"（Big Data Discriminatory Pricing）。互联网企业利用大数据技术，对价格不敏感人群，特别是"回头客"，采取同物不同价的"价格歧视"政策，以此实现自身利益最大化。

"大数据杀熟"是利用消费者的信息获取不正当利益的行为。这一行为虽然属于商家的定价策略，但让消费者感到"最懂你的人伤你最深"。与一般消费纠纷相比，"大数据杀熟"具有发现难、举证难、监管难等特点。这种畸形的运营模式有违商业伦理，长此以往，只会透支舆论信任，最终让整个行业的未来遭受打击。因此，企业在开展市场营销活动时，要明确禁止使用"大数据杀熟"，保证消费者在平台上交易的透明度和交易结果的公平公正，不得在交易价格和其他交易条件中对个人实行不合理的差别待遇。

2. 个人隐私保护问题

在市场营销活动中，企业的营销行为和客户的消费行为不可避免都会涉及各种数字化工具和系统，而企业网站和智能手机 App 都可以采集、存储和分析个人信息。通过对海量数据的分析，平台会评估用户的购物偏好、浏览习惯、社交关系和交流对象。各种大数据在给消费者带来新的生活方式的同时，也把消费者带入了一个"透明"的社会。大数据不仅能够分析个人已经发生的行为，还能预测个人的未来行为。在大数据面前，人们一方面享受个性化推荐算法、语音识别、图像识别等技术带来的便利，另一方面变成了近乎"透明"和"裸奔"的人，这是因为人们日益数据化的生活方式使各种隐私被数据化了。因此，个人隐私保护问题已成为大数据应用领域亟须解决的重要问题。如何确保个人数据的隐私和安全，避免未经授权的访问或使用，正在成为一个核心的伦理问题。

3. 数据滥用

在大数据时代，人们的很多行为都是以数据化的方式永久存储于不同的云服务器中的。人们的生活离不开各种各样的电子商务平台，个人数据应当参与各种双边网络交易，并在平台上被加工成对交易双方都有意义的信息和知识。这些数据有些是被服务商自动记录的，因为在很多情况下，平台服务商是在被采集对象不知情的情况下进行个人数据采集的；有些是人们为了获得网络服务的便利，主动将自己的信息提交给平台。需要指出的是，用户被动采集或者主动提交个人数据给平台并不意味着用户数据属于平台，个人理应享有对其基本信息和基于自身行为产生的各种数据的所有权。无论个人数据的归属如何界定，平台服务商在使用个人数据时都应遵循法律法规和伦理道德，不能侵犯用户的合法权益，也不能随意转让和使用未被脱敏的用户数据。

总之，企业应确保数据透明性和消费者的知情权。当收集消费者数据时，企业应当明确告知消费者收集的数据类型、目的以及如何使用这些数据。如果数据用途发生变化，企业应当及时通知消费者并获得其明确同意。企业还需要将数据控制权交还消费者，如允许消费者选择哪些数据可以被收集以及如何被使用，并提供让消费者可以查看、修改、删除自己数据的机制。如果数据被分享给第三方，企业应当明确告知消费者并取得他们的同意，并确保与第三方的合同中包含数据保护和隐私条款。

二、数字时代市场营销的法律法规

企业在开展市场营销活动时，合法合规是首要条件。尤其在数字时代，由于新的营销技术推动营销模式和营销方法不断创新，因此产生了很多新的法律法规来营造健康的营销环境。酒店与旅游业企业的市场营销人员需要学习和掌握的法律法规如下：

（一）有关知识产权保护的法律法规

酒店与旅游业企业在营销传播活动中，往往使用字体、图片、音频、视频等素材来传递产品和服务价值以及品牌形象。但如果企业没有经过素材所有者许可直接将素材用在企业营销中，就会涉及侵犯知识产权等法律问题，为企业经营带来法律风险。知识产权是权利人对自己智力活动创造的成果和经营活动中的标记和信誉所依法享有的权利，主要包括著作权、专利权和商标权。为保护知识产权，我国出台了多部法律法规，主要包括《中华人民共和国专利法》《中华人民共和国商标法》《中华人民共和国著作权法》等。从宏观层面上讲，国家已经在法律制度层面为企业知识产权的保护提供了较强的法律依据，为企业制定知识产权保护制度及具体实施方法指明了方向。

字体是宣传设计中必不可少的元素之一。无论是企业 logo、宣传海报、内部杂志或网页等，都会涉及字体使用的问题。如果个人或企业在未经版权人许可的情况下将某些字体或字库用于商业用途，就会侵权。企业在开展数字营销活动时应当谨慎选择字体形式，可以考虑使用免版权可商用字体，或通过正规渠道购买具有版权的字体。对于以公司或品牌名称命名的字体，需要详细了解其是否可用。

在企业宣传文案中，只有文字而没有图片会导致用户体验不佳。由于吸引用户注意力的图片被各个酒店与旅游业企业所喜爱，因此图片版权导致的侵权问题也接踵而至。企业如果出于商业目的在传播中需要使用第三方的图片作品，就必须获得图片版权所有人的书面授权，否则属于侵权。通常情况下，企业图片侵权主要包括以下几种情形：第一，直接使用搜索引擎抓取的图片而没有获得使用许可；第二，使用作者明确说明禁止转载的图片；第三，未经原作者同意对图片进行二次加工或者使用；第四，在作者未同意的情况下将图片用于商业用途；第五，在图片分享网站有明确分享规定的情况下违反规定进行分享等。因此，企业在使用图片时，需要使用具有明确版权来源的图片，包括自行拍摄的照片、付费拍摄的照片以及从第三方图片库购买的照片。同时，还要注意如果图片内容涉及人物、字体或著名卡通人物等，都需要获得相应的肖像权和字体版权许可。

通过音频和视频形式进行市场传播已经成为主流。企业一定要注意所用的音频和视频是否有合法使用版权。如果没有经过创作者允许，也没有支付版权费用，则不允许进行传播、下载。为避免不必要的争议，企业应尽量使用无版权素材。在视频使用方面，企业可以从以下几个方面入手：第一，使用企业原创的内容；第二，使用视频分享平台或视频发布平台的免费视频库，或付费使用第三方授权使用的视频；第三，成为第三方视频平台的付费会员，有偿使用视频素材。

（二）有关个人信息和个人隐私保护的法律法规

我国法律很重视个人信息和个人隐私保护。2020 年 5 月 28 日第十三届全国人民代表大会第三次会议通过的《中华人民共和国民法典》（以下简称《民法典》）第一千零三十二条将隐私定义为"隐私是自然人的私人生活安宁和不愿他人知晓的私密空间、私密活动、私密信息"。第一千零三十二条规定"自然人享有隐私权。任何组织或者个人不得以刺探、侵扰、泄露、公开等方式侵害他人的隐私权"。第一千零三十四条还规定"个人信息中的私密信息，适用有关隐私权的规定；没有规定的，适用有关个人信息保护的规定"。根据《民法典》，个人信息的处理包括个人信息的收集、存储、使用、加工、传输、提供、公开等。第一千零三十四条也规定了"自然人的个人信息受法律保护"。《民法典》将个人信息定义为"以电子或者其他方式记录的能够单独或者与其他信息结合识别特定自然人的各种信息，包括自然人的姓名、出生日期、身份证件号码、生物识别信息、地址、电话号码、电子邮箱、健康信息、行踪信息等"。《民法典》第一千零三十五条规定，处理个人信息的，应当遵循合法、正当、必要原则，不得过度处理，并需要征得该自然人或者其监护人同意。

自2021年11月1日起施行的《中华人民共和国个人信息保护法》（以下简称《个人信息保护法》）是我国首次以单独的法律形式，规定对公民个人信息内容保护的法律，标志着我国个人信息保护立法体系进入新的阶段。该法律包括总则、个人信息处理规则、个人信息跨境提供的规则、个人在个人信息处理活动中的权利、个人信息处理者的义务、履行个人信息保护职责的部门和法律责任等。《个人信息保护法》将个人信息定义为"以电子或者其他方式记录的与已识别或者可识别的自然人有关的各种信息，不包括匿名化处理后的信息"。该定义与《民法典》中"个人信息"的定义在基本概念上保持了一致，强调"已识别或者可识别的自然人信息"，但在内涵上却有很大的不同。《个人信息保护法》中的"个人信息"定义增加了"不包括匿名化处理后的信息"，明确了经匿名化处理后的信息不属于个人信息，也就无须适用《个人信息保护法》的相关规定，体现了"保护"和"利用"并重。除了保护个人隐私信息，相关法律对个人敏感信息的保护也做了规定。个人隐私信息与个人敏感信息的含义存在交叉也存在不同。《个人信息保护法》第二章"个人信息处理规则"的第二节"敏感个人信息的处理规则"中，规定"敏感个人信息是一旦泄露或者非法使用，容易导致自然人的人格尊严受到侵害或者人身、财产安全受到危害的个人信息，包括生物识别、宗教信仰、特定身份、医疗健康、金融账户、行踪轨迹等信息，以及不满十四周岁未成年人的个人信息"。在敏感个人信息中，有些属于个人隐私信息，如医疗健康信息；而根据"隐私"的上述定义，个人嗜好属于个人隐私信息，但并不是敏感个人信息。所以需要结合具体情况进行分析。

（三）有关广告投放的法律法规

投放互联网广告已成为商品生产经营者及服务提供者的重要营销手段。酒店与旅游业企业在开展数字营销活动的过程中，首先应深入理解2021年修正的《中华人民共和国广告法》（以下简称《广告法》）中关于互联网广告的规定，以增强企业风险防范意识。企业常见的互联网广告风险主要体现在两方面：使用《广告法》限制用语和发布虚假广告。

在数字营销实践中，应当注意《广告法》中关于限制性用语的规定。《广告法》明确提出禁止使用"国家级""最高级""最佳"以及与其含义相同或者近似的广告绝对化用语，如图26-1所示。

为进一步规范广告绝对化用语执法，保护自然人、法人和其他组织的合法权益，维护广告市场秩序，2023年2月25日，国家市场监督管理总局发布了《广告绝对化用语执法指南》，为市场监管部门开展广告绝对化用语监管执法提供指引，细化广告绝对化用语不适用《广告法》

第九条第三项的情形,避免机械化"一刀切"式执法。如果广告中使用绝对化用语未指向商品经营者所推销的商品,仅表明商品经营者的服务态度或者经营理念、企业文化、主观愿望的,或仅表达商品经营者目标追求的,或绝对化用语指向的内容,与广告中推销的商品性能、质量无直接关联,且不会对消费者产生误导的其他情形,均不适用《广告法》关于绝对化用语的规定。在《广告绝对化用语执法指南》中,还指出如果广告中使用的绝对化用语指向商品经营者所推销的商品,但不具有误导消费者或者贬低其他经营者的客观后果的,不适用《广告法》关于绝对化用语的规定。这包括:仅用于对同一品牌或同一企业商品进行自我比较的;仅用于宣传商品的使用方法、使用时间、保存期限等消费提示的;依据国家标准、行业标准、地方标准等认定的商品分级用语中含有绝对化用语并能够说明依据的;商品名称、规格型号、注册商标或者专利中含有绝对化用语,广告中使用商品名称、规格型号、注册商标或者专利来指代商品,以区分其他商品的;依据国家有关规定评定的奖项、称号中含有绝对化用语的;在限定具体时间、地域等条件的情况下,表述时空顺序客观情况或者宣传产品销量、销售额、市场占有率等事实信息的。此外,商品经营者在其经营场所、自设网站或者拥有合法使用权的其他媒介发布的广告中使用绝对化用语,持续时间短或者浏览人数少,没有造成危害后果并及时改正的,应当依法不予行政处罚;危害后果轻微的,可以依法从轻、减轻行政处罚。

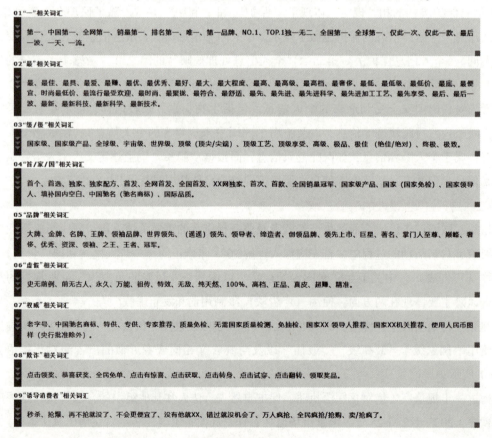

图 26-1 《广告法》敏感词

很多企业在传播中会对产品、服务的使用效果进行夸大宣传，这就违反了《广告法》中关于虚假广告的规定，如"商品或者服务不存在的""商品的性能、功能、产地、用途、质量、规格、成分、价格、生产者、有效期限、销售状况、曾获荣誉等信息，或者服务的内容、提供者、形式、质量、价格、销售状况、曾获荣誉等信息，以及与商品或者服务有关的允诺等信息与实际情况不符，对购买行为有实质性影响的"。要避免"虚构使用商品或接受服务的效果的""以虚假或者引人误解的内容欺骗、误导消费者的其他情形"等违法行为。

2023年5月1日，国家市场监督管理总局公布的《互联网广告管理办法》（以下简称《办法》）正式施行。针对当前消费者反映集中的问题，《办法》通过5个方面进一步完善制度规定，打造互联网广告监管"利剑"：一是针对弹出广告"过多过滥"问题，《办法》进一步对"一键关闭"情形进行了细化，增设了广告发布者的法律责任，强化对违法行为的惩戒力度；二是针对群众反映集中的智能家电、导航设备、智能交通工具等屡屡弹出广告，影响消费体验甚至交通安全的问题，《办法》明确做出相应规制；三是针对利用网络直播发布互联网广告的情形，《办法》明确规定网络直播构成商业广告的，相应广告活动参与主体应当依法承担广告主、广告经营者、广告发布者及广告代言人的责任和义务；四是针对知名艺人、娱乐明星、网络红人等虚假违法代言问题，《办法》进一步细化了监管措施，新增了对广告代言人管辖的规定，为有效规范广告代言活动夯实了基础；五是针对互联网广告精准投放、"千人千面"的问题，《办法》规定利用算法推荐等方式发布互联网广告的，应当将其算法推荐服务相关规则、广告投放记录等记入广告档案，为规范此类广告行为提供依据。

根据《办法》，将具有商业性质的"种草"行为纳入了广告监管范畴。对于违规行为，《办法》给出了处罚标准。《办法》还规定通过知识介绍、体验分享、消费测评等形式推销商品或服务的广告，例如在种草笔记中，若附有购物链接，则需显著标明"广告"。《办法》还明确了直播带货责任划分，主播可能涉及"代言人"身份，需要承担相关责任。

（四）有关促销活动的法律法规

促销是企业整合营销传播的主要体现形式之一。市场上的一些商家开展不规范的促销，导致消费者在购买产品和服务时受到误导。2020年10月29日，国家市场监督管理总局为了规范经营者的促销行为，维护公平竞争的市场秩序，保护消费者、经营者合法权益，根据《中华人民共和国反不正当竞争法》《中华人民共和国价格法》《中华人民共和国消费者权益保护法》等法律和行政法规，制定了《规范促销行为暂行规定》（以下简称《规定》）。经营者在中华人民共和国境内以销售商品、提供服务或者获取竞争优势为目的，通过有奖销售、价格、免费试用等方式开展促销，应当遵守相关的规定。

《规定》明确，促销降价需明确促销的基准价，也就是原市场价。未标明或者表明促销基准价格的，其折价、减价应当以同一经营者在同一经营场所内，在本次促销活动前七日内最低成交价格为基准。如果前七日内没有交易的，折价、减价应当以本次促销活动前最后一次交易价格为基准。对各种抽红包、试手气、组队分奖金的促销方式，《规定》也将其纳入监管，明确抽奖式有奖销售是指经营者以抽签、摇号、游戏等带有偶然性或者不确定性的方法，决定消费者是否中奖的有奖销售行为，并将抽奖式有奖销售的最高奖金额由原来的 5000 元提高到 5 万元。《规定》还明确，经营者在有奖销售前，应当明确公布奖项种类、参与条件、参与方式、开奖时间、开奖方式、奖金金额或者奖品价格、奖品品名、奖品种类、奖品数量或者中奖概率、兑奖时间、兑奖条件、兑奖方式、奖品交付方式、弃奖条件、主办方及其联系方式等信息，不得变更，不得附加条件，不得影响兑奖，但有利于消费者的除外。违反上述规定、构成价格违法行为的，由市场监督管理部门依据价格监管法律法规处罚，并通过国家企业信用信息公示系统向社会公示。

（五）有关电子商务交易的法律法规

酒店与旅游业企业在线上开展市场营销活动时，需要遵守 2019 年 1 月 1 日起施行的《中华人民共和国电子商务法》（以下简称《电子商务法》）的相关规定。该法律对科学合理界定《电子商务法》调整对象，规范电子商务经营主体权利、责任和义务，完善电子商务交易与服务，强化电子商务交易保障，促进和规范跨境电子商务发展，加强监督管理，实现社会共治等若干重大问题进行合理规定。

《电子商务法》所称的"电子商务经营者"，是指通过互联网等信息网络从事销售商品或者提供服务的经营活动的自然人、法人和非法人组织，包括电子商务平台经营者、平台内经营者以及通过自建网站、其他网络服务销售商品或者提供服务的电子商务经营者。电子商务平台经营者是指在电子商务中为交易双方或者多方提供网络经营场所、交易撮合、信息发布等服务，供交易双方或者多方独立开展交易活动的法人或者非法人组织。平台内经营者是指通过电子商务平台销售商品或者提供服务的电子商务经营者。

在很多电子商务活动中，因缺乏有效的监管和引导，刷单、刷销量、刷好评、删差评的虚假交易现象时有发生。为解决这些问题，《电子商务法》进行了具体的规定：

（1）从电子商务经营者的角度考虑，其在披露商品或者服务信息时应当全面、真实、准确、及时，不得以虚构交易、编造用户评价等方式进行虚假或者引人误解的商业宣传，欺骗、误导消费者。

（2）从电子商务平台经营者的角度考虑，其应当建立健全信用评价制度，公示信用评价规则，不得删除消费者对其平台内销售的商品或者提供的服务的评价。

（3）从法律后果的角度看，若电子商务经营者实施虚假或者引人误解的商业宣传等不正当竞争行为，侵害消费者权益等行为的，依照相关法律的规定处罚。若电子商务平台经营者没有提供评价途径或擅自删除消费者的评价的，由市场监督管理部门责令限期改正，并按照情节轻重处以相应的罚款。

由此可以看出，《电子商务法》对于网络虚假交易行为的打击力度很大，从主体的角度看，既约束电子商务经营者，又约束电子商务平台经营者；从处罚的角度看，既规定了限期改正和罚款的行政责任，又规定了侵权的民事责任。

现实中的电商购物存在"买一送一"活动，即"搭售"或者"捆绑销售"。《电子商务法》规定，以显著方式提请消费者注意搭售商品或者服务是电子商务经营者应遵循的义务性规范，此外，明确了默认同意属于禁止性规范。同时，为增强保护维度，《电子商务法》规定如果经营者存在违反禁止搭售的规定，需承担限期改正、没收违法所得以及罚款的行政责任。

（六）有关营销数据的合规

数字时代的市场营销离不开数据，尤其在客户全生命周期运营、客户体验管理和客户深度运营中，数据已成为核心驱动力。例如，企业基于客户消费数据对客户分级管理，提供精细化会员服务；企业将客户行为数据标签化管理，推送个性化信息。数据改变了营销模式、赋能企业开展精准营销、提高了用户黏性和优化了营销策略。数据成为企业宝贵的数字资产，在给企业带来价值的同时，也使数据在采集、使用过程中面临安全合规问题和挑战。例如，企业如何满足国内外监管合规，尤其是多监管要求；如何进行信息安全保障，防止发生信息泄露事件；如何开展客户隐私保护，合法正当使用个人信息。这些都要求企业高度重视数据合规。数据合规（Data Compliance）是指确保组织在收集、存储、处理、共享和删除数据时遵循适用的法律、政策、规章和行业标准的做法。

市场营销面临数据合规的挑战如下：

（1）组织与流程体系不健全。企业未形成针对数据合规的完善组织架构，导致法务、IT、风控和业务部门之间的合作与沟通存在障碍。

（2）数据收集同意问题。企业不应秘密、过度或强制地收集数据，且收集数据时必须明确、透明地告知用户收集的目的和途径。

（3）用户权益不足。用户在账户管理、数据撤回和其他隐私操作上遭遇困难。

（4）技术措施不充足。整个数据处理链条，从收集到删除，需要更严格的安全措施，包括数据加密、脱敏和去标识化等技术。

（5）数据共享与跨境问题。企业缺少明确的政策和流程来管理数据的共享和跨境传输，增加隐私和合规风险。

（6）个性化推荐风险。数据源的整合可能涉及隐私泄露；用户标签化可能导致分类失误或误导。

（7）法规持续更新。随着数据保护意识的加强，法规更新速度加快，企业需持续适应法规变化。

（8）培训与教育缺失。员工缺乏足够的数据合规培训，增加了违规风险。

我国法律对数据安全制定了较为完善的法律法规。2017年6月，《中华人民共和国网络安全法》开始施行，规定了网络安全治理的路径；2021年1月，《中华人民共和国密码法》开始施行，提出了数据保护技术手段；2021年1月，《中华人民共和国民法典》开始施行，提出了自然人的个人信息受法律保护；2021年9月，《中华人民共和国数据安全法》开始施行，提升了国家数据安全保障能力。

2022年12月《中共中央 国务院关于构建数据基础制度更好发挥数据要素作用的意见》（即"数据二十条"）对外发布。"数据二十条"从数据产权、流通交易、收益分配、安全治理4个方面初步搭建起我国数据基础制度体系，提出20条政策举措。主要内容如下：

（1）在数据产权方面，提出探索数据产权结构性分置制度，推进公共数据、企业数据、个人数据分类分级确权授权制度，建立健全数据要素各参与方合法权益保护制度。

（2）在流通交易方面，提出完善数据全流程合规和监管规则体系，统筹构建规范高效的数据交易场所，培育数据要素流通和交易服务生态，构建数据安全合规有序跨境流通机制。

（3）在收益分配方面，提出健全数据要素由市场评价贡献、按贡献决定报酬机制，更好发挥政府在数据要素收益分配中的引导调节作用。

（4）在安全治理方面，提出创新政府数据治理机制，压实企业的数据治理责任，充分发挥社会力量多方参与的协同治理作用。

总之，企业在开展数字营销活动时，需要深入分析监管要求、学习国家及行业标准、参考业界实践做法、全面识别风险、提出有效的合规应对措施。数据合规应对措施见图26-2。

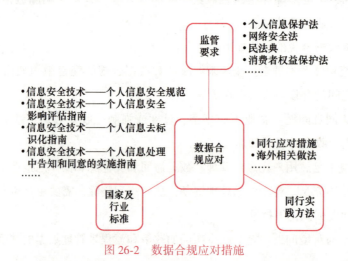

图26-2　数据合规应对措施

近年来，越来越多国内旅游企业和旅游业IT企业开始向海外拓展，让国产品牌走出去，扩大我国影响力。企业在这个过程中尤其要注意数据合规。因为每个国家在数据合规方面都制定了相关的法律法规，所以企业在开展市场活动的时候，首先要了解其所在国家和地区的法律法规，进行数据合规风险评估，并定期培训员工，确保他们了解和遵循相关的数据保护法规。

【探究性学习习题】

1. 研究与分析题

（1）请详细解析"天下为公"的营销管理伦理观在现代企业营销中的具体应用及其对企业和消费者的影响。

（2）从数字化角度，探讨新技术可能如何影响伦理决策以及在此背景下，企业应如何保持其伦理标准。

2. 思考与讨论题

（1）请思考"君子爱财，取之有道"如何与现代营销策略相结合。请从伦理角度进行讨论。

（2）请思考数据合规与取得消费者信任之间的关系，以及企业应如何通过合规行为增强消费者的信任。

3. 实践应用题

（1）请设计一个营销活动案例，确保企业在活动中完全遵守相关法律法规，并对可能出现的法律问题提出解决方案。

（2）请选取一个酒店与旅游业企业，根据其在线营销策略评估其在个人隐私、广告投放等方面的合规性，并提出改进建议。

第二十七章 营销技术的发展与选择

【本章概述】

本章系统剖析了营销技术的发展、类型、规划及选择。首先,回溯了从20世纪90年代中期开始的网页与信息在线化阶段直至现代的大型语言模型与智能交互阶段等7个演变阶段。这不仅揭示了技术的飞速发展,更展现了营销策略从以产品为核心到以客户为核心的转型。接下来深入探讨了营销技术的多种类型,并特别聚焦了酒店与旅游业营销技术的分类方式。在技术规划与选择部分,重点介绍了企业营销战略与工具选择的紧密联系,并突出了数字营销直销平台,包括用户数据平台和营销自动化系统的重要性。本章结尾部分,为酒店与旅游业企业提供了选择技术平台时的核心评判标准,如业务匹配、安全性以及数据分析功能,旨在帮助企业更贴合自身需求,做出明智决策。

一、营销技术的发展和类型

(一)营销技术的发展

随着技术的不断创新和进步,营销领域已发生了深刻的转变。从传统的广告和印刷技术,到现代的数字化、个性化营销,再到自动化的营销手段,营销技术的这一进程不仅是工具和策略的变化。更重要的是,它揭示了营销领域对客户价值逐渐深化和细化的认识,强调了与目标顾客建立更为紧密、有效和有意义的联系的重要性。

在互联网出现之前,人们主要依赖口碑、印刷材料及其他传统媒介进行营销传播。但随着20世纪90年代互联网的兴起,营销逐渐步入了数字化时代。这使企业能够在网络空间向全球网民展现其品牌和产品。随着搜索引擎如谷歌和百度的崛起,企业开始通过搜索引擎优化(SEO)和搜索引擎营销(SEM)锁定目标客户,进入了关键词营销的新时代。

进入21世纪,社交媒体的普及为营销赋予了更多的可能性。企业不仅可以通过各大社交媒体平台与消费者建立连接,还可以积极拓展多渠道营销策略。而当移动互联网和智能手机变得无处不在，营销的触点进一步扩展，为消费者带来了更加丰富的互动体验。

近年来，大数据和人工智能技术为营销提供了前所未有的深度和广度，使营销策略更为精准、智能。随着技术平台的融合与发展，营销逐渐向一个集成、协同的生态系统转型。到了 2023 年，生成性的人工智能技术使营销技术进入了智能交互的新纪元。

纵观整个发展过程，营销技术的发展先后经过了如下阶段：

(1) 网页与信息在线化（20 世纪 90 年代中期至 21 世纪初）。

(2) 搜索引擎与关键词营销（20 世纪 90 年代末期至 21 世纪 10 年代早期）。

(3) 社交媒体与多渠道营销（21 世纪前 10 年中期至 21 世纪 10 年代中期）。

(4) 移动互联网与全渠道营销（21 世纪前 10 年末期至 21 世纪 20 年代早期）。

(5) 人工智能和大数据营销（21 世纪 10 年代中期至 21 世纪 20 年代）。

(6) 生态系统集成与协同创新（21 世纪 10 年代末期至近年）。

(7) 大型语言模型与智能交互（近年至现在）。

营销技术每个发展阶段的主要特征和工具如图 27-1 所示。

网页与信息在线化	搜索引擎与关键词营销	社交媒体与多渠道营销	移动互联网与全渠道营销	人工智能和大数据营销	生态系统集成与协同创新	大型语言模型与智能交互
• 1993 年，第一个图形浏览器 Mosaic 发布，促进了网页的普及 • 企业开始创建网站，将信息在线化，供消费者查阅 • 营销活动主要在线下，线上主要通过电子邮件沟通	• 1998 年，Google 成立；2000 年百度成立 • 关键词营销、SEO、SEM 成为核心营销策略 • 营销工具：电子邮件营销工具、内容管理系统、CRM、电商平台	• 21 世纪初，Facebook (2004)、YouTube (2005)、Twitter (2006) 和微博 (2009) 相继诞生 • 网站、搜索引擎、社交媒体多个线上渠道开展营销 • 典型营销工具：SCRM、渠道直连、社媒管理	• 2007 年，智能手机诞生 • 移动设备的普及使营销活动跨设备运行，企业要为客户提供一致、连贯的全渠道体验 • 营销工具：H5、移动端应用、DMP	• 21 世纪 10 年代中期，大数据和人工智能技术开始应用 • 利用大数据和人工智能技术来对客户数据进行深入分析，开展更加精准和高效的营销活动 • 营销工具：CDP、个性化推荐、营销自动化、预测分析	• 随着技术和平台的日益复杂，企业开始寻求集成解决方案并在更广泛的生态系统中进行协同工作 • 系统要实现互联互通，允许不同的工具和系统之间实现自动化数据流	• 2023 年，ChatGPT 诞生 • 利用 AIGC 模型来增强客户交互，提供个性化的内容建议，进行深入的客户数据分析

图 27-1 营销技术每个发展阶段的主要特征和工具

这 7 个发展阶段不仅展现了营销技术的进步，还揭示了营销观念从以产品为核心向以客户为核心的转变，以及企业对更高效、更精准营销策略的不懈追求。

(二) 营销技术的类型

营销技术（Marketing Technology）是指组织在营销策略制定、执行、监测及优化的整个过程中使用的技术工具、平台和软件解决方案。营销技术旨在帮助企业更高效地与目标受众互动，加强营销活动的有效性，以及提供数据驱动的洞察以支持决策。

美国互联网博主 Scott Brinker 从 2011 年开始按年度统计营销技术解决方案，并绘制成一张以色块的形式分类展示的"营销技术全景图"（Marketing Technology Landscape），其中每个色块代表一个特定的技术分类。在每个分类中，列出了该领域的供应商和他们的产品。在每年发布的营销技术全景图中，营销技术被分为六类，分别是广告与促销、内容与体验、社交与关系、商务与销售、数据、管理，营销技术分类及主要内容见图 27-2。营销技术全景图已经成为营销行业的一个标志性工具，为行业专家、营销团队和企业决策者提供了一个宏观的视图，帮助他们了解这个迅速扩展的领域。

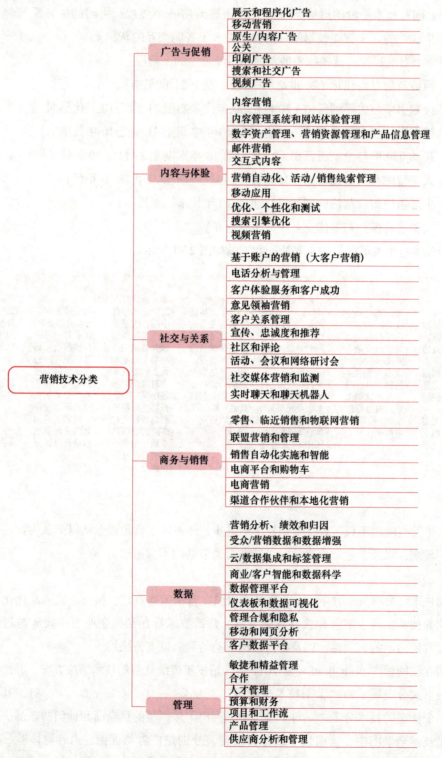

图 27-2　营销技术分类及主要内容

当 Scott Brinker 在 2011 年第一次发布营销技术全景图时，上面列出的技术供应商数量还不到 150 个。但这个数字每年增长迅速，到 2023 年，该数字已经增长到 11038 个，切实反映了营销技术的爆炸性增长。虽然营销技术全景图每年更新一次，但是考虑到营销技术的高速发展，它仍然只能提供一个"快照"，而不是一个实时的视图。

在酒店与旅游业，营销技术的分类可以借鉴 Scott Brinker 的营销技术全景图来进行分类，但也要根据酒店与旅游业的特点和需求进行调整。酒店与旅游业企业营销技术类型可以分为广告与推广、内容与发布、销售与预订、社交与关系、服务与客户体验、数据与分析、运营与管理这 7 类。酒店与旅游业营销技术分类及主要内容见图 27-3。

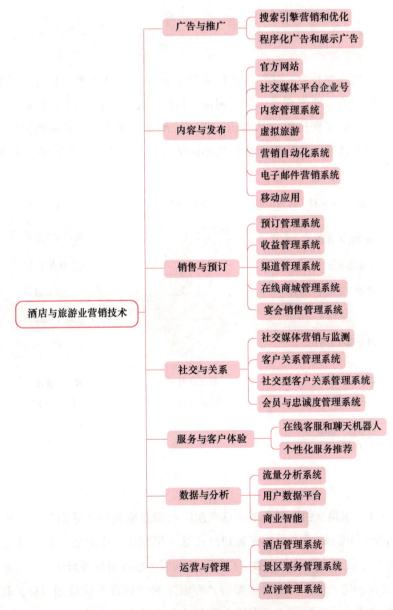

图 27-3　酒店与旅游业营销技术分类及主要内容

除了上述分类方法，酒店与旅游业营销技术可以分别基于公域流量池和私域流量池分为两大应用场景。基于公域流量池的营销技术主要涉及 OTA 平台、电商平台以及短视频平台等第三方分销渠道，目的在于扩大品牌的曝光度，触及广大的潜在用户。与之相对，基于私域流量池的营销技术则侧重于企业完全掌控的渠道，例如官方网站、官方 App 和社交媒体平台的官方账号，从而建立和维护深入的客户关系并实现持续的客户互动。对于公域流量池的营销技术，企业需与各大平台建立合作伙伴关系，以获取与运用营销技术的权限。而私域流量池的营销技术则更多地依赖于企业自有的技术资源和工具，它在当下的市场营销策略中的重要性越来越高。

二、营销技术工具的规划与选择

（一）营销技术工具的规划

营销技术工具的规划是企业基于营销战略和实施需求，对技术工具进行的选择和组合。其主要目的是高效且有效地发现、识别、创造、传播、交付、提升以及管理客户价值。结合这一价值流程和客户的消费旅程（从意识、吸引、探索、预订到体验和拥护），酒店与旅游业企业的市场营销工作在可执行层面会形成不同的流程组、流程、子流程、活动和任务，见图 27-4。

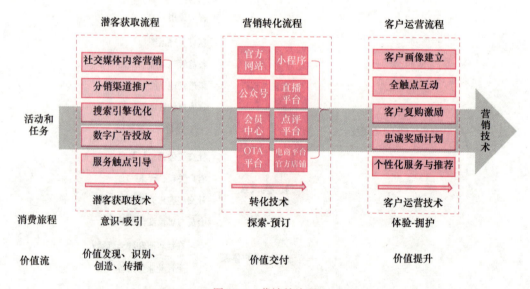

图 27-4 营销的流程

（1）价值发现、识别、创造和传播。这些阶段与消费旅程的"意识"和"吸引"阶段相对应，其目标是吸引并获取更多的潜在客户。在这一流程中，企业要采取如社交媒体内容营销、分销渠道推广、搜索引擎优化、数字广告投放和服务触点引导等行动。

（2）价值交付。这个阶段与消费旅程的"探索"和"预订"阶段相对应，其核心目标是将流量和潜在客户转化为实际订单。在这一流程中，企业主要依赖官方网站、小程序、公众号、直播平台、会员中心、点评平台、OTA 平台和电商平台官方店铺来开展相关的营销活动，促进订单转化。

（3）价值提升。这个阶段与消费旅程的"体验"和"拥护"阶段相对应，旨在提高已转化客户的忠诚度、复购率和口碑推荐。为实现这些目标，企业要进行客户画像建立、全触点互动、客户复购激励、忠诚奖励计划以及个性化服务和推荐等活动。

上述潜客获取流程、营销转化流程和客户运营流程分别包括若干活动和任务，每个活动和任务都需要相应的营销技术工具支持。营销中不同流程使用的营销技术工具见图 27-5。

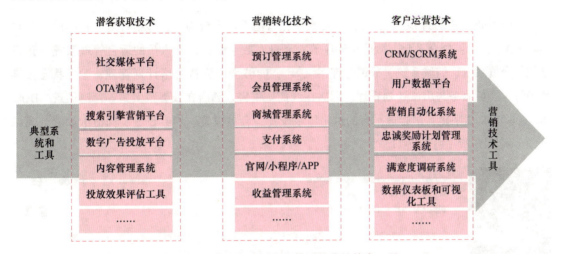

图 27-5　营销中不同流程使用的营销技术工具

（二）典型营销技术工具

在潜在客户获取、营销转化和客户运营过程中，酒店与旅游业企业主要依赖具备预订管理、会员管理和商城管理这些功能的数字营销直销平台来开展数字营销活动。这些直销平台为企业提供了一套集中的解决方案来确保高效的客户管理和营销活动的执行。随着数字营销的进一步深化，更多的企业开始引入以用户数据平台（CDP）和营销自动化系统为核心的技术来进行客户深度运营。这些技术不仅增强了企业对客户的洞察力，还提供了更为精准和个性化的营销策略，代表着数字营销向更高级阶段的发展。

1. 数字营销直销平台

旅行者无论通过在线旅行社平台、酒店与旅游业企业官方网站还是微信服务号来预订客房、餐饮等旅游打包产品，都离不开价格搜索和预订，并注册会员获得更多优惠与权益。为旅行者提供便捷服务的旅游数字营销直销平台主要由三个核心系统构成：一是用于预订旅游产品的预订系统；二是用于会员服务的会员系统；三是用于内容管理的内容管理系统。此外，近年来以产品预售为特点的"新零售"商城正在成为各个企业开展数字营销的"利器"，在线商城运营系统逐渐成为酒店与旅游业企业的核心数字营销系统。酒店与旅游业企业的在线直销平台结构见图 27-6。

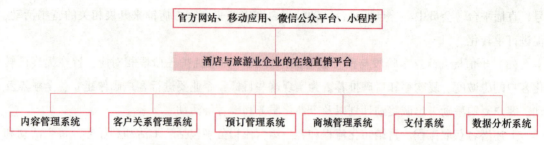

图 27-6　酒店与旅游业企业的在线直销平台结构

以问途公司开发的 DOSSM-SalesTech 数字化营销管理平台为例，包括针对客户的前端门户（官方网站、微信公众平台、微信小程序等）和针对数字营销工作人员的后台管理系统（预订系统、会员系统、商城系统、分销管理系统等），能够全面支持价格计划管理、客房状态查询和预订、会员服务与忠诚计划管理、酒店在线商城销售、酒店在线促销实施等营销场景。DOSSM-SalesTech 数字化营销管理平台的价格体系设置、会员设置、卡券设置、储值卡设置与商城设置分别见图 27-7~图 27-11。

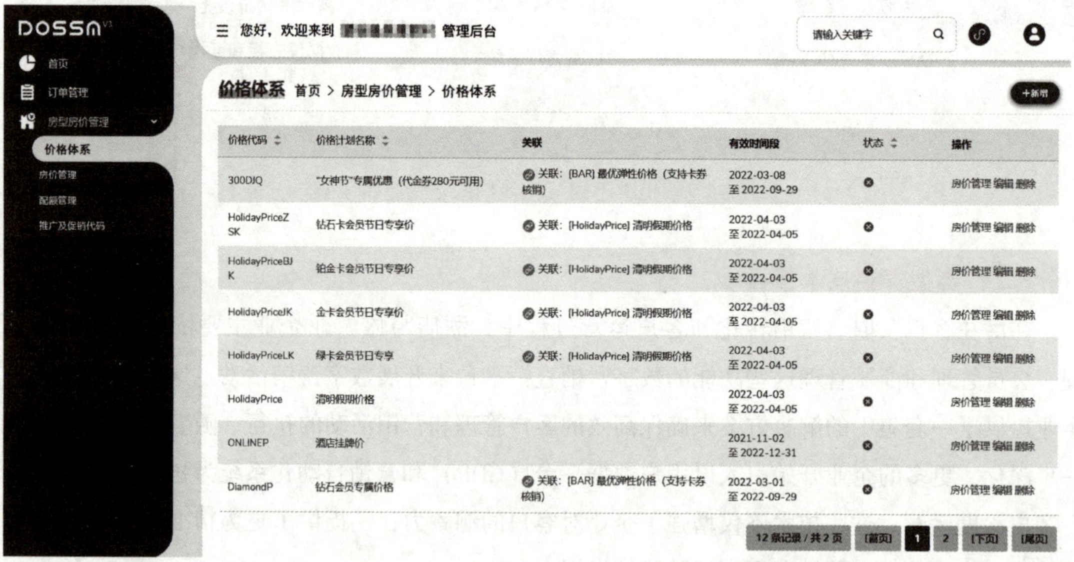

图 27-7　DOSSM-SalesTech 数字化营销管理平台——价格体系设置

2. 用户数据平台和营销自动化

随着移动互联网和社交媒体逐渐融入人们生活的方方面面，企业市场营销战略规划从 STP（市场细分、目标市场和市场定位）转向社群建设和运营，企业的客户关系管理从客户关怀和忠诚计划转向全接触点的协作式互动关系的建立和运营。在可能的客户接触点上让潜在客户知道品牌（Aware）、被品牌吸引（Appeal）、被说服（Ask）、立即行动（Action）并让客户推荐品牌给更多潜在客户（Advocate）成为企业市场营销的新模式，也就是营销 4.0 模式。营销 4.0 模式的核心是基于用户在接触点的深度互动和互动数据进行决策和优化。

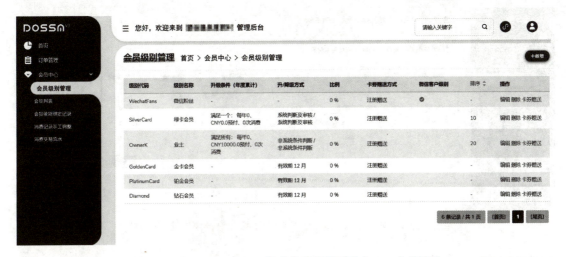

图 27-8　DOSSM-SalesTech 数字化营销管理平台——会员设置

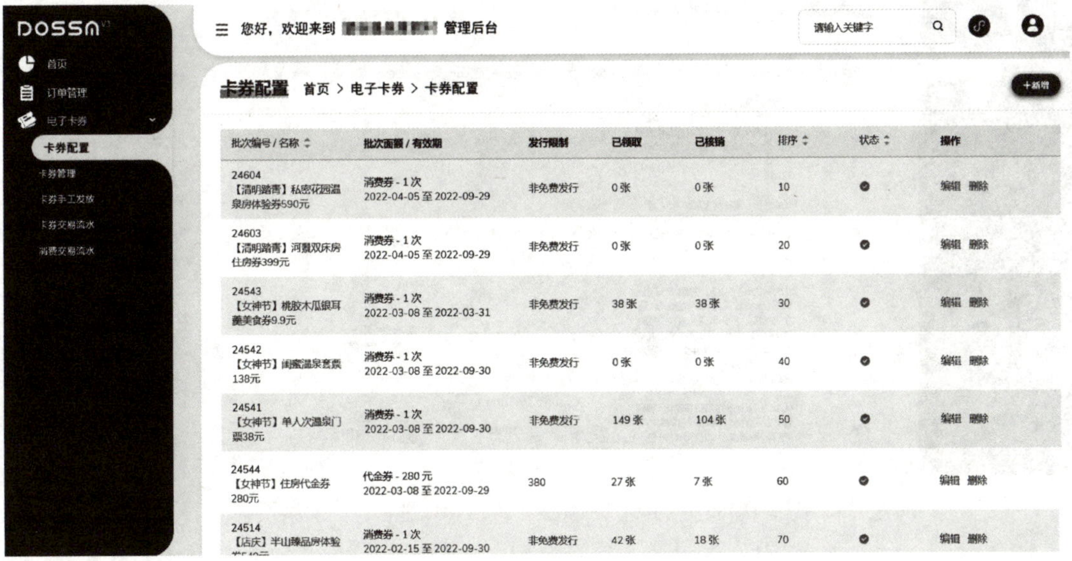

图 27-9　DOSSM-SalesTech 数字化营销管理平台——卡券设置

用户数据平台是营销 4.0 模式下客户深度运营的平台和工具之一。以问途公司开发的 DOSSM-MarTech 为例，其核心模块包括用户数据平台（CDP）、营销自动化管理平台、精准营销管理、内容营销互动管理、数字化运营效果分析等内容。

用户数据平台（CDP）专注于跟踪和标记用户在各个接触点上的互动行为。随着用户的每次互动，平台会不断地为用户打上相关标签，逐渐构建出完整的用户画像。CDP 的核心任务是将分散在多个接触点和系统中的用户数据进行集中、清洗和整合。通过这种方式，企业不仅能深入了解用户画像和需求，还能为个性化服务和精准营销活动提供支持的强大数据。换言之，它具备如下功能：

图 27-10　DOSSM-SalesTech 数字化营销管理平台——储值卡设置

图 27-11　DOSSM-SalesTech 数字化营销管理平台——商城设置

（1）跟踪和标记用户在各个接触点上的互动行为。这是 CDP 的核心功能之一，旨在收集用户在所有数字接触点（如官方网站、移动应用、社交媒体等）上的行为数据。

（2）为用户打上相关标签，构建用户画像。基于用户的互动行为，CDP 能够为用户分配标签或属性。这些标签会随着时间的推移和用户的互动而累积，从而形成一个精准的用户画像。

（3）集中、清洗和整合分散的用户数据。考虑到多数企业通过多个系统和平台来管理客户关系和开展营销活动，CDP 的能力在于跨平台整合用户数据，确保数据的准确性和完整性。

（4）为个性化服务和精准营销提供数据支持。由于拥有完整且清洗过的用户数据，企业能够更加精确地划分用户群体、制定个性化的市场营销活动，并优化用户体验。

营销自动化与用户数据平台形成了天然的合作伙伴关系。营销自动化侧重于根据预设的规则自动化地执行营销策略，确保在合适的时间通过合适的渠道为目标用户呈现或推荐最为相关的内容。此外，营销自动化也是一个策划和自动执行接触点上营销流程的工具。利用这种技术，企业可以基于用户在接触点的行为数据来设计定制化的互动方案，并在最佳时机为用户推送个性化的内容。这不仅有利于个性化内容推荐的实现，还有利于个性化的服务营销和精准营销目标的实现。具体来说，营销人员可以借助营销自动化技术和方法在消费者旅程和接触点上收集和分析用户相关数据，对用户行为打标签，并基于用户的行为和事件自动触发对应的营销动作，对用户进行个性化的消息推送。简单地说，营销自动化是指采集合适的用户数据，并在适当的接触点自动触发相应的行动和内容。

营销自动化的关键组成部分如下：

（1）用户数据收集与整合。它是指自动收集和整合来自不同渠道与接触点的用户数据，形成用户档案或用户画像。

（2）触发规则设置。它是指基于用户行为和事件，制定自动触发相应的营销动作的规则。

（3）个性化信息推送。它是指判断用户在不同接触点和场景中的行为和需求，然后基于规则进行个性化的信息推送，提高营销内容的相关性和吸引力。

（4）数据跟踪与分析。它是指对营销自动化的效果进行数据跟踪和分析，并不断优化。

营销自动化不仅包括对用户在接触点上营销事件的自动化触发，还包括对（超）细分市场的精准主动营销行为。后者是指营销人员可以基于用户画像和标签对用户进行筛选和分群，然后设置自动化规则并向目标用户群体推送合适的营销内容。

营销自动化的特点如下：

（1）营销流程的自动化。营销自动化建立在对用户数据进行采集、追踪和分析的基础上，对营销任务和工作流程进行程序化、自动化执行。

（2）标签筛选。标签是用户行为的描述短语，通过用户标签抽象出的可视化的用户信息全貌就是用户画像。营销自动化的规则设计也主要是根据标签或者标签组合进行精准信息的触发或者推送。

（3）营销内容的精准匹配。营销自动化是根据数据采集结果形成的用户标签，结合场景，在合适的时间自动匹配合适的内容，并通过营销自动化定义的规则精准触发。这种精准内容匹配的做法改善了用户体验，减少了用户被无用信息"骚扰"的不适感。

（4）多触点实时和动态数据采集。营销自动化是基于用户消费旅程中的触点进行内容触发，并根据用户对接触内容的行为不断丰富用户画像。因此，实时数据、动态数据和多触点数据的采集是营销自动化的重要特点。

（5）整合移动互联网和社交媒体。在互联网的生态中，只有借助于移动互联网和社交媒体才能识别用户并不断触达用户。营销自动化不仅仅能让企业采集更多场景下的用户数据，而且能够更好地与用户互动。营销自动化工具通常支持通过短信、电子邮件、App推送、微信消息等沟通形式向用户开展自动化、个性化内容推送。

用户数据平台和营销自动化的关系与实施流程见图27-12。

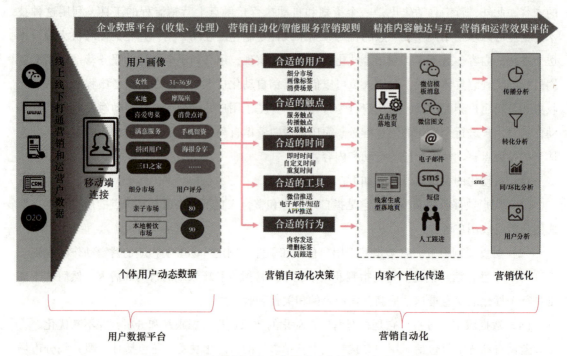

图 27-12　用户数据平台和营销自动化的关系与实施流程

DOSSM-MarTech 用户数据平台见图 27-13。

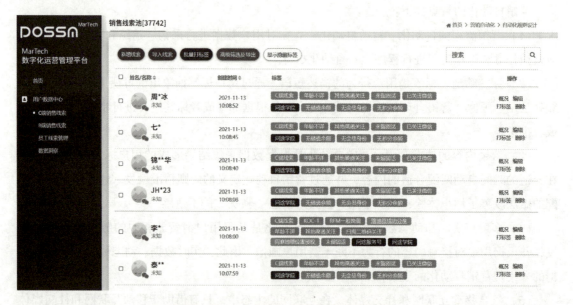

图 27-13　DOSSM-MarTech 用户数据平台

（三）营销技术工具的选择

酒店与旅游业企业选择营销技术平台和工具时，需要进行深入的考量以确保其选择最适合企业的业务特性和需求。以下是一些核心的选择要素：

（1）业务需求匹配度。它是指平台或工具是否能够满足企业的业务需求和目标。例如，某一平台可能适合全服务式高档酒店，而另一平台则可能适合有限服务式酒店。

（2）易用性和集成性。它是指平台的操作系统是否易用、用户界面是否直观、使用体验是否顺畅以及平台是否能够轻松地与其他系统和工具进行集成。例如，酒店预订系统往往需要和酒店 PMS 系统进行对接。

（3）灵活性与可扩展性。它是指随着业务的发展和变化，营销平台是否能够提供足够的灵活性来适应新的需求。

（4）安全性与合规性。营销平台大多数保留了客户敏感数据。安全性与合规性是指在处理客户数据时，企业所选平台和工具是否遵守相关的数据保护法规，并具有完善的安全机制。

（5）供应商品牌和实力。它是指企业选择知名且有良好口碑的供应商可以提高消费者的信任度和降低风险。

（6）客户支持与培训。它是指考查供应商是否能够提供高质量的客户支持和必要的培训资源，以确保团队能够充分利用营销技术工具。

（7）用户反馈与评价。它是指企业了解已有用户的评价和反馈，从而对供应商及其产品和服务有清晰的认知。

（8）数据分析支持。营销工作中，企业对数据的深入分析是关键，因此企业选择的平台需要提供强大的数据分析和报告功能。

（9）成本效益。除了初始投资成本，企业还要考虑长期的运营成本和潜在的回报。

综上所述，为了确保做出最佳的选择，酒店与旅游业企业需要进行全面的评估，并在多个方面对潜在的营销技术平台和工具进行考察。

【探究性学习习题】

1. 研究与分析题

（1）请描述 20 世纪 90 年代至今营销技术的主要变化及其背后的驱动力分别是什么？

（2）请研究并分析酒店与旅游业企业如何利用用户数据平台（CDP）进行客户深度运营。尝试找出一些成功的案例，并探讨其成功的关键因素。

2. 思考与讨论题

（1）你会如何看待大型语言模型与智能交互在未来营销策略中的角色和影响？

（2）结合营销技术的发展历程，你会如何看待当前最流行的营销技术与其在未来的市场趋势？请与同学讨论你的观点。

3. 实践应用题

（1）设想你负责设计某个酒店的营销策略。请列出你认为最重要的五个营销技术工具，并解释你为什么选择它们。

（2）设想你负责某个酒店集团的信息技术规划，请设计一个营销技术规划方案，要求该方案涉及工具的选择、集成和数据管理。

第二十八章 【实验项目七】旅游企业在线营销管理体系搭建综合实验

一、实验概述和目的

本实验以旅游企业商城搭建及在线营销管理体系搭建为实验对象，要求学生使用问途旅游产品在线运营平台工具，为某旅行社搭建一个旅游在线商城，并策划在线营销管理体系。通过此实验，学生不仅能够掌握在线商城的搭建技巧和在线营销的基本策略，还能深入理解旅游市场的动态和客户需求。此外，实践团队合作和项目管理也为学生未来的职业生涯打下了坚实的基础。

该实验项目的学习目的包括：

（1）理论与实践相结合。学生将通过本实验深入理解旅游在线营销的基本概念、策略和工具。

（2）培养实际操作能力。学生将在指导下，从零开始搭建一个旅游在线商城，学习并实践相关的电子商务技能。

（3）掌握在线营销策略。学生将学习如何为旅游业企业制定合适的在线营销策略。

（4）培养团队合作精神。旅游在线商城的搭建和在线营销体系的策划都需要团队合作，学生将在这个过程中学习如何与团队成员进行有效沟通和合作。

（5）培养创新思维。在线营销和电子商务领域总在不断地发展和变化，学生需要具备创新思维，以应对未来的挑战。

二、实验背景

在21世纪，互联网和数字技术已经从一个新兴领域逐渐成为现代社会的主导力量。特别是随着移动互联网和社交媒体的兴起，消费者行为和期望发生了深刻的变化。这些变化尤其明显地影响了旅游业这个曾经主要依赖传统广告和旅行社门店的行业。现在的旅行者越来越依赖通过在线平台来搜寻目的地信息、比较价格、查看点评以及完成预订。随之而来的是，传统的旅游企业，如旅行社和旅游运营商，面临着与在线旅游平台竞争的压力。为了不被市场淘汰，传统旅游企业必须转型并建立自己的在线平台，从而有效地进行在线营销。因此，酒店与旅游业市场营销人员必须具备旅游在线商城搭建和在线营销体系策划的能力。

三、实验原理

旅游在线商城是一个为消费者提供旅游产品和服务的电子商务平台。与传统的旅行社不同，旅游在线商城利用互联网的便利性、速度和范围，使消费者可以在任何时间、任何地点轻松地搜索、比较和购买各种旅游产品。

随着技术的发展和消费者习惯的变化，旅游在线商城已经成为旅游业的一个主要销售渠道。对于旅游企业来说，有效地管理和优化自己的在线商城可以为其带来更多的客户和更高的收入。

四、实验工具

（1）软件环境。问途旅游产品在线运营平台，微信公众号、微信小程序。
（2）硬件环境。个人计算机、智能手机、互联网。

五、实验材料

桂林作为国内外知名的旅游胜地，每年吸引着大量游客。地接旅行社作为桂林旅游的重要组成部分，为游客提供了从行程规划到实地体验的全方位服务。

桂林某地接旅行社位于桂林市中心，拥有多年的地接服务经验，是桂林地区知名的专业旅行社之一。专注于为国内外游客提供高品质的旅游服务，致力于带给游客最纯粹的桂林风光体验。凭借专业的团队、丰富的资源和热情的服务态度，该旅行社已经成为许多游客选择桂林旅行的首选。其主要提供以下产品和服务：

（1）一日游与半日游。例如桂林市区观光、两江四湖游船、阳朔漓江竹筏游等。
（2）多日游套餐：如桂林—龙脊—阳朔的 3 日 2 夜深度游。
（3）特色体验：如农家乐、烹饪课程、夜游桂林、桂林山水摄影之旅等。
（4）景点门票：提供当地各景点/景区的门票预订。
（5）定制行程：根据游客的需求和兴趣，量身定制的旅游计划。
（6）旅游咨询与导游服务：拥有专业知识且热情的导游团队，可以为游客提供中文、英文等多种语言的解说。

六、实验步骤

1. 市场调查与分析

1）调查目标市场的需求和趋势。

2）分析主要竞争对手的在线策略和商城特点。

3）识别潜在的市场机会和威胁。

2. 策划旅游产品与服务

1）根据市场研究结果，确定要在商城中提供的主要旅游产品和服务。

2）设计产品和服务的详细描述、价格策略和促销计划。

3. 商城搭建

1）设计商城的界面和用户体验，确保其与旅游品牌一致。

2）根据上述确定的旅游产品和服务，在问途旅游产品在线运营平台工具中进行设置（如图 28-1 所示）。

图 28-1　旅游业企业商城搭建及在线营销体系策划实验工具

3）通过微信小程序查看完成的旅游在线商城展示效果（如图 28-2 所示）。

4. 在线营销体系策划

1）制订内容营销计划，如博客文章、旅游指南和视频内容等方式。

2）制订社交媒体营销计划，选择目标平台和内容策略。

5. 团队合作与报告

1）分配团队角色和责任，确保每个成员都参与实验过程。

2）制订实验计划，并分享进度和问题，确保项目按计划进行。

3）编写一个详细的项目报告，总结实验的过程、结果和经验教训。

图 28-2　旅游业企业商城搭建及在线营销体系策划——在线商城小程序

参 考 文 献

[1] DAHLEN, MICOEL, ROSENGREN, et al. If advertising won't die, what will it be? toward a working definition of advertising [J]. Journal of advertising, 2016, 3 (45): 334-345.

[2] GUILLÉN M F. 2030: How today's biggest trends will collide and reshape the future of everything [M]. New York: St Martin Press, 2020.

[3] KERR G, RICHARDS J. Redefining advertising in research and practice [J]. International journal of advertising, 2020, 2 (40): 175-198.

[4] 科特勒, 凯勒, 卢泰宏. 营销管理 [M]. 卢泰宏, 高辉, 译. 北京: 中国人民大学出版社, 2009.

[5] 科特勒, 阿姆斯特朗. 市场营销: 原理与实践: 第16版 [M]. 楼尊, 译. 北京: 中国人民大学出版社, 2015.

[6] KOTLER P, BOWEN J T, MAKENS J C. Marketing for hospitality and tourism [M]. Boston: Prentice-Hall, 2010.

[7] MCDANIEL J C, GATES R. Marketing research [M]. 10th ed. New York: John Wiley & Sons, 2013.

[8] SCHULTZ D, SCHULTZ H. IMC, the next generation: five steps for delivering value and measuring returns using marketing communication [M]. New York: McGraw-Hill Education, 2003.

[9] STEPHEN S L J. The tourism product [J]. Annals of tourism research, 1994, 21 (3): 583-595.

[10] 阿姆斯特朗, 科特勒, 王永贵. 市场营销学 [M]. 王永贵, 郑孝莹, 等译. 北京: 中国人民大学出版社, 2017.

[11] 曹虎, 王赛. 什么是营销 [M]. 北京: 机械工业出版社, 2020.

[12] 格雷瓦尔, 利维. 市场营销学: 第3版 [M]. 郭朝阳, 等译. 北京: 中国人民大学出版社, 2015.

[13] 黄昕, 汪京强. 酒店与旅游业客户关系管理: 基于数字化运营 [M]. 北京: 机械工业出版社, 2021.

[14] 科特勒, 阿姆斯特朗. 市场营销: 原理与实践: 第17版 [M]. 楼尊, 译. 北京: 中国人民大学出版社, 2020.

[15] 摩尔. 跨越鸿沟 [M]. 祝惠娇, 译. 北京: 机械工业出版社, 2022.

[16] 芮田生, 阎洪. 旅游市场细分研究述评 [J]. 旅游科学, 2009, 23 (5): 59-63.

[17] 万广圣, 柏静. 事前与事后市场细分方法的比较研究 [J]. 价值工程, 2008, 27 (8): 115-118.

[18] 汪京强, 黄昕. 酒店数字化营销 [M]. 武汉: 华中科技大学出版社, 2022.